Baumängel und Bauschäden in der Wertermittlun

Baumängel und Bauschäden in der Wertermittlung

von

Dipl.-Ing. Daniela Unglaube,

ö.b.u.v. Sachverständige für die Bewertung von bebauten und unbebauten Grundstücken,

Sachverständige für Bauschadenbewertung

2., aktualisierte und erweiterte Auflage

Reguvis

Bibliografische Information der Deutschen Nationalbibliothek
Die Deutsche Nationalbibliothek verzeichnet diese Publikation in der Deutschen Nationalbibliografie; detaillierte bibliografische Daten sind im Internet über http://dnb.d-nb.de abrufbar.

Reguvis Fachmedien GmbH
Amsterdamer Str. 192
50735 Köln
service@reguvis.de
www.reguvis.de

ISBN (Print): 978-3-8462-1531-9
ISBN (E-Book): 978-3-8462-1534-0

Satz: Cicero Computer GmbH, Bonn
Druck und buchbinderische Verarbeitung: Appel & Klinger Druck und Medien GmbH, Schneckenlohe

Printed in Germany

Vorwort

Auf einem angespannten Immobilienmarkt haben Baumängel oder Bauschäden bei der Bewertung einer Immobilie einen geringeren Einfluss auf den Verkehrswert als auf einem Markt mit ausreichendem Angebot. Wer in Frankfurt, München, Berlin, Hamburg froh ist, endlich überhaupt ein Haus gefunden zu haben, nimmt auch einige bauliche Defizite am Gebäude in Kauf.

In ländlichen Gebieten, wo Käufer in der Regel die Wahl zwischen einem mangelbehafteten Haus und einem vergleichbaren Gebäude ohne Bauschäden haben, wird sicherlich eher das mangelfreie Haus gewählt. Somit fallen die Schäden bei der Bewertung des mangelbehafteten Hauses dort wesentlich stärker ins Gewicht als in den benannten Großstadtregionen.

Aber welche Abschläge sind im Bewertungsfall konkret anzusetzen? Wie sieht es in den Zwischenzonen, den Randgebieten aus, die hinsichtlich der Angebots- und Nachfrage-Situation zwischen Ballungszentren und Land liegen? Welche Abschläge setzt der Sachverständige in ländlichen Gebieten, in Ballungsgebieten oder in den Randgebieten an?

Und gilt der gleiche Ansatz einheitlich für sämtliche Schadensfälle und alle Gebäudetypen? Die Anforderungen an nachvollziehbare Gutachten bei gleichzeitigem Mangel an Erfahrungswerten und Wertminderungsansätzen stellen Sachverständige häufig vor Probleme. Zahlreiche Vorträge und Seminare, die von der Verfasserin zum Thema Baumängel und Bauschäden in der Wertermittlung gehalten wurden, zeigen, dass das Thema unter den Sachverständigen seit Längerem diskutiert wird und weiterhin aktuell ist. Aus diesem Grund entstand die Motivation, dieses Buch zu schreiben. Es soll einen Überblick über die jüngsten Marktuntersuchungen zu dem Thema geben und mit Vorschlägen zu Wertminderungsansätzen eine Praxishilfe darstellen.

Die 2. Auflage stellt die neuesten Auswertungen der letzten vier Jahre mit knapp 1.100 Kauffällen vor. Hierbei werden aktuelle Themen wie die Auswirkungen der Corona-Pandemie, der Energiekrise sowie der Zinserhöhung betrachtet.

Im ersten Teil des Buches werden neben den gesetzlichen Grundlagen als Basis der Wertermittlung auch die bautechnischen Grundlagen, die zum globalen Verständnis des baulichen Zustands der Gebäude dienen, beschrieben.

Der zweite Teil des Buches beschäftigt sich mit der Wertermittlung. Im Rahmen dieses zweiten Teils werden die derzeitigen Marktuntersuchungen über den Einfluss von Bauschäden auf den Verkehrswert vorgestellt. Darüber hinaus werden Möglichkeiten aufgezeigt, wie Schadensbeseitigungskosten nachvollziehbar und verständlich in einen marktkonformen Wertminderungsansatz umgewandelt werden können. Auf Basis dieser Methoden und bereits vorhandener Marktumfragen wird in zahlreichen Fallbeispielen der Verkehrswert mangelbehafteter Immobilien ermittelt und zugleich die Marktkonformität der unterschiedlichen Verfahren kritisch beleuchtet.

Inhaltsverzeichnis

Literaturverzeichnis

1. Fachbücher

Böhmer, H./Simon, J./Helmbrecht, H., Untersuchung der Erforderlichkeit einer Verlängerung der Verjährungsfrist für Mängelansprüche bei Bauwerken, Forschungsbericht Institut für Bauforschung, e.V., 2016

Frössel, F., Risse in Gebäuden, 2. Aufl., baulino Verlag, 2009

Frössel, F., Schimmelpilze in Wohnungen, 2. Aufl., baulino Verlag, 2006

Gartz, B./Warkus, J., Tiefgaragen und andere Parkbauten. Korrosionsschutz von Stahlbetonbauten bei Chloridbelastung – Hinweise zur Instandsetzung (Heft 6), Baurechtliche und -technische Themensammlung (hrsg. von Zöller/Boldt), 2. Aufl., Bundesanzeiger Verlag, Fraunhofer IRB Verlag, 2018

ISOTEC-Architectus, Ratgeber bei Feuchteschäden an Gebäuden ISOTEC, 3. Aufl., ISOTEC

Kleiber, W., Verkehrswertermittlung von Grundstücken. Kommentar und Handbuch zur Ermittlung von Marktwerten (Verkehrswerten) und Beleihungswerten sowie zur steuerlichen Bewertung unter Berücksichtigung der ImmoWertV, 9. Aufl., Reguvis Fachmedien, 2020

Moskalenko, N., Der Einfluss von Baumängeln und Bauschäden, Teilmarkt Ein- und Mehrfamilienwohnhäuser, Hochschule Darmstadt – University of Applied Sciences, Fachbereich Bau- und Umweltingenieurwesen, 2020

Oswald, R./Abel, R., Hinzunehmende Unregelmäßigkeiten bei Gebäuden, 3. Aufl., Vieweg+Teubner Verlag, 2005

Simon, J., Taschenkommentar Wertermittlungsverfahren. ImmoWertV – Wertermittlungsrichtlinien – BRW-RL SW-RL VW-RL EW-RL, Bundesanzeiger Verlag, 2016

Strotkamp, H. P., Wertauswirkungen von Schadensbeseitigungs- und Modernisierungskosten, LGMB 2017, Kapitel 3, Seite 41 ff., Landesgrundstücksmarktbericht Rheinland-Pfalz 2017, Oberer Gutachterausschuss Rheinland-Pfalz, 2017

Thees, E., Der merkantile Minderwert: Technische und rechtliche Widersprüche, 3. Beitrag zur Versachlichung der Ermittlung der Höhe eines (bautechnisch irrationalen) merkantilen Minderwerts, Aachener Bausachverständigentage 2018, Springer Vieweg, 2018

Umweltbundesamt, Schimmelpilzleitfaden, Zur Vorbeugung, Erfassung und Sanierung von Schimmelbefall in Gebäuden, Stand November 2017

Unglaube, D., Umfrage zur Berücksichtigung von größeren Bauschäden, Der Immobilienbewerter 5/2019

Zöller, M./Oswald, M., Fehlerfrei und doch mangelhaft: Hinzunehmende Unregelmäßigkeiten, hinnehmbare oder zu beseitigende Mängel, Aachener Bausachverständigentage 2018, Register für die Jahrgänge 1975–2018, Springer Vieweg, 2018

2. WTA-Merkblätter

WTA-Merkblatt 1-2, 05.2021/D, Der Echte Hausschwamm – Erkennung, Lebensbedingungen, vorbeugende Maßnahmen, bekämpfende chemische Maßnahmen, Leistungsverzeichnis, WTA e.V. Stuttgart Fraunhofer ORB Verlag, 2021

WTA-Merkblatt 2-4, 08.2014/D, Risse in Außenputzen, Beschichtungen und Armierungen sowie Nr. 19.1. Risse in unverputztem und verputztem Mauerwerk, in Gipskartonplatten und ähnlichen Stoffen auf Unterkonstruktionen. Ursache und Bearbeitungsmöglichkeiten, WTA e.V. Stuttgart Fraunhofer ORB Verlag, 2014

WTA-Merkblatt 2-13-15/D, Wärmedämmverbundsysteme – Wartung, Instandsetzung, Verbesserung, WTA e.V. Stuttgart Fraunhofer ORB Verlag, 2015

WTA-Merkblatt 2-9, 03.2020/D, Sanierputzsysteme, WTA e.V. Stuttgart Fraunhofer ORB Verlag, 2020

WTA-Merkblatt 4-5-99/D, Mauerwerksdiagnostik, WTA e.V. Stuttgart Fraunhofer ORB Verlag, 2005

WTA-Merkblatt 4-6, 11.2014/D, Nachträgliches Abdichten erdberührter Bauteile, WTA e.V. Stuttgart Fraunhofer ORB Verlag, 2014

WTA 4-6-14/D, Nachträgliches Abdichten erdberührter Bauteile, WTA e.V. Stuttgart Fraunhofer ORB Verlag, 2014

WTA 4-7-15/D, Nachträgliche mechanische Horizontalsperren, WTA e.V. Stuttgart Fraunhofer ORB Verlag, 2015

WTA 4-10-15/D, Injektionsverfahren mit zertifizierten Injektionsstoffen gegen kapillaren Feuchtetransport, WTA e.V. Stuttgart Fraunhofer ORB Verlag, 2015

WTA 4-11-16/D, Messung des Wassergehalts bzw. der Feuchte von mineralischen Baustoffen, WTA e.V. Stuttgart Fraunhofer ORB Verlag, 2016

WTA 4-12-16/D, Schimmelpilzschäden: Ziele und Kontrolle von Schimmelpilzschadensanierungen in Innenräumen, WTA e.V. Stuttgart Fraunhofer ORB Verlag, 2014

WTA 6-5-14/D, Innendämmung nach WTA II: Nachweis von Innendämmsystemen mittels numerischer Berechnungsverfahren, WTA e.V. Stuttgart Fraunhofer ORB Verlag, 2014

WTA 6-8-16/D, Feuchtetechnische Bewertung von Holzbauteilen – Vereinfachte Nachweise und Simulation, WTA e.V. Stuttgart Fraunhofer ORB Verlag, 2016

WTA-Merkblatt Nr. 19.1., 08.2014/D, Risse in unverputztem und verputztem Mauerwerk, in Gipskartonplatten und ähnlichen Stoffen auf Unterkonstruktionen. Ursache und Bearbeitungsmöglichkeiten, WTA e.V. Stuttgart Fraunhofer ORB Verlag, 2014

WTA-Merkblatt, Merkblatt Rissbildung DBV 2016 Zementmerkblatt B9, 2010, WTA e.V. Stuttgart Fraunhofer ORB Verlag, 2016

3. Wertermittlungsnormen und -richtlinien

Ertragswertrichtlinie, Richtlinie zur Ermittlung des Ertragswerts (Ertragswertrichtlinie EW-RL), Bundesministerium für Umwelt, Naturschutz, Bau und Reaktorsicherheit, 12.11.2015

ImmoWertA, Entwurf der Anwendungshinweise zur „Verordnung über die Grundsätze für die Ermittlung der Verkehrswerte von Immobilien und der für die Wertermittlung erforderlichen Daten" (ImmoWertA), Bundesministeriums des Innern, für Bau und Heimat, vom 20.9.2023

ImmoWertV 2010, Verordnung über die Grundsätze für die Ermittlung der Verkehrswerte von Grundstücken (Immobilienwertermittlungsverordnung – ImmoWertV), Bundesministerium für Umwelt, Naturschutz, Bau und Reaktorsicherheit, 19.5.2010

ImmoWertV 2021, „Verordnung über die Grundsätze für die Ermittlung der Verkehrswerte von Immobilien und der für die Wertermittlung erforderlichen Daten (Immobilienwertermittlungsverordnung – ImmoWertV)", Bundesministerium des Innern, für Bau und Heimat, vom 14.7.2021

Sachwertrichtlinie, Richtlinie zur Ermittlung des Sachwerts (Sachwertrichtlinie SW-RL), Bundesministerium für Verkehr, Bau und Stadtentwicklung, 5.9.2012

Vergleichswertrichtlinie, Richtlinie zur Ermittlung des Vergleichswerts (Vergleichswertrichtlinie VW-RL) Bundesministerium für Umwelt, Naturschutz, Bau und Reaktorsicherheit, 20.3.2014

WertR 2002, Richtlinien für die Ermittlung der Verkehrswerte (Marktwerte) von Grundstücken (Wertermittlungsrichtlinien 2002 – WertR 2002), Bundesministerium für Verkehr, Bau- und Wohnungswesen, 19.7.2002

WertR 91, Richtlinie für die Ermittlung des Verkehrswerts von Grundstücken (Wertermittlungs-Richtlinie 1991 – WertR 91), Bundesministerium für Raumordnung, Bauwesen und Städtebau, 11.6.1991

4. Aufsätze

Ettl, H./Schuh, H., Sanierputz – Wunsch und Wirklichkeit, Der Bausachverständige, Heft 02/2019, Reguvis Fachmedien/Fraunhofer IRB Verlag

Karczewski,Th., Kein merkantiler Minderwert bei vollständiger Schadensbeseitigung, Zeitschrift Immobilien- und Baurecht 2016, 1084

Maraun, W., Adhäsion als primärer Auslöser der „Schwarzstaub-Ablagerung", ARGUK Umweltlabor GmbH, November 2016

Maraun, W., Adhäsion und andere physikalische Vorgänge als primäre Auslöser von Schwarzstaub-Ablagerungen in Gebäuden. Vortrag auf den 24. WaBoLu-Innenraumtagen beim Umweltbundesamt, 2017

Maraun, W., Fogging: Adhäsion als primärer Auslöser der Schwarzstaub-Ablagerung. Veröffentlicht in: Umwelt, Gebäude & Gesundheit: Schadstoffe, Gerüche und Sanierung, Ergebnisse des 11. AGÖF-Fachkongresses in Hallstadt bei Bamberg, November 2016, Herausgeber: Arbeitsgemeinschaft Ökologischer Forschungsinstitute e.V.

Umweltbundesamt (Hrsg.), Attacke des Schwarzen Staubes, Umweltbundesamt, Berlin 2006

Wetzel, H.-H./Platts, Th., Dichter als vorher? Ein kritischer Blick auf die neuen Abdichtungsnormen, Teil 1: DIN 18195 und DIN 18531 (erster Teil), Der Bausachverständige Heft 01/ 2018, 36

5. Technische Normen und Regelwerke

DAfStb-Richtlinie Schutz und Instandsetzung von Betonbauteilen (Instandsetzungsrichtlinie-Richtlinie RL SIB), Berlin, Beuth, 2001

Deutscher Ausschuss für Stahlbeton: WU-Richtlinie wasserundurchlässige Bauwerke aus Beton, Berlin, Beuth, 2006

Deutscher Beton- und Bautechnikverein; DBV; DBV Merkblattsammlung: Merkblatt Parkhäuser und Tiefgaragen (Fassung 2018). Berlin: Deutscher Beton- und Bautechnikverein e.V., 2010

DIN 1045-1:2001-07, Zulässige Rissbreiten nach Korrosionsklassen

DIN 1946-6 (2009), Raumlufttechnik: Lüftung von Wohnungen – Allgemeine Anforderungen, Anforderung zur Bemessung, Ausführung und Kennzeichnung, Übergabe/Übernahme (Abnahme) und Instandhaltung

DIN 4074-1: 2008-12, Beurteilungsregeln für Schwindrisse (Zuordnung zu Sortierklassen)

DIN 4108-2 (2013), Wärmeschutz und Energie-Einsparung in Gebäuden Teil 2: Mindestanforderungen an den Wärmeschutz

DIN 4108-3 (2014), Wärmeschutz und Energie-Einsparung in Gebäuden Teil 3: Klimabedingter Feuchteschutz, Anforderungen, Berechnungsverfahren und Hinweise für Planung und Ausführung

DIN 4108-7 (2011), Wärmeschutz und Energie-Einsparung in Gebäuden Teil 7: Luftdichtheit von Gebäuden. Anforderungen, Planungs- und Ausführungsempfehlungen sowie Beispiele

DIN 4108-8 (2010), Wärmeschutz und Energie-Einsparung in Gebäuden – Teil 8: Vermeidung von Schimmelwachstum in Wohngebäuden

DIN 13788 (2013), Oberflächentemperaturen, kritische Oberflächenfeuchte

DIN 18531, Abdichtung von Dächern sowie Balkonen, Loggien und Laubengängen

DIN 18532, Abdichtung von befahrbaren Verkehrsflächen aus Beton

DIN 18533, Abdichtung von erdberührten Bauteilen

DIN 18534, Abdichtung von Innenräumen

DIN 18535, Abdichtung von Behältern und Becken

DIN 18334:2012-09, Zimmer- und Holzbauarbeiten

DIN 18550, Putz und Putzsysteme – Ausführung (2005-04)

DIN 68800-1 (2011), Begrenzung der Holzfeuchte Vermeidung von mikrobiellem Bewuchs Anhang 14 DIN 68800 Angabe von Temperatur und Feuchtigkeit

DIN EN 1504-1, Produkte und Systeme für den Schutz und die Instandsetzung von Betontragwerken, 2005

DIN EN 13 500:2003-12, Schädliche Risse: Rissbreiten über 0,2 mm

DIN EN 13779 (2012), Lüftung von Nichtwohngebäuden – Allgemeine Grundlagen und Anforderungen für Lüftungs- und Klimaanlagen und Raumkühlsysteme

DIN EN 15215 (2007), Eingangsparameter für das Raumklima zur Auslegung und Bewertung der Energieeffizienz von Gebäuden – Raumluftqualität, Temperatur, Licht und Akustik

DIN V 18550, Zulässige Risse bei Putzen

VDI 4254-1 (2016), Bioaerosole und Bioagenzien Messen von Stoffwechselprodukten von Mikroorganismen Messen von MVOC in der Außenluft

VDI 6022-1 (2017), Entwurf Raumlufttechnik Raumluftqualität Hygieneanforderungen an raumlufttechnische Anlagen und Geräte (VDI-Lüftungsregeln)

6. Weblinks

https://gutachterausschuesse.rlp.de/de/marktdaten/landesgrundstuecksmarktbericht-rheinlandpfalz-lgmb unter der Rubrik: Ableitungen aus früheren Marktberichten pdf-Datei: Wertauswirkungen von Schadensbeseitigungs- und Modernisierungskosten, LGMB 2017 (Auszug), Kapitel 3, S. 41 ff.

http://www.agoef.de/fileadmin/user_upload/dokumente/publikationen/AGOEF-Kongressreader-2016-Inhaltsverzeichnis-und-online-Ergaenzung-Leseprobe.pdf, S. 260–266

http://www.arguk.de/forschung/documents/ARGUK-Vortrag_Fogging-WaBoLu-2017.pdf

www.baunetzwissen.de

www.biologie-magazin.de

www.dhbv.de

1 Gesetzliche Grundlagen

Zu Beginn ist es notwendig, die aktuellen Normen und Richtlinien dahingehend zu betrachten, inwieweit sie Vorgaben oder Hilfestellungen bei der Ermittlung des Werteinflusses von Baumängeln und Bauschäden auf den Verkehrswert geben.

1.1 Aktuelle Verordnungen und Richtlinien

1.1.1 Immobilienwertermittlungsverordnung (ImmoWertV 2021)

Am 1.1.2022 ist die neue Immobilienwertermittlungsverordnung (ImmoWertV, Stand 14.7.2021) in Kraft getreten. In dieser neuen Version der ImmoWertV sind neben der ImmoWertV 2010 die ehemaligen Richtlinien

1. Bodenrichtwertrichtlinie (BRW-RL) vom 11. Januar 2011
2. Sachwertrichtlinie (SW-RL) vom 5. September 2012
3. Vergleichswertrichtlinie (VW-RL) vom 20. März 2014
4. Ertragswertrichtlinie (EW-RL) vom 15. November 2015
5. Teile der Wertermittlungsrichtlinien 2006 (WertR 2006) vom 1. März 2006

inkludiert und haben somit einen neuen Rechtscharakter erhalten. Hatten sie bisher als Richtlinien nur Empfehlungscharakter, sind sie nun als Teil der Norm verbindlich anzuwenden.

Ziel der Zusammenführung zu einer Norm ist die bundesweite Vereinheitlichung der Ermittlung der für die Wertermittlung erforderlichen Daten, insbesondere der Bodenrichtwerte.

Wie auch in der Version vom 19.5.2010 beschäftigt sich der § 8 mit den allgemeinen und besonderen Grundstücksmerkmalen, zu welchen auch Baumängel und Bauschäden zählen.
Hierin heißt es:

> „(1) Im Rahmen der Wertermittlung sind Grundstücksmerkmale zu berücksichtigen, denen der Grundstücksmarkt einen Werteinfluss beimisst.
>
> (2) Allgemeine Grundstücksmerkmale sind wertbeeinflussende Grundstücksmerkmale, die hinsichtlich Art und Umfang auf dem jeweiligen Grundstücksmarkt regelmäßig auftreten. Ihr Werteinfluss wird bei der Ermittlung des vorläufigen Verfahrenswerts berücksichtigt.
>
> (3) Besondere objektspezifische Grundstücksmerkmale sind wertbeeinflussende Grundstücksmerkmale, die nach Art oder Umfang erheblich von dem auf dem jeweiligen Grundstücksmarkt Üblichen oder erheblich von den zugrunde gelegten Modellen oder Modellansätzen abweichen. Besondere objektspezifische Grundstücksmerkmale können insbesondere vorliegen bei
>
> 1. Besonderen Ertragsverhältnissen
> 2. Baumängel und Bauschäden

3. baulichen Anlagen, die nicht mehr wirtschaftlich nutzbar sind (Liquidationsobjekte) und zur alsbaldigen Freilegung anstehen
4. Bodenverunreinigungen
5. Bodenschätzen sowie
6. grundstücksbezogenen Rechten und Belastungen

Die besonderen objektspezifischen Grundstücksmerkmale werden, wenn sie nicht bereits anderweitig berücksichtigt worden sind, erst bei der Ermittlung der Verfahrenswerte insbesondere durch marktübliche Zu- oder Abschläge berücksichtigt. Bei paralleler Durchführung mehrerer Wertermittlungsverfahren sind die besonderen objektspezifischen Grundstücksmerkmale, soweit möglich, in allen Verfahren identisch anzusetzen."

Ergänzende Hinweise gibt die ImmoWertA – Anwendungshinweise zur Immobilienwertermittlungsverordnung, die bisher nur als Muster vorliegt und noch nicht in Kraft getreten ist.

1.1.2 Muster-Anwendungshinweise zur Immobilienwertermittlungsverordnung (ImmoWertV-Anwendungshinweise – ImmoWertA)

Die ImmoWertA wurde von der Fachkommission Städtebau in der Version vom 20.9.2023 zur Kenntnis genommen. Sie beinhaltet Erläuterungen und Anwendungshinweise zur aktuellen ImmoWertV 2021.

Unter dem Punkt 8.(3).1, der sich auf den § 8 der ImmoWertV bezieht, wird noch einmal darauf eingegangen, dass ein Grundstücksmerkmal nur dann unter den besonderen objektspezifischen Grundstücksmerkmalen am Ende der Bewertungsverfahren zu berücksichtigen ist, wenn das Merkmal erheblich über das Übliche hinausgeht oder von den Modellansätzen abweicht.

„8.(3).1

Eine Einordnung als besonderes objektspezifisches Grundstücksmerkmal kommt in Betracht, wenn das Merkmal in einer für diesen Grundstücksmarkt unüblichen Weise, Ausprägung oder Intensität vorliegt oder wenn das Merkmal erheblich von den zugrunde gelegten Modellen oder Modellansätzen abweicht."

Unter 8.(3).3 folgt eine Definition von Baumängeln und Bauschäden und der Hinweis, dass es für die Wertermittlung allgemein nicht relevant ist, ob im Einzelnen ein Mangel oder Schaden vorliegt, sondern vielmehr, ob er eine Auswirkung auf den Markt hat.

Weiter wird eine Hilfestellung zur Ermittlung des Wertabschlags infolge Baumängeln oder Bauschäden vorgeschlagen. Diese entstammt aus der ehemaligen Sachwertrichtlinie.

Der Hinweis, dass die vollen Schadensbeseitigungskosten nur zum Abzug gebracht werden dürfen, wenn der Schaden unverzüglich zu beseitigen ist, ist hier nicht mehr vorhanden, was zu begrüßen ist.

„8.(3).3

Baumängel (§ 8 Absatz 3 Satz 2 Nummer 2) sind Fehler, die bei der Herstellung eines Bauwerks infolge fehlerhafter Planung oder Bauausführung einschließlich der Verwendung mangelhafter Baustoffe den Wert oder die Tauglichkeit zu dem gewöhnlichen oder dem nach dem Vertrag vorausgesetzten Gebrauch einer baulichen Anlage aufheben oder mindern. Bauschäden sind Beeinträchtigungen eines Bauwerks, die infolge eines Baumangels (Mangelfolgeschäden), äußerer (gewaltsamer) Einwirkungen (wie z. B. durch Sturm, Starkregen oder Feuer) oder unterlassener oder nicht ordnungsgemäß ausgeführter Instandhaltung auftreten. Eine Abgrenzung von Baumängeln und den daraus resultierenden Mangelfolgeschäden einerseits sowie den (sonstigen) Bauschäden andererseits ist im Rahmen der Wertermittlung im Regelfall nicht erforderlich. Wertminderungen aufgrund von Baumängeln oder Bauschäden können

- nach Erfahrungswerten,
- unter Zugrundelegung von Bauteiltabellen oder
- unter Berücksichtigung der Schadensbeseitigungskosten

ermittelt werden."

In einer älteren Version war noch der Satz aus der ImmoWertV übernommen worden, der besagte, dass die vollen Schadensbeseitigungskosten nur in Abzug gebracht werden dürfen, wenn der Schaden unverzüglich zu beseitigen ist. Dieser wurde dankenswerterweise in der neusten Version der ImmoWertA gestrichen.

1.2 Historie

Neben den jeweils aktuellen Wertermittlungsregelungen sollten Sachverständige auch Kenntnis von den vergangenen Normen und Richtlinien haben. Dann nämlich, wenn die Bewertungsstichtage in der Vergangenheit liegen.

Die ImmoWertV 2021 stellt in § 53 Übergangsregelungen jetzt klar:

„(1) Bei Verkehrswertgutachten, die ab dem 1. Januar 2022 erstellt werden, ist unabhängig vom Wertermittlungsstichtag diese Verordnung anzuwenden."

Lediglich für die Ermittlung der Gesamtnutzungsdauer und der Restnutzungsdauer wird eine Übergangsfrist bis 2024 genehmigt.

„(2) Bis zum Ablauf des 31. Dezember 2024 kann bei Ermittlung der sonstigen für die Wertermittlung erforderlichen Daten die Gesamtnutzungsdauer abweichend von § 12 Absatz 5 Satz 1 und Anlage 1 festgelegt sowie die Restnutzungsdauer abweichend von § 12 Absatz 5 Satz 1 und Anlage 2 ermittelt werden."

Demnach wäre nicht der Wertermittlungsstichtag, sondern der Tag der Gutachtenerstellung maßgeblich für die Wahl der geltenden Normen oder Richtlinien. Aber ganz so einfach ist es in der Praxis nicht. Steht doch über allem die Maßgabe der Modellkonformität. Hierzu ist der Kommentar in der ImmoWertA zu § 53 (1) bzw. § 10 (2) interessant:

Zu § 53 (Übergangsregelungen)

„(1) § 53 Absatz 1 stellt klar, dass es für die zeitliche Anwendung der ImmoWertV nicht auf den Wertermittlugnsstichtag, sondern auf den Zeitpunkt der Gutachtenerstellung ankommt. Für die Ermittlung der für die Wertermittlung erforderlichen Daten ab dem 1. Januar 2022 ist die geltende ImmoWertV anzuwenden. Auf den § 10 Absatz 2 wird verwiesen. [...]"

Zu § 10 (Grundsatz der Modellkonformität)

„[...] (2) § 10 Absatz 2 ermöglicht, soweit dies zur Wahrung des Grundsatzes der Modellkonformität erforderlich ist, eine Abweichung von Vorgaben der ImmoWertV. Die Vorschrift schafft damit die erforderliche Grundlage, um dem übergeordneten Charakter des Grundsatzes der Modellkonformität Rechnung tragen zu können. Die Regelung zielt auf alle Fälle, in denen für den Wertermittlungsstichtag lediglich solche sonstigen für die Wertermittlung erforderlichen Daten vorliegen, die nicht nach der geltenden ImmoWertV ermittelt worden sind. [...]"

Somit stellt sich bei der Bewertung zu einem zurückliegenden Stichtag zuerst die Frage, nach welchem Modell die vom Gutachterausschuss veröffentlichten wertrelevanten Daten ermittelt wurden. Dies wird bei Stichtagen vor dem 1. Januar 2022 in der Regel nicht die ImmoWertV 2021 gewesen sein. In diesen Fällen müssen Sachverständige Kenntnis von den damaligen Wertermittlungsnormen und Richtlinien haben. Auch bei der Prüfung älterer Gutachten ist die Kenntnis der Regelungen vergangener Richtlinien unabdingbar.

Aus diesem Grund wird in den folgenden Kapiteln auf die älteren Richtlinien eingegangen. Darüber hinaus zeigt die folgende Ausführung, wie sich die Berücksichtigung von Baumängeln und Bauschäden in der Wertermittlung im Laufe der Jahre verändert hat.

1.2.1 Immobilienwertermittlungsverordnung (ImmoWertV 2010)

In der Verordnung über die Grundsätze für die Ermittlung der Verkehrswerte von Grundstücken (Immobilienwertermittlungsverordnung – ImmoWertV)[1] wird in § 8 auf die Baumängel und Bauschäden eingegangen. Danach sind diese unter den besonderen objektspezifischen Grundstücksmerkmalen (boG) zu berücksichtigen. Das Grundstück wird zunächst betrachtet, als sei es mangelfrei. Es wird ein Verkehrswert für ein fiktiv mangelfreies Grundstück ermittelt. Unter den boG werden dann die Baumängel und Bauschäden mittels „marktgerechter Zu- und Abschläge" angesetzt.

„**§ 8 Ermittlung des Verkehrswerts**

[...] (2) In den Wertermittlungsverfahren nach Absatz 1 sind regelmäßig in folgender Reihenfolge zu berücksichtigen:

- die allgemeinen Wertverhältnisse auf dem Grundstücksmarkt (Marktanpassung),
- die besonderen objektspezifischen Grundstücksmerkmale des zu bewertenden Grundstücks.

1 Verordnung über die Grundsätze für die Ermittlung der Verkehrswerte von Grundstücken (Immobilienwertermittlungsverordnung – ImmoWertV), Bundesministerium für Umwelt, Naturschutz, Bau und Reaktorsicherheit, 19.5.2010.

(3) Besondere objektspezifische Grundstücksmerkmale wie beispielsweise […] Baumängel oder Bauschäden […] können, soweit dies dem gewöhnlichen Geschäftsverkehr entspricht, durch marktgerechte Zu- oder Abschläge oder in anderer geeigneter Weise berücksichtigt werden."

Was die Baumängel und Bauschäden betrifft, kann grundsätzlich von einem Abschlag ausgegangen werden. Die Beispiele, in denen ein Bauschaden zur Werterhöhung beiträgt, dürften eher selten vorkommen. Mit dem Passus „marktgerechte Zu- und Abschläge" ist dem Grunde nach alles gesagt. Das Problem ist aber, wie man zu den entsprechenden Marktanpassungsfaktoren gelangt, die einen marktgerechten Abschlag ermöglichen. Was unter der „anderen geeigneten Weise" zu verstehen ist, wird klar, wenn man die Wertermittlungsrichtlinien betrachtet.

1.2.2 Sachwertrichtlinie

Die Richtlinie zur Ermittlung des Sachwerts[2], auch Sachwertrichtlinie (SW-RL) genannt, behandelt die besonderen objektspezifischen Grundstücksmerkmale (boG) unter Punkt 6. Danach handelt es sich bei den boG um Grundstücksmerkmale, die erheblich vom Üblichen abweichen und denen der Grundstücksmarkt einen eigenen Werteinfluss beimisst. Bei der Erwägung, was nun „erheblich vom Üblichen abweicht", ist zunächst zu prüfen, ob entsprechende Vergleichsobjekte auch über diese Eigenschaften (hier Baumängel und Bauschäden) verfügen. Ein feuchter Keller bei einem Gebäude aus der Jahrhundertwende wird in der Regel keine außergewöhnlichen Feuchteerscheinungen aufweisen, die gesondert unter den boG zu berücksichtigen sind. Es kann davon ausgegangen werden, dass Keller mit einem unbefestigten Lehmboden üblicherweise einen gewissen Feuchtegehalt aufweisen. Weiter heißt es unter Nr. 6:

„6 Besondere objektspezifische Grundstücksmerkmale

(1) Besondere objektspezifische Grundstücksmerkmale (vgl. insbesondere die Nummern 6.1 bis 6.7) sind wertbeeinflussende Umstände des einzelnen Wertermittlungsobjekts, die **erheblich vom Üblichen abweichen und denen der Grundstücksmarkt einen eigenständigen Werteinfluss beimisst. […]**

6.2 Baumängel und Bauschäden

Wertminderungen auf Grund von Baumängeln und/oder Bauschäden können

- durch Abschläge nach **Erfahrungswerten**
- unter Zugrundelegung von **Bauteiltabellen** oder
- auf der Grundlage von Schadensbeseitigungskosten

berücksichtigt werden."

2 Richtlinie zur Ermittlung des Sachwerts (Sachwertrichtlinie SW-RL), Bundesministerium für Verkehr, Bau und Stadtentwicklung, 5.9.2012.

Die ImmoWertV sagt, dass die Bauschäden marktgerecht berücksichtigt werden sollen. Nun formuliert die Sachwertrichtlinie an dieser Stelle eine weitere Einschränkung:

> „Ein Abzug der **vollen Schadensbeseitigungskosten** kommt nur in Betracht, wenn der **Schaden unverzüglich beseitigt werden** muss."

Dieser Sachverhalt impliziert, dass ein Schaden, der nicht sofort beseitigt werden muss, nicht mit den vollen Beseitigungskosten berücksichtigt werden darf. Dies ist nicht verständlich, denn es sind Fälle denkbar, in denen es durchaus marktgerecht ist, auch die vollen Kosten als Wertminderung anzusetzen. Dann nämlich, wenn ein vergleichbares Grundstück ohne Baumängel und Bauschäden verfügbar ist. Dabei spielt es keine Rolle, ob die Sanierung unverzüglich stattfinden muss. Und umgekehrt ist es möglicherweise nicht marktgerecht, Kosten für Schäden, die sofort beseitigt werden müssen, voll anzusetzen. In Gebieten mit hoher Nachfrage reagiert der Markt erfahrungsgemäß kaum bis gar nicht auf vorhandene Baumängel und Bauschäden, auch wenn diese sofort zu beseitigen sind. Es stellt sich die Frage, ob der Gutachter tatsächlich in allen Fällen marktgerecht handelt, wenn er die Kosten für einen Schaden, der sofort beseitigt werden muss, vollständig wertmindernd ansetzt. Es besteht ja immerhin die Möglichkeit, dass der Markt gar nicht auf diesen Schaden reagiert. Angenommen ein Balkongeländer ist wegen der waagerechten Anordnung von Geländerstäben (Übersteighilfe) bauordnungsrechtlich nicht zulässig und muss daher umgebaut werden. Das Gebäude befindet sich in einem Ballungsgebiet mit sehr hoher Nachfrage und sehr geringem Angebot. In diesem Fall ist davon auszugehen, dass der Käufer zufrieden ist, endlich ein Grundstück in dieser Gegend gefunden zu haben. Es ist unwahrscheinlich, dass er wegen des Balkongeländers verhandelt und einen Abschlag macht.

Eine Umfrage zum Marktverhalten auf dem Einfamilienhausmarkt[3] hat ergeben, dass z.B. Feuchteschäden durchaus einen wertmindernden Einfluss haben, so wesentlich sogar, dass die Befragten nicht nur die vollen Kosten ansetzen würden, sondern ein nicht geringer Anteil der Befragten sogar vom Kauf zurücktreten würde. Also wäre es hier durchaus marktgerecht, die vollen Kosten anzusetzen. Möglicherweise wäre auch ein höherer Wertminderungsansatz denkbar (siehe Kapitel 5.6).

In diesem Sinne ist die Aussage der ImmoWertV vollkommen ausreichend. Schäden müssen marktgerecht beseitigt werden. Dabei ist es zunächst unerheblich, wann der Schaden beseitigt werden muss.

Natürlich dürfen Kosten nicht mit Wert gleichgesetzt werden. Vielleicht wäre die folgende Formulierung passender:

„Ein Abzug der vollen Schadensbeseitigungskosten kommt nur in Betracht, wenn der Markt einen Wertabschlag in dieser Höhe erlaubt."

Weiter steht in der Sachwertrichtlinie:

> „**Dabei ist ggf. ein Vorteilsausgleich (‚neu für alt') vorzunehmen.**"

3 Unglaube, D., Umfrage zur Berücksichtigung von größeren Bauschäden, Der Immobilienbewerter, Ausgabe 5/2019, bzw. Kapitel 5.6.

Dieser Vorteilsausgleich wird dann berücksichtigt, wenn zu Beginn des Sachwertverfahrens davon ausgegangen wird, dass eine entsprechende Modernisierung erfolgt ist. Entsprechend werden die Normalherstellungskosten, der Ausstattungsstandard des Gebäudes sowie die Restnutzungsdauer modifiziert. Hier ist Vorsicht geboten, denn mit der Modernisierung sind in der Regel auch die Schäden behoben. Rein rechnerisch muss es aber eine Differenz zwischen der Ermittlung des Verkehrswerts für ein Gebäude mit einem alten Dach und der für ein Gebäude mit einem alten undichten Dach geben. Das bedeutet, dass es nicht ausreichend ist, z.B. bei einem defekten Dach bei den Modernisierungspunkten im Sachwertverfahren ein neues Dach zu unterstellen und dann bei den boG die marktangepassten Kosten für das neue Dach in Abzug zu bringen. An diesem Punkt erhält man zunächst den Wert eines Gebäudes mit einem nicht erneuerten Dach. Dieses muss aber nicht zwangsweise defekt sein. Vielmehr muss der Wertunterschied zwischen einem alten Dach und einem alten defekten Dach herausgearbeitet werden.

Simon[4] schreibt hierzu, dass in jedem Fall ein Vorteilsausgleich „neu für alt" zu erfolgen hat und nicht nur bei einem nicht unverzüglich zu beseitigenden Schaden. Er begründet dies damit, dass bei Abzug der vollen Schadensbeseitigungskosten von den alterswertgeminderten Herstellkosten die Wertminderung, insbesondere bei älteren Gebäuden, höher sein kann als die Herstellkosten. Dabei würde für schadhafte oder zu ersetzende Bauteile mehr abgezogen, als sie tatsächlich neuwertig kosten würden.

Weiter schlägt er eine Umstellung des Sachwertverfahrens vor: „Noch einfacher wäre eine Umstellung des Verfahrens; zunächst Abschlag wegen baulicher Mängel oder Schäden von den Gebäudenormalherstellungskosten und danach die Alterswertminderung. Dann wäre dieser „Abzug neu für alt" von vornherein irrelevant."[5]

Hiervor muss ausdrücklich gewarnt werden. Wenn die Baumängel und Bauschäden im Sachwertverfahren vor der Alterswertminderung berücksichtigt werden, würden sie am Ende des Verfahrens mit dem gleichen Sachwertfaktor multipliziert werden wie der vorläufige Sachwert. Zahlreiche Untersuchungen[6] belegen aber gerade, dass sich die Marktanpassung der Bauschäden gegenläufig verhält. Während der Sachwertfaktor in hochpreisigen Lagen hoch ist, ist der Marktanpassungsfaktor der Bauschäden in diesen Lagen niedrig. Der Ansatz kann somit nicht marktkonform sein.

Zur marktgerechten Darstellung des Einflusses von Baumängeln und Bauschäden muss das Gebäude als fiktiv mangelfrei gerechnet und die Wertminderung infolge von Baumängeln und Bauschäden am Ende des Verfahrens berücksichtigt werden.[7] In welcher Höhe die Wertminderung erfolgt, ist im Einzelfall unter Berücksichtigung aller Einflussfaktoren abzuwägen.[8]

4 Simon, J., Taschenkommentar Wertermittlungsverfahren, Teil 4, 6.2 Baumängel und Bauschäden, 2016, Rn. 121.
5 Simon, J., Taschenkommentar Wertermittlungsverfahren, Teil 4, 6.2 Baumängel und Bauschäden, 2016, Rn. 127.
6 Vgl. Kapitel 5.5.1 Sachwertfaktoren für mangelbehaftete Ein- und Zweifamilienhäuser.
7 Vgl. Kapitel 6.4 Bewertungsansatz auf Basis des fiktiv instand gesetzten Gebäudes.
8 Vgl. Kapitel 6.5 und 6.7.

1.2.3 Vergleichswertrichtlinie

In der Richtlinie zur Ermittlung des Vergleichswerts[9] (Vergleichswertrichtlinie – VW-RL) sind die Regelungen zum Thema Baumängel und Bauschäden unter Nummer 8.2 nahezu identisch zum Wortlaut in der Sachwertrichtlinie zu finden:

> „Wertminderungen auf Grund von Baumängeln oder Bauschäden können
> - durch Abschläge nach **Erfahrungswerten**
> - unter Zugrundelegung von **Bauteiltabellen** oder
> - auf der **Grundlage von Schadensbeseitigungskosten**
>
> berücksichtigt werden. [...]"

Grundsätzlich ist jeder Schaden individuell. Da es ohnehin schon schwer ist, Objekte zu finden, die hinsichtlich Lage, Baujahr, Ausstattung und baulicher Ausnutzung vergleichbar sind, scheint es geradezu unmöglich, dass auch die einzelnen Bauschadenstypen der jeweiligen Kauffälle vergleichbar sind. Dennoch sollte beim Vergleichswertverfahren geprüft werden, ob die Vergleichsobjekte möglicherweise gleiche oder vergleichbare Schäden wie das Bewertungsobjekt aufweisen. Es kann tatsächlich sein, dass z.B. in einem Straßenzug alle Gebäude aus einer Siedlung beispielsweise mit Baujahr 1960 bei Starkregenereignissen oder Grundstücke in Flussnähe vermehrt Probleme mit Feuchtigkeit im Keller haben. Hier gilt es, die Vergleichsobjekte im Einzelnen genau zu untersuchen, denn wenn bei einigen Vergleichsobjekten diese Punkte bereits im Kaufpreis und damit in der Kaufpreisdatenbank als Referenzobjekte enthalten sind, wäre es nicht richtig, einen weiteren zusätzlichen Abschlag vorzunehmen. Es besteht die Gefahr der Doppelberücksichtigung. Zugegebenermaßen ist das der Idealfall. Praktisch wird man kaum erfahren, ob in der Nachbarschaft der Keller bei Starkregen überflutet ist.

1.2.4 Ertragswertrichtlinie

Die Regelungen zur Berücksichtigung des Werteinflusses von Baumängeln und Bauschäden auf den Verkehrswert sind in der Richtlinie zur Ermittlung des Ertragswerts[10] (Ertragswertrichtlinie – EW-RL) unter Punkt 11.2 zu finden.

Der Wortlaut unterscheidet sich geringfügig von dem der beiden zuvor genannten Richtlinien, inhaltlich sind alle drei Richtlinien jedoch identisch. Hier heißt es:

> „Wertminderungen auf Grund von Baumängeln oder Bauschäden oder unterlassener Instandhaltung können
> - nach **Erfahrungswerten**
> - unter Zugrundelegung von **Bauteiltabellen** oder
> - unter Berücksichtigung der **Schadensbeseitigungskosten**
>
> ermittelt werden. [...]"

---

9 Richtlinie zur Ermittlung des Vergleichswerts (Vergleichswertrichtlinie VW-RL), Bundesministerium für Umwelt, Naturschutz, Bau und Reaktorsicherheit, 20.3.2014.

10 Richtlinie zur Ermittlung des Ertragswerts (Ertragswertrichtlinie EW-RL), Bundesministerium für Umwelt, Naturschutz, Bau und Reaktorsicherheit, 12.11.2015.

1.2.5 Zusammenfassung Wertermittlungsrichtlinien

Nach Betrachtung der Wertermittlungsrichtlinien versteht die ImmoWertV unter „anderer geeigneter Weise“ zur Berücksichtigung der Baumängel und Bauschäden demnach:

- Erfahrungswerte
- Bauteiltabellen
- Schadensbeseitigungskosten

Detailliert werden diese Ansätze in Kapitel 6 betrachtet.

1.2.6 Wertermittlungsrichtlinien 2002

In der Richtlinie für die Ermittlung der Verkehrswerte (Marktwerte) von Grundstücken[11] (Wertermittlungsrichtlinien 2002 – WertR 2002) wird das Thema Baumängel und Bauschäden zum einen im Zusammenhang mit dem Ertragswertverfahren und an anderer Stelle unter dem Thema Sachwertverfahren behandelt.

In den Richtlinien wird in Kapitel 3.5 „Ertragswert“ im Unterkapitel 3.5.8 „Zu- und Abschläge“ wie folgt beschrieben:

> „[...] Weist ein Objekt Baumängel oder Bauschäden [...] auf und soll der Verkehrswert unter Berücksichtigung der Kosten für deren Beseitigung sowie unter Berücksichtigung der erfolgten Modernisierung ermittelt werden, sind entsprechend dem geplanten Bauzustand eines mangelfreien ggf. modernisierten Objekts:
>
> - die nachhaltig erzielbaren Erträge (Nettokaltmieten)
> - die nachhaltig anfallenden Bewirtschaftungskosten (insbesondere Höhe der laufenden Instandhaltungskosten) und
> - die ggf. auf der Grundlage einer Modernisierung verlängerte Restnutzungsdauer
>
> zu Grunde zu legen und das Ergebnis der Wertermittlung um die aufzuwendenden Kosten (getrennt nach Instandsetzungs- und Modernisierungsmaßnahmen) zu vermindern.
>
> Soweit eine Verpflichtung zum Erhalt der baulichen Anlage nicht besteht, ist bei überdurchschnittlichen Kosten zur Beseitigung der Baumängel und Bauschäden im Verhältnis zum Gebäudeertragswert des instand gesetzten Gebäudes zu prüfen, ob die Anwendung des Liquidationswertverfahrens oder der sofortige Rückbau der Gebäude zu sachgerechten Ergebnissen führt und deshalb das jeweilige Verfahren zu Grunde zu legen ist.
>
> Nur in bestimmten Fällen sind die Instandsetzungskosten in voller Höhe wertmindernd zu berücksichtigen (z.B. bei zwingend erforderlichen Maßnahmen [...]).“

Hierbei ist ausschließlich von Kosten die Rede. Es wird zwar darauf hingewiesen, dass die vollen Kosten nur in „bestimmten Fällen“ anzusetzen sind, eine Marktanpassung der Schadensbeseitigungskosten bleibt hingegen unerwähnt. Auf die vorgeschlagenen Berech-

11 Richtlinien für die Ermittlung der Verkehrswerte (Marktwerte) von Grundstücken (Wertermittlungsrichtlinien 2002 – WertR 2002), Bundesministerium für Verkehr, Bau-und Wohnungswesen, 19.7.2002.

nungsansätze wie die Verlängerung der Restnutzungsdauer bei Modernisierung wird in den folgenden Kapiteln eingegangen.

An weiterer Stelle werden die Baumängel und Bauschäden unter Kapitel 3.6 „Sachwert" und im Unterkapitel 3.6.1.1.8 der WertR 2002 „Wertminderung wegen Baumängeln und Bauschäden" erwähnt. Hier heißt es:

> „[...] Wertminderung aufgrund von Baumängel und/oder Bauschäden können folgendermaßen berücksichtigt werden:
>
> - durch Verminderung des angesetzten Herstellungswerts
> - durch eine entsprechend geminderte Restnutzungsdauer
> - durch Abschlag nach Erfahrungswerten (in v.H. der Gebäudeherstellungskosten) unter Verwendung von Bauteiltabellen
> - durch Abzug der Schadensbeseitigungskosten
>
> Welcher dieser Verfahrenswege sachgerecht ist, hängt vom Einzelfall ab und sollte vom Standpunkt eines wirtschaftlich vernünftig handelnden Eigentümers betrachtet werden. In jedem Fall sind Doppelberücksichtigungen zu vermeiden.
>
> Bei letztgenanntem Verfahrensweg muss beachtet werden, dass der Wertminderungsbetrag nicht höher sein kann als der Wertanteil des betreffenden Bauteils am Gesamtwert des Baukörpers. Aus diesem Grund ist es in der Regel notwendig, die nach den Wertverhältnissen am Wertermittlungsstichtag ermittelten Schadensbeseitigungskosten unter Anwendung des unter Nr. 3.6.1.1.7 aufgeführten Alterswertminderungssatzes zu kürzen [...]."

Die vorgenannten Ansätze zur Berücksichtigung von Baumängeln und Bauschäden zielen überwiegend auf den Istzustand ab und bedeuten eine Modifizierung der Eingangsparameter. Dies birgt große Gefahren hinsichtlich der Modellkonformität und damit der Marktkonformität, die in Kapitel 6.3 beschrieben werden. Darüber hinaus wird die Erfordernis der Marktanpassung der Schadensbeseitigungskosten vernachlässigt.

1.2.7 Wertermittlungsrichtlinien 1991

In der Richtlinien für die Ermittlung des Verkehrswerts von Grundstücken[12] (Wertermittlungs-Richtlinien 1991 – WertR 91) werden die einzelnen Wertermittlungserfahren unter Punkt 3 erläutert. Unter 3.4 wird das ***Vergleichswertverfahren*** beschrieben. Zu Baumängeln und Bauschäden werden folgende Ausführungen gemacht:

> „Der Vergleichswert ist in der Regel als Verkehrswert anzusehen. Zu- oder Abschläge zur Anpassung an die Marktlage sind nicht mehr vorzunehmen, wenn der Vergleichswert mit Hilfe von Marktpreisen ermittelt wird. Lediglich Zu- oder Abschläge wegen Baumängeln und Bauschäden [...] sind erforderlichenfalls vorzunehmen, wenn diese Kriterien den Markt beeinflussen und von den Gegebenheiten der Vergleichsobjekte abweichen."

Nach den vorstehenden Ausführungen ist im Vergleichswertverfahren unter den boG ein marktgerechter Abschlag für Baumängel und Bauschäden zu berücksichtigen.

---

12 Richtlinien für die Ermittlung des Verkehrswerts von Grundstücken (Wertermittlungs-Richtlinien 1991 – WertR 91), Bundesministerium für Raumordnung, Bauwesen und Städtebau, 11.6.1991.

Unter 3.5 der Richtlinie wird das ***Ertragswertverfahren*** beschrieben. Die Baumängel und Bauschäden werden im Unterpunkt 3.5.6 der WertR 91 im Rahmen von Zu- und Abschlägen lediglich in Form eines Reparaturstaus erwähnt. Hierzu heißt es:

> „Soweit Erträge oder Kosten nach den vorstehenden Regelungen noch nicht berücksichtigt sind, wie Einnahmen aus besonderen Nutzungen von Gebäuden oder sonstige Grundstücksflächen oder Kosten für eine unterlassene Instandhaltung (Reparaturstau) sowie [...], ist dies durch entsprechende Zu- oder Abschläge auf den ermittelten Wert zu berücksichtigen."

Danach sind auch im Ertragswertverfahren unter den boG entsprechende Abschläge vorzunehmen.

Unter Punkt 3.6 wird das ***Sachwertverfahren*** beschrieben. Das Sachwertverfahren ist das einzige Verfahren, bei dem das Thema Baumängel und Bauschäden ausführlich behandelt wird.

Kapitel 3.6.3.2 der WertR 91 „Wertminderung wegen Baumängeln und Bauschäden" legt fest:

> „Die Wertminderung wegen Baumängeln und Bauschäden ist nach
>
> - Erfahrungssätzen oder
> - auf der Grundlage der für ihre Beseitigung am Wertermittlungsstichtag erforderlichen Kosten
>
> zu bestimmen. Dabei ist zu berücksichtigen, ob angesichts sonstiger Umstände des Grundstücks (z.B. planungsrechtliche Veränderung, Lage innerhalb eines Sanierungsgebiets) und der baulichen Anlage, vor allem der Restnutzungsdauer, der Aufwand für die Beseitigung der Baumängel und Bauschäden in einem wirtschaftlichen Verhältnis zur Restnutzungsdauer der baulichen Anlage steht."

Hierbei wird allerdings nicht eindeutig klar, an welcher Stelle im Sachwertverfahren die Wertminderungen erfolgen sollen. Analog der vorgenannten Verfahren wäre es konsequent, wenn auch im Sachwertverfahren die Wertminderung am Ende des Verfahrens und damit nach der Marktanpassung berücksichtigt wird. Die Maßgabe „auf Grundlage der für ihre Beseitigung am Wertermittlungsstichtag erforderlichen Kosten" lässt ebenfalls offen, ob hier die vollen Kosten abgezogen werden oder ob eine Marktanpassung durchgeführt wird.

1.3 Baumängel und Bauschäden in der Rechtsprechung

Zu der Frage, inwieweit sich der Sachverständige für Immobilienbewertung mit dem Thema Baumängel und Bauschäden beschäftigen muss, gibt es zahlreiche kontroverse Auffassungen und damit einhergehend auch Gerichtsurteile. Ein Auszug diverser Urteile wird im Folgenden ohne Anspruch auf Vollständigkeit abgedruckt.

„Ein Verkehrswertgutachten ist unplausibel, wenn es die Wertminderung wegen Bauschäden (Reparaturstau) mit den Kosten der Schadensbeseitigung (Reparaturkosten) gleichsetzt. [...]"[13]

„[...] Durch ein Verkehrswertgutachten im Rahmen der Zwangsversteigerung soll der Verkehrswert zu einem bestimmten Stichtag festgestellt werden. Nur hierauf bezieht sich die Pflicht des Sachverständigen. Denn aufgrund der Feststellungen des Sachverständigen wird der Verkehrswert vom Gericht im Wege des Beschlusses festgesetzt. Es kommt deshalb allein darauf an, ob dieser Verkehrswert richtig ist. Dagegen gehört die Feststellung von Baumängeln und Bauschäden nicht zu der Sachverständigenpflicht. Diese sind zwar gemäß § 21 Abs. 3 der WertV zu berücksichtigen. Bedeutung haben sie jedoch lediglich für die Feststellung des Verkehrswertes. Sie haben keine eigenständige Außenwirkung dergestalt, dass sich der Ersteigerer im Rahmen einer Zwangsversteigerung auf die Richtigkeit und Vollständigkeit der festgestellten Baumängel und Bauschäden und deren kostenmäßige Bewertung berufen kann. Dabei ist zudem zu berücksichtigen, dass es sich bei der Verkehrswertermittlung um eine Schätzung handelt und auch die Baumängel und Bauschäden danach bewertet werden, welchen Einfluss sie auf den Kreis potentieller Erwerber haben. So wirken sich geringfügige Mängel zum einen gar nicht auf den Verkehrswert aus, zum anderen sind Mängel auch in der allgemeinen Einschätzung des Objektes stillschweigend enthalten. [...]"[14]

„[...] Im Zwangsversteigerungsverfahren wird lediglich der Verkehrswert zu einem bestimmten Stichtag geschätzt und nicht ein bestimmter Betrag exakt festgestellt. Nur darauf bezieht sich die Pflicht des Sachverständigen; Baumängel festzustellen, zu berechnen und deren Sanierungskosten wertmindernd zu berücksichtigen, gehört nicht zu den Pflichten des Sachverständigen. [...]"[15]

Zusammenfassend ist festzustellen, dass es nicht nachvollziehbar ist, wenn im Verkehrswertgutachten unter den boG kommentarlos die vollen Schadensbeseitigungskosten abgezogen werden. Grundsätzlich entsprechen diese nicht der Höhe der Wertminderung. Nach Meinung der Verfasserin kann es aber durchaus marktgerecht sein, im Einzelfall auch die vollen Kosten unter den boG abzuziehen bzw. die Sanierungskosten mit der Wertminderung gleichzusetzen. Für diesen Fall muss dies im Gutachten plausibel und nachvollziehbar dargestellt sein.

Weiter zeigen die Urteile, dass es sich bei der Berücksichtigung eines Wertabschlags infolge Baumängeln und Bauschäden ausschließlich um eine grobe Schätzung handelt. Auf Basis dieser Schätzung kann keine Investitionskalkulation zur Schadensbeseitigung durch den Käufer erfolgen.

Darauf sollte im Gutachten hingewiesen werden.

13 FG Berlin-Brandenburg, Urt. v. 10.6.2015, 3 K 3248/11.
14 OLG Schleswig, Urt. v. 6.7.2007, 14 U 61/06.
15 OLG Rostock, Urt. v. 27.6.2008, 5 U 50/08.

2 Baumängel und Bauschäden

2.1 Definitionen[16]

2.1.1 Baumangel

Gemäß § 433 BGB Kaufvertrag, § 434 Sachmangel, § 633 BGB Werkvertrag und § 535 BGB Mietsachen ist ein Mangel eine Abweichung vom vertraglichen Sollzustand, der sich auf die vereinbarte Beschaffenheit, vertragliche Beschaffenheit, gewöhnliche Verwendungseignung und die übliche Beschaffenheit bezieht. Baumängel entstehen in der Regel auf Basis von Planungsfehlern, Ausführungsfehlern und mangelhaften Baustoffen.

Auch in den Wertermittlungsrichtlinien (WertR) sowohl von 1991 als auch von 2002 findet sich eine Definition von Baumängeln.

WertR 2002 (3.6.1.1.8):

> „Baumängel entstehen während der Bauzeit. Als Sachmangel führt der § 434 BGB Abweichungen von der vereinbarten Beschaffenheit, von der vorausgesetzten Verwendung und von der gewöhnlichen Verwendung auf. Zu den Baumängeln gehören mangelnde Isolierung, mangelnde statische Festigkeit und unzweckmäßige Baustoffe. Baumängel können sowohl durch unsachgemäße Bauausführung als auch durch Einsparungen verursacht werden, die sich auf die geforderte Qualität des Bauwerks auswirken. [...]"

2.1.2 Bauschaden

Bauschäden sind nicht im BGB definiert. Nach der juristischen Definition ist ein Bauschaden der Nachteil, den ein schädigendes Ereignis nach Fertigstellung aufgrund äußerer Einwirkungen verursacht. Laut der technischen Definition ist ein Bauschaden eine negative Veränderung einer Bauteileigenschaft.

Während Baumängel im Rahmen der Bauausführung entstehen und am Tag des Gefahrenübergangs, also bei der Abnahme, festgestellt werden, entstehen Bauschäden in der Regel nach der Fertigstellung des Bauwerks aufgrund äußerer Einwirkungen (Brand, Feuer, Wasser, Schädlinge, Bergschäden etc.), wegen Instandhaltungsstau oder als Folge eines Baumangels (Mangelfolgeschaden).

Die WertR 2002 definiert Bauschäden wie folgt:

> „[...] Bauschäden entstehen nach Fertigstellung infolge äußerer Einwirkung; dazu gehören vernachlässigte Instandhaltung (Instandhaltungsstau), Bergschäden, Wasserschäden, Holzerkrankungen und Schädlingsbefall. Bauschäden können auch als Folge von Baumängeln auftreten. [...]"

16 Im Entwurf der Muster-Anwendungshinweise zur Immobilienwertermittlungsverordnung (ImmoWertA) des Bundesministeriums des Innern, für Bau und Heimat vom 1. Februar 2021 sind die Begriffe Baumängel und Bauschäden unter Nummer 8.(3).4 definiert.

2.1.3 Allgemein anerkannte Regeln der Technik

Für den Terminus „allgemein anerkannte Regeln der Technik" gibt es keine gesetzliche Definition. Gemäß einem Beschluss des Bundesverwaltungsgerichts vom 30.9.1996 bedeutet er:

> „Allgemein anerkannte Regeln der Technik sind diejenigen Prinzipien und Lösungen, die in der Praxis erprobt und bewährt sind und sich bei der Mehrheit der Praktiker durchgesetzt hat."[17]

Eine technische Regel ist dann „allgemein anerkannt", wenn sie:

- in der Wissenschaft allgemein als theoretisch richtig anerkannt ist und
- in der Praxis erprobt wurde und sich bewährt hat.

In der Regel bilden die DIN-Normen die anerkannten Regeln der Technik ab. Dies muss aber nicht zwangsläufig so sein, da die notwendigen Normanpassungen an die aktuellen technischen, wissenschaftlichen und praktischen Erkenntnisentwicklungen naturgemäß nur mit Zeitversatz erfolgen können.

Die allgemein anerkannten Regeln der Technik sind als Mindeststandard immer geschuldet. Bei Nichterfüllung liegt ein Mangel vor. Sie müssen dazu nicht schriftlich fixiert sein.

2.1.4 Stand der Technik

Der Stand der Technik ist im Gegensatz zu den anerkannten Regeln der Technik nur geschuldet, wenn er auch vertraglich vereinbart wurde. Der Stand der Technik umfasst technische Regeln, die:

- in der Wirtschaft allgemein als theoretisch richtig anerkannt sind,
- sich in der Praxis aber noch nicht als erprobt und bewährt erwiesen haben.

2.2 Baumängel

Ein Baumangel ist eine Abweichung vom Vertragssoll am Tag der Abnahme, also bei Fertigstellung des Bauwerks.

Zu beachten ist, dass der Baumangel ausschließlich spätestens am Tag der Abnahme definiert und festgestellt wird. Was aus heutiger Sicht als Mangel erscheint, muss zum Zeitpunkt der früheren Errichtung eines Gebäudes nicht zwangsläufig auch einen Mangel dargestellt haben. Eine fehlende Entwässerungsführung, z.B. von einem Balkon, kann zu massiven Feuchteschäden führen. In den 1950er- bis 1980er-Jahren war diese Ausbildung der Balkonentwässerung Stand der Technik und es handelte sich nicht um einen Mangel. Heute müssen wir den Mangelfolgeschaden in Form von u.a. Feuchteerscheinungen bewerten. Bei der Wertermittlung ist zu berücksichtigen, dass dieses Schadensbild baujahres-

17 BVerwG, Beschl. v. 30.9.1996, 4 B 175/96 (rechtskräftig), BauR 1997, 290.

typisch ist und gegebenenfalls gar nicht als wertmindernd berücksichtigt werden darf, soweit es nicht über das übliche Maß hinausgeht.

Da in der Immobilienbewertung üblicherweise der Wiederverkaufswert ermittelt wird, ist der Wertermittlungsstichtag in der Mehrzahl der Fälle nicht identisch mit dem Tag der Abnahme, sondern liegt in der Regel Jahre nach der Abnahme.

Baumängel können dann nur einen begrenzten Einfluss auf den Verkehrswert haben. Erfahrungsgemäß muss es erst zu einem Schaden kommen, bevor der Markt reagiert. Erst dann wäre es ein Mangelfolgeschaden.

Die Fälle, in denen ein Baumangel ohne eintretenden Schaden eine Auswirkung auf den Verkehrswert hat, sind sehr selten. Wird der Mangel bei der Abnahme entdeckt und beseitigt, kann es zu einer Wertminderung als Folge einer verbleibenden Unsicherheit des Marktes hinsichtlich der Qualität der Immobilie kommen. Dann muss ein merkantiler Minderwert ermittelt werden.

Wird der Baumangel am Tag der Abnahme entdeckt und nach OswaldOswald[18] als hinnehmbar oder als Bagatelle definiert, dann wird diese Gegebenheit höchstwahrscheinlich keine Auswirkung auf den Zweitverkauf haben.

Ungeachtet der Tatsache, dass es für den Ersterwerber, der einen Kaufpreis für ein mangelfreies Objekt gezahlt hat, nun zu einer Abweichung des Vertragssolls und damit verbunden zu einem subjektiven Verlustgefühl kommt, ist der Zweiterwerber möglicherweise nur froh, endlich eine Immobilie gefunden zu haben, die ihm gefällt, und realisiert den Baumangel nicht. Zum Beispiel könnte im Vertrag ein Fliesenspiegel in der Kreuzfuge vereinbart gewesen sein. Ausgeführt wurde eine Verlegung im 1/3-Verband. Der Ersterwerber ist verärgert, schließlich hat er Geld bezahlt, um die Fliesen in dem Muster zu erstellen, wie sie ihm gefallen, und fordert eine Minderung. Der Zweiterwerber ist froh, eine Wohnung in der Lage bekommen zu haben, und die Verlegerichtung der Fliesen im Bad spielt für ihn keine Rolle.

Wurden minderwertige Materialien verbaut, sodass z.B. die Anforderungen an den Schall- oder Wärmeschutz nicht in der vereinbarten Qualität erfüllt werden, würden diese Gegebenheiten unter dem Ausstattungsstandard berücksichtigt werden. In ganz seltenen Fällen führt ein Baumangel zu einer Wertbeeinträchtigung, die gesondert betrachtet werden muss.

Dies könnte z.B. bei einer fehlenden Schallentkoppelung der Fall sein. Auch Jahre nach der Abnahme kommt es zu massiven Beeinträchtigungen durch Lärm aus der Nachbarwohnung, weil z.B. beim Einbau des Fußbodens die Randdämmstreifen zur Abstellung des Estrichs bzw. der notwendige Wandabstand (Luftzwischenraum) beim Verlegen des Parketts nicht berücksichtigt wurden. Nachträglich kann der Mangel nicht ohne unverhältnismäßig hohen Aufwand behoben werden. Es muss untersucht werden, inwieweit der Markt auf die Lärmbelästigung reagiert.

18 Oswald, R., Abel, R., Hinzunehmende Unregelmäßigkeiten bei Gebäuden.

2.2.1 Fehlerhafte Planung

Baumängel gehen in vielen Fällen auf eine mangelhafte Planung zurück. Wenn einzelne Aspekte in der Planung vergessen oder nicht untersucht wurden, kann dies in der Bauphase zu Problemen führen. Wenn die Gegebenheiten nicht mehr zu ändern sind, bleibt der Baumangel bestehen.

Im Folgenden sind einige Beispiele zu Baumängeln aufgrund fehlerhafter Planung aus der Praxis aufgezeigt.

Beispiel 1

Beschreibung

In einem Neubau eines Einfamilienhauses wurde im Badezimmer ein Fenster eingebaut. Nach Einbau des Fliesenspiegels über der Badewanne ließ sich das Fenster nur noch in einem Winkel von ca. 45° öffnen.

Ursache

Bei der Planung des Abstandes des Fensterrahmens mit öffenbarem Fensterflügel wurde die notwendige größere Rahmenstärke zur Aufnahme der Laibungsfliesen als Anschlagspunkt für den 90°-Öffnungsflügel nicht eingeplant.

Der verminderte Abstand führte dazu, dass der Fensterflügel bereits bei einem geringen Öffnungswinkel gegen die Laibung schlug.

Abb. 2-1: Fenstereinbausituation Bad

Abb. 2-2: Öffnungswinkel Fenster

Maßnahme

In der Folge konnte das Fenster nur noch in einem Winkel von ca. 45° geöffnet werden. Als Lösungsansatz hätte der Fliesenbelag im Bereich der Fensterlaibung entfernt werden können. Es wäre dann immer noch ein optischer Mangel verblieben.

Beispiel 2

Beschreibung

In einer Dreifeldsporthalle mit hohen Spannweiten waren in regelmäßigen Abständen Risse in den Sichtbetonunterzügen sichtbar. Diese verliefen senkrecht zum Unterzug.

Ursache

Es handelte sich um einen Planungsfehler in Form einer Minderbemessung der Bewehrung in den Zugzonen der Träger.

Abb. 2-3: Innenansicht Halle

Abb. 2-4: Riss an Trägerunterseite

Maßnahmen

Zur Ertüchtigung wurden zusätzliche Stahlbinder an der Unterseite des Stahlbetonträgers befestigt, die die Zugkräfte aufnehmen können.

Der Riss im Stahlbetonunterzug wurde mittels Betonkosmetik verschlossen. Die Kosten für die gesamten Sanierungsmaßnahmen betrugen pro Träger ca. 5.000 €.

Beispiel 3

Beschreibung

Bei der Abnahme einer Eigentumswohnung wurde bemängelt, dass der Fußbodenaufbau im Bereich der Schwelle zwischen Badezimmer und Wohnzimmer ein Gefälle aufwies. Insbesondere am Fußpunkt der Türzarge wurde dies sichtbar. Im Bereich des Wohnzimmers betrug die Breite des Spaltes zwischen Zarge und Fußbodenoberkante ca. 9 mm.

Ursache

Bei der Planung des Fußbodenaufbaus wurde nicht berücksichtigt, dass im Badezimmer aufgrund der Fußbodenheizung ein höherer Fußbodenaufbau erforderlich war als für das Parkett im Wohnzimmer.

Abb. 2-5: Acrylfuge

Abb. 2-6: Spalt zwischen Parkett und Türzarge

In der Ausführung wurde der Estrich dementsprechend im Gefälle eingebaut. Im Fußbereich der Türzarge entstand ein Spalt, der auf null zuläuft.

Maßnahmen

Dieser Mangel konnte letztlich nur optisch kaschiert werden.

2.2.2 Fehlerhafte Ausführung

Die meisten Baumängel in der Praxis beruhen auf einer fehlerhaften Bauausführungsleistung. Zeitdruck und Kosteneinsparungen sind die Hauptursachen für die folgenden Beispiele aus der Baustellenpraxis.

Beispiel 1

Beschreibung

Bei der Abnahme einer Eigentumswohnung wurden im Bad Unregelmäßigkeiten bezüglich der Ebenheit der Fliesengesamtfläche in der Fliesenstruktur festgestellt.

Abb. 2-7: Optischer Mangel – gewölbte Fliesen

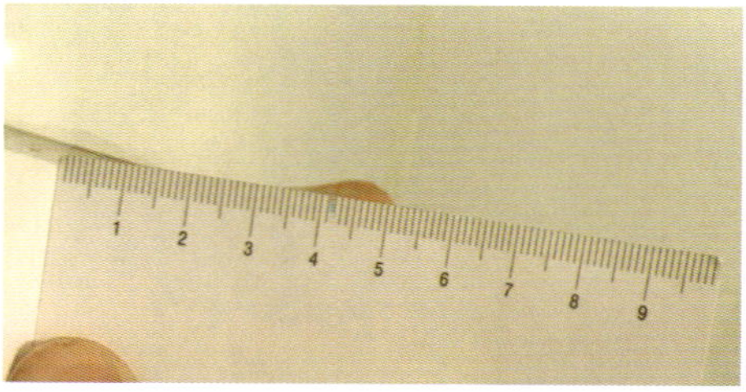

Abb. 2-8: Ebenheitsabweichung

Untersuchung

Gemäß den „Höhendifferenzen in keramischen, Betonwerkstein- und Naturwerksteinbekleidungen und Belägen" vom Fachverband des Deutschen Fliesengewerbes beträgt die zulässige Höhendifferenz für Fliesen mit dem Format 30 cm x 60 cm 1,9 mm.

Ursache

Fast alle Fliesen weisen herstellungsbedingt mehr oder weniger starke Wölbungen auf.

Bei kleineren Fliesenformaten ist deren Auswirkung visuell nicht relevant. Bei größeren Fliesen können erhebliche sogenannte Überzähne mit starken optischen Beeinträchtigungen entstehen. Der Fachverband des Deutschen Fliesengewerbes empfiehlt daher, großformatige Fliesen möglichst nur mit Kreuzfuge zu verlegen und im Vorfeld vor der Verlegung die Toleranzmaße der Fliesen zu prüfen.

Gemäß Fliesenspiegel, der dem Bauherrn übergeben wurde, waren Fliesen mit den Maßen 30 cm x 60 cm im 1/3-Verband geplant. Spätestens bei Prüfung der vorgesehenen Fliese auf ihre Toleranzmaße hätte der Fliesenleger Bedenken gegen die Verlegungsart bei diesem Fliesenformat anmelden müssen.

Trotz Unterschreitung der Toleranzen handelte es sich hierbei um einen Baumangel, da die anerkannten Regeln der Technik nicht eingehalten wurden.

Maßnahmen

In diesem Fall war nur ein kompletter Fliesenrückbau zur Behebung des Mangels möglich. Je nach Größe der auszubessernden Fläche und Qualität der Fliese lagen die Schadensbeseitigungskosten bei 60 bis 80 €/m².

Beispiel 2

Beschreibung

Infolge von Starkregenereignissen kam es immer wieder zu Wassereindrang durch die Kelleraußenwand einer 1960 errichteten Doppelhaushälfte.

Abb. 2-9: Eingangsbereich gepflastert

Abb. 2-10: Innenansicht Keller nach Aufgraben

Abb. 2-11: Situation außen nach Aufgraben

Abb. 2-12: Anschluss Drainagerohr

Abb. 2-13: Hochgebogene Teerpappe, ursprüngliche Horizontalabdichtung

Untersuchung

Ein Aufstemmen der Bodenplatte im Innenbereich legte den Anschluss zwischen Fundament und aufgehenden Außenwänden frei. Es war erkennbar, dass die notwendige und vorgeschriebene horizontale Feuchtesperre offensichtlich nicht ordnungsgemäß in der Mauerwerksfuge verlegt worden war, sondern an der Stelle des Wassereindrangs gewölbt war.

Ursache

Weiter war das Drainagerohr außen an den Kanal angeschlossen, so wie es zu der damaligen Zeit üblich war. Bei Starkregenereignissen kam es immer wieder zu einer Überlastung des Kanalnetzes. Das Wasser drückte dann vom Kanal in Richtung Drainage. Diese wiederum leitete das Wasser direkt an die Hauswand. So entstand hier der Lastfall „drückendes Wasser". Die ausgeführte Kelleraußenwandabdichtung war dafür nicht bemessen bzw. nicht geeignet. Der Wasserdruck und die unsachgemäß ausgeführte Horizontaldichtung führten somit zum Wassereindrang in den Keller.

Maßnahmen

Es erfolgte ein Aufgraben der Kellerwand von außen mit anschließender bituminöser Abdichtung und folgender Außenwanddämmung. Darüber hinaus wurde der vorhandene Anschluss der Drainage an den Kanal zurückgebaut bzw. unterbrochen. Die Sanierungskosten beliefen sich auf ca. 25.000 €.

In diesem Beispiel hatte der Baumangel zu einem Folgeschaden geführt.

2.2.3 Mangelhafte Baustoffe

Ein nicht unwesentlicher Anteil an Baumängeln geht auf die Verwendung mangelhafter Baustoffe zurück. Häufig sind Baustoffe verunreinigt. Insbesondere bei der Betonherstellung kommt es immer wieder zu Verunreinigungen der Grund- bzw. Zuschlagstoffe. Oftmals werden die Gesteinskörnungen bei der Anlieferung oder der Lagerung nicht ausreichend vor Verunreinigungen geschützt. Auch kommt es vor, dass die Mischfahrzeuge nicht ausreichend gesäubert wurden.

Beispiel 1

Beschreibung

Die Fassade eines Reihendhauses wies vielfach lokale, eng begrenzte Stellen mit rostartigen Erscheinungen am Außenputz auf. Von den Roststellen ausgehend waren mehrere Zentimeter lange braune Läuferbildungen zu erkennen.

Abb. 2-14: Ansicht Putzfassade

Abb. 2-15: Rostfahne im Putz

Ursache

Ursache waren Verunreinigungen im Putz. Organische oder erzhaltige Kleinstteile reagierten mit Sauerstoff und es kam zur Korrosion.

Maßnahme

Die Fassade konnte punktuell saniert werden. Dazu wurden die betroffenen Putzflächen entfernt und neu hergestellt.

Die Sanierungskosten für punktuelle Ausbesserungen verunreinigter Putzflächen hängen von der Anzahl und Größe der zu sanierenden Stellen ab. Sie können mit einer Spanne von ca. 20 bis 80 €/m² angegeben werden.

Beispiel 2

Beschreibung

Die Sichtbetonfassade eines Verwaltungsgebäudes wies mehrfach bräunliche Flecken mit Läuferbildung auf.

Abb. 2-16: Ansicht Betonfassade

Abb. 2-17: Rostfahne im Beton

Ursache

Ursache waren Verunreinigungen in den Zuschlagstoffen des Betons wie z.B. organische Einschlüsse aus diversen Kiesgruben, die Korrosionserscheinungen verursachten.

Maßnahmen

Es handelte sich um einen optischen Mangel, der durch stellenweisen zusätzlichen Oberflächenschutz der Betonflächen instand gesetzt werden konnte.

Die Sanierungskosten für solche Betoninstandsetzungsmaßnahmen liegen bei ca. 25 bis 80 €/m².

2.3 Bauschäden

Bauschäden ziehen sich durch alle Gewerke. Sie reichen von Rissen und Verfärbungen bis hin zu Wassereinbrüchen oder gar gesundheitsschädlichen Erscheinungen.

Im Folgenden werden typische Bauschäden beschrieben. Feuchteschäden in unterschiedlichen Ausprägungen mit verschiedenen Ursachen und mit sehr unterschiedlichen Folgeschäden zählen zu den häufigsten Bauschäden. Typische Feuchtefolgeschäden sind Schimmelschäden, denen daher ein eigenes Kapitel gewidmet wird. Ebenso treten sehr oft Risse an Gebäuden auf. Auch diese können unterschiedliche Ursachen haben. Weitere Schadensarten sind Schäden an Bauteilen aus Beton sowie Schädlingsbefall.

2.3.1 Feuchteschäden

2.3.1.1 Feuchteeinwirkungen auf Gebäude

Wasser kann auf unterschiedliche Weise auf das Bauwerk einwirken:

von außen durch:

- Bodenfeuchte und nicht stauendes Sickerwasser
- aufstauendes Sickerwasser
- drückendes Wasser
- Kapillarwasser
- Spritzwasser und Schlagregen

von innen durch:

- hygroskopische Feuchte
- Kondensation durch Unterschreitung der Taupunkttemperatur
- Wasserschäden durch Leckagen o.Ä.

Grundsätzlich kann Wasser von oben, von unten, von der Seite und von innen in ein Bauteil gelangen.

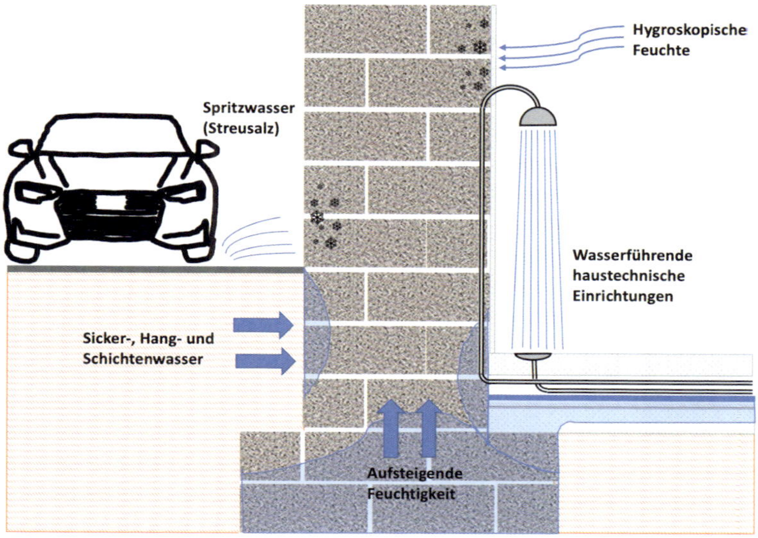

Abb. 2-18: Wassereinwirkungsweisen auf Gebäude

Von oben gelangt das Wasser in Form von Niederschlag auf die oberirdische Gebäudehülle (Dächer, Balkone, Terrassen und Fassaden). Damit kommt der Beschaffenheit der eigentlichen äußeren Hüllflächen (Dach, Balkon und Fassade) eine besondere Rolle zu. Aber auch die korrekte Ausführung der nachfolgenden Entwässerungsinstallationen für die oben genannten Hüllflächen ist zu beachten.

Das Wasser, das von unten auf die Gebäudehülle trifft, befindet sich im Erdreich. Dabei handelt es sich im Wesentlichen um Grund-, Schichten- und versickertes Oberflächenwasser oder Bodenfeuchtigkeit. Die normgerechte Abdichtung der erdberührenden Bauteile ist hierbei essenziell. Dabei handelt es sich in der Regel um die Bauteile Bodenplatte, Fundamente sowie die Außenwände der Untergeschosse.

Seitlich kann Wasser oberirdisch als Schlagregen oder Spritzwasser im Sockelbereich auf die Fassade einwirken. Es kann aber auch bei erdberührten Bauteilen durch Grund-, Schichten- und versickertes Oberflächenwasser oder Bodenfeuchtigkeit analog der vorbeschriebenen „Wassereinwirkung von unten" seitlich auf das Bauteil einwirken.

Die Feuchtigkeit muss nicht nur von außen kommen. Auch im Innern des Gebäudes gibt es Gefahrenstellen für irregulären Feuchteeintrag. So können z.B. Hausanschlussleitungen für Brauchwasserversorgung, Schmutz- und Regenwasser nicht ausreichend eingedichtet oder undicht sein. Bei Starkregenereignissen kann das rückstauende Wasser aus der straßen- oder grundstücksseitigen Kanalisation in das hauseigene Installationsnetz drücken. Darüber hinaus können Wasserentnahmestellen auch über längere Zeit unbemerkt undicht sein. Nicht zu vernachlässigen sind auch mögliche schädliche Luftfeuchteverhältnisse in Innenräumen, die durch intensive Personennutzung und deren Feuchteabgabe in Zusammenhang mit problematischen bauphysikalischen Bauteilausbildungen zu Schäden führen können. Diese stehen oftmals im Zusammenhang mit Schimmelpilzbildung und folgenden Gesundheitsproblemen.

Neben der mechanischen Beanspruchung der oben genannten Bauteile durch Oberflächen- oder Grundwasser gibt es auch physikalische und chemische Prozesse, die zur Feuchtebelastung von Bauteilen führen.

Unter der hygroskopischen Feuchte z.B. wird die Eigenschaft von Salzen verstanden, Luftfeuchte zu binden. Damit können im Mauerwerk enthaltene Salze zu einer Durchfeuchtung des Mauerwerks führen.

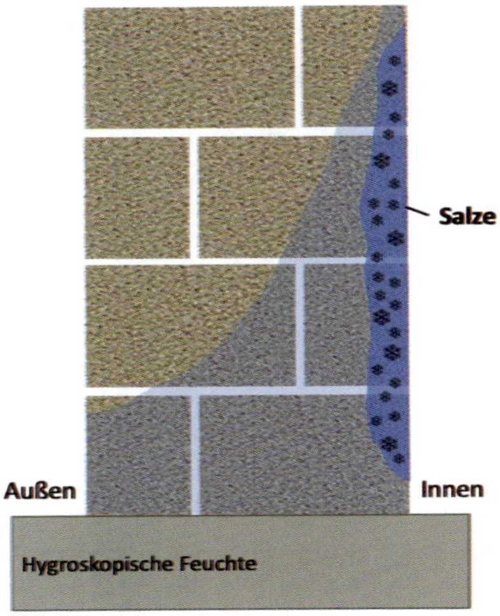

Abb. 2-19: Hygroskopische Feuchtigkeit

Auch Kondensation führt zur Feuchtebildung im Bauteil. Voraussetzung für Kondensatbildung ist das Vorhandensein eines Temperaturunterschieds zwischen Raumtemperatur und Bauteiltemperatur. Streift warme Raumluft an einer kalten Bauteiloberfläche vorbei, kühlt sich die Luft dort ab. Kalte Luft hat eine geringere Kapazität, Wasserdampf zu speichern als warme Luft, dadurch steigt die relative Luftfeuchtigkeit. Nach Erreichen der 100 %-igen Wasserdampfsättigung der Luft kommt es bei weiterer Abkühlung zur Unterschreitung der Taupunkttemperatur und es entsteht Tauwasser. Dieses Kondensat schlägt sich an der Bauteiloberfläche nieder. In der Folge kann es zu Verfärbungen, Putzabplatzungen und Schimmel kommen. Ursachen sind ein falsches Heiz- und Lüftungsverhalten, fehlende oder unzureichende Wärmedämmung sowie die Kombination aus beidem.

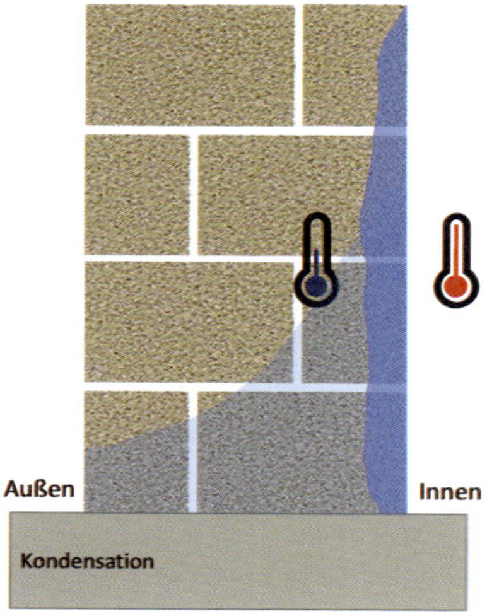

Abb. 2-20: Entstehung von Tauwasser

Weiter sei auch die kapillar aufsteigende Feuchte hier im Zusammenhang mit physikalischen Prozessen genannt. Allerdings geschieht diese in der Regel nur in Zusammenhang mit Wassereintritt von außen. Das von außen eindringende Wasser wird durch das kapillare Saugvermögen poröser Baustoffe nach oben transportiert. Die miteinander verbundenen Baustoffporen saugen das Wasser von Pore zu Pore, sodass der Feuchtetransport gegen die Schwerkraft stattfinden kann. Die Durchfeuchtung kann sowohl vertikal als auch horizontal erfolgen. Voraussetzung für den Feuchtetransport sind ein maximaler Porendurchmesser von 0,1 mm sowie eine gewisse Rauigkeit der Porenwandung.

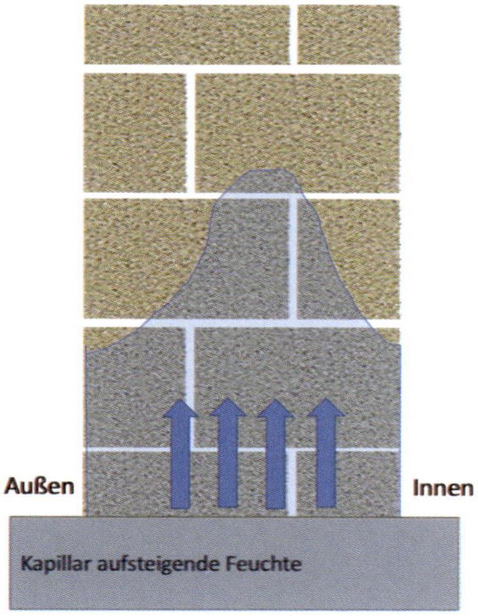

Abb. 2-21: Kapillar aufsteigende Feuchtigkeit

Ein weiterer Feuchtetransportmechanismus ist die Strömung. Hierbei fließt Wasser in flüssiger Form aufgrund Undichtheiten in der Abdichtung oder Fehlen derselben durch das Bauteil.

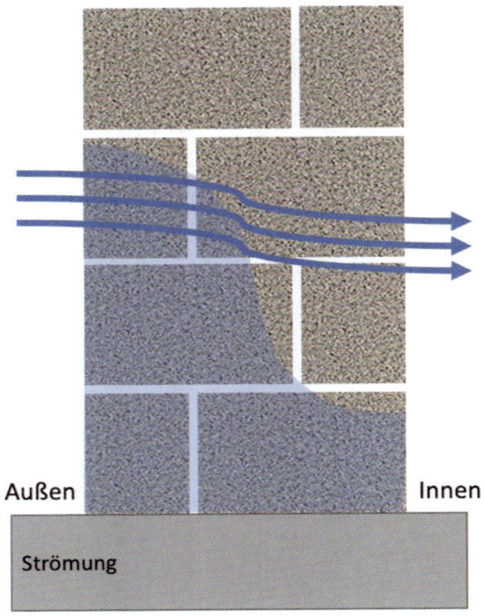

Abb. 2-22: Wassertransport durch Strömung

Bei der Konvektion wird Wasser von einer Luftströmung (Wasserdampf) mitgenommen. In der Regel geschieht dieser Prozess von innen nach außen. Im Unterschied zur Strömung ist das Wasser bei diesem Transportvorgang nicht flüssig, sondern gasförmig. Eine kleine Undichtheit reicht, sodass Wasserdampf die Trennschicht durchströmen kann. Grundprinzip der Konvektion ist das Aufsteigen warmer und das Absinken kalter Luft. Zur Verhinderung von Konvektion muss die Gebäudehülle luftdicht ausgeführt werden.

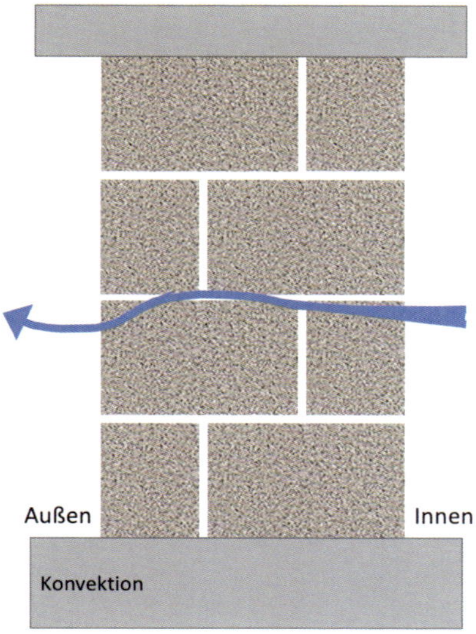

Abb. 2-23: Feuchtetransport durch Konvektion

Bei Diffusion handelt es sich um einen Feuchtetransport in Gasform. Dieser Vorgang geht zurück auf die Braun'sche Molekularbewegung. Die Wassermoleküle sind permanent in Schwingung und wollen sich ausgleichen. Die Diffusion stellt einen Ausgleich von unterschiedlichen Stoffkonzentrationen dar. Auf beiden Seiten eines Bauteils herrscht ein Partialdampfdruck. Dieser führt zum Transport der Wassermoleküle, bis auf beiden Seiten des Bauteils der gleiche Druck herrscht. Auf der wärmeren Seite ist der Druck höher, sodass die Diffusion von der wärmeren Seite des Bauteils zur kälteren stattfindet.

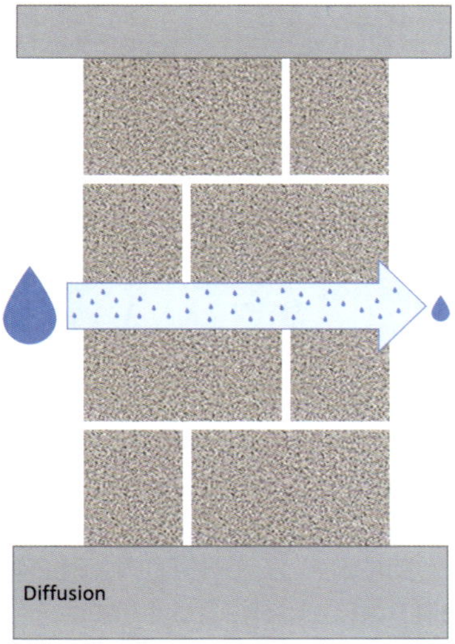

Abb. 2-24: Feuchtetransport durch Diffusion

2.3.1.2 Auswirkungen von Feuchteschäden

Feuchteschäden können ganz unterschiedliche Auswirkungen haben. An erster Stelle steht die substanzzerstörende Wirkung. Auch das äußere Erscheinungsbild kann beeinträchtigt werden. Beide Erscheinungen von Feuchteeinträgen können zu einer Minderung des Verkehrswerts führen. Aber auch das Raumklima kann bei Feuchteereignissen verschlechtert werden. Dies wiederum kann zu erhöhten Heizkosten führen. Im Falle von dauerhafter Feuchtebelastung in Wohn- oder Nutzräumen können Folgeschäden durch Schimmelbildung entstehen, die unter Umständen erhebliche Gesundheitsrisiken auslösen können. Aus diesem Grund sollte man bestehenden Feuchteschäden besondere Aufmerksamkeit widmen.

2.3.1.3 Normen

Nach der Novellierung der Abdichtungsnormen im Juli 2017 finden sich die Abdichtungsnormen in sechs Teilen:

- DIN 18195 – Abdichtungen von Bauwerken – Begriffe
- DIN 18531 – Abdichtung von Dächern sowie Balkonen, Loggien und Laubengängen
- DIN 18532 – Abdichtung von befahrbaren Verkehrsflächen aus Beton
- DIN 18533 – Abdichtung von erdberührten Bauteilen
- DIN 18534 – Abdichtung von Innenräumen
- DIN 18535 – Abdichtung von Behältern und Becken

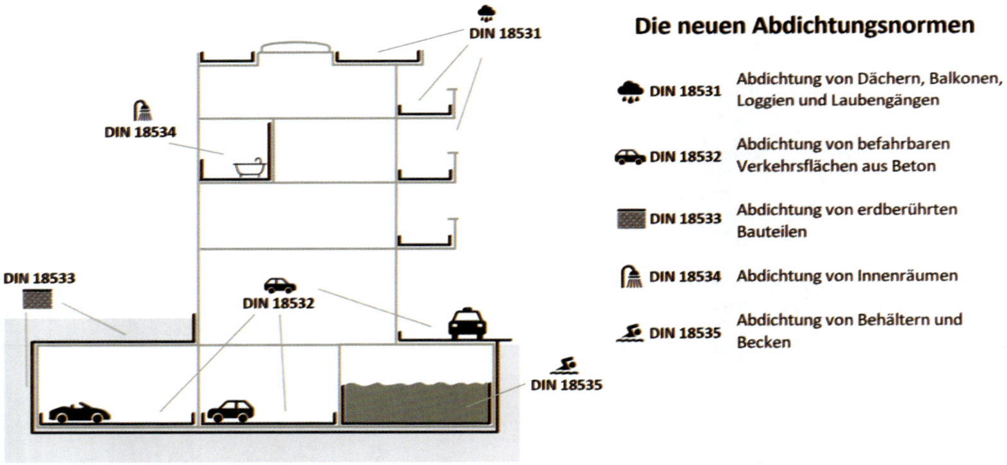

Abb. 2-25: Übersicht Abdichtungsnormen

Im Folgenden wird Bezug genommen auf die DIN 18531, DIN 18533 sowie DIN 18534, da diese in Zusammenhang mit den häufigsten Baumängeln und Bauschäden stehen.

2.3.1.4 Flachdächer sowie Balkone, Loggien und Laubengänge

2.3.1.4.1 DIN 18531 – Abdichtung von Dächern, Balkonen, Loggien und Laubengängen

Die DIN 18531 behandelt die Abdichtung von Dächern, Balkonen, Loggien und Laubengängen. Sie besteht aus fünf Teilen und ist wie folgt aufgebaut:

- Teil 1: nicht genutzte und genutzte Dächer – Anforderungen, Planungs- und Ausführungsgrundsätze
- Teil 2: nicht genutzte und genutzte Dächer – Stoffe
- Teil 3: nicht genutzte und genutzte Dächer – Auswahl, Ausführung, Details
- Teil 4: nicht genutzte und genutzte Dächer – Instandhaltung
- Teil 5: Balkone, Loggien und Laubengänge

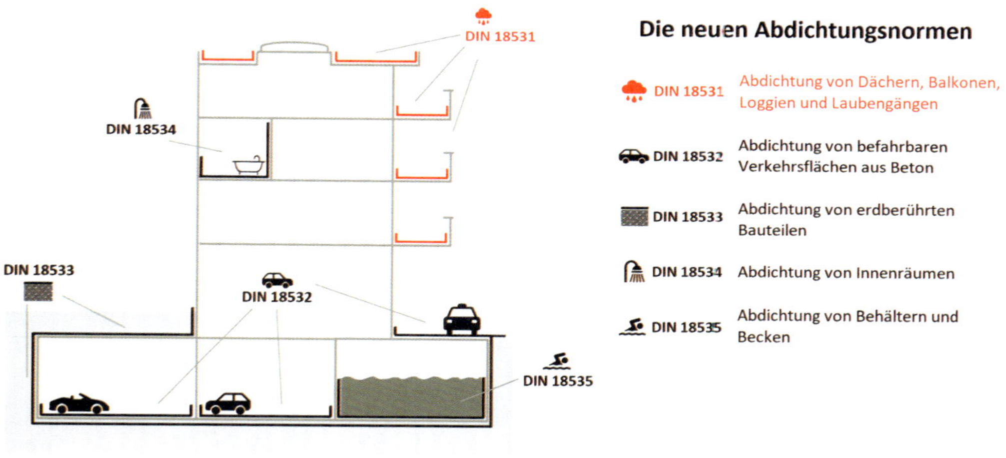

Abb. 2-26: Übersicht Abdichtungsnormen, hier DIN 18531

Abdichtungsschicht

Gemäß DIN 18531-1 sollten Abdichtungen so geplant und ausgeführt werden, dass die Abdichtungsschicht nicht lange durch anstehendes Niederschlagswasser belastet wird. Um dies zu vermeiden, sollten Flachdächer mit einem Gefälle von mindestens 2 % ausgebildet werden.

Aufgrund von Unebenheiten und Maßtoleranzen kann es zu Pfützenbildung kommen. Soll eine Pfützenfreiheit erreicht werden, muss das Gefälle mit einer Neigung > 5 % ausgebildet werden.

Um Schäden am Belag zu verhindern, können Drainschichten auf der Abdichtungsschicht erforderlich sein.

Das Gefälle auf dem Dach kann durch die Neigung der Tragkonstruktion, durch eine zusätzliche Gefälleschicht (z.B. Gefälleestrich) oder durch eine Gefälledämmschicht erreicht werden.

Die Abdichtung wird in Abhängigkeit vom Gefälle und der jeweiligen Anwendungsklasse nach DIN 18531-3:2017-07, Tabelle 1 bis 3 ausgewählt.

Die DIN unterscheidet zwei Anwendungsklassen:

- Anwendungsklasse K1
- Anwendungsklasse K2

Dächer der Anwendungsklasse K1 können auch ohne Gefälle geplant werden, wenn die Auswahl der Abdichtung die Anforderungen der Anwendungsklasse K2 erfüllt.

Dächer der Anwendungsklasse K2 sind in der Fläche mit einem Gefälle von ≥ 2 % zu planen. Im Bereich von Kehlen sollte ein Gefälle von 1 % geplant werden.

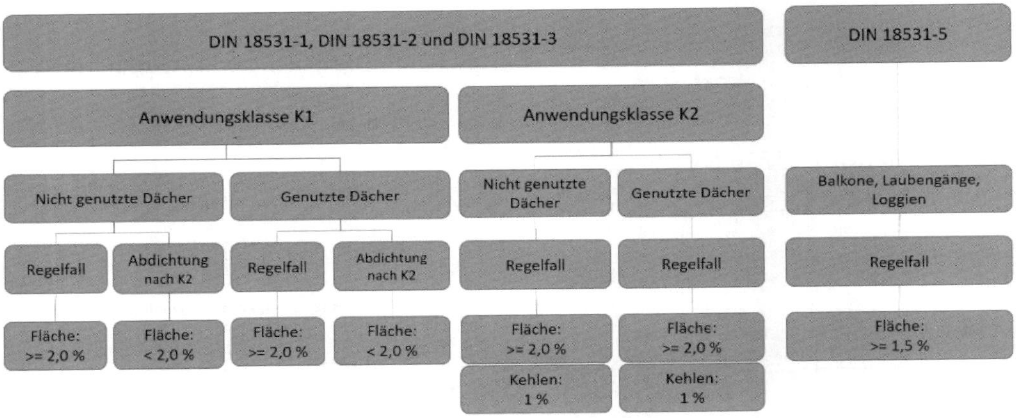

Abb. 2-27: Definition der Anwendungsklassen nach DIN 18531
Quelle: Wetzel/Platts (2018), Dichter als vorher? In: Der Bausachverständige, 1, 36

Dachentwässerung

Die Planung und Ausführung von Dachentwässerungen erfolgen nach der DIN 1986-100.

Bei einer Innenentwässerung sind die Abläufe an den tiefsten Stellen der zu entwässernden Teilflächen vorzusehen. Notabläufe bzw. Notüberläufe werden nach DIN EN 12056-3 geplant.

Dachabläufe sollten oberflächenbündig eingebaut werden, um einen Wasserstau vor dem Ablauf zu vermeiden.

Werden bahnenförmige Abdichtungsstoffe verwendet, sollte ein Abstand von mindestens 30 cm von den Flanschaußenkanten zu den Außenkanten anderer Durchdringungen, Fugen, Dachaufbauten oder zu aufgehenden Bauteilen/Attiken geplant werden. Ausnahmen bilden speziell für den Einbau in die Attika vorgesehene Dachabläufe/Notüberläufe.

Bei flüssig zu verarbeitenden Abdichtungsstoffen sollte dieser Abstand mindestens 10 cm betragen.

Bei genutzten Dächern muss sowohl die Belagsoberfläche als auch die Abdichtungsschicht entwässert werden.

An- und Abschlüsse

Grundsätzlich sind die Anschlüsse an aufgehenden Bauteilen ≥ 15 cm über die Abdichtungsebene hochzuziehen. Die DIN unterscheidet hier genutzte Dächer und ungenutzte Dächer mit einer Neigung von bis zu 8,8 %. Bei ungenutzten Dächern mit einer Dachneigung > 8,8 % ist eine Anschlusshöhe der Abdichtung von ≥ 10 cm ausreichend.

Ist oberhalb der Abdichtungsebene eine weitere Schicht vorhanden (z.B. Kies, Platten, Gründach), so ist die Abdichtung bis mindestens 15 cm, gemessen ab Oberkante dieser Schichten, auszubilden.

Am Dachrand ist die Höhe der Abschlüsse bei genutzten Dächern sowie ungenutzten Dächern mit einer Neigung ≤ 8,8 % ≥ 10 cm auszubilden. Bei ungenutzten Dächern mit einer Dachneigung > 8,8 % beträgt sie ≥ 0,05 m.

An- und Abschlüsse von aufgehenden Bauteilen sind bei genutzten Dächern gegen mechanische Einwirkung zu schützen.

Türanschlüsse

Auch für Türanschlüsse beträgt die Anschlusshöhe der Abdichtung mindestens 15 cm. Diese wird gemessen ab Oberkante des obersten Belags. Dadurch soll verhindert werden, dass Wasser über die Türschwelle eintritt, beispielsweise durch verstopfte Abläufe oder Schnee. In der Praxis ist die Umsetzung einer 15 cm hohen Türschwelle in der Regel aufgrund von Anforderungen an die Gestaltung oder Barrierefreiheit kaum umsetzbar.

Eine Verringerung der Anschlusshöhe auf 5 cm ist möglich bei der Ausbildung einer Entwässerungsrinne mit Anschluss an die Entwässerung vor der Tür.

Das Gefälle sollte immer von der Tür weglaufen. Außerdem ist bei Dachterrassen und Balkonen mit geschlossener Brüstung darauf zu achten, dass die Notüberläufe so tief angeordnet werden, dass bei einem eventuellen Rückstau das Wasser nicht über die Türschwelle tritt.

Ist Barrierefreiheit erforderlich, dann beträgt die Schwellenhöhe ≤ 2 cm. Hierbei handelt es sich um eine Sonderkonstruktion, für die im Einzelfall Kompensationsmaßnahmen geprüft werden müssen. Dabei ist zu beachten, dass die Abdichtung allein die Funktion der Dichtigkeit am Türanschluss nicht sicherstellen kann.

Detailausbildung

Gemäß DIN 18531-5 sind die oberen Abschlüsse der Abdichtung an aufgehenden Bauteilen so auszubilden, dass die *„Abdichtungsschicht nicht abrutschen und nicht hinterlaufen werden kann. Dazu sind bei Kaltselbstklebebahnen mit HDPE-Trägerfolie Klemmschienen oder geeignete Klemmprofile oder angeschweißte Verbundbleche linienförmig an ausreichend eben hergestellten Untergründen im Abstand von 20 cm zu fixieren. Nagelbänder dürfen nicht verwendet werden. Der obere Abschluss ist mit einer Dichtstofffase gegen Hinterlaufen zu sichern."*

Flachdächer

Aufgrund der geringen Neigung eines Flachdaches ist dieses schadensanfälliger als ein Steildach. Bei Versagen der Dichtung kann sich das Wasser ungehindert ausbreiten. Ein Durchnässen der Decke wird in der Regel erst spät und nur an Fehlstellen der Dampfsperre sichtbar.

Ursachen für Schäden an Flachdächern sind oftmals witterungsbedingte Überalterung, Unwetterereignisse, Beschädigungen und mangelhafte Inspektion. Um diese Schäden an Flachdächern zu verhindern, sollte schon in der Planungsphase auf eine möglichst einfache und gut inspizierbare Konstruktion geachtet werden. In der Ausführungsphase sind zwei Aspekte besonders wichtig: Zum einen sollten die Dachabdichtungsarbeiten bei gutem Wetter durchgeführt oder ein geeignetes Notdach errichtet werden, damit ein Durchfeuchten der Materialien verhindert wird. Zum anderen sollte unbedingt darauf geachtet werden, dass nachträglich auf dem Dach tätige Fremdfirmen das Dach nicht beschädigen.

Über allem steht die Ausbildung eines ausreichenden Gefälles sowie die Einhaltung der Vorgaben nach DIN 18531, wie zuvor ausgeführt.

2.3.1.4.2 Schadensbild

Schadensbilder an Flachdächern und Balkonen können sehr unterschiedlich aussehen. Bei fehlender Entwässerung von Balkonen kommt es überwiegend zu Farb- und Putzabplatzungen an der Balkonunterseite. Bei Durchfeuchtung der Balkonplatte kann es auch zu Korrosion der Balkongeländerfüße kommen. Wassereindrang durch Flachdächer hat oftmals Feuchteschäden an der Unterseite der Raumdecke zur Folge. Diese können von Verfärbungen über Putzabplatzungen bis hin zu massiven Schimmelschäden reichen.

2.3.1.4.3 Beispiele

Beispiel 1

Beschreibung

In einem Bestandsgebäude wurden Fenster und Terrassentür erneuert. Der Abstand von Oberkante Terrasse bis Unterkante Lüftungsschlitz Fenster betrug weniger als 4 cm.

Darüber hinaus war ein Gefälle zur Tür hin ausgebildet. Die Rollladenschiene war bis unterhalb der Türschwelle geführt.

Abb. 2-28: Terrassentür im Bestand

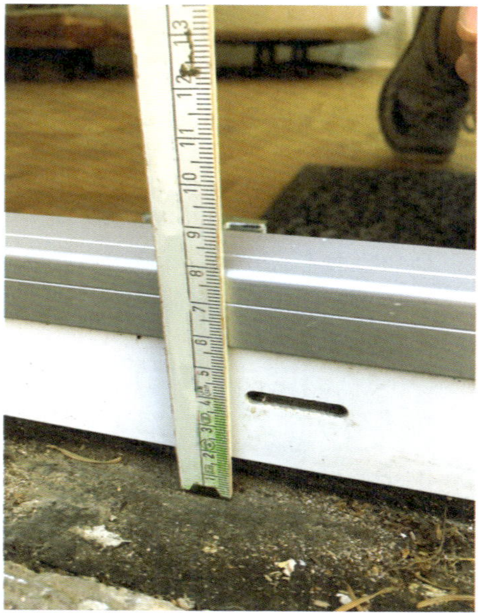

Abb. 2-29: Abdichtung Anschlusshöhe < 5 cm

Abb. 2-30: Gefälle zur Tür hin

Abb. 2-31: Abdichtung mit Flüssigkunststoff

Maßnahme

Zur Schadensbehebung wäre hier zum einen der Einbau einer neuen Terrassentür mit eingebauter 5 cm hoher Schwelle denkbar gewesen. Bei Beibehaltung der fast bodengleichen Türschwelle wäre eine entsprechende Entwässerungsrinne vor der Tür mit Anschluss an das Fallrohr erforderlich. In jedem Fall müsste die Rollladenführungsschiene gekürzt werden.

Die Kosten hierfür sind jeweils mit ca. 2.500 bis 3.500 € zu beziffern.

Tatsächlich wurde hier lediglich eine Flüssigabdichtung ohne Gewährleistung ausgeführt.

Beispiel 2

Beschreibung

Die Balkone eines Mehrfamilienwohnhauses aus dem Jahr 1950 wiesen an der Unterseite Farbabplatzungen auf. Auf der Oberseite eines Balkons war ein großer Riss im Fliesenbelag zu erkennen.

Ursache

Es war davon auszugehen, dass keine Abdichtungsschicht unter dem Fliesenbelag ausgeführt wurde. Darüber hinaus wurde baujahresgemäß keine Entwässerungsführung ausgebildet. Dies führte zwangsweise zu einer Durchnässung der Balkonplatte im Laufe der Jahre. Durch das Aufweichen des Untergrundes kam es in der Folge zu den Abplatzungen an der Unterseite der Balkone. Die Durchnässung der Balkonplatte kann im Winter zu Frostsprengung und somit zu dem Riss in dem Fliesenbelag geführt haben.

Maßnahme

Zur Schadensbeseitigung war die Herstellung einer Balkonentwässerung notwendig. Weiter musste der Bodenbelag zurückgebaut und ein sachgerechter Bodenaufbau mit Abdichtungsschicht und Gefälle hergestellt werden. Die Unterseite der Balkone konnte durch Entfernen und Erneuern des Farbanstriches saniert werden.

Die Kosten für die Maßnahme betragen ca. 5.000 bis 7.000 € pro Balkon.

Abb. 2-32: Feuchteschäden an einer Balkonunterseite

Abb. 2-33: Feuchteschaden an einer Balkonoberseite

2.3.1.5 Steildach

Im Gegensatz zum Flachdach muss das Steildach nicht unbedingt mit einer Abdichtung versehen werden. In Abhängigkeit von der Neigung und Dachart genügt in der Regel die Ausführung mit einer Deckung und einem darunterliegenden wasserableitenden Unterdach.

Zu den charakteristischen Schwachstellen am Steildach gehören die Einzelsegmente (z.B. Ton- oder Betonsteine, Schieferplatten, Schindeln, Metalltafeln etc.). Diese müssen dauerhaft wasserundurchlässig sein. Ebenso muss die Verbindung zwischen den Einzelsegmenten dauerhaft schlagregensicher verbunden sein.

Früher wurde bei den besonderen Bauteilen First, Ortgang und Traufziegel sowie aufgehenden Bauteilen eine Vermörtelung vorgenommen, was wartungsintensiv war. Moderne Dachsteine verfügen über eine Verzahnung. Schieferplatten und Tonziegel werden überlappend ausgebildet.

Neben der Dachdeckung sind insbesondere Anschlüsse und Durchdringungen als weitere Schwachstellen am Steildach zu nennen. Dabei sind ganz besonders Schnittstellen bei Materialübergängen (z.B. Dachverschneidungen, bei denen die Deckung zugeschnitten wird und durch eine zusätzliche Unterkonstruktion (Verblechung) ergänzt wird) problematisch. Ebenso stellen Einbindungen von Gauben, Dachflächenfenstern oder Schornsteinen sowie der First sensible Stellen dar.

Zuletzt ist auch die Wasserableitung zu nennen, die eine weitere Schwachstelle sein kann. Das Wasser wird bis zum Traufblech geleitet, dort über Rinnen gesammelt und in Fallrohren abgeleitet. Durch Verunreinigung von Rohren oder falsch montierte oder fehlende Rinneneinlaufbleche kann es zum Rückstau und damit je nach Dachkonstruktion zum Eindringen von Wasser in das Unterdach kommen.

Zur Vermeidung von Schäden an Steildächern ist es sinnvoll, schon in der Planungsphase auf eine wartungsfreundliche Dachkonstruktion zu achten und dabei komplizierte Dachdetails zu vermeiden.

Nicht zu unterschätzen ist die regelmäßige Wartung des Daches. In diesem Zusammenhang sollte eine Überprüfung der Dachdeckung und der mechanischen Festigkeit von z.B. Lüftungselementen, Kamineinfassungen, Antennen, Schneefanggittern, Tritt- und Sicherungseinrichtungen erfolgen. Auch die Rinnen müssen regelmäßig gereinigt werden. Es ist empfehlenswert, Fallrohre in regelmäßigen Abständen mit einer Kamera zu befahren.

Schadensbild

Dringt Wasser über das Steildach in das Dachgeschoss ein, gelangt dieses über die Dachschrägen in die Holztragkonstruktion des Daches. Ist das Dachgeschoss ausgebaut, können Folgeschäden in Form von Verfärbungen, Putzabplatzungen und Schimmel entstehen. Je nach Intensität des Wassereindrangs kann die Holzkonstruktion durchfeuchtet werden.

2.3.1.6 Erdberührte Bauteile

2.3.1.6.1 DIN 18533 – Abdichtung von erdberührten Bauteilen

Die DIN 18533 behandelt die Abdichtung von erdberührten Bauteilen. Sie ist in drei Teile gegliedert:

- Teil 1: Anforderungen, Planungs- und Ausführungsgrundsätze
- Teil 2: Abdichtung mit bahnenförmigen Abdichtungsstoffen
- Teil 3: Abdichtung aus flüssig zu verarbeitenden Abdichtungsstoffen

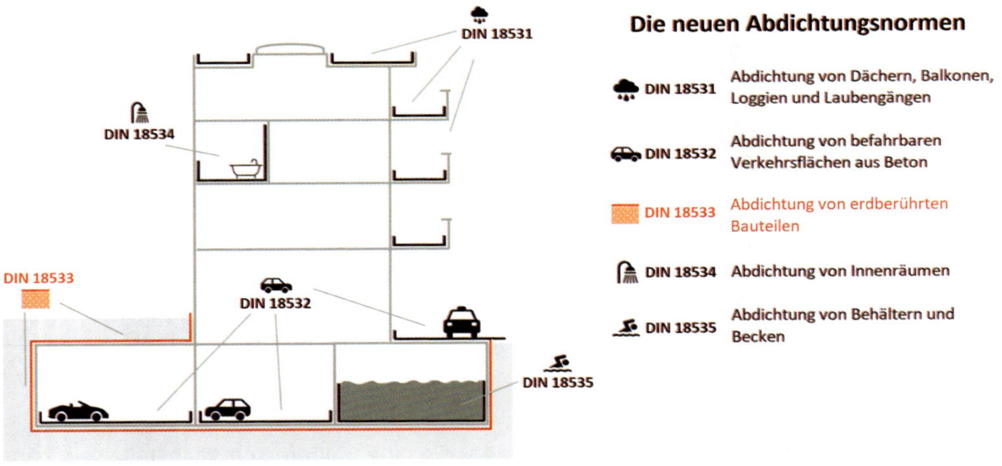

Abb. 2-34: Übersicht Abdichtungsnormen, hier DIN 18533

Wie bei den anderen neuen Abdichtungsnormen auch enthält der erste Teil diejenigen Regeln, die für alle normgerechten Abdichtungsstoffe gelten. Die Teile 2 und 3 ergänzen diese stoffspezifisch und sind daher immer zusammen mit Teil 1 zu verwenden.

Die DIN 18533 regelt die Abdichtung von:

- erdberührten Wand- und Bodenflächen
- Wandquerschnitten und Sockelbereichen
- Hochbauwerken
- erdüberschütteten unterirdischen Bauwerken in offener Bauweise gegen Wasser

Für Sonderbauten wie Deponien, Erdbauwerke, Tunnel, Anlagen zum Umgang mit wassergefährdenden Stoffen sowie wasserundurchlässige Bauteile, etwa WU-Beton, gilt diese Norm nicht.

Dieses Kapitel behandelt ausschließlich Abdichtungen der erdberührten Wand- und Bodenflächen, da diese überwiegend die Ursache von Bauschäden sind.

Typische Ursachen der Feuchtebelastung von erdberührten Bauteilen

Die DIN 18533-1 unterscheidet unterschiedliche Wassereinwirkungen bzw. Nutzungsklassen. In Abhängigkeit von der Zuordnung der Art der Einwirkung erfolgt die Planung der erforderlichen Abdichtung. Die grobe Gliederung erfolgt in vier Klassen:

- W1-E: Bodenfeuchte und nicht drückendes Wasser
- W2-E: Drückendes Waser
- W3-E: Nicht drückendes Wasser auf erdüberschütteten Decken
- W4-E: Spritzwasser am Wandsockel sowie Kapillarwasser in und unter Wänden

Diese vier Klassen werden dann noch differenzierter in Unterklassen gegliedert, auf die an dieser Stelle nicht weiter eingegangen wird.

Bodenfeuchte (W1-E)

Die Norm versteht unter Bodenfeuchte kapillar gebundenes Wasser im Erdreich, welches immer vorhanden ist. Es kann in Form von Saugwasser, Haftwasser und Kapillarwasser vorhanden sein. Bei der Bodenfeuchte handelt es sich um die niedrigste Wassereinwirkungsklasse.

Nicht drückendes Wasser (W1-E)

Nicht drückendes Wasser ist Sickerwasser, das von der Geländeoberfläche in „tropfbar flüssiger Form" bis zum Grundwasserspiegel im Erdreich versickert. Bodenfeuchte und nicht drückendes Wasser gehören zur Wassereinwirkungsklasse 1.

Drückendes Wasser (W2-E)

Zur Wassereinwirkungsklasse 2 gehört drückendes Wasser. Dieses kann sowohl als Grundwasser, Hochwasser als auch Stauwasser auftreten.

Wenn die Porenräume des Erdreichs vollständig mit Wasser gefüllt sind, liegt Grundwasser vor. Dabei bildet sich ein messbarer Wasserspiegel im Boden und übt einen hydrostatischen Druck auf die Abdichtung aus.

Hochwasser liegt vor, wenn die Pegelstände oberirdischer Gewässer eine Wasserbeanspruchung von Gebäudeteilen oberhalb der Geländeoberkante verursachen.

Als Stauwasser hingegen wird in der Norm Wasser bezeichnet, das in Form von Sicker- oder Schichtenwasser in wenig wasserdurchlässigem Baugrund auf die Abdichtung einwirkt.

Nicht drückendes Wasser auf erdüberschütteten Decken (W3-E)

Bei dem als Wirkungsklasse 3 bezeichneten Vorgang wirkt Niederschlagswasser auf die Abdichtung einer erdüberschütteten Decke ein.

Spritzwasser und Bodenfeuchte am Wandsockel sowie Kapillarwasser in und unter Wänden (W4-E)

Bei der Wassereinwirkungsklasse 4 handelt es sich um Spritzwasser und Bodenfeuchte im Sockelbereich. Dabei wirkt Spritzwasser im Bereich des Wandsockels auf die Sockeloberfläche, die Bodenplatte und die Fundamente ein. Das Wasser kann kapillar wandern. Insbesondere bei zweischaligem Mauerwerk kann ablaufendes Regenwasser in den Wandzwischenraum gelangen.

Mit dieser Art der Wassereinwirkung ist in einem Bereich von ca. 20 cm unter Geländeoberkante und ca. 30 cm oberhalb der Geländeoberkante im Bereich des Wandsockels zu rechnen.

2.3.1.6.2 Schadensbild

Gelangt Feuchte von außen in die Kellerwände, setzen immer gleiche Schadensmechanismen ein. Wasser steigt in den Wänden bei fehlender Horizontalsperre nach oben. Mit dem Wasser werden auch Salze aus dem Erdreich und gegebenenfalls bereits vorhandene Salze in den Wänden über die Kapillaren an die Bauteiloberfläche transportiert. Verdunstet dann ein Teil der Feuchte über die Wandoberflächen, kristallisieren die Salze in den oberflächennahen Baustoffporen aus. Da das Volumen der auskristallisierten Salze größer ist als das Volumen innerhalb der starren Baustoffporen, schaffen sich die Salze den notwendigen Platz.

Porenwandungen brechen auf, es entstehen Farb- und Putzabplatzung sowie Salzausblühungen, Versinterungen, die am Ende das Mauerwerksgefüge zerstören.

Die Dauer des Wassereintritts und die Wasserbeanspruchungsart beeinflussen das Schadensbild.

Die Schadensbilder reichen von Verfärbung, Farb- und Putzabplatzungen bis hin zu Pfützenbildung im Kellerinneren.

Im Kellerbereich vorhandene Stahlkonstruktionen, z.B. in der Kappendecke, beginnen zu korrodieren. Die Putzabplatzungen können bis hin zum Freilegen der Bewehrung in Stahlbetondecken führen.

2.3.1.6.3 Maßnahmen zur Behandlung von Schäden an erdberührten Bauteilen

Zur Beseitigung oder Vorbeugung von Feuchteeindrang und zur Vermeidung von Feuchteschäden stehen unterschiedliche Verfahren zur Verfügung:

- Horizontalabdichtung
- Außenabdichtung
- Innenabdichtung
- Rissinjektion und Flexband
- Sanierputz
- Schimmelpilzschadenbeseitigung
- Trocknungssystem

Die Verfahren können und müssen zum Teil kombiniert werden.

Horizontalabdichtung

Zum Schutz gegen kapillar aufsteigende Feuchte wird bei Neubauten eine horizontale Sperrschicht eingebaut, die umgangssprachlich „Horizontalsperre" und nach DIN „Querschnittsabdichtung" genannt wird.

Fehlt die Horizontalabdichtung, kann die Feuchtigkeit durch die Kapillaren in der Wand aufsteigen.

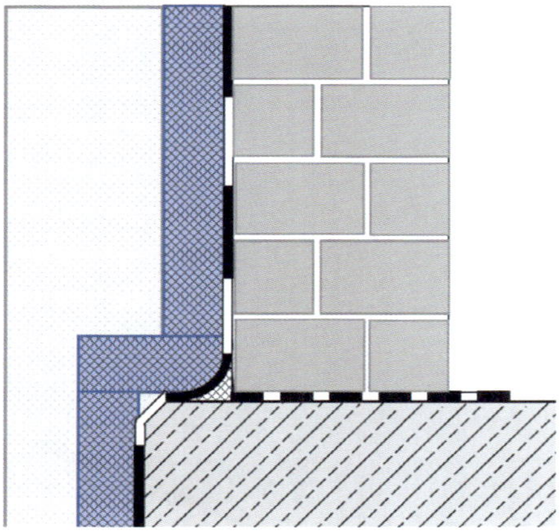

Abb. 2-35: Horizontalabdichtung nach DIN 18531

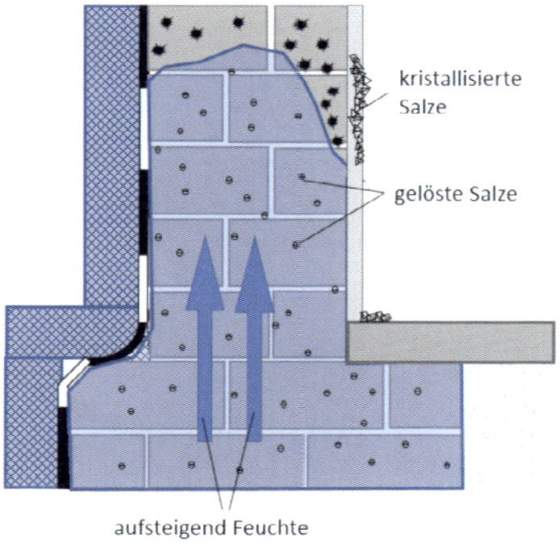

Abb. 2-36: Feuchteeindrang bei fehlender Horizontalabdichtung

Zur nachträglichen Herstellung einer Horizontalabdichtung gibt es verschiedene Verfahren. Grundsätzlich unterscheidet man zwischen **Injektionsverfahren** wie der Paraffin-Horizontalsperre oder der chemischen Horizontalsperre und **mechanischen Verfahren** wie dem Mauersägeverfahren oder dem Chromstahlblechverfahren.

Bei dem Injektionsverfahren mit Paraffin werden zunächst Bohrlochinjektionskanäle hergestellt. Das Mauerwerk wird mittels temperaturgeregelter elektrischer Spezialheizstäbe getrocknet. Durch die Austrocknung werden die Baustoffporen wieder für Flüssigkeiten aufnahmefähig. Im Anschluss an die Trocknung erfolgen die Injektionen in das Mauerwerk.

Die Poren sind nach Abschluss der Injektion mit Spezialparaffin, Epoxidharz o.Ä. gefüllt.

Die hierbei verwendete Injektionsflüssigkeit sollte absolut resistent gegen alle im Mauerwerk vorkommenden aggressiven Medien (Salze, Säuren, Laugen usw.) und somit unbegrenzt haltbar sein.

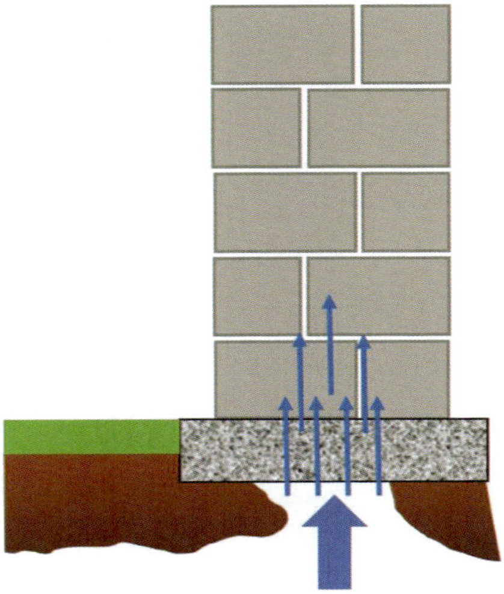

Abb. 2-37: Eindringende Feuchtigkeit

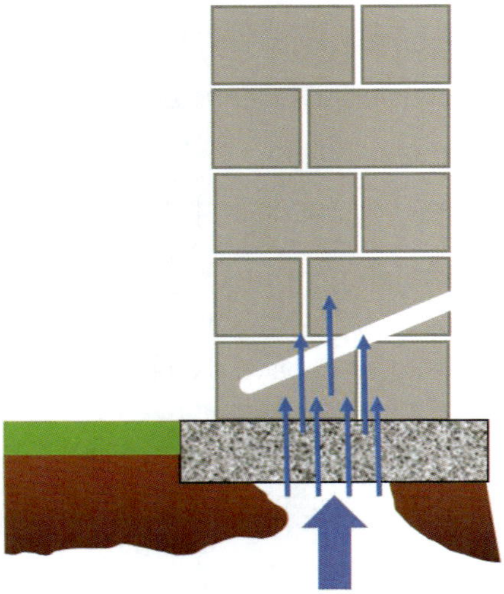

Abb. 2-38: Herstellen von Bohrlöchern

Abb. 2-39: Einbringen von Heizstäben

Abb. 2-40: Einbringen der Injektionsflüssigkeit

Neben dem Injektionsverfahren gibt es auch mechanische Verfahren zur Ausbildung einer Horizontalabsperrung. Hierzu gehören das Mauersägeverfahren und das Chromstahlblechverfahren.

Beim Mauersägeverfahren wird das Mauerwerk abschnittsweise aufgesägt. Danach werden die Abdichtungsbahnen oder -folien überlappend verlegt und der Schlitz wird anschließend angekeilt und verfüllt.

Das Verfahren ist immer ein Eingriff in die Statik. Daher ist auf die maximale Schnittlänge unter Hinzuziehung eines Tragwerkplaners zu achten, damit keine Setzungsrisse entstehen.

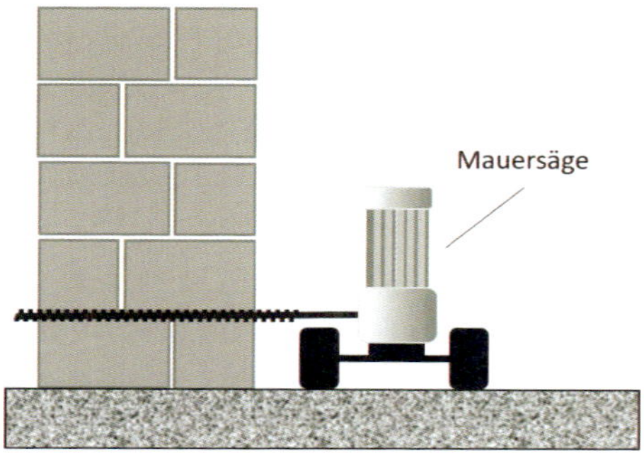

Abb. 2-41: Herstellen der Trennung

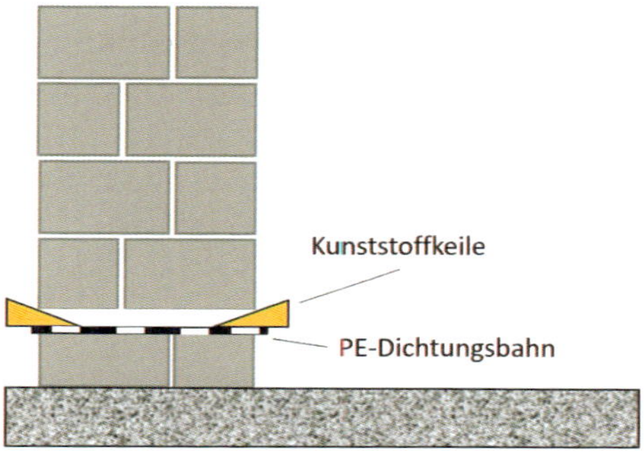

Abb. 2-42: Aufkeilen und Herstellen der Abdichtungsebene

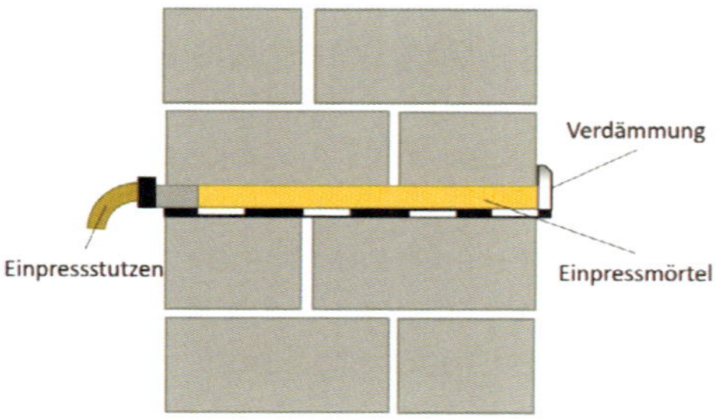

Abb. 2-43: Einbringen von Einpressmörtel

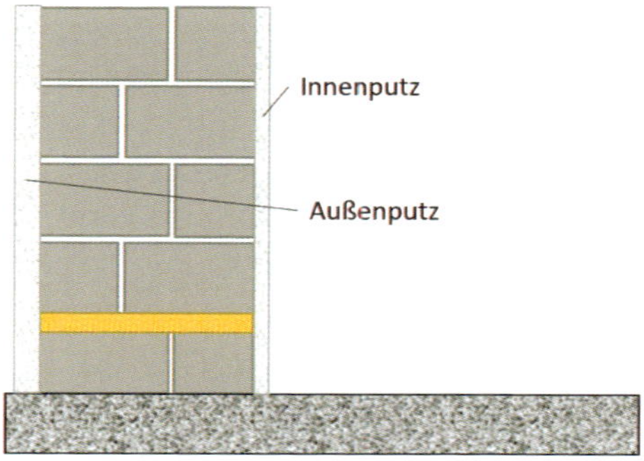

Abb. 2-44: Aufbringen von Innen- und Außenputz

Alternativ wird beim Chromstahlblechverfahren ein Blech in die Lagerfuge mit relativ hoher Schlagfrequenz eingeschlagen. Da hierbei kein zusätzlicher Arbeitsgang für das Schneiden erforderlich ist, wird das Verfahren auch als einstufig bezeichnet.

Das Chromstahlblechverfahren hat den Vorteil, dass Trennen und Abdichten in einem Arbeitsgang durchgeführt werden, ohne die Mauer zu öffnen. Die spitzen Edelstahlplatten werden mit Presslufthämmern mit einem Eigengewicht von 20 bis 40 kg und einer Schlagfrequenz von 1.100 bis 1.450 Schläge/min. durch die Mauerfuge oder auch durch den Ziegel getrieben, ohne den Kraftfluss in der Mauer zu unterbrechen.

Ein Absetzen der Mauer ist nicht möglich, da beim Einschlagen der Platten das Mörtelband um 10 bis 20 % verdichtet wird. Das Chromstahlblechverfahren ist seit etwa 30 Jahren im Einsatz und hat sich gut bewährt. Die zu Anfang oft geäußerten Befürchtungen hinsichtlich der Standfestigkeit der Gebäude haben sich nicht bestätigt.

Seitliche Abdichtung

Bei seitlich eindringender Feuchte ist eine flächige Abdichtung an den erdberührten Außenwandflächen erforderlich. Im Rahmen der Ausführung einer Außenabdichtung sind mehrere Arbeitsschritte nötig. Zuerst werden die abzudichtenden Wandflächen freigelegt. Hierbei erfolgt der Aushub bis Unterkante Bodenplatte bzw. Fundament. Das freigelegte Mauerwerk wird gereinigt und der Untergrund egalisiert. Die Abdichtung wird auf den vorbereiteten Untergrund aufgebracht. Sie besteht in der Regel aus einer zweilagigen Dickbeschichtung oder kunststoffmodifizierten Abdichtungsbahnen mit Gewebearmierung zur Rissüberbrückung gemäß entsprechender DIN. Durchdringungen müssen fachgerecht abgedichtet werden. Weiter sind im Anschluss zwischen Fundament und aufgehender Wand Hohlkehlen auszubilden.

Ergänzend zur Abdichtung wird sinnvollerweise eine Wärmedämmung in Form von Schutzplatten aus Polystyrol o.Ä. aufgebracht. Bei unbeheizten Kellern kann eine punktuelle Verklebung erfolgen. Bei beheizten Kellern müssen die Vorgaben des Gebäudeenergiegesetzes[19] eingehalten werden.

Alternativ zur Außenabdichtung gibt es die Innenabdichtung. Diese kommt dann zum Einsatz, wenn eine Außenwandabdichtung nicht sinnvoll auszuführen oder nicht möglich ist.

Bei der Innenabdichtung wird zunächst der Untergrund der abzudichtenden Wand gereinigt. Falls eine Horizontalsperre notwendig ist, wird hierfür eine Nut gestemmt. Dies kann erforderlich sein, wenn die Außenwand nicht vollständig unter der Geländeoberfläche liegt. Im Bereich der Oberkante des Geländes wird dann eine Horizontalsperre eingebaut. Für den Anschluss im Fußbereich der Kellerwand wird der Boden in einem Streifen von ca. 30 cm parallel zur Wand aufgestemmt, damit hier ein fachgerechter Anschluss zwischen Wand und Boden erfolgen kann. Wie bei der Außenabdichtung ist auch hier eine Egalisierung und Vorbehandlung des Untergrundes essenziell. Auf die abzudichtenden Wandflächen kann z.B. ein Spritzbewurf aufgebracht werden, der die Haftung der kunststoffvergüteten ca. 2 cm dicken Wassersperrputzschicht gewährleistet. Nach Trocknung des Sperrschutzes wird die Abdichtungsschicht aufgebracht. Diese erstreckt sich auch über den 30 cm breiten Streifen am Boden.

Nachdem eine nachträgliche Abdichtung durchgeführt wurde, kann es sinnvoll sein, einen **Sanierputz** aufzubringen. Nach der Abdichtung beginnt die Trocknungsphase des durchfeuchteten Mauerwerks. Diese kann sich je nach Heiz- und Lüftungsmöglichkeiten über mehrere Monate hinziehen.

Der Sanierputz ist ein werkgemischter Trockenmörtel. Er verfügt über ein leichtes porenreiches Gefüge mit hoher Wasserdampfdurchlässigkeit. In der Wand enthaltene Feuchtigkeit

19 Das Gebäudeenergiegesetz (GEG) vom 1.11.2020 löst die EnEV ab.

kann hindurchdiffundieren. Feine kapillare Poren behindern durch Hydrophobie (Wasserabweisung) die Aufnahme von Feuchtigkeit von außen.

Der an den Kapillartransport gekoppelte Salztransport (Salzlösung) ist erheblich reduziert, sodass die Feuchtigkeit nur dampfförmig an die Putzoberfläche gelangen kann. Dies wird bei Sanierputzen-WTA[20] durch die Ausbildung eines geeigneten Porensystems verbunden mit einer inneren Hydrophobierung erreicht. Sanierputz lässt Feuchtigkeit aus dem Mauerwerk wenige Millimeter eindringen. Wasser und Salzlösungen verdunsten innerhalb des Putzes. Die dabei auskristallisierenden Salze werden im porigen Gefüge eingelagert. Dadurch kommt es zu keinen Schadensbildern an der Putzoberfläche.

Im Gegensatz zu anderen Putzen wird trotz Salzeinlagerung die Wasserdampfdurchlässigkeit des Sanierputzsystems langfristig nicht beeinträchtigt.

Die Anforderungen an Sanierputze sind in den Merkblättern der Wissenschaftlich-Technischen Arbeitsgemeinschaft für Bauwerkserhaltung und Denkmalpflege (WTA) festgehalten.

Hierin wird ausdrücklich darauf hingewiesen, dass Sanierputze eine flankierende Maßnahme darstellen. Eine „Mauerwerksentfeuchtung" ist ohne zusätzliche Maßnahmen weder mit Sanierputzsystemen noch mit anderen Putzen möglich.

2.3.1.6.4 Beispiele

Beispiel 1

Beschreibung

Bei einer Doppelhaushälfte (gelb verputzt) aus den 1960er-Jahren kam es infolge Starkregens immer wieder zur Überschwemmung des Kellergeschosses. Eine Leckage der Rohrleitungen konnte nach Kamerabefahrung ausgeschlossen werden.

Interessanterweise erfolgte die Dachentwässerung beider Häuser über das Fallrohr auf der linken Seite der gelben Doppelhaushälfte. Nach Befahrung des Fallrohres wurde festgestellt, dass dieses nicht normgerecht an die Grundleitung angeschlossen war.

Abb. 2-45 Doppelhaushälfte

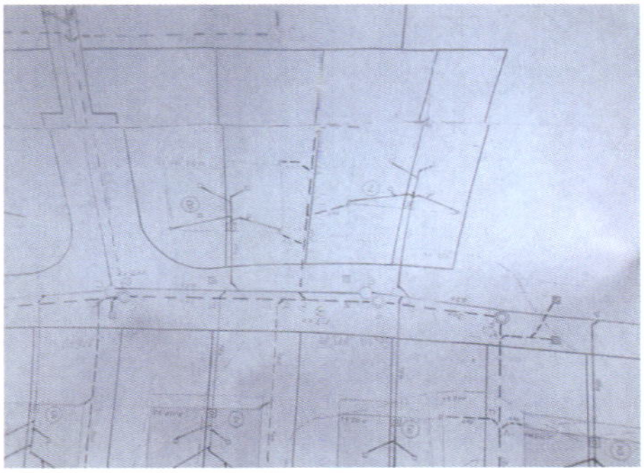

Abb. 2-46: Grundleitungsplan

20 WTA-Merkblatt Sanierputze 2-9-04/D.

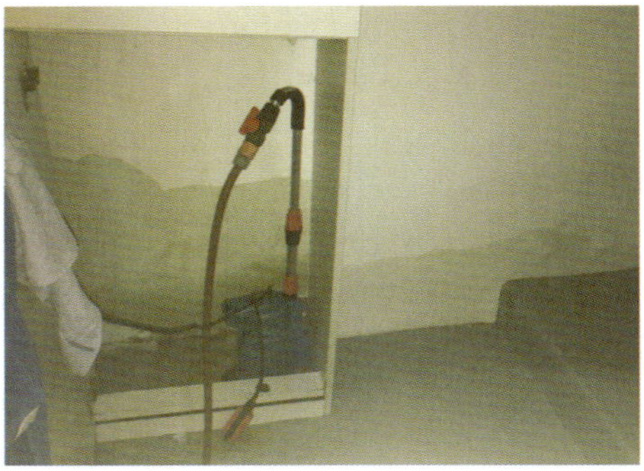

Abb. 2-47: Betroffener Kellerbereich

Abb. 2-48: Durchfeuchtete Außenwand

Untersuchung

Nach Aufgraben des straßenseitigen Bereichs vor dem Haus bis auf Unterkante Bodenplatte, insbesondere im Bereich des Fallrohres, war zu erkennen, dass sich ein 3 cm breiter Riss zwischen Bodenplatte und aufgehenden Wänden gebildet hatte. Ausgehend von der Hausecke lief dieser bis auf null in der Mitte der Längsseite der Außenwand zu.

Daraufhin wurde auch der Bereich der sich an die Ecke anschließenden Wand zur Garageneinfahrt aufgegraben. Wie erwartet verlief auch hier der Riss von der Ecke über eine Länge von ca. 4 m.

Abb. 2-49: Trennriss zwischen Bodenplatte und aufgehenden Wänden

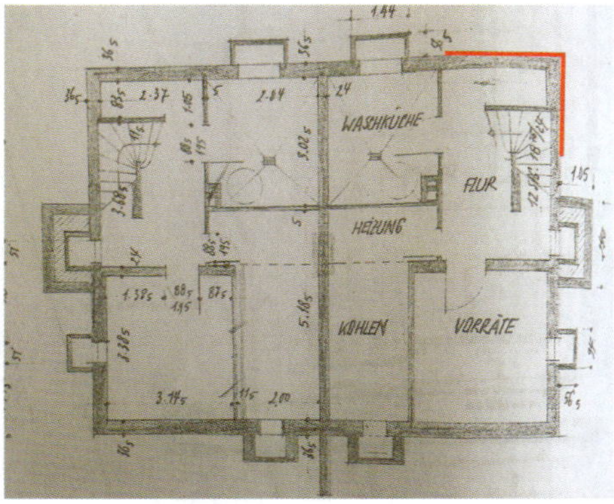

Abb. 2-50: Verlauf des Trennrisses im Grundriss

Die großen Wassermassen beider Häuser wurden somit über das Fallrohr an der Gebäudeecke des gelben Hauses gebündelt. Anstatt in die Grundleitung abzufließen, unterspülte das Wasser die Gebäudeecke aufgrund eines Versatzes im Anschlussbereich Fallrohr/Grundleitung. Die Bodenplatte sackte daraufhin ab und es entstand ein Riss, der sich von der Gebäudeecke sowohl straßenseitig als auch garagenseitig über 4 m Länge erstreckte.

Maßnahme

Zur Schadensbehebung wurden die Risse mittels Mörtel mit Gewebearmierung verschlossen und mit einer Abdichtungsbahn versehen. Zum Schutz der Bitumenbahn wurde eine Dämmung aufgebracht. Danach wurde das Erdreich wieder verfüllt und verdichtet. Die Sanierungskosten beliefen sich auf rund 20.000 €.

Abb. 2-51: Bituminöse Außenwandabdichtung

Beispiel 2

Beschreibung

Bei einem Mehrfamilienhaus mit Baujahr 1930 traten baujahrestypische Feuchteerscheinungen an den Kellerwänden und Kellerdecken auf. Der Boden war unbefestigt. Es handelte sich um einen Lehmboden.

Ursache

Die Feuchtigkeit des umgebenden Erdreichs drang ungehindert in die Wände ein. Die Feuchtigkeit wanderte in den Kapillaren der Wände nach oben und an die Bauteiloberfläche. Das Wasser verdunstete. Die im Erdreich befindlichen Salze, die durch das Wasser in das Mauerwerk eingebracht wurden, verblieben an der Bauteiloberfläche. Es kam zu Putzabplatzungen, Verfärbungen und Ausblühungen.

Abb. 2-52: Außenansicht Mehrfamilienhaus

Abb. 2-53: Keller mit Kappendecke

Abb. 2-54: Putzabplatzungen an der Kelleraußenwand

Auch die Stahlträger der Kappendecken begannen wegen der Feuchtigkeit zu korrodieren.

Maßnahme

Aufgrund der untergeordneten Nutzung der Räume und aus wirtschaftlichen Gründen entschied sich der Auftraggeber gegen die Ausführung einer Horizontalsperre. Man entschied sich ausschließlich für das Entfernen des alten Putzes und Aufbringen eines Sanierputzes. Die Stahlträger wurden mittels Sandstrahlen von der Korrosion befreit und mit einem Korrosionsschutzanstrich versehen.

Die Kosten für die Maßnahme betrugen 15.000 €.

Abb. 2-55: Putzabplatzungen und Ausblühungen

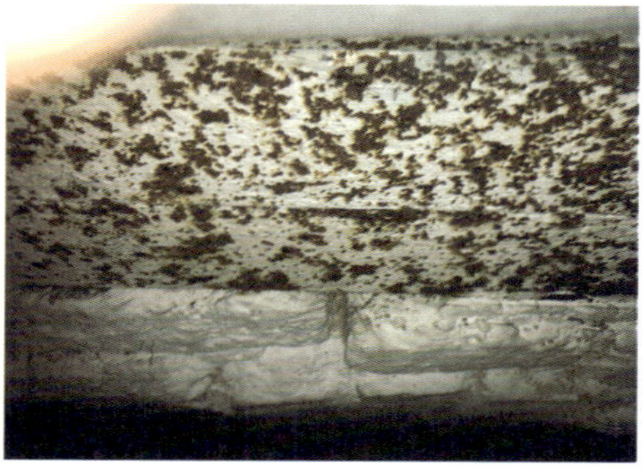

Abb. 2-56: Stahlträger mit Korrosionserscheinungen

Beispiel 3

Beschreibung

Im Keller eines Neubaus, Baujahr 2000, kam es nach einem Starkregen zu massivem Wassereindrang. Im Untergeschoss befanden sich Wohnräume. Bei dem Einfamilienwohnhaus handelte es sich um ein in Massivbauweise errichtetes Gebäude. Das Untergeschoss wurde als weiße Wanne[21] ausgeführt. Eine erste Bauteilöffnung zeigte, dass die Bodenfläche komplett durchnässt war.

21 Wasserundurchlässige Stahlbetonkonstruktion, auch WU-Wanne.

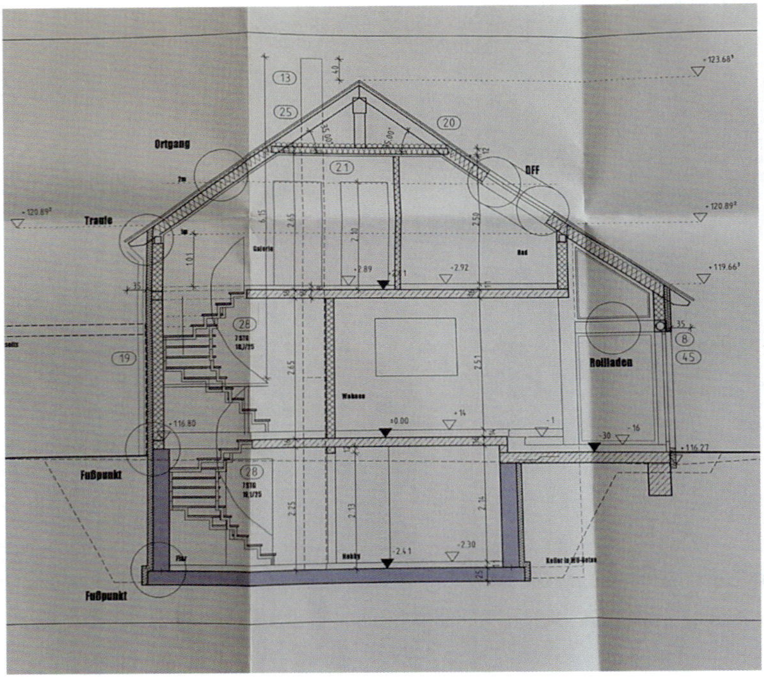

Abb. 2-57: Weiße-Wanne-Konstruktion

Abb. 2-58: Bauteilöffnung im Bodenbelag

Abb. 2-59: Wasserandrang auf der Bodenplatte

Untersuchung

Zur Ortung des Wassereindrangs wurde gefärbtes Wasser zugeführt. Schnell war ersichtlich, dass das Wasser durch die Fugen zwischen Bodenplatte und Wänden sowie zwischen den Wänden eindrang. Die Vermutung lag nahe, dass die Fugen der weißen Wanne nicht sachgerecht ausgeführt worden waren.

Abb. 2-60: Leckageortung mittels gefärbten Wassers

Abb. 2-61: Leckage in den Wandfugen

Abb. 2-62: Gefärbtes Oberflächenwasser

Maßnahme

Im Rahmen der Schadenssanierung wurde zuerst der durchfeuchtete Bodenbelag komplett entfernt.

Abb. 2-63: Rückbau Bodenbelag

Abb. 2-64: Herstellung der Bohrlöcher

Im Abstand der halben Bauteildicke wurden sogenannte Packer gesetzt. Das sind Vorrichtungen zum Einbringen von Injektionen. Bei einer Außenwand von 30 cm Stärke wurden die Injektionen im Abstand von ca. 15 cm eingebracht. Nach Trocknung der Räume konnte mit dem Wiederaufbau des Boden- und Wandbelags begonnen werden.

Die Kosten für die Maßnahmen inklusive Wiederherstellen der Boden- und Wandbeläge der Wohnräume betrugen ca. 50.000 €.

Abb. 2-65: Einbringen der Injektionsflüssigkeit

Abb. 2-66: Fertige Injektion

Beispiel 4

Beschreibung

Infolge eines Starkregenereignisses war Wasser in die Souterrainwohnung eines Mehrfamilienwohnhauses aus dem Jahr 1960 eingedrungen. Die Außenwände mehrerer Zimmer waren im Sockelbereich durchnässt. Das Laminat war bis in die Raummitte der Zimmer durchweicht, sodass es sich wölbte.

Abb. 2-67: Außenansicht im Bereich des Wohnzimmers der UG-Wohnung

Abb. 2-68: Außenansicht im Bereich des Schlafzimmers der UG-Wohnung

Ursache

Das Regenwasser sammelte sich in den Bereichen vor den Fenstern zum Untergeschoss. Das Abwasserkanalnetz war überlastet, sodass das Wasser nicht ablaufen konnte. Das Wasser drückte von der Straße in die entgegengesetzte Richtung (Rückstau). Die Wannenbildung aufgrund der betonierten Bereiche vor den Fenstern begünstigte diese Situation zusätzlich.

Abb. 2-69: Durchfeuchtete Dämmung nach Aufgraben

Abb. 2-70: Betonierte Fläche vor Wohnzimmerfenster

Abb. 2-71: Abgestemmte Fläche vor Wohnzimmerfenster

Maßnahme

In der Wohnung mussten zunächst der Bodenbelag sowie der Wandbelag im Sockelbereich entfernt werden. Während die Wände außen aufgegraben und abgedichtet wurden, wurde der Estrich im Wohnungsinnern getrocknet.

Die betonierten Bereiche vor den Fenstern wurden zurückgebaut und die Bodeneinläufe entfernt. Hierbei war darauf zu achten, dass im Gebäudeinnern alle Bodeneinläufe mit Rückstauklappen versehen wurden.

Vor den Fenstern wurde jeweils eine Sickerpackung in Form mehrerer Kies- und Schotterschichten ausgebildet. Zusätzlich erfolgte eine Abdichtung der Außenwände gemäß DIN 18533 für den Lastfall „drückendes Wasser". Anschließend wurde eine Dämmung ausgebildet und das Erdreich wieder verfüllt und verdichtet.

Die Kosten für die Maßnahme inklusive Wiedereinbau des Bodenbelags betrugen rund 25.000 €.

Abb. 2-72: Feuchteschäden an der Außenwand im Schlafzimmer

Abb. 2-73: Trocknung des Estrichs

Abb. 2-74: Außenwand mit Abdichtung

Abb. 2-75: Außenwand mit Dämmung

2.3.1.7 Innenräume

2.3.1.7.1 DIN 18534 – Abdichtung von Innenräumen

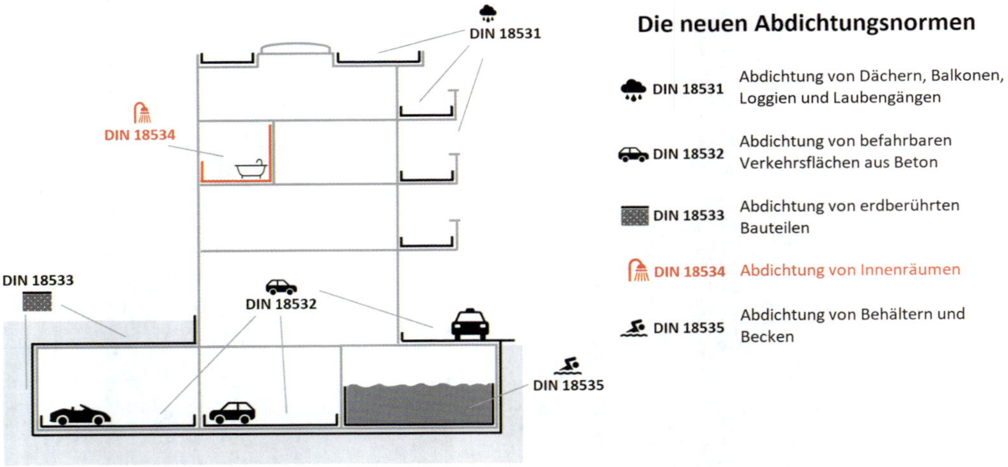

Abb. 2-76: Übersicht Abdichtungsnormen, hier DIN 18534

Die Abdichtung von Innenräumen wird in der DIN 18534 behandelt. Sie besteht aus sechs Teilen mit folgenden Inhalten:

- Teil 1: Anforderungen, Planungs- und Ausführungsgrundsätze
- Teil 2: Abdichtung mit bahnenförmigen Abdichtungsstoffen
- Teil 3: Abdichtung mit flüssig zu verarbeitenden Abdichtungsstoffen im Verbund mit Fliesen und Platten (AIV-F)
- Teil 4: Abdichtung mit Gussasphalt oder Asphaltmastix
- Teil 5: Abdichtung mit bahnenförmigen Abdichtungsstoffen im Verbund mit Fliesen und Platten (AIV-B)
- Teil 6: Abdichtung mit plattenförmigen Abdichtungsstoffen im Verbund mit Fliesen und Platten (AIV-P)

Die DIN 18534 gilt für die Planung, Ausführung und Instandhaltung der Abdichtung von Boden- und Wandflächen in Innenräumen mit bahnenförmigen und flüssig zu verarbeitenden Abdichtungsstoffen gegen Wasser mit einer planmäßigen Anstauhöhe bis 10 cm. Der Gültigkeitsbereich umfasst Flächen, auf die Spritz-, Brauch- und Reinigungswasser einwirken, wie

- in Badezimmern
- in gewerblich genutzten Küchen
- bei Schwimmbeckenumgängen
- in Duschanlagen

- auf Produktions- und Gewerbeflächen
- auf Bodenflächen mit Ablauf

Auch in dieser Abdichtungsnorm werden Wassereinwirkungsklassen unterschieden. Es handelt sich um vier Klassifizierungen von gering bis sehr hoch:

W0-I: Gering – Flächen mit nicht häufiger Einwirkung aus Spritzwasser (z.B. Wandflächen über Waschbecken in Bädern und häuslichen Küchen, Bodenflächen im Hauswirtschaftsraum ohne Bodeneinlauf u.a.)

W1-I: Mäßig – Flächen mit häufiger Einwirkung aus Spritzwasser oder nicht häufiger Einwirkung aus Brauchwasser, ohne Intensivierung durch anstauendes Wasser (z.B. Wandflächen über Badewannen in Duschen, Bodenflächen in Bädern ohne hohe Wassereinwirkung u.a.)

W2-I: Hoch – Flächen mit häufiger Einwirkung aus Spritzwasser und/oder Brauchwasser vor allem auf dem Boden, zeitweise durch anstauendes Wasser intensiviert (z.B. Wandflächen von Duschen in Sportstätten, Bodenflächen in Räumen mit bodengleichen Duschen u.a.)

W3-I: Sehr hoch – Flächen mit häufiger Einwirkung aus Spritzwasser und/oder Brauchwasser und/oder Wasser aus intensiven Reinigungsverfahren, durch anstauendes Wasser intensiviert (z.B. Umgänge von Schwimmbädern, Duschen und Duschanlagen in Sportstätten, Flächen in gewerblichen Küchen u.a.)

In Abhängigkeit von den Einwirkungsklassen werden die baulichen Erfordernisse definiert.

Untergrundbeschaffenheit

Der Untergrund der Abdichtung muss grundsätzlich frostfrei, eben, sauber und trocken sein.

Weiter muss der Untergrund eine Oberflächenbeschaffenheit aufweisen, die auf die jeweilige Abdichtungsart abgestimmt ist. Für die Einwirkungsklassen W0-I und W1-I dürfen feuchteempfindliche Untergründe zur Anwendung kommen. Für W2-I und W3-I sind feuchteunempfindliche Untergründe erforderlich.

Gefälle

Zusätzlich erforderliche Aufbauhöhen sind im Rohbau zu berücksichtigen.

Entwässerung

Die erforderliche Entwässerung der abzudichtenden Fläche ist entsprechend der DIN EN 12056 und DIN 1986-100 zu planen.

Abhängig von Lage, Zulaufmenge und Leistungsvermögen des Ablaufes sowie des Gefälles kann ein Aufstau entstehen. Dies ist bei der Dimensionierung des Fußbodenaufbaus im Rohbau zu berücksichtigen.

Abläufe sind grundsätzlich an der tiefsten Stelle der zu entwässernden Fläche vorzusehen.

Installation

Heizungs-, Sanitär- und elektrotechnische Installationen sind so zu planen, dass die Funktionstüchtigkeit der Abdichtungsschicht gewährleistet ist. Bei Wassereinwirkungen ab W1-I sollten Installationsleitungen ausschließlich unterhalb der Abdichtungsschicht eingebaut werden.

Bewegungsfugen/Risse

Bewegungsfugen sollten wie alle Durchdringungen auf die statisch unbedingt erforderliche Zahl und Lage beschränkt werden.

2.3.1.7.2 Schadensbild

Je nach Intensität des Wassereintritts kann das Schadensbild von Verfärbungen und Ausblühungen, Schimmel bis hin zu massivem Wassereintritt reichen.

2.3.1.7.3 Beispiele

Beispiel 1

Beschreibung

Im Gäste-WC eines Einfamilienhauses aus dem Jahr 1971 traten plötzlich Feuchteflecken an der Wand zum angrenzenden Badezimmer auf.

Ursache

Im Badezimmer befand sich an der Trennwand zum Gäste-WC die Dusche. Diese war deckenhoch gefliest. Die Fliesen stammten aus dem Baujahr. Es war zu erkennen, dass teilweise keine Fugenmasse mehr vorhanden war. Auch das Silikon im Wannenbereich war brüchig. Es war davon auszugehen, dass die Wand im Bereich der Dusche nicht oder nicht ausreichend abgedichtet worden war, sodass das Wasser aus der Dusche in die Innenwand gelaufen war. Nach deren Durchfeuchtung traten die Flecken im angrenzenden Gäste-WC auf.

Maßnahme

Die Fliesen im Bereich der Dusche wurden zurückgebaut. Die Wandfläche wurde geebnet und entsprechend den Vorgaben der DIN ausgeführt.

Abb. 2-77: Feuchteschäden an der Wand zum Badezimmer

Abb. 2-78: Veraltete Dusche

2.3.1.8 Messverfahren

Bei den **Methoden zur Messung** von Feuchte in Baustoffen werden folgende Prinzipien unterschieden:

- indirekte Feuchtemessung nach dem elektrischen Widerstandsprinzip
- indirekte Feuchtemessung nach dem kapazitiven Messprinzip
- direkte Feuchtemessung nach der Calciumcarbit- und der Darr-Methode
- hygrometrische Verfahren
- Mikrowellenverfahren

Während bei den indirekten Messverfahren auf dem Messgerät baustoffspezifische Zahlenwerte abgelesen werden, die im Nachgang beurteilt werden müssen, stellt das Messergebnis einer direkten Messung den Feuchtegehalt im Baustoff in Masse-% dar. Das ist der Anteil an Feuchte in %, der in der entnommenen feuchten Materialprobe enthalten ist. Dabei stellt die Summe aus der trockenen Baustoffprobe und dem Gewicht des Wassers in der Baustoffprobe 100 % dar.

Bei der indirekten Feuchtemessung nach dem **elektrischen Widerstandsprinzip** erzeugen Widerstandsmessgeräte einen elektronischen Messstrom, der mittels zweier Elektroden durch den zu messenden Baustoff geleitet wird. Die Intensität des jeweiligen Messstroms kann im Display als sogenannte „Digits" abgelesen werden.

Im Baustoff vorhandene Salze können den Stromfluss beeinflussen, sodass hier von einem erfahrenen Sachverständigen eine baustoffspezifische Interpretation der Verfahrenswerte erfolgen muss.

Die Methode ist nicht immer anwendbar, da im Rahmen der Messung die beiden Messelektroden in den Baustoff eingebracht werden müssen.

Eine zerstörungsfreie Messmethode stellt die indirekte **kapazitive Methode** dar. Die Messung erfolgt mittels eines Kondensators über ein elektrisches Hochfrequenzfeld. Dabei wird die sogenannte Dielektrizitätskonstante des Baustoffes gemessen. Diese ist baustoffspezifisch. Der Nachteil der Methode ist, dass die Messung nur bis in eine Bauteiltiefe von ca. 3 cm erfolgt.

Bei einer Durchfeuchtung des Baustoffes erhöht sich diese Konstante erheblich. Auch bei dieser Methode erscheint das Messergebnis in „Digits", die entsprechend auszuwerten sind.

Bei der direkten **Calciumcarbid-Methode** wird eine Baustoffprobe entnommen. Die Probe wird zerkleinert und in eine Druckflasche gefüllt. Weiter wird eine Glasampulle in die Druckflasche gelegt, die Calciumcarbid enthält. Nach dem Verschließen der Druckflasche wird die Glasampulle zerstört und das Calciumcarbid durch Schütteln der Flasche mit dem Baustoff vermischt. Das im Baustoff vorhandene Wasser reagiert mit dem Calciumcarbid zu Acetylengas. Dieses wiederum erzeugt einen Überdruck in der Flasche, der außen auf der Flasche abgelesen werden kann.

Von dem entstandenen Druck können somit Rückschlüsse auf die Wassermenge im Baustoff gezogen werden. Auf dem Manometer der Druckflasche kann direkt der Feuchtegehalt in Masse-% abgelesen werden.

Ein weiteres zerstörendes direktes Messverfahren zur Ermittlung der Bauteilfeuchte ist die **Darr-Methode**. Dabei handelt es sich um eine gravimetrische Methode. Bei der Darr-Methode wird ein Bohrkern des durchfeuchteten Bauteils entnommen. Dieser wird gewogen. Danach wird die Probe in einem Trockenschrank bei ca. 105 °C getrocknet. Immer wieder wird die Probe während des Trocknungsprozesses gewogen, bis sie kein Gewicht mehr verliert. Dann kann davon ausgegangen werden, dass sie getrocknet ist. Die Differenz zwischen dem Gewicht der feuchten und der getrockneten Probe stellt den Feuchtegehalt in der Probe dar.

Die Darr-Methode ist eine sehr genaue, aber zeitintensive Methode. Die Probe muss mindestens 24 Stunden getrocknet werden.

Ein weiteres Verfahren zur Messung der Bauteilfeuchte stellt das **hygrometrische Verfahren** dar. Es ist ein zerstörungsarmes indirektes Messverfahren.

Basis des Verfahrens ist die Bauteileigenschaft, Feuchtigkeit aus der Luft aufzunehmen. Steigt die relative Luftfeuchte der Raumluft, so nimmt auch der Feuchtegehalt des Baustoffes zu. Nach einiger Zeit stellt sich ein Gleichgewichtszustand ein, bei dem der poröse Baustoff eine bestimmte Menge an Wasser aufweist. Daher wird das Verfahren auch Ausgleichsverfahren genannt. Über die Sorptionsisotherme lässt sich der Wassergehalt u (M.-%) in Abhängigkeit von der relativen Luftfeuchte φ (% r.H.) darstellen. Sorptionsisothermen beschreiben den Gleichgewichtszustand der Sorption eines Stoffes an einer Oberfläche (allgemeiner an einer Grenzfläche) bei konstanter Temperatur. Sie stellen die an der Oberfläche gebundene Stoffmenge (das Sorbat) in Abhängigkeit von der in der Gasphase bzw. in der Lösung befindlichen Stoffmenge dar. Die Sorptionsisotherme sind von der Zusammensetzung des Baustoffes abhängig.

Das **Mikrowellenverfahren** zur Bestimmung der Bauteilfeuchte gehört zu den dielektrischen Feuchtemessverfahren. Diese basieren auf den dielektrischen Eigenschaften des Wassers. Wasser ist ein polares Molekül. Die Ladungsschwerpunkte fallen innerhalb des Moleküls örtlich nicht zusammen. Das Wassermolekül ist daher polarisierbar. Wird ein elektromagnetisches Wechselfeld angelegt, beginnen die Moleküle mit der Frequenz des Feldes zu rotieren. Dieser Effekt wird mit der sogenannten Dielektrizitätskonstante gekennzeichnet.

Bei zunehmenden Frequenzen kann das Wassermolekül einem von außen angelegten elektromagnetischen Feld wegen stoffinterner Bindungskräfte immer schlechter folgen. Dadurch entstehen dielektrische Verluste. Diese wiederum sind messbar.

Mikrowellenverfahren sind von der Versalzung nahezu unabhängig. Die Messung kann in Abhängigkeit vom Material bis in eine Tiefe von ca. 20 bis 30 cm erfolgen.

Neben der Messung der Bauteilfeuchte sind weitere Kenngrößen im Zusammenhang mit Kondensation, Tauwasserausfall, Schimmelbefall sowie Behaglichkeit in Wohnräumen zu ermitteln. Diese sind u.a. Raumtemperatur, Bauteiltemperatur und Feuchtegehalt der Luft.

Die Temperatur der Raumluft wird mittels Luftthermometer gemessen. Die Messung basiert auf dem temperaturabhängigen elektrischen Widerstand. Gemessen wird die stehende Lufttemperatur. Die Genauigkeit liegt bei ca. 0,4 °C.

Die Raumlufttemperatur kann auch mit dem Klimasensor gemessen werden. Darüber hinaus kann man mit diesem die Luftfeuchte bestimmen. Raumlufttemperatur und Raumluftfeuchte sind wichtige Kenngrößen bei der Untersuchung von Schimmelbefall.

Die Messung der Oberflächentemperatur kann mittels Infrarot erfolgen. Dabei handelt es sich um ein kontaktloses Verfahren, bei dem die Wärmestrahlung des Messobjekts aufgenommen und als Temperaturwert dargestellt wird. Das Messprinzip ist eine temperaturabhängige Wellenlänge. Der Messbereich umfasst eine Spanne von -30 bis 240 °C. Die Genauigkeit beträgt ±2 % oder ±2 °C vom Messwert.

2.3.2 Schimmelschäden

2.3.2.1 Einleitung

Schimmel wird gemäß Schimmelpilzleitfaden[22] zur Vorbeugung, Erfassung und Sanierung von Schimmelbefall vom Umweltbundesamt wie folgt definiert:

> „Das Wachstum von Mikroorganismen an Inventar, an oder in Wänden und anderen Bauteilen wird üblicherweise Schimmel (englisch: mould) genannt. Schimmelbefall wird hervorgerufen durch Schimmelpilze, Hefen und Bakterien. Zum Nachweis von Schimmelbefall sind Schimmelpilze die Leitorganismen."

22 Leitfaden zur Vorbeugung, Erfassung und Sanierung Schimmelbefall in Gebäuden, Umweltbundesamt, 2017.

Schimmelpilz ist ein Sammelbegriff für eine heterogene Gruppe von Pilzen, die typische Pilzfäden und Sporen ausbilden können und dadurch makroskopisch als gefärbter Belag sichtbar werden. Dieser kann sich als faseriger, flockiger oder staubiger Belag auf meist leblosen Substraten verschiedenster Art darstellen. Das Farbspektrum reicht von einem weißen über grauen, bläulich grünen bis hin zu gelblichem, rötlichem, bräunlichem oder schwarzem Überzug. Es handelt sich allerdings nicht um eine Gruppe von Pilzen. Der Begriff Schimmelpilze vereint eine Gruppe Fadenpilze aus mehreren Pilzgruppen wie *Zygomycetes, Ascomycetes* sowie *Deuteromycetes.*

Pilze sind weit verbreitete Organismen. Sie bilden mit 90 % den zahlenmäßig bedeutendsten Anteil biologischer Partikel in der Luft. Pilze machen keine Photosynthese. Sie sind heterotrophe Organismen. Sie gewinnen ihre Energie für den Zellaufbau aus dem Abbau organischer Stoffe. Aus diesem Grund spielt der Nährstoffgehalt eine große Rolle für den Ausbreitungsgrad von Schimmelpilzen. Indem sie organisches Material zersetzen, haben sie eine wichtige Rolle im Kohlenstoffkreislauf der Natur (z.B. Zersetzung von Tierkadavern etc.).

Mit ca. 250.000 Pilzarten handelt es sich bei den Schimmelpilzen um artenreiche Organismen. Diese Mikroorganismen kommen fast überall vor. Ihre Sporen sind in der Regel immer in der Luft vorhanden.

In Bauwerken können sie zu massiven Schäden führen. Im Grunde genommen können alle Bauteile von Schimmelpilzwachstum befallen werden. Sie müssen hierzu von Feuchtigkeit belastet sein und ausreichend Nährstoffe bieten.

In Hinblick auf die Ursache von schimmelpilzbegünstigendem Milieu unterscheidet man:

- bauwerksbedingte Durchfeuchtung
- nutzungsbedingte Durchfeuchtung
- mangelnde Hygiene in Klimaanlagen

2.3.2.2 Bauwerksbedingte Durchfeuchtung

Bauwerksbedingte Durchfeuchtung kann direkt oder indirekt erfolgen.

Die direkte Durchfeuchtung ist die Folge einer undichte Gebäudehülle. Ursache hierfür können Undichtheiten bei

- Kellerabdichtung
- Dachabdichtung
- Fassadenbeschichtung
- Regenentwässerung
- Rückstausicherung
- Feuchtepufferung in Baumaterialien
- plötzlich auftretenden Rohrbrüchen
- Rohbaufeuchte

sein.

Die indirekte Durchfeuchtung ist die Folge eines bauthermischen oder hygrothermischen Vorgangs. Dabei nimmt ein Baustoff unter Vorhandensein von Salzen (siehe 2.3.1.2) aus einer angrenzenden Luftschicht Feuchtigkeit auf.

Auch unzureichende Wärmedämmung kann aufgrund der Bildung von Kondensat zu einer indirekten Durchfeuchtung führen.

Eine unzureichende Wärmedämmung führt dazu, dass die Innenseite von Außenwänden oder Außenbauteilen abkühlt. Raumluftfeuchte kann sich als Kondensat auf den kühlen Bauteilen absetzen. Bei entsprechendem Nährstoffgehalt der Bauteiloberfläche kann es hier zu Schimmelpilzbildung kommen. Wenn an örtlich begrenzten Stellen in den Umfassungsflächen (Wände, Decke, Fußböden) eines Gebäudes ein erhöhter Wärmeabfluss nach draußen oder zu unbeheizten Räumen stattfindet, spricht man von Wärmebrücken. Ursachen für Wärmebrücken können geometrische Verhältnisse oder die Verwendung von Baustoffen mit unterschiedlicher Wärmeleitfähigkeit sein. Außenwände sind dabei doppelt gefährdet, zum einen durch die vorgenannte Wärmebrückenwirkung, zum anderen ist an Gebäudeecken die freie Luftströmung behindert, sodass die warme Raumluft die Ecken des Raumes nur unzureichend erreicht. Dadurch wird ein erhöhter Wärmeübergangsbereich ausgebildet, was zusätzlich zu einer Absenkung der Oberflächentemperatur in diesen Bereichen führt.

Gerade in Ecken eines Raumes kommt es somit an den Innenseiten der Außenwände zu Schimmelpilzbefall.

Eine Möblierung an ungedämmten Außenwänden ist daher besonders kritisch.

Eine weitere Ursache indirekter Durchfeuchtung von Bauwerken können Feuchteschäden durch unsachgemäße energetische Modernisierung sein. Problematisch ist der Einbau dichter Fenster in unzureichend gedämmten Altbauten. Vor dem Fenstertausch war das Fenster das kälteste Bauteil, was deutlich durch Kondenswasser an der Scheibe sichtbar war. Darüber hinaus waren die alten Fenster nicht luftdicht, sodass Luftzirkulation möglich war.

Nach Einbau der neuen Fenster ist eine Luftdichtigkeit vorhanden. Noch dazu sind die Scheiben nicht mehr die kältesten Bauteiloberflächen. Das Kondensat schlägt sich jetzt an den Außenwänden nieder und führt hier zu einem erhöhten Schimmelpilzrisiko.

Falsch ausgeführte Innendämmungen können das Auftreten von Schimmel sogar erhöhen. Nur in besonderen Fällen, wie z.B. bei denkmalgeschützten Fassaden, sollten Innendämmungen ausgeführt werden. Durch das Anbringen einer Innenwanddämmung wird der Taupunkt in Richtung Wandinnenseite hinter die Dämmung verschoben.

Abb. 2-79: *Skizzierter Verlauf einer Temperaturkurve ohne Dämmung*

Abb. 2-80: *Skizzierter Verlauf einer Temperaturkurve mit Innendämmung*

Bei unsachgemäßiger Ausführung kann es zur Hinterströmung der Innenwanddämmung und somit Tauwasserbildung kommen. Besonders risikobehaftet sind hier beispielsweise Wanddurchbrüche und Steckdosen. Versteckte Tauwasserbildung und Schimmelgefahr können auch entstehen, wenn das Dämmmaterial nicht diffusionsoffen und kapillaraktiv ist.

Geeignete Innendämmstoffe sind Kalziumsilikatplatten oder Mineralschaumplatten.

2.3.2.3 Nutzungsbedingte Durchfeuchtung

Unter nutzungsbedingter Durchfeuchtung versteht man Kondensation und Tauwasserbildung aufgrund falschen Heiz- und Lüftungsverhaltens.

Ein ausreichendes Heizen ist wichtig, da bei einer Erhöhung der Raumlufttemperatur bei gleichem absolutem Wassergehalt der Luft der relative Wassergehalt in der Luft verringert wird. Darüber hinaus bewirkt das Heizen eine Erhöhung der Bauteiltemperaturen. Beides trägt zur Vermeidung der Schimmelpilzbildung bei.

Insbesondere in Räumen mit erhöhter Feuchteproduktion wie Schlafzimmer oder Küche sollte auf richtiges Heizen und Lüften geachtet werden. Gerade Schlafzimmer werden oftmals nicht ausreichend beheizt. Das führt dazu, dass die durch Schlafen erzeugte erhöhte Luftfeuchtigkeit auf kalten Bauteiloberflächen kondensiert und es hier zu einem erhöhten Schimmelpilzrisiko kommt. Die Mindesttemperatur in gering beheizten Räumen sollte 16 bis 18 °C nicht unterschreiten. Die Türen zu gering beheizten Räumen sollten nach dem Lüften geschlossen werden.

Zum Abtransport der feuchten Raumluft ist ein Luftwechsel notwendig. Es gibt zahlreiche Hinweise zum richtigen Lüften. Wichtig ist, dass ein Luftaustausch stattfinden kann. Dazu sollten die Fenster und auch Zwischentüren geöffnet werden. Eine sogenannte Stoßlüftung, bei der alle Fenster gleichzeitig weit geöffnet werden, ist empfehlenswert. Kipplüftung ist kontraproduktiv. Durch den verringerten Lüftungsquerschnitt kann der Luftwechsel nicht stattfinden, gleichzeitig kann kalte Außenluft die Fensterlaibungen auskühlen. Die noch immer in der Raumluft befindliche Feuchtigkeit schlägt sich dann als Kondensat an den Fensterlaibungen nieder.

Die Kontrolle der Raumluft mittels Hygrometer kann sinnvoll sein, da dies eine einfache und effektive Methode zur Regulierung des Heiz- und Lüftungsverhaltens ist.

2.3.2.4 Mangelnde Hygiene in Klimaanlagen

Das Thema Instandhaltung und Wartung von Bauteilen gewinnt immer mehr an Bedeutung. Auch bei Klimaanlagen sind eine regelmäßige Reinigung und Hygiene erforderlich. Da Schimmelpilze grundsätzlich in der Außenluft vorhanden sind, werden diese über die Klimaanlage in das Gebäudeinnere getragen. Wird die Klimaanlage bzw. Lüftungsanlage nicht regelmäßig gewartet, besteht das Risiko, dass Sporen über die Lüftung im Gebäudeinnern verteilt werden. Im Zuge der Klimaerwärmung finden sich Klimaanlagen und Klimageräte nicht mehr ausschließlich in Bürogebäuden. Auch in Wohngebäuden gibt es heute immer häufiger Klimaanlagen und mobile Klimageräte. Oftmals wird die Wartung dieser Geräte vernachlässigt, was gravierende Folgen haben kann, denn in den Klimageräten trifft Feuchtigkeit auf Staubpartikel aus der Luft, was den idealen Nährboden für Schimmel bildet.

2.3.2.5 Messung und Diagnostik

Die Diagnostik eines Schimmelbefalls besteht aus folgenden Komponenten:

- Bestandsaufnahme
- Zielsetzung der Untersuchung (Ursache oder nur Symptome beseitigen)
- Untersuchungsplanung
- bauphysikalische und bautechnische Untersuchungen
- baubiologische/mikrobiologische Untersuchungen
- visuelle Analyse
- instrumentelle Analyse
- Beurteilung der Untersuchungsergebnisse
- Sanierungskonzept
- Sanierungsplanung

Bei der Ortsbegehung wird untersucht, ob ein Schimmelbefall vorliegt und welches Ausmaß er hat. Dazu werden bauphysikalische Messungen durchgeführt. In der Regel werden die Raumtemperatur und die Bauteiltemperatur gemessen und es werden Feuchtemessungen durchgeführt und dokumentiert.

Die Thermografie ermöglicht die Darstellung von unterschiedlichen Bauteiltemperaturen anhand eines Farbmusters. Problembereiche mit zu niedrigen Bauteiltemperaturen werden so sichtbar.

Messungen von Schimmelpilzen dienen dazu zu erkennen, ob ein Schimmelbefall im Raum vorhanden ist und welche Ausdehnung der Befall gegebenenfalls hat.

Normierte Verfahren zur Messung von Schimmelpilzen sind:

- Messung von Schimmelpilzen in der Luft (DIN ISO 16000-16 bis 18)
- Messung der kultivierbaren Schimmelpilze im Material (DIN ISO 16000-21)
- Messung der Gesamtsporenzahl in der Luft (DIN ISO 16000-20)

2.3.2.6 Bewertung des Schadensausmaßes

Die Bewertung des Schadensausmaßes und damit des Handlungsbedarfs erfolgt zum einen in Abhängigkeit von den Nutzungsklassen und zum anderen in Abhängigkeit vom Schadensausmaß.

Das Schadensausmaß ist im Schimmelleitfaden wie folgt kategorisiert:

Bewertung von Materialien mit an Oberflächen feststellbarem, meist sichtbarem Schimmelbefall

Schadensausmaß	Kategorie 1 Normalzustand bzw. geringfügiger Schimmelbefall	Kategorie 2 Geringer bis mittlerer Schimmelbefall	Kategorie 3 Großer Schimmelbefall
Ausdehnung in der Fläche und in der Tiefe	geringe Oberflächenschäden < 20 cm^2	oberflächliche Ausdehnung < 0,5 m^2, tiefere Schichten sind nur lokal begrenzt betroffen	große flächige Ausdehnung > 0,5 m^2, auch tiefere Schichten können betroffen sein
Daraus resultierende mikrobielle Biomasse	keine bzw. sehr geringe mikrobielle Biomasse	mittlere mikrobielle Biomasse	große mikrobielle Biomasse

Abb. 2-81: Bewertung von Schimmelbefall, Schimmelleitfaden Umweltbundesamt, 2017

Die Nutzungsklassen definieren die Anforderungen an die einzelnen Raumnutzungen.

Nutzungsklasse I

Die höchsten Anforderungen hat die Nutzungsklasse I, da sie Räume mit speziellen hygienischen Anforderungen umfasst. Die in solchen Fällen notwendigen Maßnahmen werden im Leitfaden nicht behandelt. Hierzu gibt es gesonderte Empfehlungen (z.B. Krankenhaushygiene).

Nutzungsklasse II

Die Nutzungsklasse II bilden regelmäßig oder nicht nur vorübergehend genutzte Räume mit dazugehörenden Nebenräumen.

Nutzungsklasse III

Kellerräume in Mehrfamilienhäusern oder Bürogebäuden mit separatem Zugang sowie Garagen oder anderweitige Nebenräume außerhalb der Räume der Nutzungsklasse II und Treppenhäuser in Mehrfamilienhäuser zählen zur Nutzungsklasse III. Hier gilt der Leitfaden nicht vollumfänglich.

Nutzungsklasse IV

Die Nutzungsklasse IV beinhaltet gegenüber der Innenraumluft luftdicht oder diffusionsdicht abgeschottete Bauteile und Hohlräume. Für solche Hohlräume gelten verringerte Sanierungsanforderungen bei Schimmelbefall.

Schimmelbelastungen der Raumluft sind in der Regel auf befallene oder kontaminierte Materialien zurückzuführen. Es wird davon ausgegangen, dass ein kleinerer Befall weniger biogene Schadstoffe produziert als ein in der Fläche und Tiefe größerer Befall.

Bei den Nutzungsklassen III und IV ist die Dringlichkeit der Sanierung geringer als bei der Nutzungsklasse II und der Umfang der empfohlenen Maßnahmen kann reduziert werden.

Damit erfolgt nur für die Nutzungsklasse II eine Bewertungshilfe durch die in Abbildung 2-81 dargestellte Bewertung. Anhand der Einstufung in die Kategorien der Schimmelbefallgröße kann definiert werden, ob es sich um einen unvermeidbaren Normalzustand oder um einen vermeidbaren Befall mit Handlungsbedarf handelt. Die Beurteilung des Schadensausmaßes erfolgt in drei Kategorien:

Kategorie 1 – Normalzustand

Typische Beispiele für geringfügigen Schimmelbefall sind mit Schimmel bewachsene Dichtungen in Bädern und an Fensterfugen oder Schimmelwachstum auf Blumenerde.

Kategorie 2 – geringer bis mittlerer Schimmelbefall

Die Freisetzung von Schimmelbestandteilen sollte zeitnah unterbunden, die Ursache des Befalls mittelfristig ermittelt und abgestellt sowie der Schimmelbefall beseitigt werden.

Kategorie 3 – großer Schimmelbefall

Die Freisetzung von Schimmelbestandteilen sollte unmittelbar unterbunden und die Ursache des Befalls kurzfristig ermittelt und beseitigt werden. Die Betroffenen sind auf geeignete Art und Weise über den Sachstand zu informieren. Die Sanierung sollte durch eine Fachfirma erfolgen.

2.3.2.7 Maßnahmen im Schadensfall

Der neue Schimmelleitfaden 2017 des Umweltbundesamtes unterscheidet vier Nutzungsklassen. Während in den vorangegangenen Leitfäden feuchte Bauteile ausgetauscht und bei großem Schimmelbefall Spezialisten hinzugezogen werden sollten, gibt es seit 2017 eine Raumklasse für abgeschottete Bauteile. Danach müssen feuchte Bauteile, die der Nutzungsklasse IV entsprechen und damit von der Rauminnenluft abgeschottet sind, nicht mehr zwangsläufig ausgetauscht werden.

Hinsichtlich der Rechtsprechung ist die Zuordnung zur Nutzungsklasse IV bei der Abnahme von Neubauten allerdings unerheblich. Der Anspruch auf Schadensersatz oder Mangelhaftung besteht weiterhin. Schimmel ist potenziell gesundheitsgefährdend und (wenn er nicht aufgrund falschen Nutzerverhaltens entstanden ist) ein Indiz für eine mangelhafte Bauleistung.

2.3.2.7.1 Geringfügiger Schimmelpilzbefall

Bei einem Befall mit einer Fläche von bis zu 0,2 m^2 handelt es sich um einen geringfügigen Schimmelpilzbefall. Hier sind keine besonderen Maßnahmen erforderlich. Eine gesundheitliche Beeinträchtigung besteht nicht.

2.3.2.7.2 Geringer bis mittlerer Schimmelpilzbefall

Ein geringer bis mittlerer Schimmelpilzbefall umfasst eine Fläche von maximal 0,5 m^2. Diese Stellen können auch durch die Bewohner selbst entfernt werden, wenn der Befall oberflächlich und noch nicht in das Bauteil eingedrungen ist. Eine gesundheitliche Beeinträchtigung ist unwahrscheinlich.

Belastete Materialien sind zu entfernen und in Müllsäcke luftdicht und staubdicht zu verpacken. Die kontaminierten Flächen sind zu reinigen.

2.3.2.7.3 Großer Schimmelpilzbefall

Bei einem großen Schimmelpilzbefall kann Gefahr in Verzug bestehen. Dann sind Sofortmaßnahmen durchführen. In diesem Fall sind die Betroffenen zu informieren und gegebenenfalls zu evakuieren. Die kontaminierten Räume sind abzuschotten, um eine Verbreitung der Schimmelpilzsporen zu unterbinden. Als Übergangsmaßnahme kann der Befall zur Bindung mit Lack und Farbe überstrichen werden. Gegenstände aus dem kontaminierten Raum sind zu reinigen.

Nach den Sofortmaßnahmen erfolgt die Reinigung oder der Rückbau der kontaminierten Bereiche. Dabei sind unbedingt die Vorgaben des Arbeitsschutzes einzuhalten. Es sollten nur zertifizierte Fachfirmen beauftragt werden.

Nicht zu entfernende Oberflächen und Materialien sind zu desinfizieren. Hierbei kommt am häufigsten die chemische Desinfektion zum Einsatz. Alternativ können belastete Stellen auch abgeflammt werden.

Nach fachgerechter Untergrundreinigung und ausreichender Trocknung kann eine Neubeschichtung der Bauteiloberflächen erfolgen. Das verunreinigte Material muss fachgerecht entsorgt werden. Eine Nachkontrolle in Form einer Luftmessung kann sinnvoll sein.

2.3.2.8 Beispiele für Bauschäden durch Schimmelbefall

Beispiel 1

Beschreibung

Bei einem Einfamilienwohnhaus mit Baujahr 1975 wurde an der Innenseite der Außenwand eines kleinen Erkers schwarzer mikrobieller Befall sichtbar. Dieser befand sich in der Ecke der Außenwände und erstreckte sich vom Boden bis ca. zwei Drittel der Raumhöhe.

Untersuchung

Die Temperaturmessung ergab, dass die Bauteiltemperatur an den Wandoberflächen im Eckbereich 12 °C betrug. Die Raumtemperatur betrug 16 °C.

Das Gebäude stand zum Zeitpunkt der Messung seit einigen Wochen leer.

Ursache

Wie zuvor ausgeführt, sind gerade die Eckbereiche der Außenwände besonders anfällig für Schimmelpilzbelastungen. Der Raum wurde als Schlafzimmer genutzt.

Damit handelte es sich um einen Raum mit erhöhter Feuchteproduktion bei gleichzeitig geringer Beheizung. Die Geometrie der Außenwände führte zusätzlich zu einem erhöhten Schimmelpilzrisiko. Möglicherweise befanden sich zusätzlich noch Möbel oder Vorhänge in diesem Wandbereich.

Maßnahmen

Zunächst musste der Befall fachgerecht entfernt und die Wand desinfiziert werden.

Zur Erreichung einer optimalen Wandtemperatur war eine Wärmedämmung der Außenwände erforderlich.

Alternativ hätte der Raum richtig beheizt und gelüftet werden können und die Nutzung hätte sensibilisiert auf die geometrischen und bauphysikalischen Defizite erfolgen müssen. Die Raumecke sollte nicht mit Möbeln verstellt werden, sodass ausreichend Luftzirkulation in diesem Bereich stattfinden konnte.

Abb. 2-82: Außenansicht Erker

Abb. 2-83: Schlafzimmeraußenwand mit mittlerem Schimmelbefall

Beispiel 2

Beschreibung

In der Souterrainwohnung eines Mehrfamilienwohnhauses aus dem Jahr 1960 kam es im Kinderzimmer immer wieder zu Feuchteerscheinungen an der Innenseite eines Außenwandbereichs. Darüber hinaus roch das Zimmer trotz regelmäßigem Lüften zuweilen feucht und schimmelig. Das Kinderzimmer verfügte über zwei Außenwände sowie eine dritte Wand, die als Teil eines Erkers teilweise in den Außenbereich ragte.

Abb. 2-84: Außenansicht Mehrfamilienhaus

Abb. 2-85: Feuchtemessung an beschädigter Außenwand

Abb. 2-86: Außenansicht beschädigte Außenwand

Ein Fallrohr der Balkonentwässerung aus dem ersten Obergeschoss mündete offen in das Erdreich direkt vor der Außenwand des Kinderzimmers.

Untersuchung

Eine erste Raster-Feuchtemessung ergab eine deutliche Durchfeuchtung der Wand. Die Luftfeuchtigkeit im Raum lag bei 70 %, die Raumtemperatur bei 18 °C.

Bei vorliegender Luftfeuchte war eine Schimmelpilzbildung vorprogrammiert. Geruchlich war er bereits wahrnehmbar.

Ursache

Aufgrund der vorgenannten Messungen war davon auszugehen, dass die nicht fachgerechte Entwässerung des Balkons im ersten Obergeschoss zu einer Durchfeuchtung der Wand im Untergeschoss geführt hatte.

Darüber hinaus wurde der Raum nicht durchgehend beheizt und war entsprechend kühl. Die erhöhte relative Luftfeuchtigkeit mit 70 %, die niedrige Raumtemperatur sowie die zusätzlich durchfeuchtete Außenwand begünstigten die Schimmelpilzbildung.

Die kältesten Bauteile waren die Außenwände und die Bodenplatte. Das Wasser in der Raumluft ließ sich als Tauwasser auf den kalten Bauteilen nieder. Die Materialien, die dem Boden am nächsten waren (Schrankboden und Bettkastenboden), nahmen die Feuchtigkeit auf. Die betroffene Stelle trocknete immer wieder ein bisschen ab und durch Lüften wurde das Problem weniger wahrgenommen, aber bei jedem größeren Niederschlag durchfeuchtete die Wand von Neuem.

Maßnahmen

Als erste Maßnahme wurde das Wasser vom Balkon provisorisch umgeleitet und vom Haus weggeführt. Das Erdreich in dem Bereich der betroffenen Wand wurde entfernt und die Außenwand freigelegt, sodass diese abtrocknen konnte.

In regelmäßigen Abständen wurden Feuchtemessungen der Wand durchgeführt, die einen Rückgang der Feuchte dokumentierten.

Weiter konnte festgestellt werden, dass auf den Holzfaserplatten des Bettkastens und des Kleiderschrankes bereits Schimmel erkennbar war. Die von Schimmel betroffenen Holzfaserplatten wurden entfernt.

Der Raum musste kontinuierlich beheizt werden. Ein Raumwächter zur Kontrolle der Luftfeuchtigkeit wurde aufgestellt und überwacht, damit die relative Luftfeuchtigkeit nicht auf > 60 % anstieg.

Die Entwässerung des Balkons im ersten Obergeschoss musste fachgerecht ausgeführt werden. Prinzipiell ist Wasser vom Haus wegzuführen. Es wurde eine Sickerpackung im Garten vorgesehen.

Zudem wurde die vorhandene Mauer im Bereich der betroffenen Außenwand entfernt, da diese eine „Wannensituation“ und das Ansammeln von Wasser in diesem Bereich begünstigte. Vor der Erneuerung der Terrasse war es empfehlenswert, den Bereich der Außenwand aufzugraben und die Abdichtung in diesem Bereich zu prüfen und falls erforderlich zu erneuern.

Die Sanierungsmaßnahmen inklusive Terrassenerneuerung beliefen sich auf 22.000 €.

Abb. 2-87: Provisorische umgeleitete Balkonentwässerung

Abb. 2-88: Entwässerungsführung zur Sickergrube

Abb. 2-89: Endgültige Entwässerung

Abb. 2-90: Abdichtung der Außenwand

Beispiel 3

Beschreibung

In einer Eigentumswohnung in einem Mehrfamilienwohnhaus aus dem Baujahr 1960 wurde im Rahmen des Austauschs eines Kühlschranks ein mittlerer Schimmelbefall an der Innenseite der Außenwand der Küche festgestellt.

Abb. 2-91: Küche mit Kühlschrank an ungedämmter Außenwand

Abb. 2-92: Mittlerer Schimmelbefall hinter dem Kühlschrank

Ursache

Der Kühlschrank stand in der Ecke zweier Außenwände. In der Küche, die offen zum Wohnraum war, gab es keinen Heizkörper. Die Wandoberfläche war mit 12 °C recht kalt. Die in der Küche produzierte Feuchtigkeit in der warmen Luft kondensierte an der kühlen Wandoberfläche. Durch den Kühlschrank konnte die Luft dahinter kaum zirkulieren. Somit entstanden optimale Bedingungen für Schimmelwachstum.

Maßnahme

Optimal wäre eine Dämmung der Wand zur Vermeidung der kalten Wandüberfläche hinter dem Kühlschrank gewesen. Dies wurde vom Auftraggeber abgelehnt. Daher wurde hier nur die Wand gereinigt, indem der alte Farbbelag entfernt und sachgerecht entsorgt wurde. Die Wandoberfläche wurde mit einem Chlorspray behandelt. Der Abstand zwischen Kühlschrank und Außenwand wurde zur Herstellung einer Luftzirkulation vergrößert.

2.3.3 Schäden an Bauteilen aus Beton

2.3.3.1 Grundlagen

Um die Schadensprozesse an Betonbauwerken zu verstehen, ist es wichtig, die Bestandteile und Verarbeitung von Beton zu kennen.

Stahlbeton ist ein Verbundwerkstoff aus Bewehrungsstahl und Beton. Beton kann Druckkräfte aufnehmen, die Zugfestigkeit von Beton dagegen ist sehr gering. Über die Verbundwirkung im Stahlbeton übernimmt der Bewehrungsstahl die Aufnahme der Zugkräfte. Damit dies funktioniert, muss der Beton kontrolliert reißen. Bei einem Einfeldträger z.B. ist in der Feldmitte die größte Durchbiegung. Im Randbereich an der Unterseite der Feldmitte entstehen dann kleine Risse. Diese ermöglichen es, dass der Stahl im wahrsten Sinne des Wortes zum Zug kommt. Er übernimmt die in diesem Bereich auftretenden Zugkräfte. In der Regel liegt die Rissbreite bei < 0,2 mm.

Beton besteht neben Zement und Wasser aus Zuschlagstoffen. Diese können Feinanteile wie Sand und Kies, alternative Leichtzuschläge wie Ziegelsplitt, Blähton, Perlite und Schaumkunststoff sein.

Durch Mischen von Zement und Wasser entsteht der Zementleim, der im Beton die einzelnen Körner der Gesteinskörnung umhüllt und durch sein Erhärten fest miteinander verbindet.

Dabei geht der nach der Wasserzugabe flüssige Zementleim in den festen Zementstein über. Diese Zustandsänderung von flüssig nach fest ist erwünscht und eine kennzeichnende Eigenschaft des Zements.

Bei der Erhärtung reagieren die Zementbestandteile mit Wasser und bilden nadelförmige Calciumsilikathydrat-Kristalle. Die Zementsteinbildung ist eine mechanische Verzahnung, ähnlich wie die der Eiskristalle.

Bei der Betonherstellung ist darauf zu achten, dass das Verhältnis Wasser/Zement ausgeglichen ist. Ist der Wasseranteil zu hoch, besteht die Gefahr der Porösität. Ist der Wassergehalt zu niedrig, wächst das Kristallgerüst nicht weiter. Die Spitzen der Kristalle verbrennen.

Nach der Erhärtung verbleiben im Beton Poren, die mit Porenwasser gefüllt sind. Aufgrund des hohen Calciumhydroxidanteils im Porenwasser steigt der pH-Wert des Porenwassers auf 12,5 an. Diese hohe Alkalität führt zu einer Passivschicht an dem Bewehrungsstahl im Stahlbeton. Diese Schicht schützt den Stahl vor Korrosion.

2.3.3.2 Schadensursachen

Es gibt zwei Schadensmechanismen, die diesen Schutz aufheben können:

- Korrosion infolge Carbonatisierung
- Korrosion infolge Salzbelastung

2.3.3.2.1 Korrosion infolge Carbonatisierung

Bei der sogenannten Carbonatisierung dringt Kohlendioxid aus der Luft in den Beton ein. Das Kohlendioxid reagiert mit dem im Beton befindlichen Calciumhydroxid zu Calciumkarbonat. Die Carbonatisierungsreaktion des Zementsteins hat die Formel:

$$Ca(OH)_2 + CO_2 \rightarrow CaCO_3 + H_2O$$

Calciumhydroxid aus dem Beton und Kohlenstoffdioxid aus der Luft reagieren zu Kalkstein und Wasser.

Dieser chemische Prozess führt zu einem Absinken des pH-Werts auf unter 9. Damit wird die Passivschicht des Bewehrungsstahls aufgehoben und das Eisen kann unter Zufuhr von Feuchtigkeit korrodieren. Hierbei dockt der Sauerstoff am Bewehrungsstahl an und es kommt zu einer Volumenvergrößerung des Stahls. In der Folge platzt der Beton ab.

Ein zu hoher Wasseranteil im Beton führt, wie zuvor erläutert, zu einer hohen Porösität, welche wiederum den CO_2-Eintritt begünstigt.

Am Anfang der Schadensbildung geht die Carbonatisierung zügig in die Bauteiltiefe. Ab einer gewissen Tiefe schreitet die Carbonatisierung nur noch langsam voran.

Haupteinflussfaktoren auf die Carbonatisierung sind Umweltbedingungen wie der CO_2-Gehalt der Luft und die relative Luftfeuchte. Wasserzementwert und Hydratationsgrad haben eine große Auswirkung auf die Porösität des Betons und sind damit ebenfalls Einflussfaktoren auf die Carbonatisierung.

2.3.3.2.2 Korrosion infolge Chlorideintrags

Die Korrosion infolge Chlorideintrags erfolgt aufgrund von Tausalzen, die z.B. von Fahrzeugen in Garagen transportiert werden. Durch Diffusion und Kapillartransport gelangen die Chloride an den Bewehrungsstahl. Eine geringe Menge Salz kann im Zementstein gebunden werden. Ist der Grenzwert von 0,5 M.-% überschritten, kann es zum lokalen Auflösen der Passivschicht kommen. Das Salz löst den Stahl auf. Bei der Korrosion infolge Chlorideintrags kommt es zu keiner Volumenvergrößerung wie bei der Oxidation. Hier verteilt sich das Eisen im Beton und der Schaden bleibt an der Oberfläche lange unbemerkt.

2.3.3.2.3 Weitere Ursachen für Schäden an Betonbauwerken

Schäden an Betonbauwerken können verschiedene Ursachen haben. Neben den ausführlich erläuterten Korrosionsursachen können sie auch auf folgende Ursachen zurückgehen:

- Fehler beim Einbringen und Verdichten des Betons
- falsche oder nicht ausreichende Nachbehandlung des Betons
- Fehler in der Verarbeitung des Baustoffes
- chemischer Angriff (lösend, treibend)
- Brandereignisse

2.3.3.3 Schadensbilder

Die Korrosion des Bewehrungsstahls kann zu unterschiedlichen Schadensbildern führen. Der im Stahlbeton entstehende Sprengdruck kann zu Rissen und Abplatzungen führen. Je nach Schadensgröße kann es zur Freilegung der Bewehrungseisen kommen.

Wenn das durch die Korrosion entstandene Eisenoxid aus dem Beton ausgewaschen wird, kommt es zu Rostfahnen an der Bauteiloberfläche.

Ausblühungen entstehen, wenn Salze, hier Chlorid und Natrium, an die Bauteiloberfläche transportiert werden. Das Wasser verdunstet dort und es verbleiben weiß-gelbliche Kristalle.

2.3.3.4 Messmethoden

Bei der Bewertung von Schäden an Betonbauteilen wird die vorhandene Betondeckung, der Abstand zwischen Oberkante Bewehrungsstahl und Oberkante Beton, verglichen mit der Eindringtiefe der Carbonatisierung. Bei Chlorideintrag wird der Chloridgehalt in dieser Tiefe gemessen. Hierzu werden Bohrkerne entnommen und untersucht. Die Bohrkernentnahme bietet die umfangreichste Untersuchungsmethode. Durch diese kann eine Bestimmung der Betonqualität erfolgen, Rohdichte, Porösität, Mischungsverhältnis, Festigkeit, E-Modul, Risstiefe, Dichtigkeit, Carbonatisierung, Eindringen von Chemikalien (Chlorid, Sulfat) können ermittelt werden.

Eine zerstörungsfreie Messmethode stellt die Potenzialfeldmessung dar. Diese ermöglicht es, die Bewehrung zu orten und den Stabdurchmesser zu bestimmen.

2.3.3.5 Betonsanierung

In Abhängigkeit vom Schadensausmaß und der Nutzungsanforderung wird ein Sanierungskonzept erstellt. Maßgebliches Regelwerk zur Planung eines Sanierungskonzeptes ist die Instandsetzungsrichtlinie des Deutschen Ausschusses für Stahlbeton.[23]

Zunächst muss vom Tragwerksplaner geprüft werden, inwieweit die Standsicherheit des Bauwerks beeinträchtigt ist. Bei einer Verminderung des Querschnitts sind gegebenenfalls neben den Instandsetzungsmaßnahmen auch Verstärkungsmaßnahmen notwendig.

Wichtig ist, dass das Ziel der Instandsetzungsmaßnahmen nicht die Wiederherstellung des Ursprungszustandes ist, sondern dass ein Zustand hergestellt werden soll, der den Mindestsollzustand des Bauwerks für die verbleibende Restnutzungsdauer gewährleistet.

2.3.3.5.1 Sanierung bei Korrosion infolge Carbonatisierung

Grundsätzlich erfolgt bei der Sanierung von Korrosionsschäden die Entfernung von losen Betonteilen sowie Entrostung der freiliegenden Bewehrung. Danach kann zur Wiederherstellung des alkalischen Milieus ein flächiger Auftrag von alkalischem Mörtel erfolgen. Bei stellenweiser Unterschreitung der Betondeckung kann ein Reprofilierungsmörtel aufgetra-

23 RiLi SIB ist die Abkürzung für die Richtlinie „Schutz und Instandsetzung von Betonbauteilen" des Deutschen Ausschusses für Stahlbeton (DAfStb).

gen werden. Vor dem Auftragen des Mörtels muss der Bewehrungsstahl mit einer Beschichtung versehen werden.

2.3.3.5.2 Sanierung bei Korrosion infolge Chlorideintrags

Bei einer Korrosion infolge Chlorideintrags muss der Beton in den Bereichen, in denen die Grenzwerte überschritten sind, vollständig entfernt werden. Nach Durchführung einer Reprofilierung muss sichergestellt werden, dass keine Salze in den Beton eindringen können.

2.3.3.5.3 Maßnahmen zur Schadensvermeidung

Von den Ausgangsstoffen bis zur Nachbehandlung sind in allen Etappen des Betoneinbaus die Richtlinien und Vorgaben einzuhalten. Die Anlieferung der Ausgangsstoffe muss in sauberen Transportfahrzeugen erfolgen. Die Lagerung sollte auf befestigten Lagerflächen stattfinden. Gegebenenfalls ist ein Schutz vor Verunreinigung, wie z.B. durch Laub, vorzusehen. Was die Dosierung der Ausgangsstoffe betrifft, wurde bereits auf die Wichtigkeit des Wasserzementwerts eingegangen.

Die vorgegebenen Mischdauern zur Herstellung der verschiedenen Betone sind einzuhalten. Die Verarbeitungszeit wird hauptsächlich von der Witterung und der Betonzusammensetzung bzw. den Anforderungen an die Betonqualität bestimmt. Mischfahrzeuge sollten spätestens 90 Minuten nach der ersten Wasserzugabe vollständig entladen sein. Auf ein kräftiges Durchmischen vor der Entladung ist zu achten.

Im Rahmen der Betoniervorbereitung sollte für komplexere Bauvorhaben ein Betonierplan erstellt werden. Behinderungen für das Einbringen des Betons sollten möglichst gering gehalten werden. Beim Einbringen des Betons ist auf möglichst kurze Abstände der Einfüllstellen zur Vermeidung von Schüttkegeln zu achten. Darüber hinaus ist der Beton in einer möglichst gleichmäßig dicken Schicht einzubauen. Das sachgerechte Ausbilden von Arbeitsfugen ist von hoher Wichtigkeit. Hohe Fallhöhen sind wegen der Gefahr der Entmischung zu vermeiden.

Das Verdichten des Betons ist von besonderer Bedeutung, da ein dichtes Betongefüge die Voraussetzung für eine dauerhafte Gebrauchstauglichkeit ist. Besonders schlanke und hohe oder geometrisch anspruchsvolle Bauteile sollten nachverdichtet werden.

Bei der Nachbehandlung von Beton soll das Austrocknen der Betonoberfläche verhindert werden. Durch regelmäßiges Befeuchten wird das zur Hydratation des Zements erforderliche Wasser zugegeben. Weiter wird der junge Beton durch die Nachbehandlung vor extremen Temperaturen, mechanischen Beanspruchungen, chemischen Angriffen oder schädlichen Erschütterungen geschützt. Dies geschieht u.a. durch Belassen in der Schalung, Abdecken mit Folie, kontinuierliches Besprühen mit Wasser. Die Dauer der Nachbehandlung erfolgt gemäß DIN 1045-3.

2.3.3.6 Beispiele Betonschäden

Beispiel 1

Beschreibung

Bei dem Beispiel handelt es sich um eine Tiefgarage eines Wohnbauprojekts zweier Hochhäuser aus dem Baujahr 1960. Zu erkennen war die freiliegende Bewehrung an Stützen und Unterzügen im Bereich der Tiefgarageneinfahrt. Hier war Korrosion infolge Chlorideintrags, eventuell inklusive Carbonatisierung zu sehen.

Weitere Schadensbilder waren Abplatzungen und Ausblühungen. Da im Vorfeld der Untersuchungen nicht sicher war, ob das Tragwerk beeinträchtigt war, wurden Notstützen zur Lastabtragung aufgestellt.

Abb. 2-93: Freiliegende Bewehrungseisen

Abb. 2-94: Notsprieße im Bereich des Untergeschosses

Abb. 2-95: Ausblühungen und Abplatzungen

Abb. 2-96: Salzausblühungen an der Decke

An den Stützenfüßen waren ebenfalls Abplatzungen, Verfärbungen und Ausblühungen zu erkennen. Diese traten als Folge des Tausalzeintrags (Chlorid) über die Fahrzeuge in die Tiefgarage auf. Aufgrund fehlenden Oberflächenschutzes kam es zum Feuchteeindrang im unteren Stützenbereich.

Das Sanierungsziel war in Abhängigkeit von der geplanten Nutzung im Rahmen eines Sanierungskonzeptes zu bestimmen.

Maßnahme

In diesem Fall war das Ziel die Ertüchtigung der Dauerhaftigkeit und der Standsicherheit. Dazu wurden die beschädigten Stellen freigelegt und im Rahmen einer Betonkosmetik saniert. Die Sanierungskosten pro Stütze betrugen 500 bis 1.500 €.

Abb. 2-97: Abplatzungen an einem Stützenfuß

Beispiel 2

Beschreibung

Bei dem unten dargestellten Einfamilienwohnhaus aus dem Jahr 1970 kam es zu Abplatzungen und Ausbrüchen von Materialien an der Unterseite des Balkons.

Ursache

Der Balkon verfügte dem Baujahr entsprechend über keine Entwässerungsrinne. Über mehrere Jahre kann es zum Wassereindrang über die Fugen des Fliesenbelags. Eine oberseitige Abdichtungsschicht war nicht vorhanden. Daher kam es zur Durchfeuchtung der Balkonplatte. Infolgedessen korrodierte der Bewehrungsstahl. Die damit verbundene Volumenvergrößerung führte zu Abplatzungen des Betons.

Maßnahme

Nach Überprüfung weiterer Hohlstellen mittels Abklopfens erfolgte eine Reinigung der Bewehrungseisen mechanisch und mittels Sandstrahlen. Die Schadstellen wurden reprofiliert, d.h. mit kunststoffmodifiziertem Mörtel verschlossen und mit einer Carbonatisierungsbremse angestrichen. Zur Vermeidung eines erneuten Wassereindrangs musste eine Oberflächendichtheit inklusive Wasserführung, z.B. in Form einer Entwässerungsrinne, ausgeführt werden.

Die Instandsetzungskosten betrugen zum Zeitpunkt der Untersuchung, bei der die Korrosion noch nicht weit fortgeschritten war, rund 2.000 €.

Abb. 2-98: Unteransicht Balkon

Abb. 2-99: Ausbruchstelle an Balkon

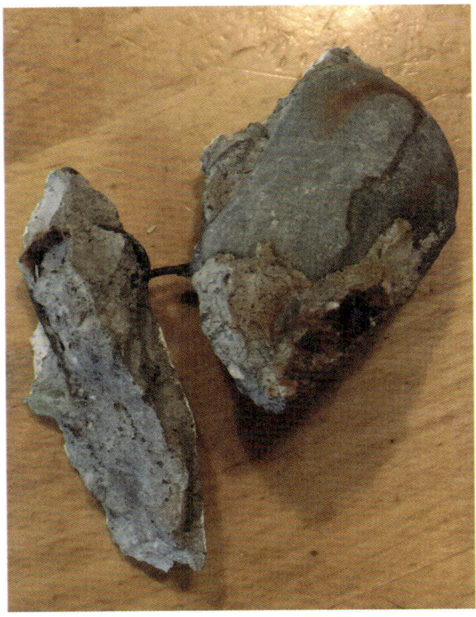

Abb. 2-100: Ausgebrochenes Betonelement

Beispiel 3

Beschreibung

Bei dem vorliegenden Beispiel handelt es sich um einen Kriechkeller eines Gebäudes aus dem Jahr 1950. Die Bewehrung der Unterzüge und Decken war korrodiert und lag frei.

Ursache

Die Ursache der Schäden war vermutlich Feuchteeindrang aus der Raumluft aufgrund mangelnder Betonüberdeckung. Die frühere Nutzung war unbekannt.

Abb. 2-101: Teilweise freiliegende Bewehrungseisen in Unterzug und Decke

Abb. 2-102: Freiliegende Bewehrungseisen in einem Unterzug

Maßnahmen

Im Rahmen einer aufwendigen Sanierung wurde der Betonstahl freigelegt und mittels Sandstrahlen gereinigt. Nicht mehr tragfähige Stäbe wurden ersetzt. Danach wurde Spritzbeton in zwei Lagen (4 cm) aufgetragen. Das Sanierungsziel war die Ertüchtigung der Bauteile gemäß der aktuellen Brandschutznorm sowie die Wiederherstellung der Dauerhaftigkeit der Decke.

Die Kosten der Sanierungsmaßnahme betrugen rund 100.000 €.

Abb. 2-103: Laufende Sanierungsmaßnahmen mit Belüftung im Untergeschoss

Abb. 2-104: Sanierte Decke mit Spritzbeton

2.3.4 Rissschäden

2.3.4.1 Grundlagen

Risse entstehen, wenn die Spannung bzw. Verformung in einem Bauteil so groß wird, dass die Festigkeit des Baustoffes erreicht wird. Man unterscheidet zwischen lastabhängigen und lastunabhängigen Formänderungen.

Folgende Kennzahlen geben Aufschluss über das Baustoffverhalten:

- Elastizitätsmodul
- Kriechdehnung
- Wärmedehnzahl
- Schwindmaß
- Bruchdehnung

2.3.4.1.1 Elastizitätsmodul

Eine Kenngröße im Rahmen der Rissentstehung durch Belastung ist der Elastizitätsmodul, auch E-Modul genannt. Er berechnet sich aus dem Quotienten aus der Spannung und der elastischen Verformung. Er wird in N/mm^2 angegeben.

$$E = \frac{\sigma}{\varepsilon el} \; [N/mm^2]$$

Je mehr Widerstand ein Material seiner elastischen Verformung entgegensetzt, desto größer ist der E-Modul. Oder umgekehrt, je größer der E-Modul, desto geringer ist die Verformbarkeit des Materials.

2.3.4.1.2 Kriechdehnung

Unter Kriechen des Baustoffes ist das lastabhängige Plastizieren (Verfestigen) des Baustoffes zu verstehen. Die Kriechdehnung eines Baustoffes ist von der Kriechzahl und der elastischen Dehnung sowie der Höhe der Langzeitbelastung abhängig.

Die Kriechdehnung errechnet sich aus:

$$\phi = Ek \times \varepsilon el \text{ [mm/mm]}$$

2.3.4.1.3 Wärmedehnzahl

Die Verformungen aufgrund von Temperaturänderungen sind abhängig von der Wärmedehnzahl des Baustoffes. Diese beschreibt die Längenänderung eines Körpers bei 1 Kelvin Temperaturerhöhung. Sie wird in K^{-1} angegeben.

2.3.4.1.4 Schwindmaß

Aufgrund von Austrocknungsprozessen kommt es zu Längenverkürzungen eines Baustoffes, dem sogenannten Schwinden. Das Schwinden ist abhängig vom Endwert der Feuchtedehnung eines Baustoffes. Das Schwindmaß wird in mm/m gemessen.

2.3.4.1.5 Bruchdehnung

Die Bruchdehnung ist die Formänderung, die beim Versagen eines Baustoffes vorliegt.

$$\text{Bruchdehnung} = \frac{\text{Längenänderung bis zum Bruch}}{\text{Ausgangslänge}} = \frac{\delta\text{L Bruch}}{\text{L Normalzustand}}$$

Risse entstehen grundsätzlich da, wo die Bruchfestigkeit eines Baustoffes überschritten wird.

2.3.4.1.6 Weitere Gründe für Rissbildung

Weitere Gründe für Rissentstehung sind:

- physikalische Einflüsse (Hauptursache für Risse in Baustoffen und Bauteilen)
- hygrische, thermische und statische Einwirkungen, z.B. Durchfeuchtung, Temperaturwechsel, Wärmeverlust, Quell- und Schwindvorgänge, Frostschäden
- chemische Einflüsse
- Bindemittel, Gefügeveränderungen, Salzausblühungen und Kalkauswaschungen sowie Rostflecken und sonstige Verunreinigungen aus dem Untergrund
- biologische Einflüsse
- Pilze, Algen, Flechten und Bakterien

2.3.4.2 Risse bei Beschichtungen

Risse bei Beschichtungen treten häufig auf, stellen aber keinen schwerwiegenden Schaden dar. In der Regel handelt es sich um optische Beeinträchtigungen. Werden Beschichtungen zum Schutz anderer Bauteile verwendet, kann durchaus ein technischer Mangel und damit eine Beeinträchtigung der Funktion entstehen.

Ein deckendes Beschichtungssystem besteht üblicherweise aus einer Grundbeschichtung und einer oder mehreren Zwischenbeschichtungen sowie einer Endbeschichtung.

Die rissbildende Ursache liegt üblicherweise im Untergrund der Beschichtung. Hierbei kommt es zum Abscheren oder Abschälen der Beschichtung vom Untergrund aufgrund zu hoher Filmspannung (Eigenspannung) oder fehlender Adhäsion (Haftung) auf dem Untergrund.

Dabei haben das Diffusionsverhalten, die Untergrundhaftung, die Schichtdicke sowie die Alkalibeständigkeit einen großen Einfluss auf die Rissbildung.

Maßgeblich sind auch der Bindemittelgehalt in der Beschichtung und die Abstimmung auf den Untergrund. Ein hoher Bindemittelgehalt auf bindemittelarmem Untergrund führt zu hoher Filmspannung und somit zum Abschälen oder Aufrollen der Beschichtung. Ein niedriger Bindemittelgehalt auf bindemittelreichem Untergrund kann zu trocknungsbedingten Rissen führen. Weiter kann eine zu hohe Zugabe von Verdünnungsmitteln zur Störung der Filmbildung führen.

Auch äußere Einwirkungen wie intensive Sonneneinstrahlung, Frost und Wind können zu einem netzartigen Aufreißen der Beschichtung führen.

2.3.4.3 Rissmechanismen im Putzsystem

Risse in Putzsystemen entstehen immer dann, wenn Formveränderungen und Verformungen zwischen mindestens zwei Materialien behindert werden. Durch das Austrocknen des Putzes kommt es zum Schwinden und somit zu Längenverkürzungen des Putzes. Umgekehrt kommt es bei Feuchtigkeitsaufnahme durch Quellen zu Längenvergrößerungen. Auch können Temperaturänderungen zu Längenveränderungen führen. Der Putz kann sich aber aufgrund seiner starren Verbindung mit dem Untergrund nicht frei verformen. Es kommt zu Spannungen.

Der Rissmechanismus bei Putzbeschichtungen ist im Wesentlichen abhängig von zwei Wechselwirkungen:

Zugspannungen > Zugfestigkeit (Längenänderung der Putzbeschichtung)

Zugspannungen > Haftscherfestigkeit (Haftung der Putzschicht auf dem Untergrund)

Beide Mechanismen treten auch parallel auf.

Als Ursache für die Entstehung von Rissen in Putzsystemen können sieben Hauptgründe genannt werden:

1. hygrische Verformungen
2. Schwinden
3. thermisch bedingte Verformungen

4. exogene Einflüsse
5. Hellbezugswertabweichungen
6. Frost-Tau-Beanspruchung
7. Mängel des Putzuntergrundes

1. Hygrische Verformungen

Die Fassade ist permanent Feuchtigkeit ausgesetzt. Sie nimmt somit ständig Feuchtigkeit aus ihrer Umgebung auf. Dadurch kommt es zu hygrischen Verformungen.

2. Schwinden

Zu einer einmaligen Längenänderung kommt es durch das sogenannte Erstschwinden. Damit wird das Trocknen und Erhärten der Putzbeschichtung beschrieben. Oftmals haben die Untergründe ein geringeres Schwindmaß als das Putzsystem. Um hier Rissbildung vorzubeugen, wird eine rissüberbrückende Gewebearmierung im oberen Drittel des Unterputzes empfohlen. Außerdem muss der Putz genügend Zeit zum Abbau der Schwindspannungen haben. Die durch Verformung entstehenden Zugspannungen verringern sich durch Relaxation. Je größer das Relaxationsvermögen eines Putzes ist, desto besser ist ein Putz in der Lage, Risse zu minimieren.

3. Thermisch bedingte Verformungen

Unterschiedliche Wärmeleitfähigkeit der Bauteile führt zu Rissen aufgrund thermisch bedingter Verformungen in den Übergangsbereichen.

4. Exogene Einflüsse

Unterschiedliche Temperaturen am Tag und in der Nacht, jahreszeitliche Temperaturunterschiede sowie Temperaturschwankungen nach stark abkühlenden Niederschlägen im Sommer führen ebenfalls zu thermisch bedingten Verformungen

5. Hellbezugswert

Unterschiedliche Farben der Fassade führen zu unterschiedlichen Oberflächentemperaturen. Während die Oberflächentemperatur bei weißem Putz mit maximal 30 °C angegeben wird, liegt die maximale Oberflächentemperatur von schwarzem Putz bei 80 °C.

Thermisches Schwinden kann bis zu 1,5 mm/m betragen. Die Putzschicht kann diese Längenänderung nicht aufnehmen. Es kommt zur Rissbildung. Auch Verschmutzungen können den Hellbezugswert verändern.

6. Frost-Tau-Beanspruchung

Mit steigendem Wassersättigungsgrad der Putzbeschichtung nimmt die Beanspruchung durch Frost-Tau-Wechsel zu. Das Wasser in den Poren gefriert zu Eis. Es kommt zu Frostsprengungen durch Volumenvergrößerungen. Neben der Frostsprengung haben auch die unterschiedlichen Porendrücke in den Porenräumen einen Einfluss auf die Rissbildung.

7. Mängel des Putzuntergrundes

Diverse Ausführungsfehler können ebenfalls zu Rissen im Putzsystem führen. Hierzu zählen insbesondere:

- nicht fachgerecht ausgeführte Mauerwerksfugen
- offene Mörteltaschen oder Fehlstellen
- ein zu geringes Überbindemaß

2.3.4.3.1 Rissbeurteilung

Im Rahmen der Beurteilung von Rissen in Putzsystemen ist es wichtig festzustellen, ob ein Mangel, sei es ein technischer oder ein optischer, vorliegt.

Ein technischer Mangel liegt gemäß WTA-Merkblatt[24] vor, wenn eine Beeinträchtigung der technischen Funktion vorliegt. Dies ist der Fall, wenn z.B. Witterungsschäden am Außenputz entstehen oder der Untergrund so durchfeuchtet ist, dass der Wärmedurchlasswiderstand dauerhaft vermindert ist, das Raumklima beeinträchtigt wird oder sogar Innenwandflächen Feuchteschäden aufweisen.

Ein optischer Mangel liegt vor, wenn die an der Fassade auftretenden Risse unter Berücksichtigung der gebrauchsüblichen Bedingungen (Abstand, Beleuchtung, Blickwinkel) folgende Rissbreiten überschreiten:

- 0,1 mm bei feiner Struktur bis ca. 2 mm Größtkorn
- 0,2 mm bei einem strukturgebenden Korn > 2 mm

2.3.4.3.2 Rissklassifizierung

Zur Bewertung der Risse zur Beurteilung des erforderlichen Sanierungskonzeptes wird zwischen konstruktionsbedingten Rissen und putzbedingten Rissen unterschieden.

Die konstruktionsbedingten Risse entstehen zunächst im Bauteil oder im Putzuntergrund und setzen sich dann im Putz fort. Ursachen können hierbei Lage-, Form- und Volumenänderung der Tragkonstruktion, z.B. wegen Längenänderungen durch Setzungen, Formänderungen aufgrund Durchbiegung, Volumenänderung durch Schwinden oder Kriechen oder Temperaturänderung, sein.

Die putzbedingten Risse treten ausschließlich im Putz auf.

2.3.4.3.3 Schadensbild

Die Schadensbilder konstruktiv bedingter Risse können sehr unterschiedlich aussehen. Sie reichen von Einzelrissen mit sehr geradlinigem Verlauf über Risse mit weitgehender senkrechter oder waagerechter Ausrichtung, Treppenrisse, die den Fugenverlauf nachbilden, senkrecht verlaufende Risse im Eckbereich von Mauerwerken bis hin zu diagonal verlaufenden Rissen im Eckbereich von Öffnungen.

24 WTA-Merkblatt Beurteilung und Instandsetzung gerissener Putze an Fassaden, 2-4-14 D.

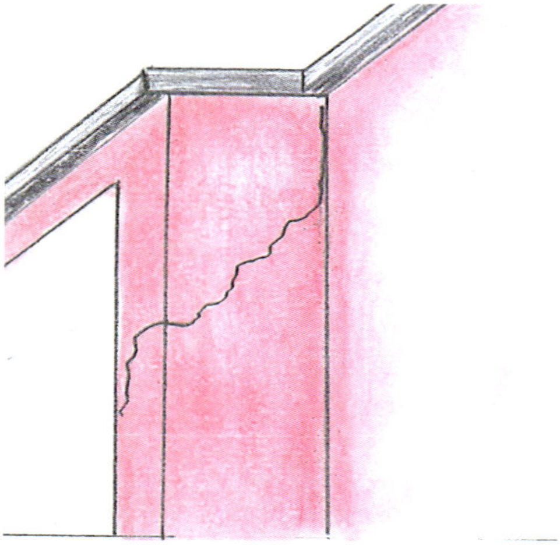

Abb. 2-105: Diagonalriss

Abb. 2-106: Horizontalrisse

Schadensbilder putzgrundbedingter Risse, die durch Volumenänderungen des direkten Putzuntergrundes oder Verwendung unterschiedlicher Baustoffe mit unterschiedlichen physikalischen Materialeigenschaften entstehen, zeichnen sich durch ein Abzeichnen der Materialübergänge aus.

Abb. 2-107: Putzbedingter Riss

Putz- oder ausführungsbedingte Risse stellen sich als Sackrisse oder Schwindrisse dar. Sackrisse treten vereinzelt in Form eines leicht gewölbten Horizontalrisses auf. Schwind- oder Schrumpfrisse sind eher netzartig.

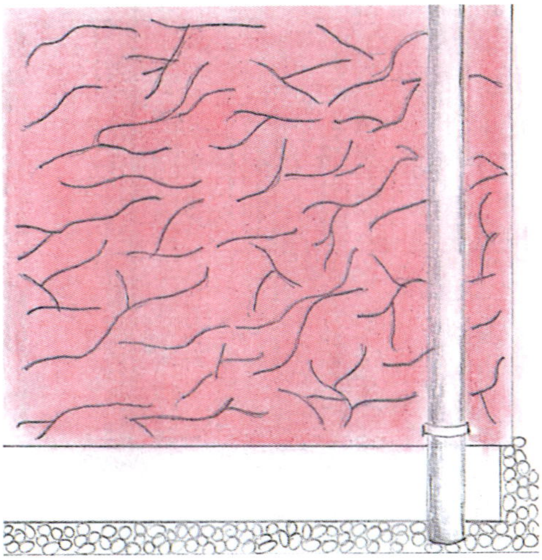

Abb. 2-108: Netzförmige Schwindrisse (Schrumpfrisse)

Abb. 2-109: Netzartige Schwindrisse im Unterputz

2.3.4.4 Rissmechanismen im Beton

Risse im Beton stellen nicht automatisch einen Mangel oder Schaden dar. In Stahlbetonkonstruktionen muss der Beton reißen, damit der Stahl die Zugkräfte aufnehmen kann. Bei den Rissen handelt es sich um Haarrisse. Damit hängt es von der Rissbreite ab, wann ein Riss zu einem Mangel oder Schaden wird.

Die Rissbreite ist so zu begrenzen, dass die ordnungsgemäße Nutzung des Tragwerks, sein Erscheinungsbild und die Dauerhaftigkeit nicht beeinträchtigt werden. Die Rissbreite muss nicht begrenzt werden, wenn der ordnungsgemäße Gebrauch des Tragwerks nicht beeinträchtigt wird.

Beton hat eine hohe Druckfestigkeit und eine verhältnismäßig geringe Zugfestigkeit. Stahl hingegen hat eine hohe Zugfestigkeit. Die Zugspannungen werden im Stahlbeton daher von der Bewehrung aufgenommen. Damit diese die Kräfte aufnehmen kann, kommt es zuvor zwangsweise zu Rissen im Beton. Bei zunehmender Dehnung entstehen weitere Risse. Es gibt verschiedene Rissarten.

Oberflächenrisse sind gekennzeichnet durch einen netzartigen und unregelmäßigen Verlauf sowie eine begrenzte Risslänge und -tiefe. Sie entstehen während des Abbindens des frischen Betons durch oberflächennahe Schrumpfungen und Setzungen insbesondere bei ungenügender Nachbehandlung.

Schubrisse entstehen bei Biegebeanspruchungen und bilden sich schräg zum Bauteilrand bzw. zur Bauteilachse aus.

Biegerisse treten bei Zugspannungen auf und verlaufen rechtwinklig zum Bauteilrand, ausschließlich an einer Bauteilseite. Sie enden innerhalb des Querschnitts.

Durch zentrische Zugbeanspruchung entstehen Trennrisse rechtwinklig zur Zugkraft. Sie verlaufen durch das gesamte Bauteil.

Verbundrisse entstehen zwischen der Bewehrung und der Bauteiloberfläche und erscheinen als Längsrisse an der Bauteiloberfläche.

Weitere lastabhängige Rissursachen:

- ungewollte Einspannung
- falsche Bewehrung
- falsche Konstruktion
- Viele Risse entstehen dort, wo zu hohe Spannungen zu früh auf jungen Beton treffen.
- Nicht wenige Risse entstehen da, wo Fugen fehlerhaft weggelassen wurden.

Folgende lastunabhängige Ursachen für die Entstehung von Rissen sind analog zur Rissentstehung in Putzsystemen zu nennen:

- Schwinden/Quellen
- Frost-Tau-Wechsel
- temperaturbedingte Verformungen

Außerdem kann es zu Rissen aufgrund chemischer Einwirkungen kommen. Dabei wird die Betonoberfläche z.B. durch Sulfate oder andere Substanzen zersetzt.

Ein nicht zu vernachlässigender Punkt ist die richtige Nachbehandlung des Betons. Das Austrocknen der Betonoberfläche muss in den ersten Tagen des Erhärtens möglichst verhindert werden, damit genügend Wasser für die Hydratation, die Erhärtung des Zementleims, zur Verfügung steht. Zu geringe Wasserzufuhr kann zu geringer Festigkeit an der Oberfläche und zu einer erhöhten Gefahr der späteren Schwindrissbildung führen (siehe auch Kapitel 2.3.3).

2.3.4.5 Risse in Holz

Wie in Betonbauteilen stellen Risse auch in Holzbauteilen nicht grundsätzlich einen Mangel oder Schaden dar. In Holzbauteilen entstehen Risse in der Regel durch Schwinden. Solange die Tragfähigkeit der Hölzer nicht gefährdet ist, sind Schwindrisse in Bauhölzern und Brettschichthölzern zulässig. Die Beurteilung der zulässigen Rissbreiten erfolgt gemäß DIN 4074-1: 2008-12 Beurteilungsregeln für Schwindrisse (Zuordnung zu Sortierklassen).

Im Vergleich zu den Schwindrissen im Putz mit zulässigen Rissbreiten von 0,2 mm für vereinzelte Haarrisse beträgt die zulässige Rissbreite für Rissbreiten in Bauholz maximal 6 mm.

2.3.4.6 Risse im Mauerwerk

Mauerwerk hat eine geringe Zugfestigkeit im Verhältnis zu seiner Druckfestigkeit. Anders als bei Stahlbeton gibt es hier keine Bewehrung, die die Zugspannungen aufnimmt. Wenn die Zugfestigkeit überschritten wird, entstehen Risse. Die Bruchdehnung des Mauerwerks liegt bei 0,1 bis 0,2 mm/m.

Zu den lastunabhängigen Ursachen für Formänderungen gehören:

- Verformungen durch Temperaturveränderungen
- trocknungsbedingtes Schwinden
- Quellen bei Feuchtigkeitsaufnahme

Verformungen durch Temperaturveränderungen sowie durch Schwinden und Quellen wurden in den vorangegangenen Kapiteln bereits ausführlich erläutert.

Die Vorgänge erfolgen zu unterschiedlichen Zeiten und mit unterschiedlicher Intensität. Ebenso haben die Bauteile unterschiedliche Steifigkeiten. Beides begünstigt die Entstehung von Spannungen. Treten unterschiedliche Formänderungen innerhalb eines Bauteils auf, spricht man von Eigenspannungen. Bei Spannungen in verschiedenen Bauteilen handelt es sich um Zwangsspannungen.

Grundsätzlich können zwei Rissmechanismen im Mauerwerk definiert werden. Es können Risse im Stein und zwischen den Steinen, d.h. in den Fugen, entstehen. Risse im Stein können waagerecht, senkrecht oder diagonal, jeweils gerade erfolgen. Risse zwischen den Steinen folgen den Fugen und ergeben somit entweder verzahnte senkrechte oder diagonale treppenförmige Rissbilder. Üblicherweise verlaufen die Risse vertikal zur jeweiligen Spannung. Daraus lässt sich ableiten, dass vertikale Risse in der Regel aus horizontalen Längenänderungen resultieren. Ein horizontaler Lasteintrag ist eher unüblich. Horizontale Rissbildung hingegen kann aus unterschiedlichen Formänderungen kraftschlüssig verbundener Bauteile resultieren.

2.3.4.7 Bauwerksdiagnostik für die Rissbewertung

Unerlässlich für eine nachhaltige Rissbeseitigung ist eine fundierte Ursachenermittlung. Die Bauwerksdiagnose liefert einerseits Informationen über die Risse selbst:

- Rissverteilung im Gebäude
- Rissabmessungen
- zeitlicher Verlauf der Rissbildung
- Rissweite, Risstiefe, Rissversprung, Rissversatz
- Rissalter

und andererseits über die baulichen Randparameter:

- Art des Baugrunds
- Gründungsart
- Art der Lastabtragung
- verwendete Materialien
- Baustoffeigenschaften
- Abmessungen
- konstruktive Detailausbildung
- Bedingungen beim Einbau
- vorherige Beanspruchung

Essenziell für die Wahl der richtigen Schadensbeseitigungsmaßnahme ist die Feststellung, ob der Riss zum Stillstand gekommen ist oder ob er noch aktiv ist. Ein beruhigter Riss (z.B. trocknungsbedingte Risse) ist zum Stillstand gekommen. Er kann verschlossen und überdeckt werden. Man spricht von Rissüberdeckung.

Wenn der Riss noch „arbeitet", muss davon ausgegangen werden, dass es zu weiteren Rissbewegungen kommt. Hier kommt eine Rissüberbrückung zum Einsatz. Dabei handelt es sich um ein dynamisches System in Form einer Beschichtung, die die Dehnungen aufnehmen kann.

Zur Erlangung der vorgenannten Parameter werden unterschiedliche Verfahren und Geräte eingesetzt.

Zunächst erfolgt eine Kartierung der Risse in Ansichtsplänen. Mit der Risslupe und dem Rissbreitenmesser wird die Breite der Risse festgestellt. Mit Gipsmarken kann festgestellt werden, ob der Riss noch in Bewegung ist und wie stark die Rissveränderungen sind. Zur Bestimmung des Rissalters erfolgt ein Vergleich des Zustandes der Rissflanken hinsichtlich Verschmutzung und mikrobiellen Befalls. Die Festigkeitsprüfung der Putzlagen kann durch Beprobung mittels eines Messers erfolgen. Der weiterführende Ritztest auf einer trockenen und einer feuchten Putzoberfläche gibt detailliertere Informationen über die Festigkeit bzw. die Wasseraufnahmefähigkeit der Putzsysteme. Mittels Abklopfens können Hohlstellen untersucht werden.

Zur Darstellung des Rissbildes werden Ultraschallmessverfahren sowie Computertomografie eingesetzt.

Können zerstörende Verfahren zum Einsatz kommen, kann mittels Bohrkernentnahmen der Rissverlauf auch im Untergrund bestimmt werden. Weitere Parameter wie Risstiefe, Putzdicke, Druck- und Biegezugfestigkeit sowie Wasseraufnahmefähigkeit können analysiert werden.

Im Rahmen der Rissuntersuchung in Betonbauwerken kommen unterschiedliche Verfahren zum Einsatz:

- Inaugenscheinnahme zur Erkennung von Rostspuren, Abplatzungen, Rissen und Feuchtigkeit
- Messung der Carbonatisierungstiefe zur Bestimmung des pH-Werts
- Messung der Betondruckfestigkeit mit dem Rückprallhammer
- Potenzialfeldmessung zur Ortung der Bewehrung und Bestimmung des Stabdurchmessers
- Bohrkernentnahme zur Bestimmung der Betonqualität, Rohdichte, Porösität, Festigkeit, Risstiefe, Dichtigkeit, Carbonatisierung, des Mischungsverhältnisses, E-Moduls, Eindringens von Chemikalien (Chlorid, Sulfat) etc.
- Messung der Haftzugfestigkeit für Oberflächenschutzsysteme

2.3.4.8 Instandsetzung

Im Rahmen der Erstellung eines Instandsetzungskonzeptes werden zunächst die Sanierungsziele festgelegt. Diese können sein:

- Wiederherstellen der Tragfähigkeit/des Kraftschlusses von Bauteilen
- Wiederherstellen der Schutzfunktionen von Materialien
- Wiederherstellen des rissfreien Erscheinungsbildes

In Abhängigkeit von der Rissart und dem festgelegten Instandsetzungsziel wird die Instandsetzungsmaßnahme gewählt.

Bei Putzrissen ist es erforderlich, den Untergrund eingehend zu untersuchen. Grundsätzlich wird zwischen der Sanierung von Einzelrissen und einer flächigen Instandsetzung unterschieden.

Bei Einzelrissen, deren Rissbildung abgeschlossen ist, kann ein Rissverschluss mit gefüllter Beschichtung zum Einsatz kommen. Dabei wird der Riss gereinigt und mit gefüllter Beschichtung verschlämmt.

Ist eine Rissbreitenveränderung nicht auszuschließen, kommt ein flexibler Rissverschluss mit Fugendichtstoff zum Einsatz. Bei zu erwartenden Rissbreitenänderungen bis ca. 0,2 mm erfolgt eine Rissüberbrückung mit Trennlage und Putzträger. Diese Sanierungsmethode basiert auf der Entkopplung, z.B. bei Materialwechsel.

Flächige Instandsetzungen werden in der Regel durchgeführt, wenn hohe technische Beanspruchungen oder optische Anforderungen sowie hohe Witterungsbelastungen vorliegen. Auch bei einer großen Anzahl von Rissen und einer zu erwartenden Rissbreitenänderung und Risszunahme kommt die flächige Sanierung zum Einsatz.

Die Instandsetzung baugrundbedingter Risse erfolgt durch Baugrundverbesserungen. Mögliche Verfahren sind Bodenaustausch, Bodenvereisung oder Bodenverfestigung.

Bei konstruktiv bedingten Rissen erfolgt die Instandsetzung nach einem Instandsetzungskonzept auf Basis der Rissanalyse. Bei gerissenen Betonbauteilen können Injektionen notwendig sein. Die Oberflächensysteme bei Betonbauteilen können durch Hydrophobierung, Versiegelung oder Beschichtung vor Feuchtigkeit geschützt werden. Bei Rissen im Mauerwerk werden ebenfalls Injektionen angewendet. Es kann auch zielführend sein, die Risse in Dehnfugen umzuwandeln.

Bei Rissen im Putz, untergrund- oder putzbedingt, sind in der Regel Rückbau und Neuaufbau des Putzes vorgesehen.

2.3.4.9 Beispiele Risse

Beispiel 1

Beschreibung

Bei einem Mehrfamilienwohnhaus mit Baujahr 1939 wurden bei der Ortsbesichtigung im Rahmen der Erstellung eines Verkehrswertgutachtens Risse an einer Innenwand im Kellergeschoss festgestellt.

Die Risse verliefen schräg vom Boden bis knapp unter die Kellerdecke. Die Rissbreite betrug 0,5 mm. Die Risstiefe entsprach der Wanddicke, sodass die Risse durchgehend waren.

Abb. 2-110: Außenansicht Mehrfamilienhaus

Abb. 2-111: Raumhoher Trennriss Innenseite

Abb. 2-112: Raumhoher Trennriss Außenseite

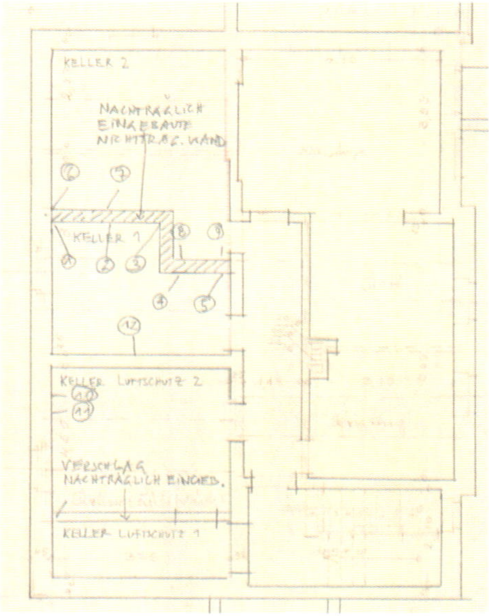

Abb. 2-113: Grundriss Keller

Die Sichtung der Bauakte ergab, dass die schadhafte Wand zum Zeitpunkt der Errichtung des Gebäudes nicht vorhanden war. Sie wurde nachträglich eingebaut. Seit wann die Risse genau bestanden, konnte nicht festgestellt werden.

Ursache

Das diagonale Rissbild ließ sich auf eine nicht fachgerecht ausgeführte Gründung der nachträglich eingebauten Trennwand zurückführen. Wahrscheinlich wurde die Wand entweder auf den vorhandenen Kellerboden aufgestellt oder die Untergründe der Fundamente (Streifenfundamente) wurden nicht fachgerecht verdichtet, sodass diese nach nicht bestimmbarer Nutzungsdauer die Lasten der neuen Trennwand nicht ausreichend aufnehmen und in den Baugrund verteilen konnten. Die hieraus resultierenden Setzungen führten in Verbindung mit kraftschlüssigen Fugenverbindungen und möglicherweise wirkenden Auflasten aus der Kellerdecke zu dem Rissbild.

Bei der Trennwand handelte es sich um eine nichttragende Innenwand. Die Gebrauchstauglichkeit war nicht eingeschränkt. Das Sanierungsziel war das Verhindern weiterer Rissausbreitung sowie Herstellen einer kraftschlüssigen Verbindung der Rissflanken.

Maßnahme

Da die Rissbildung abgeschlossen war, konnten die Risse verpresst werden. Die Schadensbeseitigungskosten betrugen rund 5.000 €.

Beispiel 2

Beschreibung

Im Rahmen einer Ortsbegehung für eine Kaufentscheidung wurden treppenförmige Risse im Sockelbereich der Außenwand eines Reihenendhauses aus dem Jahre 1970 festgestellt.

Abb. 2-114: Außenansicht Einfamilienhaus

Abb. 2-115: Treppenriss im Sockelbereich

Ursache

Ursache waren Setzungen im Untergrund. Die dadurch entstandenen Spannungen führten zu Rissen in der Fuge, da die Zugfestigkeit des Fugenmaterials niedriger war als die des Mauerwerks. An der Innenseite der Außenwand war der Riss nicht zu erkennen, sodass nicht davon ausgegangen werden konnte, dass Feuchtigkeit eindringen würde.

Maßnahme

Nachdem in einem Beobachtungszeitraum von einem Jahr keine Rissveränderungen oder weitere Risse auftraten, wurde die Putzfläche der Außenwand ausgebessert und erneuert. Die Kosten betrugen ca. 3.000 €.

Beispiel 3

Beschreibung

Bei einem im Jahr 2010 errichteten Einfamilienwohnhaus waren zahlreiche Risse insbesondere im Dachgeschoss zu erkennen. Zu welchem Zeitpunkt die Risse aufgetreten waren, war nicht bekannt. Sie waren sowohl an der Innenseite der Außenwände als auch an der Außenfassade zu sehen. Die Rissbreiten reichten von 0,2 bis 2 mm. Dabei handelte es sich um Diagonalrisse, die parallel zu den Dachschrägen verliefen, sowie Horizontalrisse in der Höhe der Decke über dem Erdgeschoss.

Ursache

Die Diagonalrisse parallel zu den Dachschrägen waren auf nicht normgerechtes Verarbeiten der Gipskartonbeplankung der Dachschrägen zurückzuführen. Auch der Anschluss der Gipskartonplatten an die Mittelpfette wurde nicht elastisch ausgebildet, sondern starr. Dies führte zu Zwängungen in der Platte.

Die Horizontalrisse im Außenputz des Erdgeschosses deuteten auf ein unterschiedliches Verformungsverhalten des Ringbalkens und des Mauerwerks hin. Offensichtlich war der Putzuntergrund nicht sachgerecht ausgebildet worden.

Maßnahmen

Zur Schadensbeseitigung war es erforderlich, die Gipskartonbeplankungen zurückzubauen und neue Platten normgerecht zu montieren. Der Außenputz im Untergeschoss musste ebenfalls entfernt und normgerecht neu aufgebracht werden.

Die Sanierungskosten inklusive Gerüststellung wurden auf ca. 25.000 bis 30.000 € geschätzt.

Abb. 2-116: Außenansicht Einfamilienhaus

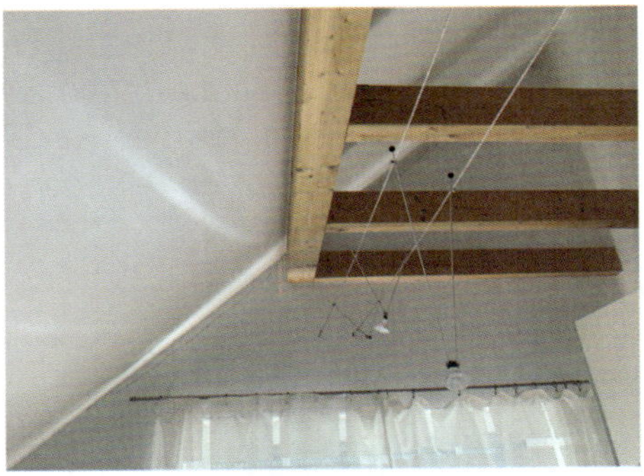

Abb. 2-117: Innenansicht Dachschrägen mit Rissbildung

Abb. 2-118: Außenansicht Stirnseite mit Rissbildung

Abb. 2-115: Nahaufnahme Horizontalriss an Stirnseite

2.3.5 Schäden durch Holzschadorganismen

Ist ein Schädlingsbefall aufgetreten, muss wie bei anderen Bauschäden auch zunächst eine detaillierte Bestandsaufnahme erfolgen. Dabei werden neben der Schadensart und dem Schadensausmaß auch die bauphysikalischen Gegebenheiten wie Bauteilfeuchte und Temperatur dokumentiert. Im Rahmen der Untersuchung wird auch die Holzfestigkeit untersucht. Verfärbungen an Holzoberflächen können hinweisgebend sein. Beim Schwammbefall werden der Bewuchs sowie die Myzelstränge betrachtet und bei Bedarf im Hinblick auf die vorliegende Pilzart bzw. auf Mischbefall beprobt. Bei Insektenbefall erfolgt ebenfalls eine Bestimmung der Insektenart und ob abgestorbener oder akuter Befall vorliegt. Dies kann anhand angetroffener Käfer, Larven oder Puppen, aber auch anhand des Schadbilds und der Ausschlupflöcher oder über die Bestimmung des für jede Insektenart charakteristischen Larvenkots erfolgen. Alle holzstörenden Pilze und Insekten benötigen bestimmte Lebensbedingungen. Durch Untersuchung ebendieser physikalischen Bedingungen kann nur bedingt auf die Schädlingsart geschlossen werden.

Der Gewöhnliche Nagekäfer, der sogenannte Holzwurm, stellt in Gebäuden höhere Ansprüche an die Holzfeuchte als der Hausbockkäfer. Daher findet man ihn oftmals im unteren Bereich von Gebäuden von Holzkellertreppen oder von Holzverschlägen im Keller. Auch der Braunfäule- und der Weißfäulepilz benötigen andauernd oder fluktuierend Holzfeuchten um bzw. über der Fasersättigung des Holzes, also oberhalb von etwa 25 %. Da diese Verhältnisse in Gebäuden, in denen Holz verbaut ist, nicht vorliegen dürfen, ist ein Befall holzzerstörender Pilze ein Hinweis auf einen baulichen Mangel, der konstruktions- bzw. nutzungsbedingt oder durch eine Havarie hervorgerufen wird.

Die Schädlingsart und die Gebäudekonstruktion geben oftmals einen Hinweis auf vorliegende Bauschäden oder Vorschädigungen des Gebäudes. Je detaillierter die Untersuchung erfolgt, desto zielführender ist die Sanierung, die genau auf das vorliegende Problem abzustimmen ist.

Die Schadensanierung erfolgt dann zweigleisig. Zum einen muss der Schädling beseitigt werden, zum anderen sind gegebenenfalls statische Maßnahmen erforderlich, wenn der Bauteilquerschnitt so stark beeinträchtigt ist, dass die Tragfähigkeit nicht mehr gegeben ist.

Die meisten Schädlinge treten in Zusammenhang mit Holzbauteilen auf, weshalb überwiegend Altbauten betroffen sind. Sowohl pilzliche als auch tierische Schädlinge können Holz abbauen. Bei Bauschäden durch Schädlinge ist zwischen pilzlichen und tierischen Schädlingen zu unterscheiden.

2.3.5.1 Pflanzliche Schädlinge

Schimmel- und Bläuepilze können zu einer Verfärbung des Holzes führen. Sie führen jedoch nicht oder nicht nennenswert zu einer Festigkeitsminderung des befallenen Holzes. Demgegenüber kann Holzabbau durch Braun-, Weiß- oder Moderfäulepilze schon nach kurzer Zeit zu einer erheblichen Einschränkung der Tragfähigkeit führen.

Die am häufigsten in Altbauten anzutreffenden holzzerstörenden Pilze sind Braunfäule- und Weißfäulepilze.

2.3.5.1.1 Weißfäulepilze

Die Weißfäulepilze zerstören je nach Art die Zellulose, Hemizellulose und das Lignin entweder mehr oder weniger gleichzeitig oder selektiv nacheinander. Zurück bleibt weißes, faseriges, zerstörtes Holz. Dabei entstehen keine Risse quer zur Faser wie beim Würfelbruch bei der Braunfäule.

Typische Vertreter der Weißfäulepilze in Gebäuden sind:

- Ausgebreiteter Hausporling
- Zimtbrauner Porenschwamm
- Sternsetenpilze

Abb. 2-120: Akuter Befall durch Ausgebreiteten Hausporling – Oberflächenmyzel
Quelle: Robert Ott, SV für Holzschutz und -schäden

Abb. 2-121: Schadbild Weißfäule
Quelle: Robert Ott, SV für Holzschutz und -schäden

Abb. 2-122: Weißfäule an Sichtfachwerk
Quelle: Robert Ott, SV für Holzschutz und -schäden

2.3.5.1.2 Braunfäulepilze

Braunfäulepilze zerstören die Zellulose und die Hemizellulose der Holzsubstanz. Zurück bleibt das leicht modifizierte bräunliche Lignin. Charakteristisch sind die Querrisse. Das trockene Schadensbild zeigt eine Würfelbrüchigkeit.

Typische Vertreter der Braunfäulepilze in Gebäuden sind:

- Echter Hausschwamm
- Brauner Kellerschwamm
- Tannen- oder Zaunblättling

Abb. 2-123: Schadbild Braunfäulepilze
Quelle: Robert Ott, SV für Holzschutz und -schäden

Abb. 2-124: Braunfäuleschadbild an Balkenkopf
Quelle: Robert Ott, SV für Holzschutz und -schäden

Abb. 2-125: Fruchtkörper des Braunen Kellerschwamms an Dachverbandshölzern
Quelle: Robert Ott, SV für Holzschutz und -schäden

2.3.5.1.3 Echter Hausschwamm

Der Echte Hausschwamm (*Serpula lacrymans*) zählt zu den gefährlichsten holzzerstörenden Pilzen, die Holzbauteile in Gebäuden befallen. Er ist Hauptverursacher für Schäden durch Schwammbefall in Gebäuden. Er befällt bevorzugt verbautes Holz und benötigt ein feuchtes und nicht zu kühles Milieu zum Wachstum (günstig 35 bis 60 % Holzfeuchtigkeit). Nicht selten sind Guttationströpfchen auf ihm zu sehen: „Tränender Hausschwamm". Das Temperaturoptimum liegt bei 18 bis 22 °C, über einer Temperatur von 26 °C stellt der Pilz seine physiologische Aktivität allerdings ein.

Der Echte Hausschwamm bildet als typischer Oberflächenpilz ein gut entwickeltes Oberflächenmyzel. Die Myzelien können u.a. Mauerwerk, Putz und Schüttungen durchdringen und unterwachsen.

Aufgrund des überwiegend versteckten Wachstums kann seine Anwesenheit lange verborgen bleiben. Das birgt die Gefahr, dass tragende Konstruktionen unbemerkt zersetzt werden. Der Befall von Holz geht meist mit einer intensiven, grobwürfeligen Braunfäule einher. Bei fortgeschrittenem Befall wird das Holz würfelartig gebrochen und lässt sich mit der Hand eindrücken. Charakteristisch sind die bräunlichen und weißrandigen, fladenförmigen Fruchtkörper, in denen die Sporen gebildet werden. Es kommt zu einer immensen Sporenproduktion.

Der echte Hausschwamm kommt vorwiegend in Altbauten vor. Er wächst auch an erdberührenden Bauteilen, z.B. an verlorener Holzschalung. Häuser mit hoher relativer Luftfeuchtigkeit sind günstig für den Hausschwamm, daher ist er oft in unbewohnten Häusern zu finden. Im Gebäude tritt er in Zwischendecken, unter Böden, hinter Wandverkleidungen sowie im Trauf- und Drempelbereich auf.

Im Außenbereich kommt der Echte Hausschwamm eher selten vor. In der freien Natur ist er nicht vorhanden.

Seine versteckte Lebensweise macht ihn so gefährlich. Bis zur ersten Entdeckung des Pilzes auf Oberflächen kann jahrelanges Wachstum in Hohlräumen und damit eine fortgeschrittene Zerstörung der Holzbauteile vorangegangen sein.

Pilzsporen befinden sich immer in der Luft. Daher ist nicht der Pilz die Ursache des Schadens, sondern die Feuchtigkeit in Kombination mit organischem Material stellt die Lebensgrundlage für den Pilzbefall dar. Das Nährsubstrat, die Temperatur sowie die Feuchteverhältnisse sind verantwortlich für den Pilzbefall. Der Hausschwamm bevorzugt Nadelhölzer, ist aber auch an Laubhölzern zu finden. Dabei sind helle Laubhölzer stärker gefährdet, da sie schnell und stark zerstört werden, genauso wie Nadelhölzer. Dunkle Laubhölzer hingegen werden sehr langsam abgebaut. Tropenhölzer befällt der Hausschwamm nicht.

Hinsichtlich der idealen Temperatur handelt es sich bei den Wachstumsbedingungen für Hausschwamm im Vergleich zu den anderen Pilzarten um einen engen Temperaturbereich von 3 bis 6 °C. Optimale Bedingungen sind bei 18 bis 22 °C erreicht. Bei 26 bis 28 °C stellt er sein Wachstum ein. Er stirbt dann aber nicht ab. Besonders gefährlich ist, dass der Hausschwamm keine besonderen Anforderungen an die Holzfeuchte stellt. Günstig ist eine Anfangsfeuchte von ca. 30 bis 40 %, bei zunehmendem Wachstum sind 40 bis 60 % ideal. Er kann auch trockenes Holz befallen und dieses selbst anfeuchten. Auch kann er Wasser über sein Myzel weite Strecken transportieren.

Die Hauptursachen für den Befall sind:

- Baufehler (z.B. verlorene Holschalung, unzureichende Bauaustrocknung)
- mangelnde Instandhaltung (z.B. undichte Dächer, defekte Scheiben)
- Wasserschäden (z.B. Rohrbrüche, Leckagen)
- Einschleppung (z.B. infiziertes Altholz)
- Fehler bei der Bausanierung (z.B. Nutzungsänderungen mit erhöhtem Feuchteeindrang, energetische Sanierungen in Kombination mit falschem Nutzerverhalten)

Liegt der Verdacht auf einen Befall mit Echtem Hausschwamm vor, muss eine eingehende Untersuchung durchgeführt werden. In Zweifelsfällen muss anhand einer Probenentnahme im Labor getestet werden, ob ein Befall vorliegt. Bei positivem Ergebnis sind die befallenen Bereiche zu untersuchen. Hierzu können Bohrkernentnahme und Bohrwiderstandsmessung eingesetzt werden, aber auch zerstörungsfreie Untersuchungen in Form von Endoskopien.

Die Bekämpfung von Hausschwamm ist unbedingt durch ein autorisiertes Fachunternehmen gemäß DIN 68800-4 durchzuführen. Der Echte Hausschwamm ist der mit Abstand am schwersten zu bekämpfende holzzerstörende Pilz, da er Mauerwerk intensiv durchwachsen und so auch an neues Holz gelangen kann.

Die Sanierung ist in der Regel sehr umfangreich. Sie gliedert sich gemäß WTA-Merkblatt E-1-2 grob in fünf Schritte:

- Beseitigung der Feuchtequelle und Trocknung der durchfeuchteten Bauteile
- Entfernen zugänglicher Myzelien, Fruchtkörper und befallener Materialien
- Rückbau bzw. Teilausbau geschädigter Holzbauteile
- Im Bedarfsfall Imprägnieren verbliebener Holzbauteile
- Behandlung des Mauerwerks mit einem Schwammsperrmittel

Befallene Holzteile müssen häufig in der Längsachse mit 1 m Sicherheitsabstand vom letzten erkennbaren Befall gesund geschnitten werden. Bei fortgeschrittenem Befall ist es manchmal notwendig, die tragenden Bauteile auszutauschen.

Die getrockneten Schadstellen werden mit geeigneten chemischen Schutzmitteln behandelt. Dabei werden sie mit Schwammsperrmitteln im Oberflächenverfahren behandelt oder es wird eine Bohrlochtränkung durchgeführt. Anschließend wird das Holz imprägniert.

Bei der Sanierung ist darauf zu achten, die Verschleppungsgefahr durch eine geeignete fachgerechte Entsorgung zu vermeiden.

Bei denkmalgeschützten Gebäuden wird alternativ u.a. das Heißluftverfahren angewandt. Dabei werden hinreichend hohe Temperaturen über einen längeren Zeitraum in das Bauteil eingebracht. Hierbei macht man sich die Eigenschaft zunutze, dass der Pilz z.B. bei einer Mindesttemperatur des Bauteils von 50 °C über eine Zeit von mindestens 16 Stunden abstirbt. Bei großen Räumen oder dicken Wänden ist das Verfahren unter wirtschaftlichen Gesichtspunkten allerdings nur begrenzt einsetzbar.

Die Beseitigung des Hausschwamms ist mit hohen Kosten verbunden.

Ein Hausschwammbefall ist in Sachsen und Thüringen derzeit noch meldepflichtig.

Abb. 2-126: Fruchtkörper des Echten Hausschwamms
Quelle: Robert Ott, SV für Holzschutz und -schäden

Abb. 2-127: Schadbild Echter Hausschwamm an Dachtraufe
Quelle: Robert Ott, SV für Holzschutz und -schäden

2.3.5.2 Holzzerstörende Insekten

Neben den holzzerstörenden Pilzen im Holz gibt es auch Gefahren, die von Insekten ausgehen. Es wird u.a. allgemein zwischen Frischholzinsekten und Trockenholzinsekten unterschieden.

Frischholzinsekten können mit Hölzern eingeschleppt werden, verbautes Holz jedoch befallen sie nicht. Daher ist eine Bekämpfung in der Regel nicht erforderlich.

Trockenholzinsekten hingegen können auch verbautes Holz befallen und darin ihre Entwicklung abschließen und es auch erneut befallen. Ihre Verbreitung steht in Zusammenhang mit der Art der Holznutzung und ihrem Vorkommen in Wäldern bzw. den menschlichen Siedlungsgebieten. Hierbei spielen die Holzbeschaffenheit, die Holzfeuchtigkeit und die Temperatur eine wesentliche Rolle.

Zur Bekämpfung der Schädlinge ist ein Eingriff in die unterschiedlichen Lebensbedingungen der einzelnen Arten notwendig. Jede Bekämpfungsmaßnahme ist auf den Einzelfall abzustimmen.

Da zur Bekämpfung holzzerstörender Insekten in Aufenthaltsräumen die Anwendung bekämpfender Holzschutzmittel erheblichen Restriktionen unterliegt, werden vorwiegend thermische Verfahren (Mikrowelle, Heizmatten, Heißluftverfahren) eingesetzt. Neben der Abtötungstemperatur ist auch die Dauer der Behandlung ausschlaggebend für den Erfolg der Bekämpfung.

Die an dieser Stelle zu nennenden häufigsten Holzschädlinge sind:

2.3.5.2.1 Hausbockkäfer (Hylotrupes bajulus)

Der Hausbock ist das bedeutendste holzzerstörende Insekt an Holzkonstruktionen. Es verursacht den größten Schaden, da er eine erhebliche Fraßleistung aufweist und somit in vergleichsweise kurzer Zeit eine erhebliche Zerstörung anrichten kann.

Hausbockkäfer werden etwa 8 bis 24 mm groß. Körper und Flügeldecken sind schwarz bis schwarzbraun, in seltenen Fällen braun bis hellbraun gefärbt.

Der Hausbockkäfer ist überwiegend in Dachböden zu finden, da er dort die besten Lebensbedingungen findet. Die Hausbocklarven bevorzugen das eiweißreiche Splintholz in Dachbalken. Außerdem benötigen sie für ihr Wachstum höhere Temperaturen. Das Optimum liegt bei etwa 28 bis 30 °C. Diese finden sie beispielsweise in nicht ausgebauten Dachgeschossen und an sonnenbeschienenen Fachwerk- und Blockhausbaufassaden.

Der Hausbock befällt vorwiegend das Splintholz von Nadelhölzern, seltener und unter bestimmten Voraussetzungen auch dessen Kern- bzw. Reifholz. Die Weibchen legen ihre Eigelege in schmale Risse und Spalten des Holzes ab, von wo aus sich die Eilarven in das Holz einnagen.

Dabei ist er vorwiegend in Gebäuden bis ca. 60 Jahren zu finden. In altem verbautem Holz in Gebäuden, die älter als 100 Jahre sind, ist er eher selten anzutreffen.

Die Larven fressen ovale Gänge. Die Ausschlupflöcher des Käfers sind ebenfalls oval und im Längsdurchmesser etwa 5 bis 10 mm groß.

Im Gegensatz zum Gewöhnlichen Nagekäfer erkennt man eine Aktivität des Hausbockkäfers seltener an herausgemahlenem Holzmehl. So kann ein Befall lange unentdeckt bleiben. Bis auf die Ausfluglöcher und an der Oberfläche aderartig gewölbte Fraßgänge ist äußerlich meist wenig zu erkennen.

Für eine Befallabschätzung durch den Hausbockkäfer ist es oft notwendig, das befallene Holz anzubeilen oder anzuritzen, um das genaue Ausmaß zu erkennen. Vielfach wird ein Befall erst nach Aufritzen der verbleibenden papierdünnen Holzschicht erkannt. Ein aktiver Befall lässt sich z.B. durch hörbare Fraßgeräusche größerer Larven, frische Larven- und Käferfunde etc. feststellen.

Die Gefahrenabschätzung sollte von einem Holzschutzsachverständigen vorgenommen werden. Dieser bestimmt die vorliegende Insektenart, das Vorhandensein eines akuten oder ausgestorbenen Befalls und das Schadensausmaß. Danach kann beurteilt werden, ob eine Bekämpfung und gegebenenfalls der Ersatz oder eine Verstärkung schadhafter Hölzer notwendig sind. Unter Umständen muss dazu ein Tragwerksplaner hinzugezogen werden.

Abb. 2-128: Hausbockweibchen bei der Eiablage
Quelle: Robert Ott, SV für Holzschutz und -schäden

Abb. 2-129: Angeschnittene Hausbockfraßgänge mit zwei Larven
Quelle: Robert Ott, SV für Holzschutz und -schäden

Abb. 2-130: Angebeilte Dachverbandshölzer mit Hausbockfraßschäden
Quelle: Robert Ott, SV für Holzschutz und -schäden

Abb. 2-131: Querschnitt eines Deckenbalkens aus Kiefernholz mit Holzbockfraßschäden im Splint
Quelle: Robert Ott, SV für Holzschutz und -schäden

Abb. 2-132: Ausschlupflöcher Holzbock an Fachwerkholz (Ausschlupflöcher)
Quelle: Robert Ott, SV für Holzschutz und -schäden

2.3.5.2.2 Blauer Scheibenbock (Callidium violaceum)

Der blaue Scheibenbock ist ca. 0,8 bis 1,6 cm groß. Die Oberseite ist metallisch dunkel- bis violettblau gefärbt. Er lebt u.a. in Rundholz- und Bauholzvorräten von Nadelhölzern. In Laubhölzern werden mitunter andere Scheibenbockarten vorgefunden. Die Scheibenböcke befallen neben abgestorbenen Bäumen auch das frisch geschlagene Holz. In Sägewerken und Werkstätten sowie in Holzlagern wird auch verarbeitetes Holz befallen, das vor allem in früherer Zeit dann nicht selten auf Dachböden gelangte. Häufiger finden die Scheibenböcke mit Brenn- und Kaminholz ihren Weg in Wohnungen.

Die Scheibenböcke befallen in der Regel frisches und berindetes Holz. Verbautes Holz ist daher nicht befallgefährdet. Die Larven fressen zunächst unter der Rinde, gehen aber zur Verpuppung ins Holzinnere. Nach zwei oder drei Jahren ist in den meisten Fällen die Entwicklung abgeschlossen.

Früher kam es hin und wieder vor, dass der Käfer aus frisch verbautem Holz schlüpfte. Dies ist heutzutage weitgehend ausgeschlossen, da das Holz vor dem Einbau meist technisch getrocknet wird und zudem keine Rindenanteile mehr aufweist.

Abb. 2-133: Schadbild Blauer Scheibenbock
Quelle: Robert Ott, SV für Holzschutz und -schäden

2.3.5.2.3 Nagekäfer (Anobium punctatum)

Der Gewöhnliche Nagekäfer wird umgangssprachlich auch Holzwurm genannt.

Der Käfer wird ca. 2,5 bis 5 mm lang. Er gehört zu den Trockenholzinsekten. Seine Larven befallen verbautes Holz.

Sie bevorzugen eine Holzfeuchtigkeit von 26 bis 28 % und Temperaturen zwischen 22 und 23 °C. Unter etwa 65 % relativer Luftfeuchte stellen sie ihr Wachstum ein.

Aus diesem Grund sind Räume mit Bodenfeuchte und kühlem Boden wie Keller stärker gefährdet. Es werden aber auch Dachkonstruktionen und Stallungen befallen, wenn die Umgebungstemperaturen und die Holzfeuchten stimmen.

Im Gegensatz zum Hausbock befällt der Nagekäfer auch jahrhundertealtes Holz.

Das Vorhandensein von Nagekäferlarven ist in vielen Fällen an dem aus Schlupflöchern herausquellenden Holzmehl leicht zu erkennen, das üblicherweise von seinen natürlichen Gegenspielern bei der Suche nach Larven im Holz ausgeworfen wird. Die Käferweibchen legen ihre Eier bevorzugt in das Holz, in dem sie aufgewachsen sind, was bei wiederholtem Befall im Extremfall zu dessen Zerstörung führen kann.

Die Bekämpfung des Gewöhnlichen Nagekäfers kann mittels der in DIN 68800-4 angeführten Regelverfahren erfolgen.

Abb. 2-134: Käferschlupf Gewöhnlicher Nagekäfer
Quelle: Robert Ott, SV für Holzschutz und -schäden

Abb. 2-135: Akuter Nagekäferbefall in Dachboden
Quelle: Robert Ott, SV für Holzschutz und -schäden

Abb. 2-136: Akuter Nagekäferbefall in Museum
Quelle: Robert Ott, SV für Holzschutz und -schäden

Abb. 2-137: Schadbild Nagekäferbefall an Seildurchgangsholz aus Glockenturm
Quelle: Robert Ott, SV für Holzschutz und -schäden

2.3.5.2.4 Holzwespen (Siricidae)

Die Holzwespe kommt im Nadelholz wie Fichte, Tanne und Kiefer vor. Der häufigste Vertreter ist die Gemeine Holzwespe. Ihre Larven werden bis zu 30 mm lang. Die ausgewachsenen Tiere werden 8 bis 35 mm groß. Ihr Körper ist blauschwarz.

Die Holzwespe zählt zu den Frischholzschädlingen. Sie ist an frischem stehendem Holz bzw. an frisch gefällten Bäumen zu finden. Die Weibchen suchen zur Eiablage einen frisch gefällten, kranken oder verletzten Baum auf.

Die kreisrunden (4 bis 10 mm) dicht verfüllten Fraßgänge der Larven sind 20 cm, mitunter bis zu 40 cm lang.

Die Larven der meisten Holzwespenarten leben in fester Gemeinschaft mit holzzerstörenden Pilzen.

Die von der Holzwespe hervorgerufenen Schäden sind meist unerheblich. Fraßschäden werden in den Sägewerken oftmals aussortiert, bisweilen aber auch übersehen.

Früher wurden zuweilen die Sekundärschäden unterschätzt. Wurde frisches Holz verbaut, konnte es passieren, dass nach einigen Jahren die Wespen schlüpften und sich mittels ihrer ausgebildeten Beißwerkzeuge den Weg nach draußen frei machten. Dabei können sie z.B. Bitumen- und Kunststoffbahnen sowie dünnes Bleiblech durchfressen.

Eine zerstörte Dachabdichtung kann dann zu Folgeschäden führen. Durch die heutzutage vielfach praktizierte technische Trocknung des Holzes ist dies allerdings ausgeschlossen.

Abb. 2-138: Angeschnittenes Schadbild von Holzwespen
Quelle: Robert Ott, SV für Holzschutz und -schäden

2.3.5.3 Schädlingsbestimmungen

Folgende Institutionen führen u.a. Schädlingsbestimmungen durch:

- Holzforschungsinstitute
- Materialprüfanstalten
- Holzschutzmittelhersteller (teilweise)
- private Labore

2.3.5.4 Schädlingsbekämpfung

Merkblätter des WTA (Wissenschaftlich technischer Arbeitskreis für Bauwerkserhaltung und Denkmalpflege) informieren über baulichen Holzschutz und die Erkennung und Behandlung von Echtem Hausschwamm.

Die Bekämpfungsmaßnahmen gegen holzzerstörende Pilze und Insekten sind gemäß DIN 68800-4 und den entsprechenden Merkblättern des WTA durchzuführen.

Abb. 2-139: Heißluftverfahren im denkmalgeschützten Gebäude
Quelle: Robert Ott, SV für Holzschutz und -schäden

Abb. 2-140: Heißluftverfahren Dachboden
Quelle: Robert Ott, SV für Holzschutz und -schäden

Abb. 2-141: Mikrowellenverfahren
Quelle: Robert Ott, SV für Holzschutz und -schäden

2.4 Besondere Phänomene

2.4.1 Mauerspinne

An zahlreichen Fassaden sind graue bis schwarze Verfärbungen erkennbar, die verstärkt im Traufbereich, aber auch in Mauernischen, Erkern und Versprüngen auftreten. Die Fassaden sind teilweise sehr stark optisch beeinträchtigt.

Bei den unten dargestellten Phänomenen handelt es sich um einen Befall der Mauerspinne.

Abb. 2-142: Fassadenansicht mit Spinnennetzen

Abb. 2-143: Nahaufnahme Spinnennetz

Abb. 2-144: Fassadenansicht mit Spinnennetzen

Die Mauerspinne ernährt sich von Insekten. Sie sucht sich überwiegend witterungsgeschützte Stellen aus, daher findet man sie vorwiegend an den zuvor beschriebenen Stellen an Häuserwänden. Sie spinnt ihr Netz unmittelbar über der Fassadenfläche. Ursprünglich ist das Netz weiß, durch Staub, Schmutz und Insekten verfärbt es sich grau bis sogar schwarz. Es entstehen unschöne Flecken an der Fassade. Die optischen Beeinträchtigungen können teilweise enorm sein. Die Bausubsubstanz wird hingegen nicht beschädigt, weshalb es sich bei der Mauerspinne nicht um einen Schädling handelt.

Die Netze können mit dem Besen oder Wasserstrahl entfernt werden.

2.4.2 Fogging

Fogging (von *fog,* engl. Nebel, *fogging* = Vernebelung) bezeichnet eine Verfärbung von Wand und Deckenflächen in Innenräumen. Charakteristisch ist eine dunkle graue bis schwarze Ablagerung von schmierig-öliger Konsistenz.

Das Phänomen tritt überwiegend in der Heizperiode auf. Die Verfärbungen sind in der Regel an den Innenseiten von Außenwänden, über Heizkörpern, an Gardinen, auf Fensterrahmen und Kunststoffflächen zu finden.

Bemerkenswert ist, dass das Fogging-Phänomen häufig in Verbindung mit frisch renovierten Wohnungen auftritt.

Abb. 2-145: Fogging-Phänomen über einem Heizkörper

Abb. 2-146: Fogging-Phänomen an einer Decke

Abb. 2-147: Fogging-Phänomen in einem Dachgeschoss

Nach der *ARGUK Umwelt-Labor GmbH*[25] handelt es sich in ca. 86 % der beobachteten Fogging-Fälle um renovierte Wohnungen bzw. um einen Neubau. Dabei trat das Phänomen in 52 % der Fälle in Zusammenhang mit Renovierungen und durchgeführten Malerarbeiten, bei 34 % bei Bodenbelagsarbeiten und bei 23 % bei Abdichtungsmaßnahmen auf. Das Auftreten des Foggings findet in 41 % der Fälle innerhalb von zwölf Monaten nach der letzten Renovierung bzw. nach dem Einzug statt.

Weiter wurden die Phänomene insbesondere dann beobachtet, wenn Wohnungen länger nicht bewohnt waren oder wenn die Bewohner längere Zeit nicht anwesend waren (z.B. Winterurlaub).

Das Erklärungsmodell nach der *ARGUK Umwelt-Labor GmbH* geht davon aus, dass durch Renovierung, Neubau oder Neuanschaffung von Einrichtungsgegenständen viele schwer flüchtige organische Verbindungen (SVOC) in die Wohnung gebracht werden. Aus Teppichböden, Tapeten und auch Kunststoffoberflächen können SVOC in die Raumluft gelangen, aber auch aus Kerzenabbrand und Zigarettenrauch. Auch Reinigungsmittel (Fettalkohole) stellen foggingaktive Substanzen dar.

In den Wintermonaten werden die Innenräume weniger gelüftet als im Sommer. Die Außenwände werden kälter, die Luftzirkulation zwischen Rauminnerem und Oberflächen wird intensiver und die Kondensationsneigung der SVOC nimmt zu. Die sich in der Raumluft befindenden Feinstaubpartikel erhalten durch Kondensation der SVOC auf deren Oberfläche eine chemisch modifizierte Oberflächeneigenschaft (Ladungsunterschiede). Physikalisch bildet sich eine Adhäsion („Klebrigkeit") aus. Dies wiederum führt dazu, dass sich bei Kontakt die kleinen Partikel zu größeren zusammenschließen. Treffen diese Partikel auf die Wandoberflächen, kommt es dort zur Ablagerung. Auch elektrostatische Aufla-

25 Maraun, W., Fogging: Adhäsion als primärer Auslöser der Schwarzstaub-Ablagerung, veröffentlicht in: Umwelt, Gebäude & Gesundheit: Schadstoffe, Gerüche und Sanierung, Ergebnisse des 11. AGÖF-Fachkongresses in Hallstadt bei Bamberg, November 2016, Herausgeber: Arbeitsgemeinschaft Ökologischer Forschungsinstitute e.V.; Maraun, W., Adhäsion und andere physikalische Vorgänge als primäre Auslöser von Schwarzstaub-Ablagerungen in Gebäuden. Vortrag auf den 24. WaBoLu-Innenraumtagen beim Umweltbundesamt, 2017.

dungen, die vermehrt im Winter auftreten, können die Ablagerung der Partikel begünstigen.

Der Feinststaub und Ultrafeinstaub in der Luft wird bei einer normalen Luftumwälzung durch Raumnutzung von größeren Partikeln aufgenommen und dadurch aus der Raumluft entfernt (Senkenbildung). Fehlt diese Luftverwirbelung, sind dementsprechend weniger größere Partikel in der Luft. Der Feinstaubanteil wird höher. Dies könnte erklären, warum das Fogging-Phänomen stärker bei Wohnungen auftritt, die längere Zeit nicht oder nur wenig bewohnt waren oder die von Einzelpersonen ohne Kinder bewohnt werden.

Zur Vermeidung des Fogging-Phänomens sollte das Aufkommen von schwer flüchtigen organischen Verbindungen (u.a. bei Renovierung, Reinigungsaktivität, Zigarettenrauch, Kerzenabbrand) reduziert werden. Weiter müsste der Feinstaub in der Luft minimiert werden. Auch eine Regulation des Heizverhaltens könnte dem Fogging entgegenwirken.

3 Baukonstruktionen und Bauteile

3.1 Baujahrestypische Baukonstruktionen

Im § 8 der ImmoWertV[26] werden die besonderen objektspezifischen Grundstücksmerkmale erläutert. Dabei handelt es sich um „[...] wertbeeinflussende Grundstücksmerkmale, die nach Art oder Umfang erheblich von dem auf dem jeweiligen Grundstücksmarkt Üblichen oder erheblich von den zugrunde gelegten Modellen oder Modellansätzen abweichen."

Um abgrenzen zu können, was erheblich über das Übliche hinausgeht, muss man wissen, was üblich ist. Dazu ist es hilfreich, wenn man sich vergegenwärtigt, welche Baukonstruktionen in den einzelnen Baujahren üblich waren und welche Schadensbilder damals und heute daraus resultieren können. Im Folgenden werden typische Baukonstruktionen und -materialien epochal zusammengefasst. Bei den Aufzählungen handelt es sich um Beispiele ohne Anspruch auf Vollständigkeit. Weitere Informationen zu baujahrestypischen Bauweisen können der Website „BauNetz"[27] entnommen werden.

3.1.1 Baujahr 1880 bis 1944

Abb. 3-1: Fassadenansicht eines Mehrfamilienhauses aus dem Jahr 1910

Abb. 3-2: Verwittertes Holzfenster

26 Verordnung über die Grundsätze für die Ermittlung der Verkehrswerte von Immobilien und der für die Wertermittlung erforderlichen Daten (Immobilienwertermittlungsverordnung – ImmoWertV) vom 14.7.2021.

27 https://www.baunetzwissen.de/altbau/fachwissen/baualtersstufen.

Bei Gebäuden aus der Jahrhundertwende des letzten Jahrhunderts war es üblich, zwischen den Streifenfundamenten unter den tragenden Außenwänden gestampften Lehm einzubringen. Lehm wirkt regulierend auf die Luftfeuchtigkeit, gleichwohl ist er nicht wasserundurchlässig. Ein gewisser Feuchtegehalt ist somit in Kellern von Altbauten zu erwarten.

Als Deckenkonstruktionen für die Kellergeschossdecken finden sich in Altbauten überwiegend Gewölbedecken oder sogenannte Preußische Kappendecken. Die Kappendecken bestehen aus Doppel-T-Trägern aus Stahl, die Gewölbeausfachungen aus Ziegelsteinen oder Beton. Aufgrund des üblichen Feuchtegehalts in Kellern von Altbauten besteht das Risiko der Korrosion der Stahlträger der Deckenkonstruktion. Oftmals findet sich somit ein Schadensbild gemäß Abbildung 3-4. Bei größerer Feuchtigkeit und fortgeschrittener Korrosion kann sich das Schadensbild auch entsprechend Abbildung 3-5 darstellen.

Abb. 3-3: Unteransicht einer verputzten Stahlkappendecke

Abb. 3-4: Leichte Korrosionsspuren an der Unteransicht der Stahlkappendecke

Abb. 3-5: Stahlträger mit starken Korrosionserscheinungen

Korrodierte Stahlträger einer Kappendecke im Keller eines Altbaus sind damit ein übliches Schadensbild. Je nach Feuchtegehalt kann die Ausprägung extrem sein, sodass die Feuchtigkeit aufgrund des gestampften Lehmbodens möglicherweise nicht allein die Schadensursache ist und man zu dem Schluss kommt, dass das Schadensbild dann über das Übliche hinausgeht.

Die Gebäude aus der Jahrhundertwende um 1890/1900 sind in Massivbauweise errichtet. Üblicherweise weisen sie dicke Mauerwerksaußenwände mit Wandstärken von 0,30 bis 0,90 m, in der Regel 0,36 m auf. Die Geschosshöhe in Altbauten ist meistens größer als bei heutigen Neubauten und liegt bei ca. 4 m. Die Dachkonstruktion besteht i.d.R. aus Holz. Ebenso handelt es sich bei den Geschossdecken um Holzbalkendecken, welche zuweilen Durchbiegungen aufweisen. Auch die Geschosstreppen bestehen häufig aus Holz. Oftmals sind diese dann abgelaufen und weisen Unebenheiten auf.

In seltenen Fällen sind noch die Originalfenster vorhanden. Diese haben üblicherweise einen Holzrahmen und sind einfach verglast. Die Holzrahmen weisen oftmals Farbabplatzungen infolge Witterungseinflüssen auf.

Bei allen Holzbauteilen besteht grundsätzlich die Gefahr eines Schädlingsbefalls. Dieser ist aber nicht baujahrestypisch, sondern resultiert aus einem erhöhten Feuchteaufkommen in der Konstruktion.

Einige Gebäude aus dem frühen 20. Jahrhundert verfügen noch über ein „Frankfurter Bad" in ihren Wohneinheiten. Dabei handelt es sich um eine spezielle Grundrissgestaltung im Hinblick auf die sanitären Einrichtungen. Es war damals üblich, dass sich die Badewanne in einer Nische in der Küche oder im Schlafzimmer befand und die Toilette separat angeordnet war. Zuweilen findet man die Toilette im Treppenhaus außerhalb der Wohnung wieder.

Die meisten Wohnungen sind mittlerweile modernisiert und die Toilette befindet sich innerhalb der Wohneinheit.

Bei Gebäuden aus der Jahrhundertwende besteht oftmals Denkmalschutz. Dieser kann in Form eines Einzeldenkmals, aber auch als Ensembleschutz oder im Rahmen einer Erhaltungssatzung vorhanden sein. Bei der Ermittlung der Schadensbeseitigungskosten im Falle von Bauschäden muss dann bedacht werden, dass die Kosten im Einzelfall höher anzusetzen sind, da z.B. die Originalbaustoffe verwendet werden müssen.

Diese und weitere Ausführungsmerkmale und typische Bauschäden bei Altbauten sind in unten stehender Tabelle ohne Anspruch auf Vollständigkeit zusammengefasst.

Baujahr 1800 bis 1944		
Baukonstruktion	**Typische Bauschäden/Ausführungen**	**Schadstoffe**
Unbefestigter Kellerboden, gegebenenfalls Lehm	• Feuchteeindrang • feuchte Wände • Feuchtigkeit im Sockelbereich • feuchte Bodenplatte	
Stahlträgerdecken im Keller (preußische Kappendecke)	• Korrosion der Träger • Putzabplatzungen	
Außen- und Innenwände aus Mauerwerk	• Durchfeuchtung der Kellerwände bei fehlender Vertikalabdichtung • Durchfeuchtung der Keller- und der Erdgeschosswände durch fehlende Horizontalabdichtung • Putzschäden in Form von Rissen, Hohlstellen und Abplatzungen • Beschädigungen von Stuck (außen und innen) und anderen Fassadenelementen • ungenügender Schall-, Wärme- und Brandschutz	
Fenster	• Fäulnis- und Witterungsschäden an Rahmen • ungenügender Schall- und Wärmeschutz durch Einfach- oder Doppelverglasung • defekte Fensterbankabdichtung	

Baujahr 1800 bis 1944		
Baukonstruktion	**Typische Bauschäden/Ausführungen**	**Schadstoffe**
Holzbalkendecken	• tierischer und pflanzlicher Schädlingsbefall an Holzteilen • Durchbiegung von unterdimensionierten Holzbalkendecken • Korrosionsschäden an Stahlträgern, vor allem auch an auskragenden Balkon- und Erkerkonstruktionen • ungenügender Schall-, Wärme- und Brandschutz	
Holzdachstuhl	• Undichtheit durch schadhafte Eindeckung • schadhafte Dachrinnen und Fallrohre • tierischer und pflanzlicher Schädlingsbefall an Holzteilen • ungenügender Schall-, Wärme- und Brandschutz	
Fußböden	• ausgetretene Bodenbeläge • ungenügender Schallschutz • Durchfeuchtung des Kellerbodens	
Geschosstreppen	• ausgetretene Holztreppenstufen • Fäulnisschaden an Holztreppen im Erd- und Kellergeschoss und bei Podesten	
Sanitärinstallation	• unzureichende Installation in technisch schlechtem Zustand • verstopfte Zu- und Abflussleitungen • ungenügende Ausstattung der vorhandenen Wohnungen mit Bädern und WC • Frankfurter Bad	Blei
Heizung	• versottete Kaminzüge • Etagenheizungen • Zentralheizungsanlagen mit schlechten Wirkungsgraden	

Baujahr 1800 bis 1944		
Baukonstruktion	**Typische Bauschäden/Ausführungen**	**Schadstoffe**
Elektroinstallation	• technisch unzureichende Elektroinstallation, oft ohne notwendigen Schutzleiter • ungenügende Absicherung und Unterverteilungen • gering dimensionierte Hausanschlüsse	

Tab. 3-1: Übersicht Baukonstruktionen und typische Ausführungen 1800 bis 1944

3.1.2 Baujahr 1945 bis 1969

Abb. 3-6: Fassadenansicht eines Mehrfamilienhauses mit Baujahr 1959

Abb. 3-7: PAK-haltiger Parkettkleber, Bodenbelag einer Wohnung mit Baujahr 1959

Die Nachkriegsbauten sind geprägt von Materialeinsparungen und der Verwendung sehr einfacher Materialien, häufig auch Abbruchmaterialien aus der Nachkriegszeit. Oftmals verfügen diese Gebäude über verhältnismäßig dünne Außenwände und geringen Schall- und Wärmeschutz. Die Decken bestehen in der Regel aus Stahlbeton mit Verbundestrich ohne Trittschalldämmung. Die Grundrissgestaltung ist üblicherweise zweckorientiert und wenig großzügig. Die Fenster sind meist (im Originalzustand) einfach verglast und bieten damit wenig Wärmeschutz.

Problembereiche stellen insbesondere die Balkone und die Keller dar. Die Oberseite der Balkone ist üblicherweise mit Fliesenbelag im Gefälle ohne Flächenabdichtung ausgebildet. Da die Balkone über keine Entwässerungsrinne verfügen, läuft das Wasser unkontrolliert ab. Ohne Ausbildung einer Tropfkante kommt es zum Unterlaufen der Balkonplatte und es entstehen Feuchteschäden an der Unterseite der Platte. Darüber hinaus wurden die Balkone ohne Wärmedämmung gebaut, was dazu führt, dass es im Bereich des Gebäudeanschlusses der Balkonplatte zu bauphysikalischen Problemen kommen kann.

Die Kellerwände wurden außen mit einem bituminösen Schwarzanstrich versehen, um das seitliche Eindringen von Erdfeuchte zu vermeiden. Heute ist in der Regel von den damaligen Anstrichen nicht mehr viel übrig. Darüber hinaus führen die immer häufiger werdenden Starkregenereignisse dazu, dass es vermehrt zu Wassereindrang durch die Außenwände in den Keller kommt, da der seinerzeitige Bitumenanstrich nicht für den Lastfall „drückendes Wasser" dimensioniert war.

Darüber hinaus wurden in dieser Baujahresklasse vermehrt Schadstoffe verbaut. So finden sich in vielen Bauteilen Asbest in gebundener und ungebundener Form sowie polycyclische Kohlenwasserstoffe in diversen Klebern und Beschichtungen. Aufgrund der mit Schadstoffen einhergehenden verschärften Arbeitsschutzmaßnahmen ist beim Rückbau von belasteten Bauteilen mit erhöhten Kosten für Ausbau und Entsorgung zu rechnen.

Baujahr 1945 bis 1969		
Baukonstruktion	**Typische Bauschäden/Ausführungen**	**Schadstoffe**
Bodenplatte	• feuchte Bodenplatte	
Außenwände	• unzureichender Schall- und Wärmeschutz der Außenwände • Wärmebrücken durch Heizkörpernischen mit geringen Wandstärken • schwierige Konstruktionen mit auskragenden Balkonplatten • für heutige Wasserbeanspruchung nicht mehr ausreichend dimensionierte Abdichtung mit Schwarzanstrich erdberührter Bauteile	PAK[28] im Schwarzanstrich
Innenwände	• unzureichender Schallschutz der Wohnungstrennwände • teilweise Putzschäden	Asbest, PAK

28 Polyzyklische aromatische Kohlenwasserstoffe.

Baujahr 1945 bis 1969		
Baukonstruktion	**Typische Bauschäden/Ausführungen**	**Schadstoffe**
Außenwand-Bekleidungen	• Putzschäden in Form von Rissen und Abplatzungen, vor allem im Sockelbereich • Putzschäden durch Risse im Mauerwerk	Asbest
Fenster, Außentüren	• undichte, verzogene Fensterrahmen • ungenügender Schall- und Wärmeschutz bei Einfachverglasung	
Dach	• Undichtheiten von Dächern durch fehlende Unterspannbahn oder beschädigten Mörtelverstrich sowie schadhafte Dachrinnen und Fallrohre • ungenügender Wärmeschutz • Dachschindeln aus Faserzement	Asbest (Faserzement)
Geschossdecken	• ungenügender Tritt- und Luftschallschutz bei Massivdecken mit Verbundestrichen • ungenügender Wärmeschutz zum Kellergeschoss • ungenügender Wärmeschutz zum Dachgeschoss	
Fußböden	• schadhafte und ausgetretene Bodenbeläge	Asbest- oder PAK-haltiger Kleber
Geschosstreppen	• schadhafte Platten- und Kunststeinbeläge auf Massivtreppen und im Hausflur • ungenügender Trittschallschutz	
Sanitärinstallation	• knapp bemessene Ausstattung der Wohnungen mit Bädern und WC • Korrosionsschäden an Wasserleitungen • verstopfte Zu- und Abflussleitungen im Kellergeschoss	
Heizung	• versottete Kaminzüge • Zentralheizungsanlagen mit schlechten Wirkungsgraden	

Baujahr 1945 bis 1969		
Baukonstruktion	**Typische Bauschäden/Ausführungen**	**Schadstoffe**
Elektroinstallation	• teilweise erneuerungsbedürftige Elektroinstallation ohne erforderlichen Schutzleiter • teilweise ungenügende Ausstattung mit Unterverteilungen und Absicherungen	

Tab. 3-2: Übersicht Baukonstruktionen und typische Ausführungen 1945 bis 1969

3.1.3 Baujahr 1970 bis 1989

In den 1980er-Jahren gewann das Thema Wärmeschutz an Bedeutung, sodass in diesen Bauzeiten erste bauliche Maßnahmen zu energetischen Verbesserungen durchgeführt wurden. Dennoch entsprechen z.B. die Fensteranlagen aus diesen Baujahren nicht mehr den aktuellen energetischen Anforderungen.

Abb. 3-8: Fassadenansicht eines Mehrfamilienhauses von 1975

Abb. 3-9: Fehlende Entwässerung an einem Balkon eines Einfamilienhauses von 1971

Abb. 3-10: Asbestbelastete Dachverkleidung eines Einfamilienhauses von 1972

Insgesamt ist bei Gebäuden aus den Jahren 1970 bis 1980 mit dem Einbau von schadstoffbelasteten Baumaterialien zu rechnen. Dadurch ist von erhöhten Anforderungen an Sicherheitsmaßnahmen beim Ausbau sowie der Entsorgung und somit erhöhten Schadensbeseitigungskosten auszugehen.

Baujahr 1970 bis 1989		
Baukonstruktion	**Typische Bauschäden/Ausführungen**	**Schadstoffe**
Außenwände	• unzureichender bis mittelmäßiger Schall- und Wärmeschutz der Außenwände • Rinnsale und Verschmutzung aufgrund fehlender Entwässerungsführung	Asbest in Platten, KMF[29] in Mineralwolle
Innenwände	• unzureichender Schallschutz der Wohnungstrennwände • teilweise Putzschäden	

29 Künstliche Mineralfaser.

Baujahr 1970 bis 1989		
Baukonstruktion	**Typische Bauschäden/Ausführungen**	**Schadstoffe**
Außenwand-Bekleidungen	• Putzschäden in Form von Rissen und Abplatzungen, vor allem im Sockelbereich • Putzschäden durch Risse im Mauerwerk	
Fenster, Außentüren	• Fensterflügel mit großen Formaten, häufig undicht und verzogen • schlechte Wärmedämmung der Fenster	
Dach	• Undichtheiten von Dächern durch schadhafte Dachrinnen und Fallrohre • ungenügender Wärme- und Schallschutz	Asbest in Faserzement, KMF in Dachdämmung
Geschossdecken	• ungenügender Tritt- und Luftschallschutz bei Massivdecken mit Verbundestrichen • ungenügender Wärmeschutz zum Kellergeschoss • ungenügender Wärmeschutz zum Dachgeschoss	
Fußböden	• ungenügender Schallschutz	Asbest in Bodenbelägen und Klebern sowie PAK
Geschosstreppen	• schadhafte Platten- und Kunststeinbeläge auf Massivtreppen und im Hausflur • ungenügender Trittschallschutz	
Sanitärinstallation	• knapp bemessene Ausstattung der Wohnungen mit Bädern und WC • Korrosionsschäden an Wasserleitungen • verstopfte Zu- und Abflussleitungen im Kellergeschoss	

Baujahr 1970 bis 1989		
Baukonstruktion	**Typische Bauschäden/Ausführungen**	**Schadstoffe**
Heizung	• Zentralheizung, zumeist ohne energiesparende Regelungsmöglichkeiten • technische Installationen veraltet	
Elektroinstallation	• teilweise erneuerungsbedürftige Elektroinstallation ohne erforderlichen Schutzleiter • teilweise ungenügende Ausstattung mit Unterverteilungen und Absicherungen	

Tab. 3-3: Übersicht Baukonstruktionen und typische Ausführungen 1970 bis 1989

3.1.4 Baujahr 1990 bis heute

Betrachtet man die Historie der Bauschäden, fällt auf, dass die Schadensarten bzw. Schadenskategorien weitestgehend gleich geblieben sind, obwohl sich die Baukonstruktionen im Laufe der Jahre verändert haben.

Mit neuen Baumethoden mussten wieder neue Erfahrungen gemacht werden, auch bezüglich bisher nicht bekannter Ausführungsfehler oder der Verwendung verunreinigter Baumaterialien. Diese Entwicklung wiederholt sich in ähnlichen Formen durch alle in diesem Kapitel betrachteten Baujahre.

Aktuell spielt das Thema der Nachhaltigkeit eine zunehmende Rolle, nicht nur bei der Verwendung von nachhaltigen Baustoffen, sondern auch bei der Konzeption der partiellen Recyclingfähigkeit aller Gebäudeelemente bis hin zur vollständig rückstandsfreien Demontage bzw. Abbau der Gebäude.

Die Wärmedämmung der Außenfassaden mit diversen Wärmedämmverbundsystemen (WDVS) wird seit 20 bis 30 Jahren intensiv eingesetzt mit entsprechend begrenzten Erfahrungswerten für diese Bauteile. Insbesondere hinsichtlich der thermischen Belastung von WDVS bei Verwendung der seit einigen Jahren bevorzugten dunklen Fassadenfarben fehlen Langzeiterfahrungswerte.

Abb. 3-11: Fassadenansicht einer Reihenhaussiedlung aus dem Jahr 2005

Abb. 3-12: Dübelteller eines WDVS

Abb. 3-13: Einfamilienhaus mit einer schwarzen Fassade mit WDVS

Baujahr ab 1990		
Baukonstruktion	**Typische Bauschäden/Ausführungen**	**Schadstoffe**
Außenwände, Keller	• falsche Fugenausbildung bzw. Fugenausführung bei weißer Wanne, Wassereintritt im Keller	
Innenwände	• Schallübertragung bei Wohnungstrennwänden aufgrund fehlender Entkoppelung (z.B. Anschluss Estrich/Wand) • Schimmelschäden aufgrund von falschem Lüftungsverhalten oder mangelhaften Lüftungskonzepten	
Außenwand-Bekleidungen	• Abbildung von Dübeltellern im WDVS wegen fehlender Putzüberdeckung • Risse im Putz bei falscher Ausführung des WDVS • Rostflecken aufgrund verunreinigter Zuschlagstoffe	Polystyrol (in Styropor und Styrodur)

Tab. 3-4: Übersicht Baukonstruktionen und typische Ausführungen 1990 bis heute

3.2 Lebensdauer von Bauteilen

In den Immobilienbewertungsverfahren wird die wirtschaftliche Restnutzungsdauer der Gebäude verwendet. Im Hinblick auf die Bewertung von Baumängeln und Bauschäden ist es hilfreich, auch Kenntnis über die technische Lebensdauer von Bauteilen zu haben.

Die technische Lebensdauer beschreibt den Zeitraum, in welchem die Nutzbarkeit und die vorgesehene Funktion des Bauteils üblicherweise gegeben ist. Wird die technische Lebensdauer überschritten, kann dies nicht mehr erwartet werden. Die Kosten für die Erhaltung der Funktion übersteigen dann in der Regel die Herstellungskosten des Bauteils.

Die Gesamtnutzungsdauer der einzelnen Bauteile liegt zwischen 40 und 100 Jahren in Abhängigkeit vom verwendeten Material und der Instandhaltung. Bei guter und regelmäßiger Pflege der Bauteile können höhere Lebensdauern erzielt werden.

Eine Übersicht über die durchschnittliche Lebensdauer einzelner Bauteile ist hilfreich bei der Einschätzung von Schäden. Betrachtet man z.B. eine bituminöse Bauwerksabdichtung einer erdberührenden Kellerwand, wird klar, dass bei einem Gebäude mit Baujahr 1960 zum Wertermittlungsstichtag 2020 die durchschnittliche Lebensdauer der Abdichtung bereits um 20 Jahre überschritten ist. Somit könnte dies eine Ursache für Feuchtigkeit im Keller sein. Inwieweit der Feuchteschaden baujahrestypisch ist oder doch über das übliche Schadensausmaß hinausgeht, weil er z.B. durch ein schädigendes Ereignis (z.B. Starkregen) verstärkt wurde, muss im Einzelfall bewertet werden.

In der folgenden Tabelle[30] sind die wichtigsten Bauteile mit ihrer mittleren technischen Lebensdauer dargestellt.

Auch im Rahmen der steuerlichen Bewertung, nämlich für den „Nachweis der kürzeren tatsächlichen Nutzungsdauer", muss nach neusten Anforderungen des Bundesministeriums der Finanzen[31] auf die technische Lebensdauer von Bauteilen und nicht auf die modellhafte Restnutzungsdauer abgestellt werden.

Bauteil	**Material**	**Technische Lebensdauer Spanne in Jahren**	**Technische Lebensdauer Mittelwert in Jahren**
Bauwerksabdichtung erdberührter Bauteile		25–60	40
Wärmedämmstoffe		40–65	40
Außenanstrich (Oberflächenschutz)		8–15	15
Außentüren und Außenfenster			
	Holz		40
	Aluminium		35
	Kunststoff		30
Rollladen			
	Kunststoff		25
	Holz		35
Bodenbeläge			
	Naturstein	60–100	80
	Betonwerkstein	50–80	70
	Parkett		80
	PVC		25
	Linoleum		30
	Laminat		20

30 BTE Arbeitsgruppe Lebensdauer von Bauteilen, Zeitwerte, Arbeitsblatt Bund technischer Experten e.V., 2008.

31 Absetzung für Abnutzung von Gebäuden nach der kürzeren tatsächlichen Nutzungsdauer (§ 7 Absatz 4 Satz 2 Einkommenssteuergesetz), Schreiben des Bundesministeriums der Finanzen vom 22.2.2023.

Bauteil	Material	Technische Lebensdauer Spanne in Jahren	Technische Lebensdauer Mittelwert in Jahren
	Fertigparkett		40
	Fliesen	30–60	40
Treppen, Außentreppen			
	Beton		50
	Stahl		50
	Weichholz		20
	Hartholz		30
Treppengeländer/ Balkongeländer			
	Stahl		50
	Aluminium		50
	Holz		25
Balkone/ Balkonkonstruktion			
	Beton		80
	Stahl		70
	Holz, weich		40
Flachdächer			
Abdichtung, Beläge			
	Bituminös		25
	Kunststoff, hochwertig		25
	Kunststoff, einfach		17
Geneigte Dächer			
Geneigte Dachkonstruktion			
	Holz, Stahl, Nagelbinder	60–90	75

Bauteil	Material	Technische Lebensdauer Spanne in Jahren	Technische Lebensdauer Mittelwert in Jahren
Dacheindeckung			
	Zinkblech		40
	Kupferblech		70
	Trapezblech		40
	Faserzement-Platten		40
	Dachziegel		60
	Dachsteine		50
	Schieferplatten		75
	Aluminium		40
Dampfsperre			40
Abdichtung			20
Dachfenster			
	Stahl		30
	Holz		30
	Kunst		30
Rinnen und Fallrohre			
	Zinkblech		30
	Kunststoff		20
	Kupferblech		50
Schornsteine			
	Edelstahl		50
	Formsteine		60
	Mauerwerk		60
Abwasserleitungen			
	PVC-, PP-Rohre		70
	Steinzeug		60

Bauteil	Material	Technische Lebensdauer Spanne in Jahren	Technische Lebensdauer Mittelwert in Jahren
	Gussrohre		50
	Hebeanlagen		25
Wasseranlagen			
	Stahlrohre		35
	Kupferrohre		45
	Edelstahl		50

Tab. 3-5: Technische Lebensdauer von Bauteilen BTE, 2008

Bauteil	Material	Technische Lebensdauer Spanne in Jahren	Technische Lebensdauer Mittelwert in Jahren
Befestigte Außenflächen			
Terrassen, Treppen			
	Natur- oder Kunststein		25
	Ziegel		40
	Kies		15
	Holz		15
Einfriedungen			
	Mauer (Ziegel oder Beton)		60
	Zäune (Holz)		20
	Zäune (Draht)		30

Technische Gebäudeausrüstung	Anlage	Technische Lebensdauer Spanne in Jahren	Technische Lebensdauer Mittelwert in Jahren
Sanitärobjekte			30
Warmwasseranlage			
	Zentrale Wasserwärmer		20
	Durchlauferhitzer		20
	Thermische Solaranlage		20
Gasleitungen		40–60	50
Kessel, Wärmeerzeuger			
	Pumpen		15
	Gasheiztherme		20
	Heizrohrleitungen		40
	Brenner		20
Heizölbehälter			45
Heizkörper			
	Stahlblech		40
	Gusseisen		65
	Flächenheizsystem		50
Lufttechnische Anlagen			30
Starkstromanlagen			
	Leitungen unter Putz		50
	Schalter, Steckdosen		25
	Blitzschutzanlagen		50

Technische Gebäudeausrüstung	Anlage	Technische Lebensdauer Spanne in Jahren	Technische Lebensdauer Mittelwert in Jahren
Schwachstromanlage			
	Leitungen		50
	Sprechanlage/ Klingel		25
	Antennenanlage		20
	Brandmeldeanlage		20
Aufzüge			40

4 Schadstoffe in Gebäuden

4.1 Einleitung

Als Gebäudeschadstoffe werden Schadstoffe bezeichnet, die in Bauteilen oder technischen Anlagen in Gebäuden vorkommen. Im verbauten Zustand sind diese in der Regel, abgesehen von einigen Ausnahmen, unbedenklich. Bei Beschädigung oder Rückbau können Partikel und gasförmige Stoffe in die Luft gelangen und somit zu einem Gesundheitsrisiko werden. Daher sind insbesondere bei Umbau, Instandhaltungs- und Rückbauarbeiten erhöhte Arbeitsschutzmaßnahmen zu beachten. Auch die Entsorgung von Schadstoffen muss fachgerecht und mit Entsorgungsnachweis erfolgen.

Mit der Novellierung der Gefahrstoffverordnung bekommt das Thema Arbeitsschutz wahrscheinlich ab dem Jahr 2024 eine noch größere Bedeutung. Der Referentenentwurf vom 3.3.2023 enthält u.a. folgende wesentlichen Ergänzungen, auf welche im weiteren Verlauf des Kapitels eingegangen wird:

- § 5a Besondere Mitwirkungs- und Informationspflichten für Veranlasser von Tätigkeiten an baulichen oder technischen Anlagen
- § 10 Besondere Schutzmaßnahmen bei Tätigkeiten mit krebserzeugenden, keimzellmutagenen oder reproduktionstoxischen Gefahrstoffen der Kategorie 1A oder 1B
- § 10a Besondere Aufzeichnungs-, Mitteilungs- und Unterrichtungspflichten bei Tätigkeiten mit krebserzeugenden, keimzellmutagenen oder reproduktionstoxischen Gefahrstoffen der Kategorie 1A oder 1B
- § 11 Verwendungs- und Tätigkeitsbeschränkungen zu Asbest
- § 11a Anforderungen an Tätigkeiten mit Asbest

4.2 Schadstoffe

Typische Gebäudeschadstoffe sind z.B.:

- Asbest
- polychlorierte Biphenyle (PCB)
- polyzyklische aromatische Kohlenwasserstoffe (PAK)
- Pentachlorphenol (PCP)
- Lindan
- Schwermetalle (z.B. Blei, Arsen, Quecksilber)
- künstliche Mineralfasern (KMF)
- Hexabromcyclododecan (HBCD)
- flüchtige organische Kohlenwasserstoffe (VOC)

- Formaldehyd
- Ameisen- und Essigsäure

Darüber hinaus zählen auch

- Taubenkot
- Schimmelpilz
- Radon

zu den biologischen bzw. mineralogischen Gebäudeschadstoffen.

4.3 Vorkommen und schädigende Wirkung

4.3.1 Asbest

Asbest ist der Überbegriff für natürlich vorkommende silikatische Mineralien unterschiedlicher chemischer Struktur, die insbesondere wegen ihrer nicht brennbaren Eigenschaft sehr oft zum Schutz anderer Bauteile verbaut wurden.

Vorwiegend wurde Asbest in den 1960er- und 1970er-Jahren verbaut. In fest gebundener Form findet man Asbest überwiegend in Dachplatten, Fassadenelementen und den sogenannten Floor-Flex-Bodenplatten. Die Faserfreisetzung ist bei fest gebundenem Asbest gering, solange das Material unbeschädigt ist. In weich gebundener Form, z.B. als Spritzasbest, ist die Faserfreisetzung wesentlich höher.

Die gesundheitsschädigende Wirkung von Asbest liegt in der Gefahr des Einatmens von Asbestfasern. Die Fasern sind lungengängig und im Körper schwer abbaubar. Sie können neben der Asbeststaublunge (Asbestose) mehrere Krebsarten auslösen und haben eine zellschädigende Wirkung.

Daher sind Asbestfasern seit 1993 in Deutschland verboten. In der EU erfolgte das Verbot erst im Jahr 2005.

Gemäß § 5a des Referentenentwurfs zur Gefahrstoffverordnung muss derjenige, der Tätigkeiten an baulichen oder technischen Anlagen veranlasst, vor Aufnahme der Tätigkeiten erkunden, ob entsprechend der Bau- oder Nutzungsgeschichte des Objekts Gefahrstoffe, insbesondere Asbest, vorhanden oder zu vermuten sind, die durch die Tätigkeiten freigesetzt werden und zu einer besonderen Gesundheitsgefährdung führen können.

> „[...] (2) Das Vorhandensein von Asbest wird in der Regel dann vermutet, wenn mit dem Bau des Objekts vor dem 31. Oktober 1993 begonnen wurde. [...]
>
> (3) Der Veranlasser hat sämtliche Erkundungsergebnisse zu dokumentieren und vor Aufnahme der Tätigkeiten an das mit den Tätigkeiten beauftragte Unternehmen weiterzugeben. [...]"

Das vorgenannte Erkundungsgebot gilt auch für private Haushalte, sodass auch diese vor Beginn der baulichen Maßnahmen entsprechende Erkundigungen einholen müssen. Weiter wurden die Anforderungen an die Arbeitgeber in den §§ 10, 10a, 11 und 11a enorm erhöht. Neben der üblichen Gefährdungsbeurteilung muss nun zusätzlich ein Expositions-Risiko-Konzept ausgearbeitet werden, in dem der Arbeitgeber die zu erwartenden Expositionen bestimmt und einen entsprechenden Maßnahmenkatalog vorhält. Weiter muss er ein Verzeichnis über die Beschäftigten führen und aufbewahren.

Die vorgenannten erhöhten Anforderungen bedeuten einen enormen Aufwand und werden sich somit in den Kosten widerspiegeln.

Abb. 4-1: Asbesthaltige Attikaverkleidung

Abb. 4-2: PAK- und asbesthaltiger Teppichkleber

4.3.2 Polyzyklische aromatische Kohlenwasserstoffe (PAK)

Polyzyklische aromatische Kohlenwasserstoffe sind mittel- bis schwerflüchtige Kohlenwasserstoffe. Sie entstehen bei unvollständiger Verbrennung oder Pyrolyse und sind schwer abbaubar. Sie treten auch in geringem Umfang als natürlicher Bestandteil in Erdöl und Naturasphalt auf.

PAK wurden bereits vor dem Zweiten Weltkrieg verbaut. Sie sind somit in Gebäuden mit Baujahr 1950 bis 1970 in Schwarzanstrichen für Abdichtungen, Kleber für Bodenbeläge, als Teeröle für Holzschutzmittel sowie in Fugenvergussmasse zu finden.

Durch Einatmen gelangen die PAK, entweder gasförmig oder an Feinstaubpartikel in der Luft gebunden, in den menschlichen Organismus. Einige Verbindungen der PAK sind als krebserregend eingestuft.

Bis 1984 wurden PAK im Straßenbau und bis 2000 als Korrosionsschutzanstrich eingesetzt. Erst 2002 wurden Holzschutzmittel, die Teeröl enthalten, verboten.

Abb. 4-3: PAK-haltiger Kleber unter Parkettboden

4.3.3 Künstliche Mineralfasern (KMF)

Künstliche Mineralfasern sind industriell hergestellte silikatische Fasern. Sie werden aus mineralischen Ausgangsstoffen wie z.B. Glas oder Gesteinen hergestellt und sind nicht brennbar. Bei KFM besteht aufgrund ihrer Struktur die Gefahr der Einatmung lungengängiger Fasern. KMF, die vor 1996 produziert wurden, weisen eine geringe biologische Abbaubarkeit auf, sie stehen im Verdacht, krebserzeugend zu sein.

Verwendet wurden sie als Dämmstoffe in Glaswolle oder Steinwolle.

Abb. 4-4: KMF als Dachdämmung

4.3.4 Pentachlorphenol (PCP)

Bei Pentachlorphenol handelt es sich um eine schwerflüchtige Verbindung. Es wurde vorwiegend in den 1980er-Jahren als Pestizid und in Holzschutzmitteln eingesetzt. Zur Belastung der Innenraumluft durch PCP kommt es durch Diffusion aus behandelten Hölzern über einen langen Zeitraum. PCP gilt als krebserzeugend, mutagen[32] und reproduktionstoxisch[33].

32 Erbgutverändernd.
33 Kann das Kind im Mutterleib schädigen.

1978 wurde eine Kennzeichnungspflicht und die Anwendung im Innenbereich verboten. Ein PCP-Verbot erfolgte 1989.

In der Novellierung der Gefahrstoffverordnung sollen die bisherigen Regelungen zu Pentachlorphenol und seinen Verbindungen in Anhang II Nr. 3 entfallen. Grund dafür ist, dass in der Zwischenzeit (seit 2019) entsprechende Beschränkungen bezüglich Herstellung und Verwendung von persistenten organischen Schadstoffen beschlossen wurden.

4.3.5 Lindan

Lindan ist die Bezeichnung für γ-Hexachlorcyclohexan und ist ein Halogenkohlenwasserstoff. Lindan wurde vorwiegend in den 1970er- und 1980er-Jahren vor allem als Insektizid in vielen Holzschutzmitteln verwendet und gelangte somit in Innenräume. Dort gast dieser Stoff aus und geht Verbindungen mit Hausstaub oder Textilien ein und gelangt überwiegend gasförmig in die Atemluft. Ebenso wie PCP gehört Lindan zu den stark gesundheitsschädigenden Bestandteilen von Holzschutzmitteln und ist daher seit 2008 in der EU verboten. Als Abbauprodukt von Lindan tritt γ-Pentachlorcyclohexen auf, das mangels toxikologischer Daten vorsorglich wie Lindan selbst zu bewerten ist.

4.3.6 Polychlorierte Biphenyle (PCB)

Polychlorierte Biphenyle wurden überwiegend als Weichmacher in Fugenmassen, Farben und Lacken, aber auch als Zusatzstoff in Buntsteinputzen, Spachtelmassen und Bodenbelagsklebern verwendet.

Sie wurden vermehrt bei der Errichtung von öffentlichen Gebäuden in den Jahren 1960 bis 1970 eingesetzt.

PCB sind persistent[34]. Sie reichern sich im Organismus und in der Umwelt an. Sie sind toxisch und stehen im Verdacht, krebserzeugend zu sein.[35]

Seit 1989 ist die Verwendung von PCB in Deutschland verboten, seit 2004 in der EU.

4.3.7 Hexabromcyclododecan (HBCDD oder HBCD)

Hexabromcyclododecan kam als Flammschutzmittel in Dämmstoffen aus Polystyrol zum Einsatz. Seit 2018 besteht ein vollständiges Verbot für die Produktion von expandierten Polystyrolprodukten (EPS) wie z.B. Styropor. Für extrudierte Polystyrolprodukte (XPS) wie z.B. Styrodur wurde die Produktion 2016 verboten. HBCDD-haltige Baustoffe werden als persistent, bioakkumulierbar[36] und toxisch eingestuft und müssen daher beim Rückbau getrennt entsorgt werden.

34 Schwer abbaubar.
35 Bayrisches Landesamt für Umwelt, Rückbau schadstoffbelasteter Bausubstanz, 09/2019.
36 Anreicherung einer Substanz aus der Umwelt im Organismus.

4.3.8 Blei

Blei ist ein Schwermetall. Schwermetalle wie auch Chrom, Quecksilber, Zink u.a. gehören zu den anorganischen Schadstoffen in Gebäuden. In den vergangenen Jahren wurden Farben und Lacke mit schwermetallhaltigen Farbpigmenten hergestellt. Sie gelten als kanzerogen und toxisch.

4.3.9 Flüchtige organische Kohlenwasserstoffe (VOC)

Unter flüchtigen organischen Kohlenwasserstoffen versteht man eine große Gruppe unterschiedlicher Kohlenwasserstoffe wie Aliphate, Aromaten, chlorierte Kohlenwasserstoffe,Terpene, Carbonyle (u.a. Aldehyde, Ketone), Alkohole, Glykole, Säuren und Ester.[37] Sie werden häufig als Lösemittel in Farben und Lacken, Teppichböden, Möbeln u.a. verwendet. Ameisen- und Essigsäure werden ganz überwiegend aus Holzwerkstoffen freigesetzt. Die gesundheitlichen Auswirkungen reichen von Kopfschmerzen, Benommenheit, Übelkeit bis zu Reizungen der Atemwege.

4.3.10 Formaldehyd

Formaldehyd ist ein farb- und geruchloses Gas. Es entsteht u.a. durch Emission aus Pressspanprodukten. Bei einem erhöhten Formaldehydgehalt in der Raumluft kann es zu gesundheitlichen Beeinträchtigungen in Form von Schleimhautreizungen und Allergien kommen. Eine Reizung der Atemwege kann zu Asthma führen. Die Gefahr der Gesundheitsbeeinträchtigung besteht bei längerem Aufenthalt in älteren Fertighäusern.[38]

4.4 Verdachtsbereiche

Ob in einem (älteren) Gebäude Schadstoffe vorhanden sind, kann letztlich nur mittels einer Beprobung festgestellt werden. In diesem Zusammenhang gibt es zahlreiche Verdachtsbereiche,[39] die gezielt untersucht werden müssen. Hierzu zählen Geräte und Anlagen, die aufgrund ihrer Produktkennzeichnung und/oder des Herstellungsjahrs als schadstoffhaltig eingestuft werden können. Im Einzelnen sind dies:

- PCB-haltige Kondensatoren
- asbesthaltige Brandschutzklappen
- asbesthaltige Brandschutztüren
- asbesthaltige Nachtstromspeicherheizgeräte

---

37 https://www.agoef.de/schadstoffe/schadstoffe-allgemein/uebersicht-substanzen-und-substanzgruppen.html.
38 https://www.ifau.org/fertighaus/fh_index.htm.
39 Bayrisches Landesamt für Umwelt, Rückbau schadstoffbelasteter Bausubstanz, 09/2019.

Weitere Verdachtsmomente liegen beispielsweise bei folgenden Materialien vor:

- Kleber von Fußbodenbelägen, gegebenenfalls PAK, Asbest
- Cushion-Vinyl-Bodenbeläge, gegebenenfalls asbesthaltige Unterschicht
- Fugendichtmassen, gegebenenfalls PCB
- Mineralwolle, gegebenenfalls alte KMF
- Schwarzbeschichtungen, gegebenenfalls PAK
- PVC-Plattenbeläge, gegebenenfalls Asbest
- Putzoberflächen, Spachtelmassen, Estrich, gegebenenfalls Asbest
- Wandputze, gegebenenfalls Quecksilber

Abb. 4-5: Rückbau asbesthaltiger Brandschutzklappen

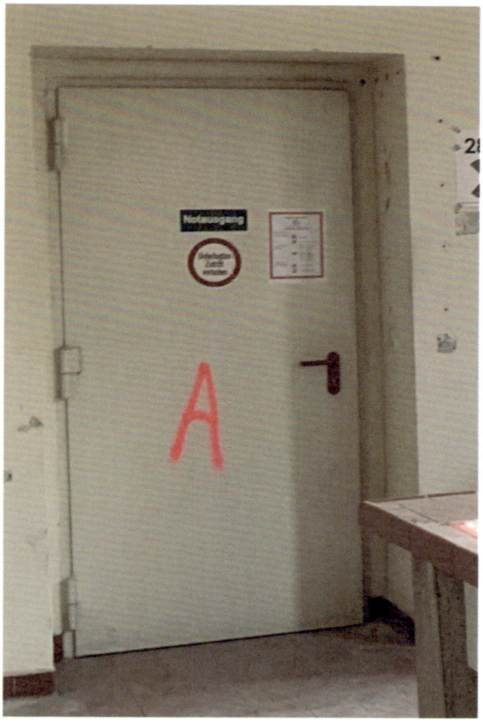

Abb. 4-6: Als asbesthaltig markierte Brandschutztür

Abb. 4-7: Cushion-Vinyl-Bodenbelag

Abb. 4-8: Asbesthaltiger Farbanstrich

4.5 Übersichtstabelle

Schadstoff	Erläuterung	Vorkommen	Schädigende Wirkung	Regelungen
Asbest	Silikate in Form von Fasern und Faserbündeln	Vorwiegend in den 1960er- und 1970er-Jahren verbaut Fest gebunden: Dachplatten, Fassadenelemente, Bodenplatten (Floor-Flex); solange das Material unbeschädigt ist, in der Regel keine oder nur geringfügige Faserfreisetzung Weich gebunden: Spritzasbest, insbesondere in öffentlichen Gebäuden zum Brandschutz, hohe Faserfreisetzung	krebserzeugend	1993 Verbot der Herstellung in Deutschland 2005 Verbot der Herstellung in Europa
PAK	Polyzyklische aromatische Kohlenwasserstoffe	Bereits in Vorkriegsbauten eingesetzt Vorwiegend 1950er- bis 1970er-Jahre Schwarzanstrich-Abdichtungen Kleber für Bodenbeläge (Parkett, PVC etc.) Teeröle als Holzschutzmittel Schwarzdecken Fugenvergussmasse Bis 1984 im Straßenbau Bis 2000 in Korrosionsschutzanstrichen	krebserzeugend	2002 Verbot von Holzschutzmitteln, die Teeröl enthalten (Ausnahmen)

Schadstoff	**Erläuterung**	**Vorkommen**	**Schädigende Wirkung**	**Regelungen**
KMF	Künstliche Mineralfasern	Glaswolle, Steinwolle etc. Dämmstoffe (Mineralfasern, Glasfasern), ältere Materialien krebserregend, gelangen aufgrund von Undichtigkeiten aus Wand-/ Deckenaufbau in die Raumluft	krebserzeugend	1996 „alte Mineralwolle" Einstufung als kanzerogen 1996 Einführung des „RAL-Gütezeichens" 2000 Freizeichnung gemäß Gefahrstoffverordnung
PCP	Pentachlorphenol	1980 als Pestizid und in Holzschutzmitteln	krebserzeugend mutagen reproduktionstoxisch	1978 Kennzeichnungspflicht und Verbot der Anwendung im Innenbereich 1989 PCP-Verbotsverordnung Verordnung (EU) 2019/1021 des Europäischen Parlaments und des Rats vom 20. Juni 2019 Hersteller- und Verwendungsbeschränkungen
Lindan		1970/1980 als Insektizid und Holzschutzmittel	krebserzeugend mutagen reproduktionstoxisch	Seit 2008 verboten in der EU

Schadstoff	Erläuterung	Vorkommen	Schädigende Wirkung	Regelungen
PCB	Polychlorierte Biphenyle	Anwendung im Bauwesen ab 1955 Dauerelastische Dichtmassen Farben und Lacke Buntsteinputze Verguss- und Spachtelmassen Bodenbelagskleber Fugendichtmassen, Lacke, Farben, Kondensatoren, Transformatoren; Einsatz bis 1980er-Jahre, immuno- und neurotoxisch, Probleme insbesondere in öffentlichen Bauten der 1960er- und 1970er-Jahre	toxisch krebserzeugend (Verdacht)	1978 Verbot der offenen Anwendung 1989 Verwendungsverbot in Deutschland 2004 Verwendungsverbot in Europa
HBCDD	Hexabromcyclododecan	Flammschutzmittel in Dämmstoffen aus Polystyrol Fassadendämmung, Perimeterdämmung, Dachdämmung, Fußbodendämmung	persistent bioakkumulierbar toxisch	2015 Umstellung der Produktion (da Grenzwertüberschreitung) 2016 Verbot in extrudierten Polystyrolprodukten XPS (z.B. Styrodur) 2018 Verbot in expandierten Polystyrolprodukten (z.B. Styropor)

Schad-stoff	Erläuterung	Vorkommen	Schädigende Wirkung	Regelungen
VOC	Flüchtige organische Kohlenwas-serstoffe	Lösemittel in Farben und Lacken, Teppichböden, Möbeln u.a.	Kopfschmer-zen, Benom-menheit, Übelkeit Reizungen der Atemwege zum Teil starke Ge-ruchsbelästi-gungen	
Formal-dehyd		Formaldehyd wird für die Herstellung von phenoli-schen, Harnstoff-, Mela-min- und Acetal-Harzen als Bindemittel für Holzwerk-stoffe (Pressspan, Möbel, Paneele) verwendet, ferner Verwendung als Fungizid	Reizungen der Atemwege, Asthma	
Radon		Bauuntergrund regional stark unterschiedlich, zum Teil mineralische Baustoffe	lungenkanze-rogen	
Blei		Farben (Rostschutz, ältere Weißpigmente), Wasser-leitungen	krebserzeu-gend toxisch	

Tab. 4-1: Schadstoffübersicht

4.6 Schadstoffbestimmung und -entsorgung

Vor dem Rückbau oder Umbau eines potenziell schadstoffbelasteten Gebäudes erfolgt eine Gebäudediagnostik. Diese kann in unterschiedlichen Tiefen durchgeführt werden. Eine erste grobe Beurteilung liefert das Gebäudescreening. Dabei werden die Schadstoffe noch während der Nutzung des Gebäudes anhand von Verdachtsmomenten dokumentiert. Eine Probenahme erfolgt dabei in der Regel nicht. Beim Gebäudecheck werden alle Räume besichtigt und bei verdächtigen Materialien werden Proben entnommen. Gebäudescreening und Gebäudecheck geben Auskunft über die Dringlichkeit der Sanierungsmaßnahmen.

In einem Schadstoffkataster werden je nach Anforderung an die Genauigkeit entweder die Verdachtsmomente oder die verifizierten Baustoffproben tabellarisch dokumentiert. Auf Basis des Schadstoffkatasters wird das Sanierungskonzept erstellt. Es dient als Grundlage für die Ausschreibung der Rückbauleistungen durch Fachfirmen. In Abhängigkeit von den vorliegenden Schadstoffen können die Firmen den Aufwand für die Arbeitsschutzmaßnahmen und Schadstoffentsorgung kalkulieren.

Abb. 4-9: *Fachgerechte Verpackung von asbesthaltigem Material*
Quelle: Ingenieurbüro Mund

Abb. 4-10: *Kennzeichnung einer Schleuse*
Quelle: Ingenieurbüro Mund

4.7 Radon

In den letzten Jahren hat das Thema „Radon" auch in der Immobilienbewertung an Bedeutung gewonnen.

> „Weltweit liefert Radon den mit Abstand größten Beitrag zur Strahlenbelastung der Bevölkerung. In Deutschland wird der Anteil von Radon jedoch noch durch das Röntgen und die Nuklearmedizin übertroffen. Zur Reduzierung der Gesundheitsgefahren durch Radon hat die Weltgesundheitsorganisation (WHO) 2005 das WHO International Radon Projekt gestartet. Von deutscher Seite war das Bundesamt für Strahlenschutz (BfS) als WHO-Kooperationszentrum an dieser Initiative maßgeblich beteiligt. Ziel war die Entwicklung von Verfahren (Messung, Sanierung, Risikokommunikation, nationale Radonprogramme) zur Reduzierung der Gesundheitsgefahren durch Radon."[40]

40 Bundesamt für Strahlenschutz, Radon – ein kaum wahrgenommenes Risiko, Juli 2016.

Radon ist ein Gas, das im Erdreich angereichert ist. Es ist geruchsfrei und farblos und entsteht beim radioaktiven Zerfall von Uran. Gelangt Radon aus dem Erdreich ins Freie, vermischt es sich schnell mit der Außenluft, sodass die Konzentration so gering ist, dass sie keine Gefahr darstellt. Gelangt Radon über Fundamente in Innenräume, kann die Konzentration so hoch werden, dass sie eine Gefahr für die Gesundheit darstellt.

Radon und insbesondere seine Folgeprodukte Polonium, Wismut und Blei gelangen beim Einatmen in die menschliche Lunge. Während Radon wieder ausgeatmet wird, lagern sich die Folgeprodukte im Lungengewebe an und zerfallen dort weiter. Dabei entsteht Alphastrahlung, welche die Zellen des Lungengewebes schädigt. Es besteht die Gefahr, an Lungenkrebs zu erkranken. Laut Bundesamt für Strahlenschutz hat ein vom BfS initiiertes Forschungsprojekt ergeben, dass rund 5 % aller Todesfälle durch Lungenkrebs in Deutschland auf Radon zurückzuführen sind. *„[...] Im Zeitraum 1996 bis 2000, der in der Studie untersucht wurde, waren das rund 1.900 Todesfälle pro Jahr. Damit ist Radon nach dem Rauchen eine der wichtigsten Ursachen für Lungenkrebs."*[41]

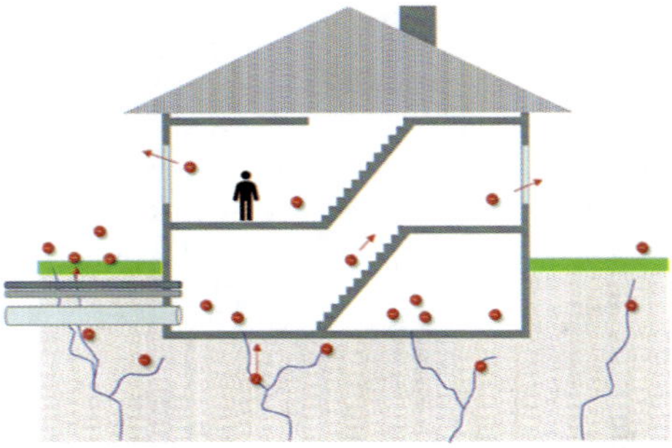

Abb. 4-11: Radonverteilung in einem Gebäude

Das Strahlenschutzgesetz verpflichtet Staat, Arbeitgeber und Bauherren zu Maßnahmen zum Schutz vor Radon.

Einfache Maßnahmen in Bestandsgebäuden können regelmäßiges Stoßlüften der betroffenen Räume sowie eine lokale Abdichtung kleinerer, offensichtlicher Risse und Rohrdurchführungen z.B. mit Silikon sein.

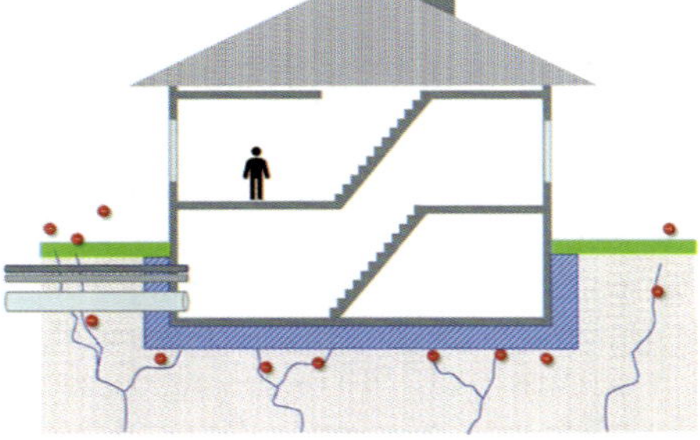

Abb. 4-12: Sperrschicht zum Schutz vor Radoneindrang

41 https://www.bfs.de/DE/themen/ion/umwelt/radon/wirkungen/wirkungen.htm.

Eine umfangreichere Maßnahme, die insbesondere beim Neubau von Gebäuden sinnvoll sein kann, ist das Herstellen einer Sperrschicht unterhalb der Bodenplatte bzw. des Fundaments. Dies kann durch Aufbringen einer Kunststofffolie oder Beschichtung erfolgen.

Weitergehende Maßnahmen sind die Ausbildung einer Drainage unterhalb des Fundaments, die die radonhaltige Luft unter dem Fundament absaugt und über einen Schacht im Gebäudeinnern über das Dach ableitet.[42]

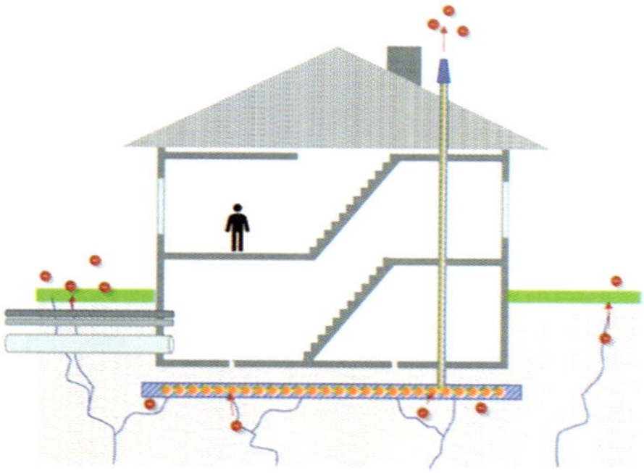

Abb. 4-13: Drainage zum Schutz vor Radoneindrang

Vor Umsetzung der vorgenannten Maßnahmen ist eine umfangreiche Messung des Radongehalts erforderlich.

Radon kommt insbesondere in Gegenden mit Granitgestein vor. Das BfS hat eine Radonkarte veröffentlicht, auf der die Radongebiete in Deutschland dargestellt sind. Zu diesen Regionen gehören z.B. einige Teile des Bayerischen Waldes, des Schwarzwaldes, des Fichtelgebirges sowie des Erzgebirges und die Eifelregion.

4.8 Nikotingeruch in Innenräumen

Nikotin gehört zu den Schadstoffen in der Innenraumluft. Über Zigarettenrauch gelangt es in die Raumluft. Nikotin ist ein farbloses Öl, das sich in an der Luft schnell braun verfärbt.

1998 stufte die MAK-Kommission[43] das Passivrauchen als krebserzeugend ein. Die WHO schätzt, dass 9 bis 13 % aller Lungenkrebsfälle bei einer Nichtraucherpopulation, in der die Hälfte der Personen Zigarettenrauch exponiert ist, dem Passivrauchen zugeordnet werden können.[44]

42 https://www.thm.de/heraz/2-allgemein/10-radon-aufwendigere-massnahmen-zur-reduzierung-von-radon.html.

43 Senatskommission zur Prüfung gesundheitsschädlicher Arbeitsstoffe.

44 https://www.arguk.de/leistung/innenraum/Nikotin-Analyse-im-Innenraum-von-Nichtaucherwohnungen-oder-nach-Mieterwechsel.html.

Abb. 4-14: Zigarettenrauch

Für die Belastung der Raumluft und des Hausstaubes und ihre Bewertung existieren wenig Informationen und keinerlei amtliche Vorgaben.

Nikotin wird dann zum Problem, wenn in einer Wohnung aufgrund eines stark rauchenden Vornutzers auch nach umfangreicher Sanierung noch immer deutlich wahrnehmbare und in erhöhter Konzentration nachweisbare Rückstände an Zigarettengeruchsstoffen vorhanden sind, die von den (nicht rauchenden) Nachnutzern nicht hingenommen werden können.

Die Maßnahmen zur Geruchsbeseitigung sind begrenzt. Grundsätzlich besteht die Möglichkeit, die Wände mit einer Tapete, die mit einer Sperrschicht versehen ist, zu beschichten. Dies kann dann problematisch werden, wenn es sich bei den Wohnungsumfassungswänden um nicht gedämmte Außenwände handelt. Die Einhausung der Wände birgt die Gefahr einer Kondenswasserbildung an der Wandoberfläche hinter der Tapete und damit einer Schimmelpilzbildung.

Eine Alternative zur Beschichtung der Wände ist das teilweise umstrittene Ozonverfahren. Bei diesem werden die Gerüche aus der Raumluft und von den Wand- und Deckenoberflächen chemisch gebunden und somit umgewandelt. Die Reaktionsprodukte sind nicht bekannt und können sogar reaktiver sein als die Ausgangsstoffe. Ein Sauerstoffmolekül wird durch elektrische Entladung aufgespalten. Die freien Sauerstoffatome docken an die Sauerstoffmoleküle (O_2) an, es entsteht Ozon (O_3). Das Ozonmolekül wiederum ist sehr instabil. Es gibt ein einzelnes Sauerstoffatom ab, ein sogenanntes Sauerstoff-Radikal, welches nun die Molekülstruktur der Geruchsstoffe angreift und diese durch Oxidation verändert. Am Ende der Reaktion verbleiben Sauerstoff und unbekannte Reaktionsprodukte.

Zu beachten ist, dass je nach Schweregrad der Kontamination bzw. der Eindringtiefe des Nikotinrauchs in die Wand die Ausdünstung aus der Wand über einen längeren Zeitraum erfolgt, sodass die Ozonbehandlung gegebenenfalls mehrfach durchgeführt werden muss.

Die Auswirkungen der verbleibenden unbekannten Reaktionsprodukte werden insbesondere von Lungenärzten[45] mit Sorge betrachtet.

45 Deutsche Lungenstiftung e.V., „Warnung vor Luftreinigern mit Ozon bzw. Ozon-Generatoren zur Geruchsbeseitigung", 2010.

4.9 Schadstoffe in Fertighäusern

Abb. 4-15: Fertighaus Baujahr 1970

Im Zusammenhang mit Schadstoffbelastungen in Innenräumen werden oftmals auch Fertighäuser erwähnt. Typisch für Fertighäuser ist ein im Vergleich zu Massivhäusern hoher Anteil an Holzwerkstoffen. Diese werden vor allem für Fertigwandelemente, aber auch in Deckenelementen und Fußbodenplatten verwendet.

Insbesondere Fertighäuser aus den Jahren 1960 bis 1980 sind oftmals schadstoffbelastet. Einige Schadstoffe können auch heute noch in die Raumluft gelangen und so gesundheitsschädigend sein.

Ältere Fertighäuser können zum Teil hohe Belastungen an Reizstoffen wie Formaldehyd, Ameisensäure und Essigsäure aufweisen. Die damals verwendeten Holzschutzmittel enthielten Lindan und auch PCP.

Formaldehyd ist ein Bestandteil des Holzleims, der bei der Herstellung von Spanplatten verwendet wird. Durch die Raumluftfeuchte wird er freigesetzt. Ameisen- und Essigsäure sind natürlich vorkommende Abbauprodukte von Holzbestandteilen, die ebenfalls durch die Raumluftfeuchte gasförmig freigesetzt werden.

Neben den auch in Massivbauten verwendeten Schadstoffen wie Asbest, PCB, PAK, PCP und Lindan sind im Zusammenhang mit Fertighäusern auch geruchsintensive Stoffe wie Chloranisole zu erwähnen. Diese verursachen einen schimmelig-muffigen Geruch, der zuweilen charakteristisch für ältere Fertighäuser ist. Die Ausdünstungen sind nicht giftig und auch nicht anderweitig gesundheitsschädigend, können aber als unangenehm und belastend empfunden werden.

> „Chloranisole werden z.B. nicht direkt in Innenräumen eingesetzt. Sie entstehen vermutlich aus mikrobiellen Abbauprozessen von dort vorhandenen Stoffen (PCP und niederchlorierte Phenole) wie z.B. Holzschutzmitteln. Monochlornaphthaline können in Fertighäusern direkt eingesetzt worden sein, und zwar als Holzschutzmittel in Form einer Beimischung des Leims der Spanplatten."[46]

46 Maraun, W., Chloranisole als Verursacher von schimmelähnlichem Geruch in älteren Fertighäusern, 2003; ARGUK-UmweltlaborGmbH, Oberursel, Umwelt, Gebäude & Gesundheit: Innenraumhygiene, Raumluftqualität und Energieeinsparung, Ergebnisse des 7. AGÖF-Fachkongresses in Nürnberg, Oktober 2004.

Vor der Durchführung einer Schadstoffsanierung eines Fertighauses muss untersucht werden, welche Belastungen in den Innenräumen vorliegen bzw. welche Schadstoffe verbaut wurden. Dies erfolgt durch Laboruntersuchungen von Raumluft, Hausstaub und Materialproben.

Im Rahmen der Sanierung werden üblicherweise schadstoffbelastete Baumaterialien und Bauteile zurückgebaut und ersetzt. Dies ist sehr kostenintensiv. Aus diesem Grund ist eine Sanierung von Fertighäusern oftmals nicht wirtschaftlich.

Eine weniger kostentreibende Maßnahme ist ein emissionshindernder oder unterbindender Anstrich von schadstoffhaltigen Bauteilen. Alternativ können auch schadstoffbindende Materialien eingebaut werden.

Die Umsetzbarkeit der vorbeschriebenen Maßnahmen muss im Einzelfall untersucht werden.

5 Marktuntersuchungen

5.1 Einleitung

In der ImmoWertV § 8 (3) heißt es zur Berücksichtigung von besonderen objektspezifischen Grundstücksmerkmalen wie Baumängeln und Bauschäden, dass diese „[...], wenn sie nicht bereits anderweitig berücksichtigt worden sind, erst bei der Ermittlung der Verfahrenswerte insbesondere durch marktübliche Zu- und Abschläge [...]" zu berücksichtigen sind.

Tatsächlich gibt es sehr wenige Erfahrungswerte über den Einfluss von Baumängeln und Bauschäden auf den Verkehrswert von Immobilien. Marktumfragen oder Auswertungen der Kaufpreise wurden zu diesem Thema bisher nicht durchgeführt. Genau diese sind aber unerlässlich, um Erfahrungswerte zu generieren, die zu marktgerechten Abschlägen führen.

Im Folgenden werden verschiedene von der Verfasserin angestellte Untersuchungen vorgestellt, aus denen bereits erste Tendenzen abgeleitet werden können. Die durchgeführten Marktanalysen gliedern sich in drei Hauptuntersuchungen:

1. Im Rahmen einer Masterarbeit wurden Sachwertfaktoren für mangelbehaftete Immobilien auf Basis verschiedener Auszüge aus Kaufpreissammlungen ausgewertet.
2. Auf Basis einer Umfrage zum Werteinfluss unterschiedlicher Schadensbilder auf den Einfamilienhausmarkt konnten die unterschiedlichen Reaktionen des Marktes auf verschiedene Schadensarten bei gleichzeitiger Darstellung der Experteneinschätzungen ermittelt werden.
3. Als Pilotprojekt wurde der Fragebogen der Gutachterausschüsse zum Thema Baumängel und Bauschäden modifiziert und ausgewertet. Dabei wurden konkrete Fragen zur Höhe der Wertminderung gestellt.

5.2 Allgemeines

Bei der Einschätzung, in welcher Größenordnung die anfallenden Sanierungskosten als Wertminderung in die Verkehrswertermittlung eingehen, ist es hilfreich, sich zunächst einmal einen Überblick über die typischen Baumängel und Bauschäden und die Größenordnungen der Sanierungskosten zu verschaffen.

Die Kostenansätze können zur besseren Beurteilung in kleinere, mittlere, größere und sehr große Schäden gegliedert werden. Kleinere Schäden sind z.B. nicht öffenbare Fenster oder Türen, kleinere Schwindrisse, oberflächlicher Schimmelbefall etc. mit Schadensbeseitigungskosten bis ca. 10.000 € (siehe hierzu auch Kapitel 6.6). Unter mittleren Schäden würde man eine defekte Heizanlage, gegebenenfalls Risse, einen kleineren Schimmelbefall u.a. verstehen, deren Schadensbeseitigungskosten in einer Spanne zwischen 10.000 und 25.000 € liegen. Zu den kostenintensiveren Bauschäden mit einer Kostenspanne von ca.

25.000 bis 70.000 € zählen u.a. Feuchteschäden im Keller oder im Dach, Schädlingsbefall sowie Schimmelschäden.

Nur für massive Schäden liegen die Kosten für Schadensbeseitigungsmaßnahmen vereinzelt in den Dimensionen von mehr als 70.000 €. Dabei geht es in der Regel um Ersatzmaßnahmen, Austausch von Bauteilen, Rückbau und Neuaufbau (siehe hierzu auch Kapitel 6.6).

Setzt man nun diese groben Kostenkategorien ins Verhältnis zu dem fiktiv mangelfreien Verkehrswert eines bebauten Grundstücks, dann erhält man eine gute Übersicht, welchen prozentualen Anteil die Schadensbeseitigungskosten ausmachen.

Einfamilienhausmarkt	SchadensbeseitigungsKOSTEN							
Verkehrswert (mangelfrei)	kleinere Schäden		mittlere Schäden		größere Schäden		sehr große Schäden	
	5.000 €	10.000 €	10.000 €	25.000 €	25.000 €	70.000 €	70.000 €	100.000 €
100.000 €	5,00 %	10,00 %	10,00 %	25,00 %	25,00 %	70,00 %	70,00 %	100,00 %
250.000 €	2,00 %	4,00 %	4,00 %	10,00 %	10,00 %	28,00 %	28,00 %	40,00 %
500.000 €	1,00 %	2,00 %	2,00 %	5,00 %	5,00 %	14,00 %	14,00 %	20,00 %
750.000 €	0,67 %	1,33 %	1,33 %	3,33 %	3,33 %	9,33 %	9,33 %	13,33 %
1.000.000 €	0,50 %	1,00 %	1,00 %	2,50 %	2,50 %	7,00 %	7,00 %	10,00 %
1.250.000 €	0,40 %	0,80 %	0,80 %	2,00 %	2,00 %	5,60 %	5,60 %	8,00 %

keine Werteinfluss
geringer Werteinfluss
mittlerer Werteinfluss
starker Werteinfluss
sehr starker Werteinfluss
Rücktritt vom Kauf

Tab. 5-1: Anteil der Sanierungskosten am Verkehrswert eines mangelfreien Grundstücks

In Tabelle 5-1 ist die prozentuale Verteilung dargestellt. Es ist zu erkennen, dass kleinere Schäden mit Schadensbeseitigungskosten bis zu 10.000 € ausschließlich bei Grundstücken mit sehr geringen Verkehrswerten von 100.000 € und weniger zu berücksichtigen sind. Bei Grundstücken mit einem Verkehrswert von 250.000 bis 1,25 Mio. € machen die Schadensbeseitigungskosten kleinerer Schäden lediglich einen Anteil von 0,4 bis 2 % aus. Da im Gutachten natürlich nicht die Kosten, sondern eine Wertminderung auf Basis der Kosten in Ansatz gebracht wird, würde diese noch unter den vorgenannten 0,4 bis 2 % liegen. Unter Berücksichtigung der Rundungsansätze nach *Kleiber*[47] würde bei einem Verkehrswert in den Hunderttausendern auf volle Zehntausend gerundet werden. Damit können die Schadensbeseitigungskosten für kleinere Bauschäden in der Regel bei Verkehrswerten von mehr als 250.000 € vernachlässigt werden.

Mittlere Bauschäden bekommen bei Verkehrswerten unter 250.000 € mit ca. 4 bis 10 % Relevanz. Ab einem Verkehrswert von 500.000 bis 1,25 Mio. € liegt der prozentuale Ansatz der Kosten bei 0,8 bis 3,33 % und kann damit vernachlässigt werden.

Damit sind für die Bewertung von Grundstücken ab 500.000 € ausschließlich größere und sehr große Bauschäden von Bedeutung.

47 Kleiber, Kleiber-digital, Teil IV, 1.2.3.4, Rn. 98.

Bei der Bewertung hochpreisiger Grundstücke ab 1 Mio. € sind Bauschäden erst ab einer Dimension von ca. 70.000 € betrachtenswert. In diesen Dimensionen wird auf Hunderttausend gerundet.

Am Beispiel eines Datensatzes von rund 1.100 Kauffällen mit Bauschäden ist zu erkennen, dass es sich bei mehr als der Hälfte der Kauffälle um kleinere Schäden mit niedrigen Schadensbeseitigungskosten handelt. Ein gutes Drittel der Schäden geht auf mittlere Bauschäden zurück. Nur ca. 10 % der mangelbehafteten Objekte weisen große Schäden mit Schadensbeseitigungskosten bis 70.000 € auf. Die erheblichen Schäden kommen mit 8 % eher selten vor.

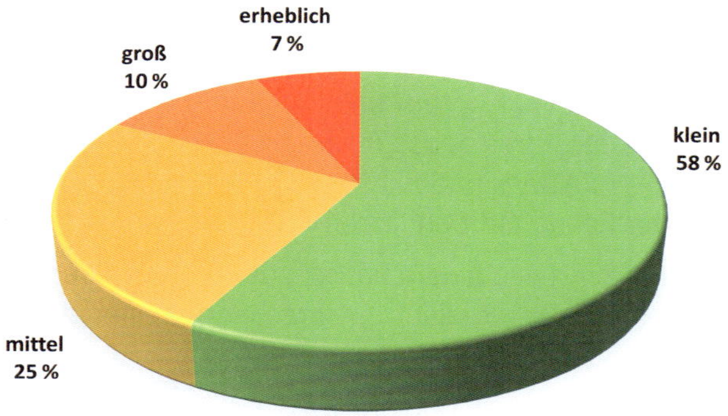

Abb. 5-1: Verteilung der Schadensdimensionen bei mangelbehafteten Objekten

Für die Wertermittlung bedeutet dies, dass Bauschäden in Ballungsgebieten in den meisten Fällen vernachlässigt werden können. Wie Tabelle 5-1 zeigt, haben in diesen Gebieten nur größere Bauschäden einen Einfluss auf den Verkehrswert. Tatsächlich aber treten Schäden der Größenordnung ab 70.000 € im Einfamilienhausmarkt nur in seltenen Fällen auf.

Insgesamt ist zu sagen, dass das Thema Bauschäden für Ballungsgebiete weniger relevant ist.

Ungeachtet der Schadensbeseitigungskosten gibt es natürlich auch Schäden, auf die der Markt auch in Ballungsgebieten sensibel reagiert, wie z.B. bei Schimmelschäden. Bei diesen sind die Schadensbeseitigungskosten je nach Ausmaß des Schadens nicht sehr hoch, dennoch machen Käufer hierbei oftmals einen Abschlag, da die psychologische Komponente hinzukommt. Diese Schäden sind insbesondere im Hinblick auf den merkantilen Minderwert zu beurteilen.

Was die Bewertung von mangelbehafteten Grundstücken in Randgebieten und ländlichen Gebieten betrifft, können Baumängel und Bauschäden durchaus wertrelevant sein. In den folgenden Kapiteln werden Ergebnisse von Auswertungen des Einflusses von Baumängeln und Bauschäden auf den Verkehrswert vorgestellt.

5.3 Bisherige Datenerhebung

Bislang war eine flächendeckende Auswertung von Daten zum Thema Baumängel und Bauschäden innerhalb Deutschlands nicht möglich. Sogar innerhalb der Bundesländer wurden die Daten unterschiedlich abgefragt. Während einige Gutachterausschüsse keine Erhebungen zu Bauschäden durchführen, fragen andere sie ab, werten sie aber nicht aus. Einige wenige fragen den Bauzustand ab und wieder andere fragen nach Kosten, die für notwendige Reparaturen anstünden.

Im Folgenden werden exemplarisch einige Fragebögen der Gutachterausschüsse vorgestellt.

Gutachterausschuss A

Im Fragebogen des Gutachterausschusses A wird unter Punkt 11 das Thema Baumängel und Bauschäden aufgegriffen. Hier muss der Adressat das Ausmaß der vorhandenen Schäden einschätzen. Die Spanne reicht von „keine Schäden" bis „erhebliche Schäden". Die Zuordnung erfolgt an dieser Stelle unter Bezug auf den Unterhaltungszustand.

Dies ist insoweit problematisch, als nicht zwischen einem Bauschaden durch äußere Ereignisse oder Mangelfolgeschäden und einem dem Baujahr entsprechenden altersgemäßen Zustand unterschieden wird.

Darüber hinaus gibt der Fragebogen keinen Anhaltspunkt über die Art des Bauschadens. Auch das Schadensausmaß wird nur qualitativ und nicht quantitativ dargestellt.

Angaben bezogen auf den Zeitpunkt des Kaufes

10. Durchgeführte Sanierung/Modernisierungen vor dem Erwerb

☐ Dach (inkl. Dämmung), Jahr ca. .... ☐ Dämmung Außenwände, Jahr ca. ....

☐ Leitungssysteme (Gas, Wasser, Strom, Abwasser) Jahr ca. .... ☐ Heizung, Jahr ca. ....

☐ Innenausbau (z.B. Decken, Fußboden, Treppen), Jahr ca. .... ☐ Fenster, Jahr, ca. ....

☐ Verbesserung der Grundrissgestaltung, Jahr, ca. .... ☐ Bad, Jahr ca. ....

11. Bauschäden / Bauzustand

☐ Keine (guter baulicher Unterhaltungszustand) ☐ Leichte (geringer Instandhaltungs-/Reparaturstau)

☐ mittlere (durchschnittlicher baulicher Unterhaltungszustand, mittlerer Instandhaltungs-/Reparaturstau)

☐ erhebliche (weitgehend desolater baulicher Unterhaltungszustand, umfangreiche Sanierung/Mod. notwendig)

12. Ausstattung (Bitte entsprechendes ankreuzen) **vor dem Erwerb bzw. gemäß Baubeschreibung**

Außenwände	einfaches Mauerwerk ohne Wärmedämmung ☐	Hohlblockstein/ Gitterziegel; nicht zeitgemäße Wärmedämmung (vor 1995) ☐	Mauerwerk mit Wärmedämmung (nach ca. 1995) ☐	Verblend-Mauerwerk mit Wärmedämmung (nach ca. 2005) ☐	aufwändig gestaltete Fassade mit Dämmung im Passivhausstandard ☐
Dach	einfache Eindeckung ohne Wärmedämmung ☐	einfache Eindeckung mit Wärmedämmung (vor 1995) ☐	bessere Eindeckung mit Wärmedämmung (nach ca. 1995), einfache Konstruktion ☐	bessere Eindeckung mit überdurchschnittlicher Wärmedämmung (nach ca. 2005), anspruchsvolle Konstruktion ☐	hochwertige Eindeckung, Dämmung im Passivhausstandard, aufwändige Konstruktion ☐
Fenster und Außentüren	Einfachverglasung, einfache Holztüren ☐	Zweifachverglasung Haustür mit nicht zeitgemäßen Wärmeschutz (vor 1995) ☐	Zweifachverglasung, Haustür mit zeitgemäßen Wärmeschutz (nach ca. 1995) ☐	Dreifachverglasung, hochwertige Türanlage ☐	große feststehende Fensterflächen mit Spezialverglasung Außentür in hochwertigen Materialen ☐
Innenwände und -türen	Fachwerkwände, Lehmputz oder Kalkanstrich, Türen einfachster Art ☐	massive tragende Wände, nicht tragende Wände in Leichtbauweise einfache Türen, Stahlzargen ☐	Massive nicht tragende Wände oder gedämmte Ständerwände, schwere Türen, Holzzargen ☐	Sichtmauerwerk, Wandvertäfelung gestaltete Massivholztüren,Schiebetürelemente, Glastüren ☐	Gestaltete Wandabläufe,Vertäfelung aus Edelholz oder Metall, Akustikputz, raumhohe Türelemente ☐
Deckenkonstruktion und Treppen	Holzbalkendecke ohne Füllung, einfache Weichholztreppe ohne Trittschalldämmung ☐	Holzbalkendecke mit Füllung, Stahl- oder Hartholztreppe ☐	Beton- oder Holzbalkendecke, Treppe aus Stahlbeton oder Stahl, Harfentreppe, Trittschallschutz, ☐	Decke mit größerer Spannweite, Deckenverkleidung gewendelte Treppe, hochwertige Hartholztreppe ☐	Decke mit großer Spannweite, Metall– o. Edelholzvertäfelung, breite Metall- o. Hartholz -treppe m. hochwertigem Geländer ☐
Fußböden	ohne Belag oder Belag einfachster Art ☐	Linoleum- , Teppich-, Laminat- und PVC-Böden einfacher Art ☐	Linoleum-, Teppich-, Laminat- und PVC-Böden besserer Art, Fliesen , Kunststoffplatten ☐	Natursteinplatten, Fertigparkett, hochwertige Fliesen, Massivholzböden auf gedämmter Unterkonstruktion ☐	Hochwertiges Parkett, Naturstein-Platten, Edelholzböden auf gedämmter Unterkonstruktion ☐
Sanitär	einfaches Bad mit Installation auf Putz ☐	Bad mit WC, Dusche oder Badewanne, einfache Fliesen ☐	Bad mit WC,Dusche u. Badewanne, Gäste-WC, raumhoch gefliest ☐	Pro Wohneinheit: 1–2 Bäder gehobener Qualität, Gäste-WC ☐	Pro Wohneinheit: mehrere hochwertige Bäder, Gäste-WC ☐
Heizung	Einzelöfen ☐	Zentralheizung (vor 1995) ☐	elektronisch gesteuerte Zentralheizung (nach ca. 1995) ☐	elektronisch gesteuerte Zentralheizung (nach ca. 2005), evtl. Solarkollektoren ☐	Blockheizkraftwerk, Wärmepumpe, Solarkollektoren ☐
Sonstige Ausstattung	sehr wenige Steckdosen / Sicherungen, Leitungen tlw. auf Putz; sehr einfache Grundrisskonzeption (kleine Räume) ☐	wenige Steckdosen / Sicherungen; einfache Grundrisskonzeption ☐	ausreichend Steckdosen / Sicherungen; durchschnittliche zeitgemäße Grundrisskonzeption ☐	hochwertige Elektroinstallation; großzügige zeitgemäße Grundrisskonzeption ☐	hochwertige Elektroinstallation zusätzl. Alarm, Video, Klima; sehr großzügige zeitgemäße Grundrisskonzeption ☐

Abb. 5-2: Auszug aus dem Fragebogen Gutachterausschuss A

Gutachterausschuss B

Der Gutachterausschuss B stellt in seinem Fragebogen für die Erfassung von Einfamilienhäusern folgende Fragen:

- „Entstehen Ihnen durch notwendige Reparaturen zusätzliche Kosten? Wenn ja, in welcher Höhe?"
- „Haben irgendwelche Gegebenheiten zu einer Erhöhung oder Reduzierung des Kaufpreises geführt?" (alter Baumbestand, besondere Nebengebäude und Außenanlagen)

Weiterführende Fragen zum Thema Baumängel und Bauschäden gibt es nicht.

Bei den zuvor dargestellten Fragen ist zu bedenken, dass diese von Laien beantwortet werden. Diese schätzen die noch anstehenden Reparaturen überwiegend selbst ein. Die Angabe von noch anzusetzenden Reparaturkosten allein gibt noch keinen Aufschluss darüber, ob der Kaufpreis wegen dieser ausstehenden Kosten tatsächlich gemindert wurde und, wenn ja, in welcher Höhe.

Die Frage ist, ob irgendwelche Gegebenheiten zu einer Erhöhung oder Reduzierung des Kaufpreises geführt haben. Dies könnte auch Minderungen infolge von Bauschäden erfassen, eindeutig ist das aber nicht.

Fragebogen für den Kauf von Eigenheimen

Straße / Hausnr.: ....

Gebäudeart:

☐ Einfamilienhaus ☐ Zweifamilienhaus

☐ Einfamilienhaus mit Einliegerwohnung(en)

Anzahl der Wohnungen insgesamt: ...., davon vermietet: ....

Stellung des Gebäudes:

☐ Freistehend ☐ Mittelreihenhaus ☐ Endreihenhaus ☐ Doppelhaushälfte

☐ Doppelhaus ☐ Atriumbungalow (Gartenhofhaus) ☐ Kettenhaus

☐ sonstige Bauform (z.B. Quadrohaus, Triplexhaus usw.)

Besteht ein Verwandtschaftsverhältnis zum Verkäufer? ☐ Ja ☐ Nein

Wurde das Objekt durch einen Makler vermittelt? ☐ Ja ☐ Nein

Entstehen Ihnen durch notwendige Reparaturen zusätzliche Kosten?

☐ Nein ☐ Ja Falls ja, geschätzte Kosten? .... **€**

Haben irgendwelche Gegebenheiten zu einer Reduzierung oder zu einer Erhöhung (alter Baumbestand, besondere Nebengebäude oder Außenanlagen) des Kaufpreises geführt?

☐ Reduzierung .... **€** wegen ....

☐ Erhöhung ....**€** wegen ....

Liegt ein Energieausweis vor? ☐ Ja ☐ Nein

Wenn ja, Endenergiebedarf: nach Angabe im Energieausweis .... kWh / m²a

Baujahr: ....

Fragen zum Modernisierungsstand

	Ja, innerhalb der letzten 5 Jahre	ja, vor 5-15 Jahren	ja, vor längerer Zeit	nein
Wurde das Dach erneuert und wärmegedämmt?	☐ (4)	☐ (2)	☐ (1)	☐
Wurden die Außenwände wärmegedämmt?	☐ (4)	☐ (2)	☐ (1)	☐
Wurden die Fenster ausgetauscht?	☐ (2)	☐ (1)	☐	☐
Wurde die Heizung erneuert?	☐ (2)	☐ (1)	☐	☐
Wurden die Leitungssysteme (Strom, Wasser, Gas, Abwasser) erneuert?	☐ (2)	☐ (2)	☐ (1)	☐
Wurden die Bäder erneuert?	☐ (2)	☐ (1)	☐	☐
Wurden die Fußböden (Fliesen, Parkett) erneuert?	☐ (2)	☐ (1)	☐	☐
Wurde der Grundriss wesentlich verbessert?	☐ (2)	☐ (2)	☐ (1)	☐

Abb. 5-3: Auszug aus dem Fragebogen Gutachterausschuss B

Gutachterausschuss C

Der Gutachterausschuss C fragt den Bauzustand ab, dabei geht es in erster Linie um den Unterhaltungszustand und Reparaturstau. Weiter kann angegeben werden, ob erhebliche Bauschäden vorliegen. Eine Unterscheidung nach Schadensart erfolgt nicht. Eine Abfrage zur Wertminderung aufgrund von Baumängeln und Bauschäden gibt es ebenfalls nicht.

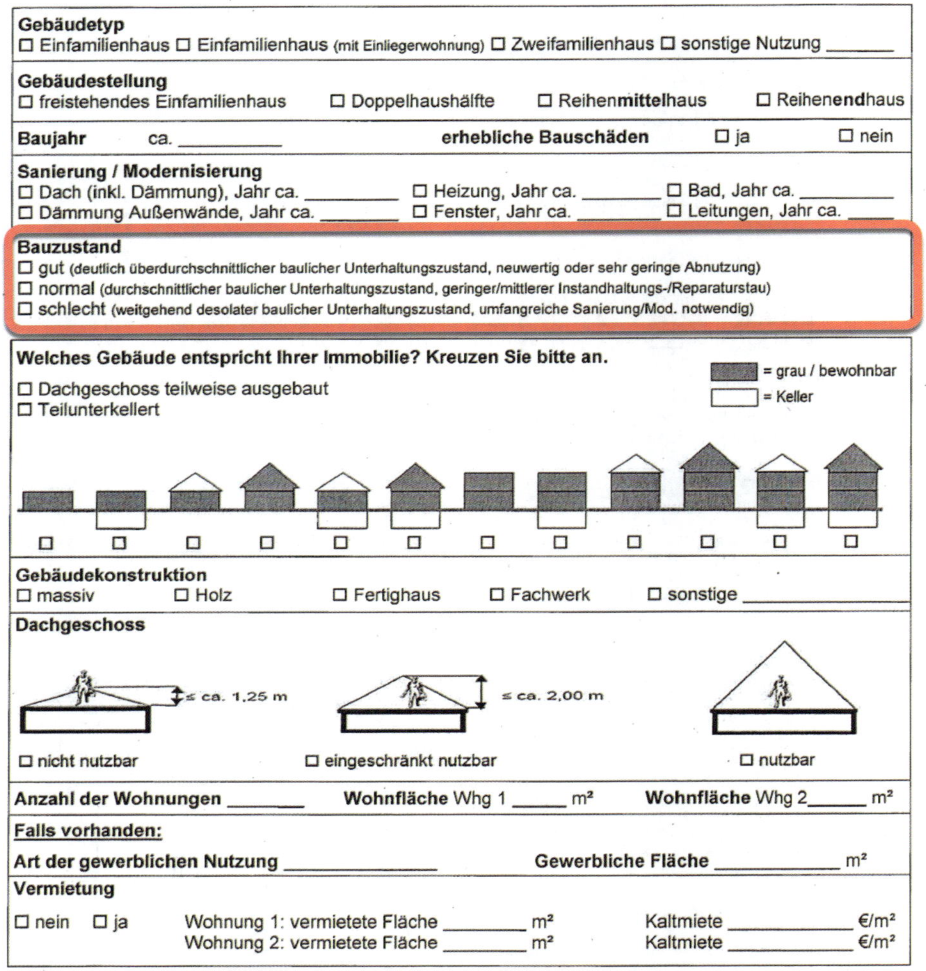

Gebäudetyp
☐ Einfamilienhaus ☐ Einfamilienhaus (mit Einliegerwohnung) ☐ Zweifamilienhaus ☐ sonstige Nutzung ______

Gebäudestellung
☐ freistehendes Einfamilienhaus ☐ Doppelhaushälfte ☐ Reihen**mittel**haus ☐ Reihen**end**haus

Baujahr ca. __________ **erhebliche Bauschäden** ☐ ja ☐ nein

Sanierung / Modernisierung
☐ Dach (inkl. Dämmung), Jahr ca. ________ ☐ Heizung, Jahr ca. ________ ☐ Bad, Jahr ca. ________
☐ Dämmung Außenwände, Jahr ca. ________ ☐ Fenster, Jahr ca. ________ ☐ Leitungen, Jahr ca. ________

Bauzustand
☐ gut (deutlich überdurchschnittlicher baulicher Unterhaltungszustand, neuwertig oder sehr geringe Abnutzung)
☐ normal (durchschnittlicher baulicher Unterhaltungszustand, geringer/mittlerer Instandhaltungs-/Reparaturstau)
☐ schlecht (weitgehend desolater baulicher Unterhaltungszustand, umfangreiche Sanierung/Mod. notwendig)

Welches Gebäude entspricht Ihrer Immobilie? Kreuzen Sie bitte an.
☐ Dachgeschoss teilweise ausgebaut
☐ Teilunterkellert

= grau / bewohnbar
= Keller

☐ ☐ ☐ ☐ ☐ ☐ ☐ ☐ ☐ ☐ ☐ ☐

Gebäudekonstruktion
☐ massiv ☐ Holz ☐ Fertighaus ☐ Fachwerk ☐ sonstige ________

Dachgeschoss
≤ ca. 1,25 m ≤ ca. 2,00 m
☐ nicht nutzbar ☐ eingeschränkt nutzbar ☐ nutzbar

Anzahl der Wohnungen ______ **Wohnfläche** Whg 1 _____ m² **Wohnfläche** Whg 2_____ m²

Falls vorhanden:

Art der gewerblichen Nutzung ____________ **Gewerbliche Fläche** ________ m²

Vermietung
☐ nein ☐ ja Wohnung 1: vermietete Fläche ________ m² Kaltmiete ________ €/m²
Wohnung 2: vermietete Fläche ________ m² Kaltmiete ________ €/m²

Abb. 5-4: Auszug aus dem Fragebogen Gutachterausschuss C

Die vorangestellte Gegenüberstellung der Abfragen zeigt, dass eine einheitliche Datenerfassung zum Thema Baumängel und Bauschäden auf Basis der derzeitigen Fragebögen nicht möglich ist.

5.4 Marktanpassungsfaktoren für Bauschäden im Einfamilienhausmarkt nach Strotkamp

Der Obere Gutachterausschuss des Landes Rheinland-Pfalz hat im Landesgrundstücks-Marktbericht 2017 die Auswertung einer Untersuchung zum Werteinfluss von Baumängeln und Bauschäden auf den Sachwert von Einfamilienhäusern in Rheinland-Pfalz veröffentlicht.[48]

Die Ermittlung der Faktoren basiert auf einer Voruntersuchung, in der 76 Datensätze aus den Jahren 2011 bis 2015 zum einen aus dem Umland von Prüm und zum anderen aus Mainz und Trier ausgewertet wurden. Es wurden bewusst Grundstücksmärkte gewählt, die einen sehr großen Kaufkraftunterschied aufweisen.

Im Rahmen dieser Untersuchung sollte die Annahme bestätigt werden, dass es nicht marktkonform ist, Baumängel und Bauschäden vor der Marktanpassung im Sachwertverfahren zu berücksichtigen.

Dazu wurden 22 Kaufpreise aus den Grundstücksmärkten für bebaute Einfamilienhausgrundstücke in Mainz und Trier mit einem durchschnittlichen Bodenrichtwertniveau von rund 600 €/m² sowie 54 Kaufpreise der gleichen Objektart aus dem ländlichen Prüm mit einem durchschnittlichen Bodenrichtwertniveau von rund 30 €/m² untersucht.

Die Schadensbeseitigungskosten für die Auswertung wurden von hauptberuflichen Sachverständigen für Bauschäden und Baumängel ermittelt. Parallel wurde für alle Objekte das Sachwertverfahren durchgeführt und damit der marktangepasste Verkehrswert mangelfrei ermittelt. Alle untersuchten Objekte wurden hierzu im Einzelnen vor Ort begutachtet.

In einem zweiten Schritt wurde die Differenz zwischen tatsächlichem Kaufpreis (mangelbehaftet) und vorläufigem marktangepasstem Verkehrswert (mangelfrei) gebildet und den ermittelten Schadensbeseitigungskosten gegenübergestellt.

Der Quotient aus der Differenz von Verkehrswert und Kaufpreis und den Schadensbeseitigungskosten stellt den Marktanpassungsfaktor der Bauschäden dar.

48 PDF-Datei: Wertauswirkungen von Schadensbeseitigungs- und Modernisierungskosten, LGMB 2017 (Auszug), Kapitel 3, S. 41 ff., https://gutachterausschuesse.rlp.de/de/marktdaten/landesgrundstuecksmarktbericht-rheinland-pfalz-lgmb.

Die zugrunde gelegte Formel hierzu sieht wie folgt aus:

$$k_{SMK_i} = \frac{vmVW_i - KP_i}{SMK_i}$$

k_{SMK}	=	**Marktanpassungsfaktor der SMK**
vmVW	=	**Vorläufiger marktangepasster Verkehrswert der Immobilie mit den Grundstücksmerkmalen nach Investition ohne Abzug der diesbezüglichen Wertminderung durch die noch notwendige Investition (den Gutachten entnommen)**
KP	=	**Kaufpreise**
SMK	=	**Schadensbeseitigungs- und Modernisierungskosten**
i	=	**Lfd. Nummer der Kauffälle**

Abb. 5-5: Formel zur Berechnung der Marktanpassungsfaktoren[49]

Die sich ergebenden Marktanpassungsfaktoren wurden in einem Punktediagramm in Abhängigkeit vom Bodenrichtwertniveau dargestellt. Es zeigt sich eine sehr große Streuung. Für den Bodenrichtwertbereich von 0 bis 100 €/m² streuen die Ergebnisse von 0,4 bis 1,45. Das Bodenrichtwertniveau von 200 bis 500 €/m² weist kaum Kauffälle auf, da diese Randlagen nicht Gegenstand der Untersuchung waren. Der Bereich mit einem Bodenrichtwertniveau von 500 bis 700 €/m² weist Marktanpassungsfaktoren von 0,3 bis 1,15 auf.

Aufgrund der Punkteverteilung ist es schwierig, diese Punktewolke in Form einer Funktion darzustellen. Als abbildende Funktion wurde die unten dargestellte Gerade gewählt. Auf Basis der sich aus dieser Geraden ergebenden Formel wurden die Marktanpassungsfaktoren für die einzelnen Bodenrichtwertniveaus ermittelt.

49 Oberer Gutachterausschuss für Grundstückswerte für den Bereich des Landes Rheinland-Pfalz, Landesgrundstücksmarktbericht 2017, S. 49.

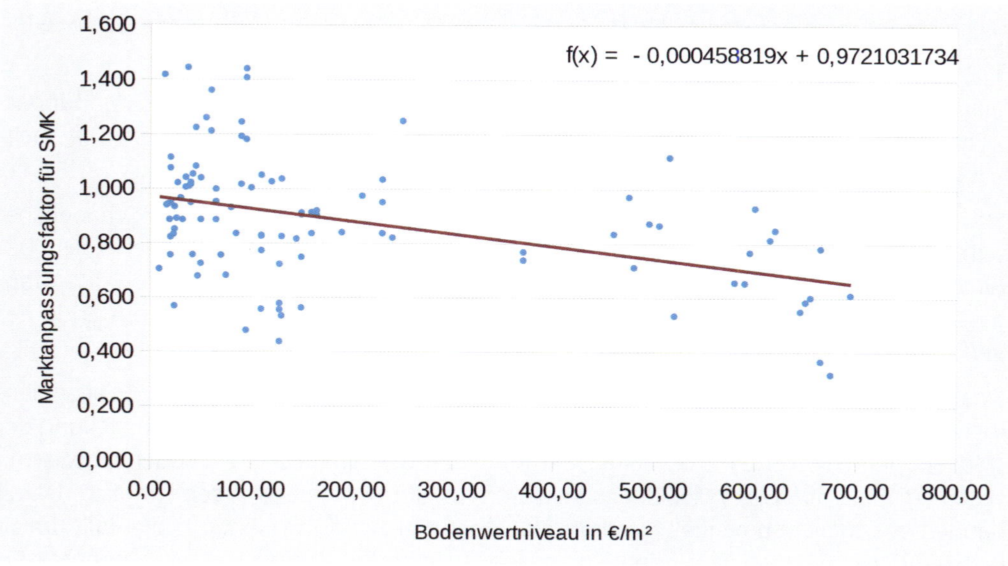

Abb. 5-6: Ableitung von Marktanpassungsfaktoren für Schadensbeseitigungs- und Modernisierungskosten für Rheinland-Pfalz in Abhängigkeit vom Bodenwertniveau[50]

In Abbildung 5-7 sind die sich ergebenden Sachwertfaktoren nach den jeweiligen Bodenrichtwertniveaus dargestellt. Es erfolgt ausschließlich eine Zuordnung hinsichtlich der unterschiedlichen Bodenrichtwertniveaus. Eine Differenzierung bezüglich des vorläufigen Sachwerts, wie es sonst in den Marktberichten bei der Ermittlung von Sachwertfaktoren üblich ist, erfolgt bei dieser Vorgehensweise nicht.

1	2	3	4	5	6	7	8	9	10
BW (€/m²)	k_{SMK}	BW (€/m²)	k_{SMK}	BW (€/m²)	k_{SMK}	BW (€/m²)	k_{SMK}	BW (€/m²)	k_{SMK}
20	1,00 (0,96)	150	0,93 (0,90)	300	0,85 (0,83)	450	0,78 (0,77)	600	0,70 (0,70)
50	0,98 (0,95)	200	0,90 (0,88)	350	0,83 (0,81)	500	0,75 (0,74)		
100	0,96 (0,93)	250	0,88 (0,86)	400	0,80 (0,79)	550	0,72 (0,72)		

Abb. 5-7: Marktanpassungsfaktoren k_{SMK} für Schadensbeseitigungs- und Modernisierungskosten (vgl. § 8 Abs. 3 ImmoWertV)[51]

50 Oberer Gutachterausschuss für Grundstückswerte für den Bereich des Landes Rheinland-Pfalz,Landesgrundstücksmarktbericht 2017, S. 52.

51 Oberer Gutachterausschuss für Grundstückswerte für den Bereich des Landes Rheinland-Pfalz,Landesgrundstücksmarktbericht 2017, S. 53.

Die in Klammern dargestellten Werte sind Ergebnisse einer analog durchgeführten zweiten Auswertung.

Die Darstellung in Abhängigkeit vom Bodenrichtwertniveau zeigt, dass die Marktanpassungsfaktoren für Bauschäden bei steigendem Bodenrichtwertniveau sinken. Die Sachwertfaktoren im Sachwertverfahren verhalten sich genau gegenläufig.

Strotkamp hat mit dieser Auswertung gezeigt, dass die Marktanpassung der Schadensbeseitigungskosten nicht kongruent mit den Sachwertfaktoren im Sachwertverfahren ist. Daraus folgt, dass die Marktanpassung der Schadensbeseitigungskosten nach der Marktanpassung des vorläufigen Sachwerts erfolgen muss. Dies geschieht separat am Ende des Verfahrens unter den besonderen objektspezifischen Grundstücksmerkmalen.

Es ist unbedingt zu beachten, dass es sich insgesamt um eine Stichprobe von 76 Fällen handelt, wovon nur 22 Fälle aus Ballungsgebieten stammen. Insbesondere die Darstellung der stark streuenden Werte in Form einer Geraden über weite Bereiche des Bodenrichtwertniveaus (200 bis 500 €/m^2), für die es keine Werte gibt, ist statistisch sehr fraglich. Damit handelt es sich nicht um eine belastbare statistische Auswertung, sondern allenfalls um einen Trend, der noch dazu auf den Einfamilienhausmarkt in Rheinland-Pfalz begrenzt ist.

Aus diesem Grund ist es wichtig, zu wissen, zu welchem Zweck *Strotkamp* diese Marktanpassungsfaktoren ermittelt hat und in welchem Rahmen sie verwertbar sind. Von einer Verwendung der Marktanpassungsfaktoren im Rahmen einer Verkehrswertermittlung ist abzuraten, da im Rahmen der Auswertung keine Differenzierung nach der Art der Bauschäden gemacht wird. Es ist also völlig unklar, für welche Schadensart diese Auswertung zutrifft. Objektiv betrachtet erscheint es unwahrscheinlich, dass ein und derselbe Marktanpassungsfaktor universal für alle Schadensarten gilt, denn der Markt reagiert nachweislich sehr unterschiedlich auf unterschiedliche Schadensarten.

Um den Ansatz von *Strotkamp* auch für die Marktanpassung zu verwenden, wurde die Vorgehensweise für eine Auswertung einer größeren Datenmenge von ca. 4.000 Kauffällen im Rahmen einer Masterarbeit[52] aufgegriffen.

Leider ergaben sich dabei keine verwendbaren Ergebnisse, da sich im Rahmen dieser Auswertung zwei große Unsicherheiten herauskristallisierten:

Zum einen ist die Ermittlung des mangelfreien marktangepassten Verkehrswerts (hier Sachwert) mit Unsicherheiten behaftet, da die Sachwertfaktoren in diesem Fall schematisch auf Basis der Tabelle der Immobilienmarktberichte zugeteilt werden, ohne auf die individuellen Besonderheiten des Grundstücks eingehen zu können. In jedem Gutachten erfolgt eine individuelle Bewertung des Objekts. Auf der Basis der Abweichungen bezüglich Restnutzungsdauer, Ausstattungsstandard, Bodenrichtwertniveau und anderer bewertungsrelevanter Einflusskriterien wird der tabellarische Sachwertfaktor objektspezifisch und sachverständig angepasst. Dies kann im Rahmen einer umfangreichen Auswertung der Kaufpreissammlung nicht geschehen, da die Objekte nicht im Einzelnen betrachtet

52 Moskalenko, N., Masterthesis, „Der Einfluss vonBaumängeln und Bauschäden, Teilmarkt Ein- und Mehrfamilienhäuser", Hochschule Darmstadt – University of Applied Sciences, Fachbereich Bau- und Umweltingenieurwesen, 2020.

werden und dies bei der großen Anzahl der untersuchten Kaufpreise nicht mit einem verhältnismäßigen Aufwand leistbar ist.

Weiter ist es problematisch, dass es bei den zur Verfügung gestellten Datensätzen keine aussagekräftigen Angaben zu tatsächlichen Schadensbeseitigungskosten gibt. Teilweise sind die Angaben bezüglich der Schadensgröße nur qualitativ vorhanden (kleine, mittlere, große, erhebliche Schäden). Das führt dazu, dass Größenordnungen geschätzt werden müssen. Somit entstehen Schätzspannen, wie z.B. 10.000 bis 25.000 € für mittlere Schäden und sogar 25.000 bis 70.000 € für große Schäden, die zu extremen Ungenauigkeiten führen. Nach der vorgenannten Formel würde die Differenz zwischen errechnetem Sachwert und tatsächlichem Kaufpreis den Bauschadensbeseitigungskosten gegenübergestellt. Dabei hat eine Abweichung von 50.000 € einen erheblichen Einfluss auf den sich ergebenden Marktanpassungsfaktor für Bauschäden. Bei einer Differenz zwischen Sachwert und Kaufpreis in Höhe von z.B. 25.000 € und geschätzten Bauschadenskosten von 25.000 € ergäbe sich der Marktanpassungsfaktor zu 1,0. Beim Ansatz von 70.000 € für die Schadensbeseitigungskosten läge der Marktanpassungsfaktor bei 0,36.

Eine schematisierte Auswertung anonymer Datensätze mit grober Schätzung von Schadensbeseitigungskosten nach der Vorgehensweise nach *Strotkamp* führt somit nicht zu den gewünschten belastbaren Ergebnissen. Eine individuelle Betrachtung des Einzelfalls, wie von *Strokamp* durchgeführt, ist bei einer großen Datenmenge nicht leistbar. Aber gerade diese ist für eine valide Auswertung erforderlich.

5.5 Auswertung der Kaufpreissammlungen auf Basis der herkömmlichen Datenerhebung

Im Rahmen einer Masterarbeit[53] an der Hochschule Darmstadt – University of Applied Sciences, Fachbereich Bau- und Umweltingenieurwesen, wurden rund. 2.000 Datensätze von Kauffällen mangelbehafteter Objekte untersucht. Die Daten wurden von unterschiedlichen Gutachterausschüssen zur Verfügung gestellt. Aus diesem Grund war das Datenmaterial inhomogen und musste vorab auf einen vergleichbaren Nenner gebracht werden. Dies betraf insbesondere die Angaben zu den Schadensbeseitigungskosten. Während bei einem Gutachterausschuss die Daten monetär erfasst wurden, fragte der andere qualitativ nach der Schadensgröße. Das führte dazu, dass für die Auswertung gewisse Annahmen zugrunde gelegt werden mussten, um die Datensätze vergleichbar zu machen.

53 Moskalenko, N., Masterthesis, „Der Einfluss von Baumängeln und Bauschäden, Teilmarkt Ein- und Mehrfamilienhäuser", Hochschule Darmstadt – University of Applied Sciences, Fachbereich Bau- und Umweltingenieurwesen, 2020.

5.5.1 Sachwertfaktoren für mangelbehaftete Ein- und Zweifamilienwohnhäuser

Analog der Auswertung von bereinigten Kaufpreisen mangelfreier Objekte, die die Gutachterausschüsse zur Generierung von Sachwertfaktoren durchführen, werden in der unten dargestellten Auswertung, die im Rahmen der vorgenannten Masterarbeit durchgeführt wurde, ausschließlich mangelbehaftete Objekte berücksichtigt. Dabei wird der tatsächliche Kaufpreis der mangelbehafteten Objekte dividiert durch den jeweils rechnerisch ermittelten vorläufigen Sachwert fiktiv mangelfreier Objekte. Beide Ausgangswerte wurden vom Gutachterausschuss zur Verfügung gestellt.

$$\text{Sachwertfaktor (mangelbehaftet)} = \frac{\text{Kaufpreis (fiktiv mangelfrei)}}{\text{vorläufiger Sachwert (mangelbehaftet)}}$$

Die sich ergebenen Sachwertfaktoren wurden in einer Punktewolke dargestellt. Weiter wurde ein Graf in die Punktewolke gelegt, der diese am besten abbildet. Zur Darstellung der Sachwertfaktoren in Abhängigkeit vom vorläufigen Sachwert werden die Sachwertfaktoren in die den Grafen beschreibende Formel eingesetzt.

Für die Darstellung der Preisentwicklung wurde hinsichtlich der Lage zwischen Land, Randgebieten und Ballungsgebieten unterschieden. Dabei wurde den Kauffällen für die Kategorie „Land" ein Bodenrichtwert von 0 bis 149 €/m² zugeordnet, den Randgebieten ein Bodenrichtwert von 150 bis 499 €/m² und Bodenrichtwerte von mehr als 500 €/m² wurden dem Ballungsgebiet zugeordnet.

Da die Auswertung nicht nur die Unterschiede zwischen den Lagen abbilden, sondern auch die Abhängigkeit von der Schadensgröße berücksichtigen sollte, wurden die Schäden in Kategorien eingeteilt. Im Fragebogen wurde bereits zwischen leichten, mittleren und erheblichen Schäden differenziert. Im Rahmen der Auswertung wurde diesen Bereichen eine Schadensbeseitigungskostenspanne zugrunde gelegt. Danach entsprechen kleine bzw. leichte Schäden mit erforderlichen Schadensbeseitigungskosten von bis zu 10.000 €. Mittlere Schäden bewegen sich zwischen 10.000 und 25.000 € und erhebliche bzw. große Schäden sind Schäden mit Schadensbeseitigungskosten zwischen 25.000 und 70.000 €. Schadensbeseitigungskosten von über 70.000 € entsprechen sehr großen Schäden.

In einem anderen Fragebogen wurden die Schadensbeseitigungskosten monetär angegeben.

5.5.2 Datengrundlage

5.5.2.1 Gutachterausschuss A

Aufgrund der unterschiedlichen Ausgangsparameter und der inhomogenen Datenstruktur wurden die Auswertungen getrennt nach Gutachterausschuss A durchgeführt.

Insgesamt beinhaltet der ursprüngliche vom Gutachterausschuss A zur Verfügung gestellte Datensatz 1.388 Kauffälle von Einfamilien- oder Zweifamilienhäusern. Aufgrund fehlender

Angaben konnte nicht jeder Verkaufsfall bei der Auswertung genutzt werden. Nach Bereinigung wurden 932 Kauffälle ausgewertet.

Es handelt sich um Kauffälle aus den Jahren 2017 bis 2020. Folgende Eingangswerte waren in der Kaufpreissammlung des Gutachterausschusses vorhanden:

- tatsächlicher Kaufpreis
- Jahr des Vertragsabschlusses
- Grundstücksfläche
- Baujahr
- fiktives Baujahr, inklusive Modernisierungspunkten
- Dachform
- Angabe zum Dachausbau
- Gebäudetyp
- Angaben zum Keller
- Geschossanzahl
- Wohnfläche
- Grundfläche
- Restnutzungsdauer
- Gesamtnutzungsdauer (gemäß Hessen-Modell, GND = 70 Jahre)
- Bodenrichtwert[54]
- Angaben zu Baumängeln und Bauschäden

Die Angaben zu Baumängeln und Bauschäden erfolgen analog der Abfrage im Fragebogen.

Bauschäden/Bauzustand	**Beschreibung**
keine	guter baulicher Unterhaltungszustand
leichte	geringer Instandhaltungs-/Reparaturstau
mittlere	durchschnittlicher baulicher Unterhaltungszustand, mittlerer Instandhaltungs-/Reparaturstau
erhebliche	weitgehend desolater baulicher Unterhaltungszustand, umfangreiche Sanierung/Modernisierung notwendig

54 Es ist darauf hinzuweisen, dass im Rahmen der Datenauswertung zwar eine zeitliche Berücksichtigung des Bodenrichtwerts erfolgt, eine Anpassung der Bodenrichtwerte in Bezug auf die Grundstücksgröße ist aufgrund der anonymisierten Daten jedoch nicht möglich. Übergroße Grundstücke fallen am Ende gegebenenfalls in Form von Ausreißern auf und werden im Rahmen der statistischen Auswertung eliminiert.

Hierbei ist zu beachten, dass die Angaben in der Regel von Laien gemacht werden. Die Käufer selbst schätzen den baulichen Zustand ein. Es wird dabei nicht unterschieden, ob es sich um einen baulichen Zustand handelt, der altersgemäß und aufgrund der durchgeführten Modernisierungsmaßnahmen zu erwarten ist, oder ob es sich um einen Zustand handelt, der über das Übliche hinausgeht. In der Abfrage wird außerdem nicht unterschieden zwischen baulichem Unterhaltungszustand bzw. unterlassener Instandhaltung und Bauschäden.

Folgende Angaben fehlten und mussten ermittelt werden:

- Bruttogeschossfläche

Die Bruttogeschossfläche wurde mittels der Angaben zur Grundfläche sowie der Geschossanzahl errechnet.

- Wertansatz der Außenanlagen

Der Wertansatz der Außenanlagen war nicht im Detail angegeben, daher wurde hier ein pauschaler Ansatz von 5 % des Zeitwerts der baulichen Anlagen angesetzt. Gemäß Marktbericht von Südhessen 2020 bewegt sich der prozentuale Anteil der Außenanlagen am Zeitwert der baulichen Anlagen in Abhängigkeit vom Ausstattungsstandard der baulichen Anlagen zwischen 2 und 10 %. Im Mittel ergibt sich ein Prozentsatz von ca. 5 %.

Eventuelle Abweichungen in Einzelfällen können somit vernachlässigt werden.

Der Großteil der Kauffälle ist dem Land- oder Randgebiet zuzuordnen. Auf das Ballungsgebiet entfallen wenige Kauffälle.

Im Marktbericht des Gutachterausschusses A sind die Sachwertfaktoren in Abhängigkeit vom Bodenrichtwertniveau und dem vorläufigen Sachwert dargestellt (siehe hierzu Abb. 5-8). Im unteren Tabellenbereich sind die Merkmale der Referenzimmobilien dargestellt. Der Untersuchungszeitraum erstreckt sich von 2018 bis 2019. Die modifizierte Restnutzungsdauer beträgt 20 bis 70 Jahre. Die Ausstattungsstandardstufe war größer/gleich 2,0. Die Außenanlagen wurden bei der Ermittlung der Sachwertfaktoren gestaffelt nach Standard berücksichtigt (siehe hierzu Abb. 5-9).

Analog den Grundlagen für die Ermittlung der Sachwertfaktoren des Gutachterausschusses erfolgte die Ermittlung der Sachwertfaktoren für mangelbehaftete Objekte im Rahmen der Masterarbeit. Die Randparameter sind in Abbildung 5-10 dargestellt.

vorläufiger Sachwert €	Durchschnittlicher Sachwertfaktor							
	Bodenrichtwertbereich							
	bis 99 €/m²	100 €/m² bis 149 €/m²	150 €/m² bis 199 €/m²	200 €/m² bis 299 €/m²	300 €/m² bis 399 €/m²	400 €/m² bis 499 €/m²	500 €/m² bis 599 €/m²	ab 600 €/m²
75.000	1,43	---	---	---	---	---	---	---
100.000	1,30	1,42	---	---	---	---	---	----
150.000	1,13	1,23	1,32	1,34	1,67	---	---	----
200.000	1,02	1,11	1,20	1,24	1,49	1,43	---	----
250.000	0,94	1,03	1,12	1,18	1,36	1,36	1,35	----
300.000	0,89	0,97	1,06	1,12	1,26	1,30	1,27	1,29
350.000	0,84	0,91	1,01	1,08	1,19	1,25	1,20	1,25
400.000	0,80	0,87	0,97	1,04	1,13	1,21	1,15	1,21
450.000	0,77	0,84	0,93	1,01	1,07	1,17	1,10	1,18
500.000	0,74	0,81	0,90	0,99	1,03	1,14	1,07	1,15
550.000	---	0,78	0,88	0,96	0,99	1,11	1,03	1,12
600.000	---	0,76	0,85	0,94	0,96	1,09	1,00	1,10
650.000	---	---	0,83	0,92	0,92	1,07	0,98	1,08
700.000	---	---	0,81	0,91	0,90	1,05	0,95	1,06
750.000	---	---	---	---	0,87	1,03	0,93	1,04
800.000	---	---	---	---	0,85	---	0,91	1,03
Merkmale der Auswertung und Referenzimmobilie								
Anzahl Kauffälle	93	68	88	175	191	115	73	39
Bestimmtheitsmaß R^2	0,24	0,28	0,27	0,11	0,36	0,22	0,27	0,10
Standardabweichung SWF	± 0,23	± 0,24	± 0,20	± 0,22	± 0,20	± 0,18	± 0,18	± 0,20
Ø vorl. Sachwert €	250.000	316.000	326.000	364.000	405.000	419.000	504.000	542.000
Ø Grundstücksgröße m²	860	775	650	635	580	525	525	510
Ø BRW angepasst €/m²	75	120	170	245	340	435	545	655
Ø wirtschaftl. RND Jahre	36	36	37	36	36	34	37	36
Ø Standardstufe	2,6	2,8	2,7	2,7	2,7	2,7	2,6	2,8
Ø Bruttogrundfläche m²	330	375	380	385	370	360	390	375
Ø Wohnfläche m²	150	185	180	175	170	165	175	175
Ø Wert Nebengebäude €	8.100	7.800	7.200	7.700	7.900	8.500	7.100	8.400
Ø Wert Außenanlage €	8.900	10.500	10.300	9.900	9.800	8.800	10.500	10.000
Ø Bodenwertanteil am Kaufpreis %	29	34	34	41	45	47	54	55
Ø Kaufpreis €/m² WF	1.640	1.700	1.970	2.350	2.760	3.150	3.210	3.580
Min – Max KP €/m² WF	830 – 4.660	600 – 3.230	1.030 – 3.740	640 – 4.570	960 – 4.610	960 – 5.410	1.280 – 4.980	1.930 – 5.070

Abb. 5-8: Sachwertfaktoren für freistehende Ein- und Zweifamilienhäuser[55]

55 Aus dem Immobilienmarktbericht des Gutachterausschusses A.

Untersuchungszeitraum	2018 bis 2019
Kaufpreise	unter 850.000 €
Gesamtnutzungsdauer der Gebäudetypen	70 Jahre
Modifizierte wirtschaftl. RND*	20 bis 70 Jahre
Standardstufe	≥ 2,0
Kosten bezogen auf	Bruttogrundfläche (BGF)
Normalherstellungskosten mit Bezugsjahr	NHK 2010 (inkl. Baunebenkosten)
Baupreisindex	aktuell zum Verkaufszeitpunkt (Bundesindex)
Alterswertminderung	linear
Nebengebäude	pauschaler Zeitwert
Außenanlagen	Pauschaler Prozentansatz vom Zeitwert der baulichen Anlagen: einfacher Standard: 2 bis 4 %; durchschnittlicherer Standard: 4 bis 6 %; gehobener Standard: 6 bis 10 %
Bodenwert	Bodenrichtwert (für unbebaute Grundstücke), ggf. Zu- und/oder Abschläge wegen: Lage, Zuschnitt, Größe, Marktentwicklung
Bodenwertanteil am Kaufpreis	10 bis 85 %

Abb. 5-9: Wertermittlungsparameter der SW-Faktor für unbelastete Immobilien[56]

Untersuchungszeitraum	2017 bis 2020
Kaufpreise	unter 1.050.000 €
Gesamtnutzungsdauer der Gebäudetypen	70 Jahre
Modifizierte wirtschaftliche RND	9 bis 60 Jahre
Standardstufe	1,0 bis 4,0
Kosten bezogen auf	Bruttogrundfläche (BGF)
Normalherstellungskosten mit Bezugsjahr	NHK 2010 (inkl. Baunebenkosten)
Baupreisindex	aktuell zum Verkaufszeitpunkt (Bundesindex)
Alterswertminderung	linear
Außenanlagen	durchschnittlicher Standard: 5 %
Bodenwert	Bodenrichtwert 2019
Bodenwertanteil am Kaufpreis	8 bis 99 %

Abb. 5-10: Wertermittlungsparameter der SW-Faktoren für belastete Immobilien, Masterarbeit Moskalenko 2020[57]

56 Aus dem Immobilienmarktbericht des Gutachterausschusses A.

57 Moskalenko, N., Masterthesis, „Der Einfluss von Baumängeln und Bauschäden, Teilmarkt Ein- und Mehrfamilienhäuser", Hochschule Darmstadt – University of Applied Sciences, Fachbereich Bau- und Umweltingenieurwesen, 2020.

Vergleicht man die Wertermittlungsparameter aus dem Immobilienmarktbericht mit den Parametern der Wertermittlung für belastete Immobilien, sind folgende Unterschiede erkennbar.

> „Für die Datenauswertung der belasteten Immobilien liegt ein größerer Untersuchungszeitraum vor. Die Standardstufe beginnt nicht erst bei zwei, sondern es gehen auch Immobilien mit einer Standardstufe von eins in die Ergebnisse ein. Die Restnutzungsdauer liegt zwischen 9 und 60 Jahren statt zwischen 20 und 70 Jahren. Während bei dem Modell des Gutachterausschusses unterschiedliche prozentuale Ansätze für die Außenanlagen getroffen werden, wird in dem Modell für die belasteten Immobilien pauschal von 5 % ausgegangen, eine weitere Differenzierung ist aufgrund fehlender Informationen nicht möglich. Der Bodenrichtwert in dem Datensatz ist unangepasst auf die wahre Grundstücksgröße und Lage. Zudem handelt es sich bei allen Werten um den Bodenrichtwert für das Jahr 2019. Daraus geht eine Ungenauigkeit hervor, da die Verträge der untersuchten Objekte zwischen 2017 und 2020 liegen. Aus diesem Grund ist auch ein Bodenwertanteil von 99 % am Kaufpreis möglich. [...]“[58]

Im Rahmen der Auswertung werden die ermittelten Sachwertfaktoren mangelbehafteter Objekte dem Sachwertfaktor mangelbehafteter Objekte aus dem Grundstücksmarktbericht unterteilt nach Lage, Schadengröße und Gebäudetyp gegenübergestellt. Beispielhaft ist eine solche Auswertung für große Bauschäden in Randgebieten in Abbildung 5-11 dargestellt. Weitere Tabellen sind dem Anhang zu entnehmen.

58 Moskalenko, N., Masterthesis, „Der Einfluss von Baumängeln und Bauschäden, Teilmarkt Ein- und Mehrfamilienhäuser“, Hochschule Darmstadt – University of Applied Sciences, Fachbereich Bau- und Umweltingenieurwesen, 2020.

vorläufiger Sachwert	*MARKTANPASSUNGSFAKTOREN* Bodenrichtwertbereich Rand 150 – 499 €/m²				
	SWF mangel-behaftet	SWF mangelfrei	Delta (mangelfrei - mangel-behaftet)	Delta Kosten [€]	Abweichungen [in %]
75.000 €					
100.000 €	1,46	1,50	0,04	4.402 €	3 %
150.000 €	1,38	1,43	0,05	8.199 €	4 %
200.000 €	1,30	1,37	0,06	12.826 €	5 %
250.000 €	1,23	1,30	0,07	18.129 €	6 %
300.000 €	1,16	1,24	0,08	23.974 €	6 %
350.000 €	1,10	1,19	0,09	30.237 €	7 %
400.000 €	1,04	1,13	0,09	36.810 €	8 %
450.000 €	0,99	1,08	0,10	43.599 €	9 %
500.000 €	0,93	1,03	0,10	50.518 €	10 %
550.000 €	0,88	0,99	0,10	57.493 €	11 %
600.000 €					
650.000 €					
700.000 €					
750.000 €					
800.000 €					

Merkmale der Auswertung und Referenzimmobilie		
Bestimmtheitsmaß R²	0,36	0,55
Anzahl Kauffälle	206	
Standardabweichung SWF	OG: 0,37	UG: -0,29
Ø vorl. Sachwert €	232.300	
Ø Grundstücksgröße m²	550	
Ø BRW angepasst €/m²	312	
BRW (von – bis)	150 – 490	
Ø wirtschaftl. RND Jahre	18	
Baujahr (von – bis)	1950 – 1989	
Ø Standardstufe	1,8	
Standardstufe (von – bis)	1,1 – 2,6	
Ø Bruttogrundfläche m²	303	
Ø Wohnfläche m²	140	
Ø Wert Außenanlage €	3.140	
Ø Kaufpreis €	288.500	
Ø Kaufpreis €/m² WF	2.128	
Min – Max KP €/m² WF	590 – 5560	
Untersuchungszeitraum 2017 – 2020		

Abb. 5-11: Gegenüberstellung von mangelfreien und mangelbehafteten Sachwertfaktoren für Gebäude mit großen Bauschäden in Randgebieten (Gutachterausschuss A)

5.5.2.2 Gutachterausschuss B

Die Datenbank des Gutachterausschusses B beinhaltete nach Bereinigung rund 2.000 Verkaufsfälle für Ein- und Zweifamilienhäuser. Im Gegensatz zur ersten Auswertung waren hier überwiegend Kauffälle aus dem Ballungsgebiet und Randgebiet vertreten.

Folgende Eingangsgrößen wurden in der Datenbank erfasst:

- tatsächlicher Kaufpreis
- Ortsangaben zum Objekt
- Kaufdatum
- Geschossfläche
- angesetzte Reparaturkosten
- Grundstücksfläche
- Baujahr
- Modernisierungsgrad
- Wohnfläche
- Angaben zu Kellergeschoss
- Angaben zum Dachausbau
- Anzahl der Wohnungen
- Anzahl der Vollgeschosse
- Jahresnettokaltmiete der Immobilien
- Bodenrichtwerte von 2015 bis 2019
- vorläufiger Vergleichswert
- Gebäudegrundfläche
- Anzahl der Vollgeschosse
- Dachform
- Gesamtnutzungsdauer (GND = 80 Jahre)
- Angaben zu Baumängeln und Bauschäden. Die Frage lautet wie folgt: „*Entstehen Ihnen durch notwendige Reparaturen zusätzliche Kosten?*"

Zur Auswertung und Vergleichbarkeit mit den Angaben des Gutachterausschuss A wurden die Kostenangaben in Spannen unterteilt:

leichte	0	bis	9.999 €
mittlere	10.000	bis	24.999 €
erhebliche	25.000	bis	69.999 €
sehr große	ab 70.000 €		

Folgende Angaben fehlten und mussten ermittelt werden:

- fiktives Baujahr
- Restnutzungsdauer
- Bruttogeschossfläche

Die Bruttogeschossfläche wurde mittels der Angaben zur Grundfläche sowie der Geschossanzahl errechnet.

- Wertansatz der Außenanlagen

Der Wertansatz der Außenanlagen wurde analog Gutachterausschuss A mit 5 % angesetzt.

Für die Ermittlung der Sachwertfaktoren der unbelasteten Objekte lag bei dieser Auswertung keine tabellarische Darstellung der Sachwertfaktoren im Marktbericht vor. Stattdessen werden die Sachwertfaktoren dort mittels einer Formel fortgeschrieben:

$$\text{Sachwertfaktor} = \text{Sachwerthöhenfaktor} \times \left(\frac{\text{NormBRW17}}{480}\right)^{0{,}193} \times \left(\frac{\text{Wohnfläche}}{150}\right)^{0{,}2764} \times \left(\frac{\text{Standardstufe}}{3}\right)^{0{,}2321} \times \text{Aktualisierungsfaktor}$$

Mit dieser Formel wurde der jeweilige Sachwertfaktor berechnet. Ebenso wie bei der vorangegangenen Auswertung wurden hier die errechneten Sachwertfaktoren der mangelbehafteten Objekte gegenübergestellt und die Abweichung wurde ermittelt (siehe Abb. 5-12).

vorläufiger Sachwert	*MARKTANPASSUNGSFAKTOREN* Bodenrichtwertbereich Rand 150 - 499 €/m²				
	SWF mangel-behaftet	SWF mangelfrei	Delta (mangelfrei - mangel-behaftet)	DELTA Wert [€]	Abweichungen [in %]
75.000 €					
100.000 €	1,42	1,32	-0,11	-10.560 €	-8 %
150.000 €	1,35	1,28	-0,07	-9.905 €	-5 %
200.000 €	1,28	1,25	-0,03	-5.873 €	-2 %
250.000 €	1,21	1,22	0,00	1.142 €	0 %
300.000 €	1,15	1,19	0,04	10.781 €	3 %
350.000 €	1,09	1,16	0,06	22.710 €	6 %
400.000 €	1,04	1,13	0,09	36.625 €	8 %
450.000 €	0,98	1,10	0,12	52.247 €	11 %
500.000 €	0,93	1,07	0,14	69.321 €	13 %
550.000 €	0,89	1,04	0,16	87.612 €	15 %
600.000 €	0,84	1,02	0,18	106.907 €	18 %
650.000 €	0,80	0,99	0,20	127.012 €	20 %
700.000 €	0,76	0,97	0,21	147.750 €	22 %
750.000 €					
800.000 €					
900.000 €					
1.000.000 €					
Merkmale der Auswertung und Referenzimmobilie					
Bestimmtheitsmaß R²	0,59	0,33			
Anzahl Kauffälle	158				
Standardabweichung SWF	OG: 0,30	UG: -0,24			
Ø vorl. Sachwert €	347.900				
Ø Grundstücksgröße m²	616				
Ø BRW angepasst €/m²	384				
BRW (von - bis)	210 - 490				
Ø wirtschaftl. RND Jahre	34				
Baujahr (von - bis)	1870 - 2013				
Ø Standardstufe	2,3				
Standardstufe (von - bis)	1,3 - 3,6				
Ø Bruttogrundfläche m²	257				
Ø Wohnfläche m²	127				
Ø Wert Außenanlage €	5.840				
Ø Kaufpreis €	372.400				
Ø Kaufpreis €/m² WF	3.015				
Min - Max KP €/m² WF	1400 - 6500				
Untersuchungszeitraum 2017–2020					

Abb. 5-12: Gegenüberstellung von mangelfreien und mangelbehafteten Sachwertfaktoren für Gebäude mit großen Bauschäden in Randgebieten (Gutachterausschuss B)

5.5.3 Auswertung von Sachwertfaktoren für mangelbehaftete Ein- und Zweifamilienhäuser

In den folgenden Übersichten sind die Ergebnisse der beiden Auswertungen zusammengefasst. Getrennt nach Bauschadensgrößen ist die prozentuale Abweichung des mangelbehafteten Sachwertfaktors vom mangelfreien Sachwertfaktor dargestellt.

Die Abweichung entspricht damit auch der Abweichung zwischen dem Verkehrswert des mangelbehafteten Grundstücks und des mangelfreien Grundstücks.

Die Darstellung der Ergebnisse erfolgt sowohl allgemein für alle Gebäudetypen als auch getrennt nach Gebäudetyp. Analog der Sachwertrichtlinie entspricht damit

Gebäudetyp 1 einem freistehenden Einfamilienhaus,

Gebäudetyp 2 einer Doppelhaushälfte, einem Reihenendhaus,

Gebäudetyp 3 einem Reihenmittelhaus.

Geb.Typ	Lage	Schadensgröße					
		Leicht		Mittel		Erheblich	
		Abweichung	Anzahl	Abweichung	Anzahl	Abweichung	Anzahl
ALLE	Ländliches Gebiet	0 %	76	7 - 8 %	75	5 - 23 %	47
	Randgebiet	0 %	320	0 - 2 %	413	4 - 6 %	206
	Ballungsgebiet	0 - 5 %	27	0 %	31	0 %	25
Geb.Typ1	Ländliches Gebiet	0 %	72	4 - 9 %	72	5 - 23 %	45
	Randgebiet	0 %	214	1 -2 %	300	3 - 7 %	157
	Ballungsgebiet	6 %	16	0 %	20	0 %	15
Geb.Typ2	Ländliches Gebiet	k.A.	k.A.	k.A.	k.A.	k.A.	k.A.
	Randgebiet	0 %	101	0 %	107	0 - 5 %	43
	Ballungsgebiet	-	11	-	11	-	9

Abb. 5-13: Übersichtstabelle Abweichungen der Sachwertfaktoren (Gutachterausschuss A)

Die Auswertungstabelle zeigt, dass die Sachwertfaktoren für mangelbehaftete Objekte in Ballungsgebieten mit 0 bis 5 % über alle Schadensgrößen am niedrigsten bzw. zu vernachlässigen sind. Auch ist zu erkennen, dass kleine Schäden lageübergreifend in der Regel keinen Einfluss auf die Wertermittlung haben. Die Verkehrswerte von mangelbehafteten Objekten in Randgebieten liegen bei mittleren Schäden bis zu 2 % unter den Verkehrswerten mangelfreier Objekte. Bei erheblichen Schäden in Randgebieten liegt die Abweichung bei 4 bis 6 %. Erwartungsgemäß ist der Werteinfluss von Baumängeln und Bauschäden in ländlichen Gebieten am größten. Die Auswertung ergab für mittlere Schäden eine Spanne von 7 bis 8 % und bei erheblichen Schäden zwischen 5 und 23 %.

Geb.Typ	Lage	Schadensgröße							
		Leicht		Mittel		Erheblich		Sehr groß	
		Abweichung	Anzahl	Abweichung	Anzahl	Abweichung	Anzahl	Abweichung	Anzahl
ALLE	Randgebiet	4 %	68	5 %	152	7 %	158	10 %	94
	Ballungsgebiet	2 %	48	3 %	105	6 %	142	0 -2 %	158
Geb.Typ1	Randgebiet	10 %	21	9 %	63	9 %	78	7 %	62
	Ballungsgebiet	8 %	15	7 %	42	7 %	66	0 %	95
Geb.Typ2	Randgebiet	4 %	30	6 %	56	5 %	53	8 %	27
	Ballungsgebiet	1 %	18	3 %	41	3 %	41	0 - 2 %	34
Geb.Typ3	Randgebiet	0 %	17	4 %	33	0 %	27	k.A.	k.A.
	Ballungsgebiet	8 %	15	2 %	21	7 %	35	4 %	28

Abb. 5-14: Übersichtstabelle Abweichungen der Sachwertfaktoren (Gutachterausschuss B)

Die zweite Auswertung umfasste ausschließlich Kauffälle in Ballungs- und Randgebieten. Hierbei wurde aufgrund einzelner sehr großer Schäden eine weitere Kategorie mit sehr großen Schäden untersucht. Auch diese Auswertung bestätigt, dass der Werteinfluss von Baumängeln und Bauschäden in Randgebieten größer ist als in Ballungsgebieten. Der Einfluss steigt dabei erwartungsgemäß mit zunehmender Schadensgröße. Kleine Schäden gehen mit durchschnittlich 4 % in die Berechnung ein, mittlere mit ca. 5 %, große und sehr große Schäden mit 7 bis 10 %.

Der Einfluss im Ballungsgebiet ergibt sich hier als etwas stärker als bei der Auswertung des ersten Datensatzes. Dort waren es 0 bis 5 %, während es hier 2 bis 6 % sind. Nicht nachvollziehbar ist zunächst, warum sehr große Schäden den geringsten Einfluss haben. Bei näherem Betrachten ist zu sehen, dass der Verkehrswert bei diesen Objekten dementsprechend hoch ist. Daher wäre zu überlegen, ob es nicht sinnvoll wäre, die Kategorien mit den erheblichen und den sehr großen Schäden zusammenzulegen. Die detaillierte Auswertung nach Schadensgrößen ist dem Anhang auf S. 357 ff. zu entnehmen.

5.6 Umfrage zum Einfluss unterschiedlicher Schadensbilder auf den Verkehrswert von Einfamilienhäusern

Die in den vorangegangenen Kapiteln ausgeführten Analysen zum Einfluss von Baumängeln und Bauschäden auf den Verkehrswert beziehen sich ausschließlich auf die Lage des Bewertungsobjekts und das Schadensausmaß. Tatsächlich hat aber die Schadensart einen erheblichen Einfluss auf das Marktverhalten. Es ist davon auszugehen, dass Kaufinteressenten einem Hausschwammbefall oder einem Feuchteschaden skeptischer gegenüberstehen als einer defekten Heizanlage oder einem Putzriss.

Da die Fragebögen der Gutachterausschüsse die Schadensarten nicht erfassen, sollte eine Umfrage zu unterschiedlichen Schadensszenarien Aufschluss über das Marktverhalten geben.

Zu Beginn der Umfrage ist daher die Behauptung zu prüfen, dass unterschiedliche Schadensarten unterschiedliche Käuferreaktionen verursachen.

Hierzu wurden mittels einer Umfrage, die die Verfasserin zwischen 2019 und 2020 durchführte, rund 220 Teilnehmer befragt, welche Schäden sie in welchem Umfang beim Kauf eines Einfamilienhauses beeinflussen würden. Betrachtet wurden dabei die häufigsten Schadensursachen wie Risse, Schimmel und Feuchteschäden im Keller.

Wichtig bei der Umfrage war es, dass die Befragten aus unterschiedlichen Interessengruppen kamen. Es sollten absichtlich nicht ausschließlich Sachverständige befragt werden, da diese nicht den Markt widerspiegeln, sondern allenfalls eine Idee haben können, wie der Markt reagiert.

Darüber hinaus sollte ermittelt werden, ob Sachverständige den Markt anders einschätzen, als potenzielle Käufer tatsächlich handeln.

5.6.1 Wie reagiert der Markt auf unterschiedliche Schadensbilder?

Grundsätzlich herrscht die Meinung, dass die Käufer in Ballungsgebieten aufgrund der Angebotsknappheit bereit sind, mehr oder weniger stark mangelbehaftete Immobilien zu hohen Preisen zu kaufen. Im Vordergrund steht das Grundstück, die Bauschäden sind unerheblich. Mit der Umfrage sollte herausgearbeitet werden, ob dies wirklich so ist und ob die Schadensart einen Einfluss auf die Käuferreaktion und damit auf den Kaufpreis hat.

5.6.2 Aufbau der Umfrage

Zu Beginn der Umfrage muss der Befragte definieren, zu welchem Marktteilnehmerkreis er gehört (siehe Abb. 5-15). Als Nächstes wurde die Lage abgefragt. Hier gab es die Auswahl zwischen Ballungsgebiet, Randlage und ländlichem Gebiet (siehe Abb. 5-16).

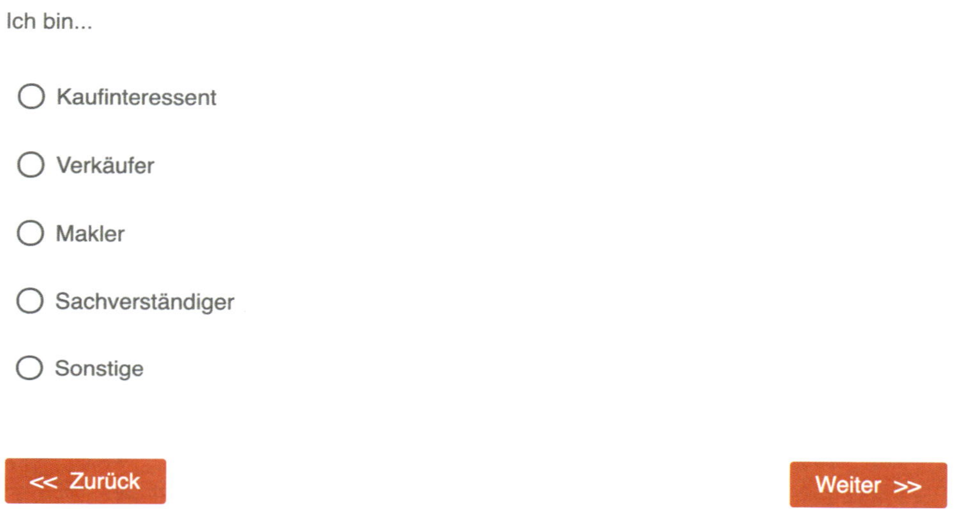

Abb. 5-15: Auswahlmenü Marktteilnehmer

Abb. 5-16: Auswahlmenü Lage

Weiter konnte ausgewählt werden, für welches Objekt die Umfrage beantwortet wird. Dabei wurde zwischen Altbauten, Gebäuden mittleren Alters und Neubauten unterschieden (siehe Abb. 5-17). Je nach Gebäudealtersklasse wurden die entsprechenden baujahrestypischen Schadensszenarien beschrieben.

Die folgenden Fragen beantworte ich für...

- ○ ein neueres Gebäude (BJ 2000-2018)
- ○ ein älteres Gebäude (BJ 1945-1999)
- ○ einen Altbau Gebäude (BJ 1800 -1930)

<< Zurück   Weiter >>

Abb. 5-17: Auswahlmenü Gebäudealter

Danach folgten die Beschreibungen der einzelnen Schadensszenarien in Abhängigkeit vom Baualter und der angegebenen Lage.

Hatte der Teilnehmer im Vorfeld z.B. angegeben, die Fragen für ein Gebäude mittleren Alters in einem Randgebiet zu beantworten, folgte der Text gemäß Abbildung 5-18.

Sie wollen ein **Einfamilienwohnhaus** (zum Beispiel Reihenendhaus) mit **Baujahr 1960** in einem Ortskern für rd. **400.000 €** erwerben.

Es gibt einige Mitbewerber und es ist nicht ganz leicht ein vergleichbares Objekt zu finden.

Weiter >>

Abb. 5-18: Einleitung

Es folgte die Frage, welche Bauschäden den Teilnehmer am meisten bei seiner Kaufentscheidung beeinflussen würden.

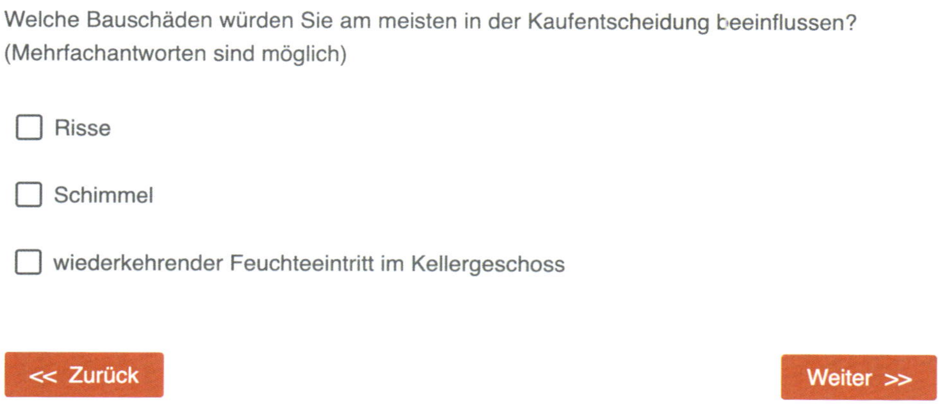

Abb. 5-19: Auswahl Schäden

Die anschließend im Detail beschriebenen Schadensszenarien folgten für Risse, Schimmel- und Feuchteschäden. Bei allen Fällen wurde gefragt, ob der Käufer einen Werteinfluss aufgrund der Bauschäden sieht. Es konnte gewählt werden zwischen:

- Der Schaden hat keinen Einfluss auf mein Kaufangebot, ich biete den vollen Kaufpreis.
- Der Schaden hat einen geringen Einfluss.
- Der Schaden hat einen großen Einfluss, ich setze die vollen Kosten an.
- Ich trete vom Kauf zurück.

Vorgenanntes **Einfamilienwohnhaus** weist **Risse** in der Fassade auf. Die Schäden sind nicht relevant für die Statik.

Die Schadensbeseitigungskosten werden auf **10.000 €** (Kaufpreis 400.000 €) geschätzt.

Sie haben entschieden, das Haus zu kaufen.Es entspricht vollumfänglich Ihren Vorstellungen.

Inwieweit würde der vorgenannte Schaden Ihr Gebot beeinflussen?

- ○ Ich bin froh, endlich ein Haus gefunden zu haben, der Schaden beeinflusst mein Angebot nicht, ich biete 400.000 €.
- ○ Der Schaden beeinflusst mein Angebot geringfügig, ich biete 398.000 €.
- ○ Der Schaden beeinflusst mein Angebot erheblich, ich ziehe die vollen Kosten ab und biete 390.000 €
- ○ Ein Haus mit Rissen kommt für mich nicht in Frage, ich trete vom Kauf zurück.

<< Zurück | Weiter >>

Abb. 5-20: Schadensszenario Risse

Vorgenanntes **Einfamilienwohnhaus** weist **Schimmelschäden** im Schlafzimmer an der Innenseite der Außenwand auf. Es ist nicht klar, ob die Schäden nutzerbedingt (mangelndes Lüften) oder bauphysikalische Ursachen haben oder etwa aus beidem resultieren.

Die Schimmelbeseitigungskosten werden auf **15.000 €** (Kaufpreis 400.00 €) geschätzt.

Sie haben entschieden, das Haus zu kaufen. Es entspricht vollumfänglich Ihren Vorstellungen.

Inwieweit würde der vorgenannte Schaden Ihr Gebot beeinflussen?

○ Ich bin froh, endlich ein Haus gefunden zu haben, der Schaden beeinflusst mein Angebot nicht, ich biete 400.000 €.

○ Der Schaden beeinflusst mein Angebot geringfügig, ich biete 395.000 €.

○ Der Schaden beeinflusst mein Angebot erheblich, ich ziehe die vollen Kosten ab und biete 385.000 €.

○ Ein Haus mit Schimmelschaden kommt für mich nicht in Frage, ich trete vom Kauf zurück.

<< Zurück   Weiter >>

Abb. 5-21: Schadensszenario Schimmel

Vorgenanntes **Einfamilienwohnhaus** weist **wiederkehrende Feuchteschäden** im Keller infolge Starkregenereignisse auf. Das Wasser drückt durch die Außenwand. Aufgrund des Baujahres ist die Abdichtung für heutige Bedingungen (drückendes Wasser bei Starkregenereignissen) nicht mehr ausreichend. Es müsste ggf. aufgegraben werden und eine neue Abdichtung hergestellt werden.

Die Sanierungskosten werden auf ca. **30.000 €** (Kaufpreis 400.000 €) geschätzt.

Sie haben entschieden, das Haus zu kaufen. Es entspricht vollumfänglich Ihren Vorstellungen.

Inwieweit würde der vorgenannte Schaden Ihr Gebot beeinflussen?

- ○ Ich bin froh, endlich ein Haus gefunden zu haben, der Schaden beeinflusst mein Angebot nicht, ich biete 400.000 €.
- ○ Der Schaden beeinflusst mein Angebot geringfügig, ich biete 390.000 €.
- ○ Der Schaden beeinflusst mein Angebot erheblich, ich ziehe die vollen Kosten ab und biete 370.000 €.
- ○ Ein Haus mit feuchtem Keller kommt für mich nicht in Frage, ich trete vom Kauf zurück.

<< Zurück   Weiter >>

Abb. 5-22: Schadensszenario Feuchteschäden

5.6.3 Auswertung der Umfrage

5.6.3.1 Ballungsgebiet

Ballungsgebiet: Einfluss von Rissschäden auf den Verkehrswert

In Ballungsgebieten sahen 54 % der Sachverständigen keinen Einfluss von Rissschäden auf den Verkehrswert. 29 % bewerteten den Einfluss als gering und 17 % sahen einen erheblichen Einfluss.

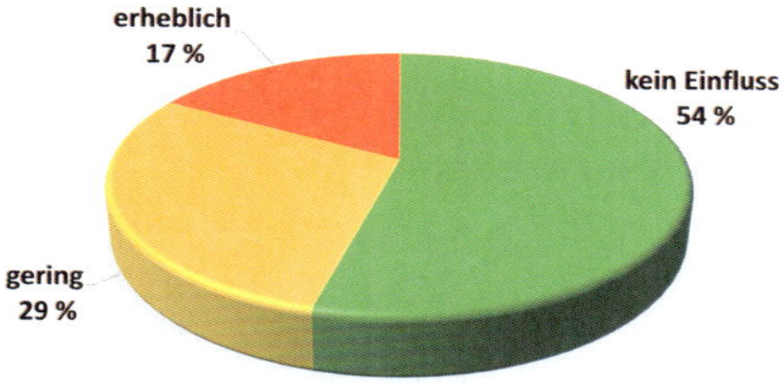

Abb. 5-23: Werteinfluss von Rissen in Ballungsgebieten nach Einschätzung der Sachverständigen

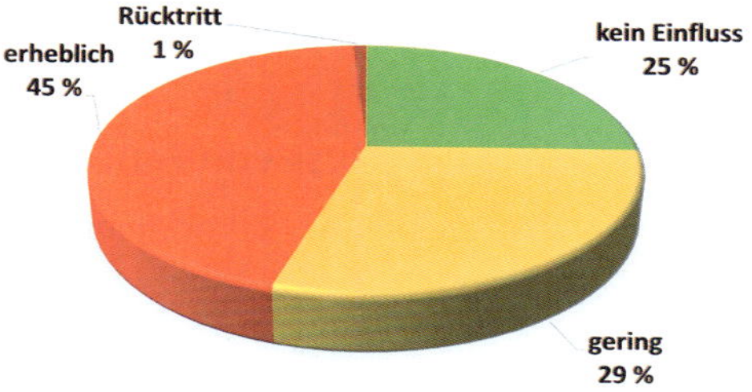

Abb. 5-24: Werteinfluss von Rissen in Ballungsgebieten nach Einschätzung der Marktteilnehmer

Die Marktteilnehmer hingegen sahen Rissschäden als kritischer an als die Sachverständigen. 25 % sahen keinen Einfluss auf den Verkehrswert, 29 % einen geringen und fast die Hälfte der Befragten, 45 %, sahen einen erheblichen Einfluss. 1 % der Befragten wäre beim Schadensbild Risse vom Kauf zurückgetreten.

Ballungsgebiet: Einfluss von Schimmelschäden auf den Verkehrswert

Der Einfluss von Schimmelschäden auf den Verkehrswert von Immobilien im Ballungsgebiet wurde insgesamt größer eingeschätzt als der zuvor beschriebene Werteinfluss von Rissen.

Nur 17 % der Sachverständigen sahen keinen Einfluss auf den Verkehrswert, 41 % der Befragten waren der Meinung, dass Schimmelschäden einen geringen Einfluss auf den Verkehrswert haben, und 38 % sahen einen großen Einfluss, weitere 4 % entschieden, vom Kauf zurückzutreten.

Nur 4 % der Marktteilnehmer sahen keinen Einfluss, 9 % schätzten den Einfluss als gering ein. Überraschend war, dass die überwiegende Mehrheit den Einfluss von Schimmelschäden mit 42 % als hoch einschätzte und für weitere 45 % ein Haus mit Schimmelschäden nicht infrage kam.

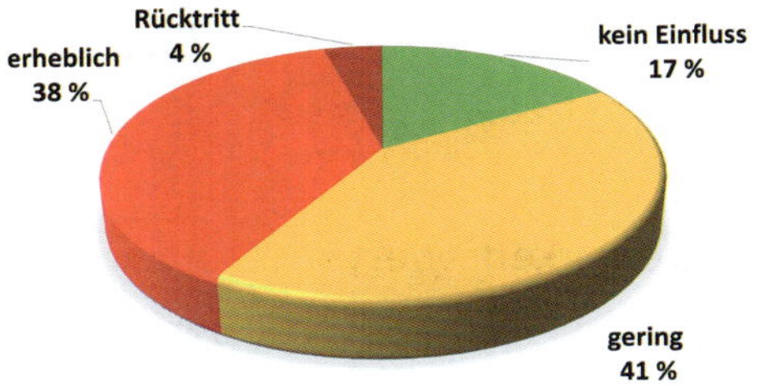

Abb. 5-25: Werteinfluss von Schimmelschäden in Ballungsgebieten nach Einschätzung der Sachverständigen

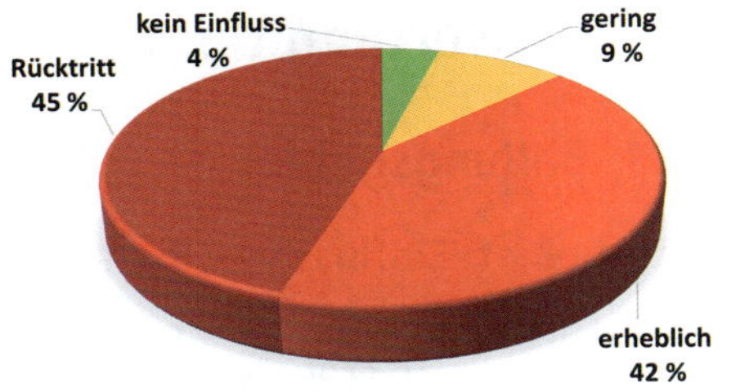

Abb. 5-26: Werteinfluss von Schimmelschäden in Ballungsgebieten nach Einschätzung der Marktteilnehmer

Ballungsgebiet: Einfluss von Feuchteschäden auf den Verkehrswert

Von den drei untersuchten Schadensarten wurde den Feuchteschäden der größte Werteinfluss beigemessen.

8 % der Sachverständigen schätzten den Einfluss von Feuchteschäden auf den Verkehrswert von Immobilien in Ballungsgebieten auf null. 38 % der Sachverständigen gingen von einer geringen Beeinträchtigung aus. Die Mehrheit der Befragten war mit 46 % der Meinung, dass Feuchteschäden einen erheblichen Einfluss auf den Kaufpreis haben, und 8 % wären vom Kauf zurückgetreten.

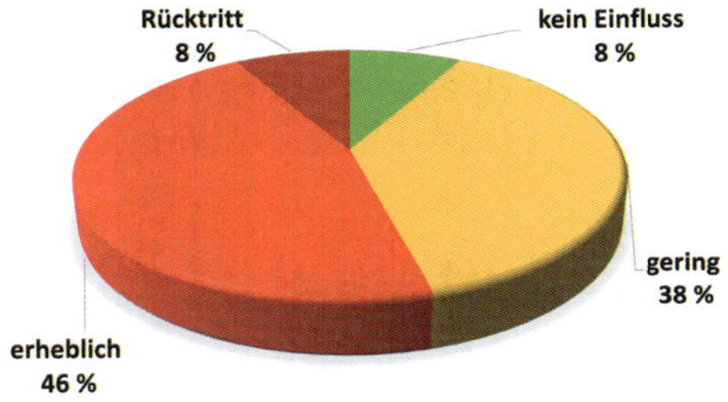

Abb. 5-27: Werteinfluss von Feuchteschäden in Ballungsgebieten nach Einschätzung der Sachverständigen

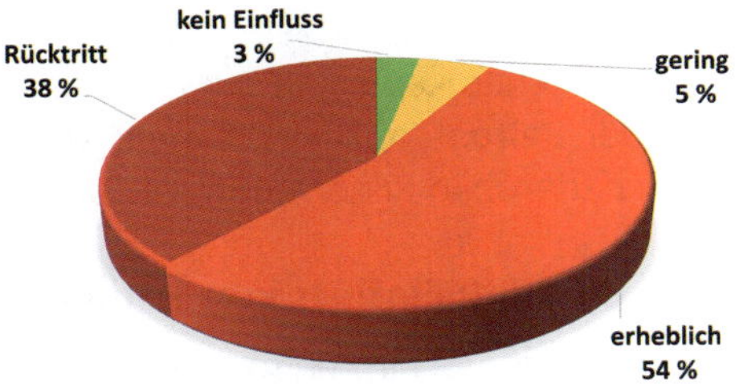

Abb. 5-28: Werteinfluss von Feuchteschäden in Ballungsgebieten nach Einschätzung der Markteilnehmer

Während 54 % der Sachverständigen den Einfluss von Feuchteschäden auf den Kaufpreis als erheblich einschätzten oder vom Kauf zurückgetreten wären, hatten 92 % der befragten Marktteilnehmer ein erhebliches Problem mit Feuchteschäden. 38 % der Marktteilnehmer würden eine Immobilie mit Feuchteschaden auch im Ballungsgebiet nicht kaufen. Nur 8 % der Befragten schätzten den Werteinfluss auf unerheblich bis gering.

5.6.3.2 Randgebiet

Randgebiet: Einfluss von Rissschäden auf den Verkehrswert

Sahen im Ballungsgebiet noch 54 % der Sachverständigen keinen Einfluss von Rissschäden auf den Verkehrswert, waren es im Randgebiet nur noch 17 %. Gering schätzten 33 % der Befragten den Einfluss im Randgebiet, was etwa auch der Einschätzung im Ballungsgebiet mit 29 % entspricht. Die Einschätzung des erheblichen Einflusses lag im Ballungsgebiet bei 17 %, im Randgebiet schätzten 50 % der Sachverständigen den Einfluss als erheblich.

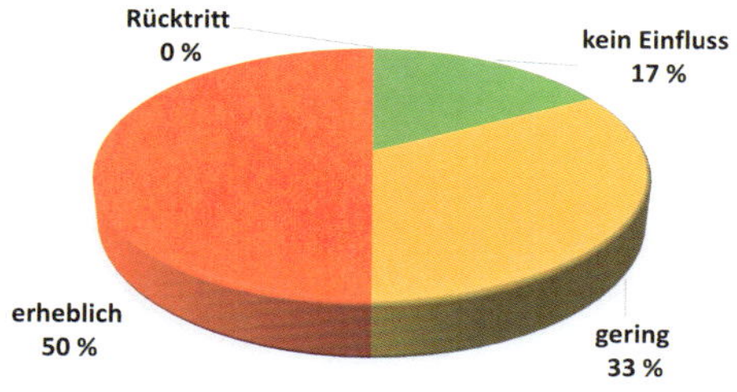

Abb. 5-29: Werteinfluss von Rissen in Randgebieten nach Einschätzung der Sachverständigen

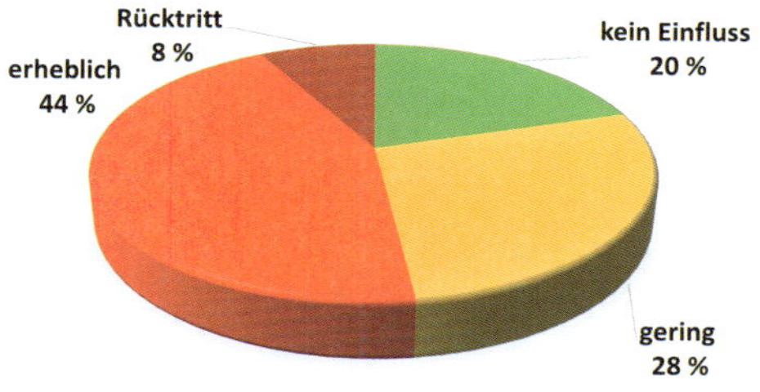

Abb. 5-30: Werteinfluss von Rissen in Randgebieten nach Einschätzung der Markteilnehmer

Die Einschätzung der Marktteilnehmer im Randgebiet und im Ballungsgebiet hingegen war, was die Einschätzung des Werteinflusses von Rissschäden betrifft, vergleichbar. Im Randgebiet kamen weitere 8 % hinzu, die vom Kauf zurücktreten würden.

Randgebiet: Einfluss von Schimmelschäden auf den Verkehrswert

In Randgebieten wurde der Einfluss von Schimmelschäden von Sachverständigen etwas stärker eingeschätzt als im Ballungsgebiet. Hier schätzten 51 % der Befragten den Werteinfluss als erheblich ein und 8 % wären vom Kauf zurückgetreten. 33 % sahen einen geringen Einfluss und 8 % keinen.

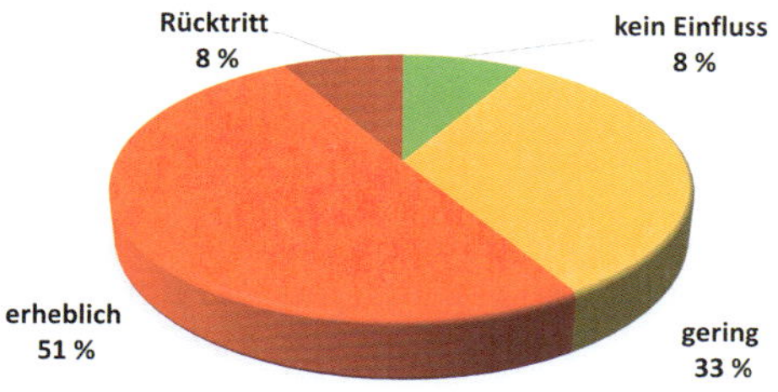

Abb. 5-31: Werteinfluss von Schimmelschäden in Randgebieten nach Einschätzung der Sachverständigen

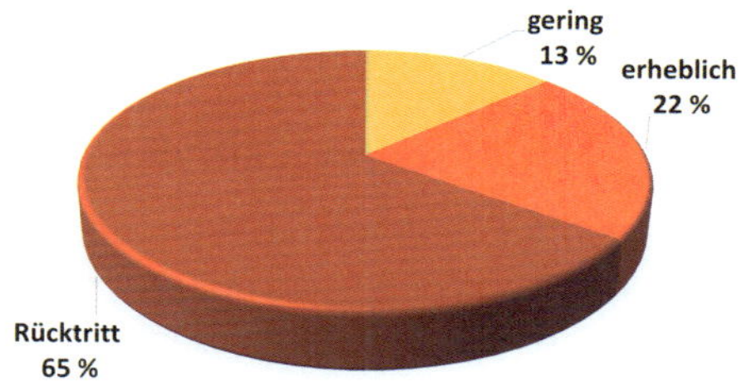

Abb. 5-32: Werteinfluss von Schimmelschäden in Randgebieten nach Einschätzung der Markteilnehmer

Auch die Marktteilnehmer schätzten den Werteinfluss von Schimmelschäden in Randgebieten insgesamt stärker ein als im Ballungsgebiet. 65 % der Befragten gaben an, vom Kauf zurückzutreten (im Ballungsgebiet waren es 45 %), 22 % sahen einen erheblichen Einfluss und 13 % sahen einen geringen Werteinfluss. Keiner der Befragten schätzte den Werteinfluss als unerheblich ein.

Randgebiet: Einfluss von Feuchteschäden auf den Verkehrswert

Der Werteinfluss von Feuchteschäden auf den Verkehrswert in Randgebieten wurde von den Sachverständigen als sehr hoch eingeschätzt. Nach Auffassung der Sachverständigen würden ca. 38 % die Schäden als gering einstufen, 54 % und damit mehr als die Hälfte dagegen die vollen Kosten abziehen und ca. 8 % würden vom Kauf zurücktreten. Keiner der befragten Sachverständigen maß Feuchteschäden keinen Einfluss auf den Verkehrswert bei.

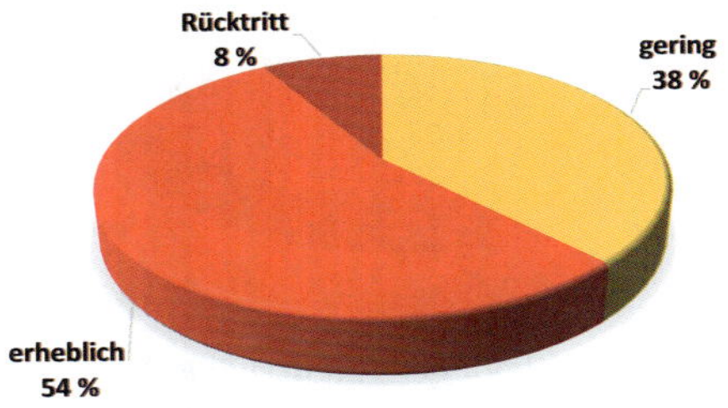

Abb. 5-33: Werteinfluss von Feuchteschäden in Randgebieten nach Einschätzung der Sachverständigen

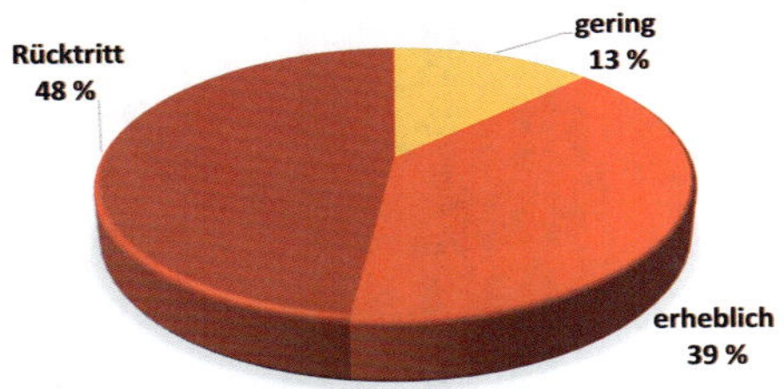

Abb. 5-34: Werteinfluss von Feuchteschäden in Randgebieten nach Einschätzung der Marktteilnehmer

Der Markt reagierte noch sensibler. Nur 13 % der Befragten schätzten die Schäden als gering ein. 39 % würden die vollen Kosten abziehen und fast die Hälfte der Befragten, 48 %, würden vom Kauf zurücktreten.

5.6.3.3 Ländliches Gebiet

Die Datengrundlage für die ländliche Gegend war im Vergleich zu Ballungsgebiet und Randgebiet gering. Der Vollständigkeit halber werden die Ergebnisse im Folgenden dargestellt. Die Ergebnisse sind hinsichtlich ihrer Aussagekraft nur begrenzt verwertbar.

Einfluss von Rissschäden auf den Verkehrswert

Der Werteinfluss von Rissschäden auf den Verkehrswert von Grundstücken im ländlichen Gebiet wurde von den Sachverständigen als nicht erheblich eingestuft. Einer der Befragten schätzte, dass Rissschäden keinen Einfluss auf den Verkehrswert haben, sieben Befragte und damit 64 % schätzten den Einfluss als gering ein und drei Sachverständige schätzten den Einfluss als erheblich ein.

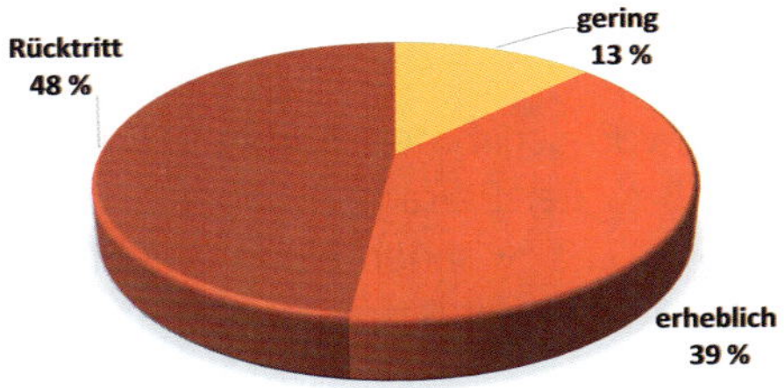

Abb. 5-35: Werteinfluss von Rissen in ländlichen Gebieten nach Einschätzung der Sachverständigen

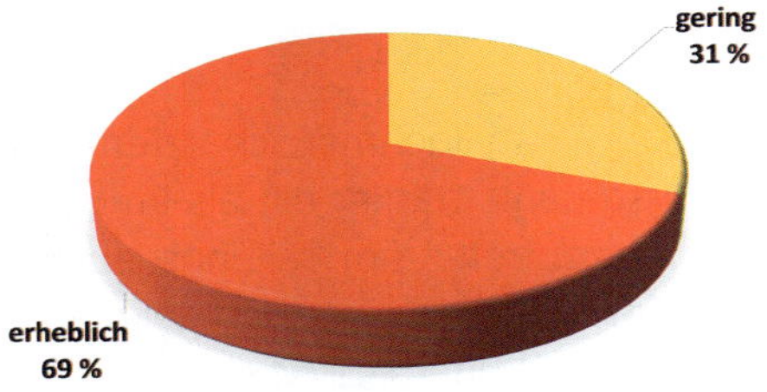

Abb. 5-36: Werteinfluss von Rissen in ländlichen Gebieten nach Einschätzung der Marktteilnehmer

69 % der befragten Marktteilnehmer werteten den Einfluss von Rissschäden auf den Verkehrswert von Objekten in ländlichen Gebieten als erheblich und 31 % der Befragten sahen einen geringen Einfluss. Keinen Einfluss sah niemand, gleichwohl gab es keine Stimmen für einen Rücktritt vom Kauf.

Einfluss von Schimmelschäden auf den Verkehrswert

Die Sachverständigen schätzten den Einfluss von Schimmelschäden auf den Verkehrswert hoch ein. Nur 17 % der Befragten sahen einen geringen Einfluss. 50 % würden die vollen Schadensbeseitigungskosten vom Verkehrswert abziehen und 33 % würden vom Kauf zurücktreten.

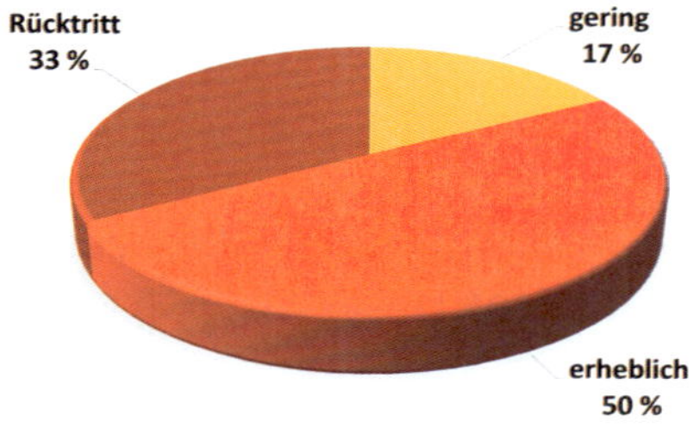

Abb. 5-37: Werteinfluss von Schimmelschäden in ländlichen Gebieten nach Einschätzung der Sachverständigen

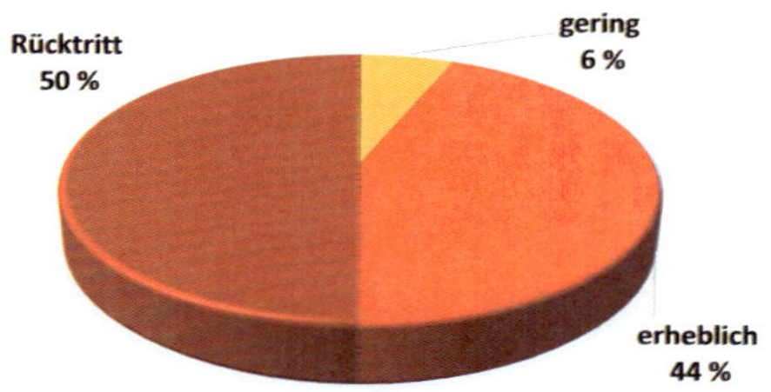

Abb. 5-38: Werteinfluss von Schimmelschäden in ländlichen Gebieten nach Einschätzung der Markteilnehmer

Die Marktteilnehmer schätzen den Einfluss von Schimmelschäden auf den Verkehrswert wesentlich stärker ein. Nur 6 % sahen einen geringen Einfluss. 44 % würde die vollen Kosten vom Verkehrswert abziehen und 50 % und damit die Hälfte der befragten Marktteilnehmer würden ein Haus mit Schimmelschaden nicht kaufen.

Einfluss von Feuchteschäden auf den Verkehrswert

Die Auswirkung von Feuchteschäden auf den Verkehrswert wurde von den Sachverständigen noch höher eingeschätzt als die Auswirkung von Schimmelschäden. 17 % der Sachverständigen sahen einen geringen Einfluss, 75 % der Sachverständigen würden den Verkehrswert um die vollen Schadensbeseitigungskosten mindern und 8 % würden ein Haus mit Feuchteschäden im ländlichen Gebiet nicht kaufen.

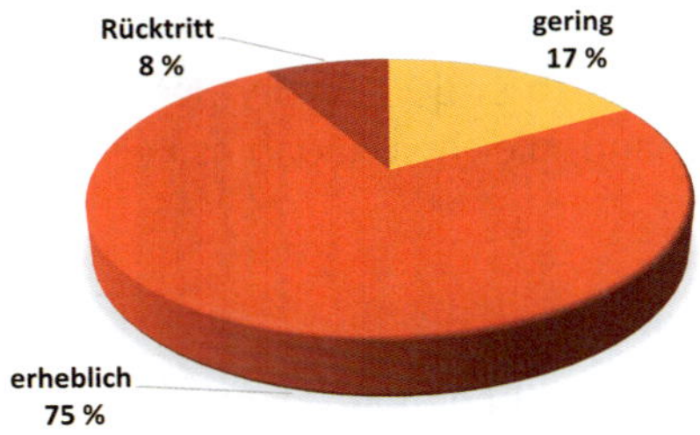

Abb. 5-39: Werteinfluss von Feuchteschäden in ländlichen Gebieten nach Einschätzung der Sachverständigen

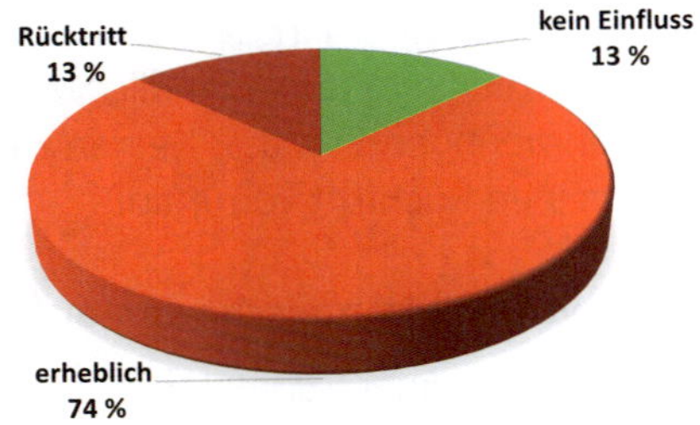

Abb. 5-40: Werteinfluss von Feuchteschäden in ländlichen Gebieten nach Einschätzung der Marktteilnehmer

Zwei von 16 Befragten und damit 13 % sahen bei Feuchteschäden keinen Einfluss auf den Verkehrswert. Das war überraschend, da die Marktteilnehmer bei allen anderen Auswertungen den Einfluss der Schäden tendenziell stärker einschätzten als die Sachverständigen. Weitere 13 % wären bei Vorhandensein von Feuchteschäden vom Kauf zurückgetreten. Rund drei Viertel der Befragten schätzten den Einfluss der Schäden als erheblich ein.

5.6.4 Zusammenfassung der Ergebnisse

Die Auswertung zeigt, dass es einen Unterschied zwischen der Einschätzung der Sachverständigen und der Beurteilung der anderen Marktteilnehmer gibt. Abgesehen von kleinen Ausnahmen kann festgestellt werden, dass die Sachverständigen den Einfluss von Baumängeln und Bauschäden auf den Verkehrswert grundsätzlich geringer einschätzen als der Markt.

Das zeigt einmal mehr, wie wichtig es ist, in der Immobilienbewertung Marktuntersuchungen durchzuführen. Die Sachverständigen bilden nicht den Markt ab.

Die derzeit häufig in der Praxis durchgeführten Expertenbefragungen sind daher kritisch zu betrachten. Wenn die Reaktion des Marktes bekannt wäre, wären Sachverständigenbefragungen überflüssig. Diese können lediglich die Einschätzung der Sachverständigen zur Reaktion der Marktteilnehmer wiedergeben. Die Umfrage hat aber gezeigt, dass dies nicht unbedingt die Realität widerspiegelt. Beim Kauf einer Immobilie spielen neben den rationalen Entscheidungskomponenten auch psychologische Aspekte eine Rolle.

Schimmel und Feuchtigkeit sind Schäden, bei denen der Markt höchst sensibel reagiert. Während ein Sachverständiger rational an die Sache herangeht und abwägt, was die Schadensursache ist und wie diese zu beseitigen ist, ist der Käufer beim Wort „Schimmel" bereits alarmiert. Aspekte wie der Gesundheitsschutz der Familie, das Risiko, dass ein behobener Schimmelschaden möglicherweise noch negative Auswirkungen haben könnte oder gegebenenfalls zurückkehrt, spielen eine Rolle. Aus diesem Grund wird es bei dieser Art von Schäden keine Kompromisse geben.

Stört sich der Käufer an dem Schimmelschaden – und dies hat die Umfrage in der Mehrheit der Fälle gezeigt –, dann wird dieses Problem auch nicht mit einer Minderung zu kompensieren sein. Für ihn kommt ein schimmelbelastetes Haus nicht infrage.

Die vorgenannte Auswertung bildet aufgrund der teilweise geringen Fallzahlen nur eine Tendenz ab. Auch muss davon ausgegangen werden, dass nicht alle der befragten Käufer unmittelbar vor einer Kaufentscheidung standen. Es ist ein Unterschied, ob der Kaufinteressent bereits seit Monaten nach einem Haus sucht und nun froh ist, endlich das richtige Objekt gefunden zu haben, oder ob der Kaufinteressent die Frage hypothetisch beantwortet. Im ersten Fall wird er sicherlich bereit sein, größere Defizite hinzunehmen.

Weiter kann man sehen, dass die Schadensart einen Einfluss auf das Marktverhalten hat. Risse werden nicht so kritisch gesehen wie Schimmel- und Feuchteschäden. Darüber hinaus konnte die These bestätigt werden, dass Bauschäden bei steigendem Bodenrichtwertniveau weniger Relevanz haben als in weniger nachgefragten Bereichen wie ländlichen Gebieten.

Gleichwohl muss festgehalten werden, dass auch im Ballungsgebiet die überwiegende Mehrheit eine Abneigung gegen mangelbehaftete Objekte hat. Bei einem Objekt mit Schimmelschaden z.B. wollten 45 % der Befragten vom Kauf zurücktreten und 42 % die vollen Schadensbeseitigungskosten vom Kaufpreis abziehen. Somit hatten also auch im Ballungsgebiet 87 % der Marktteilnehmer ein Problem mit einem schadhaften Gebäude. Nur 4 % der Befragten würden ein Haus mit einem Schimmelschaden ohne Kaufpreisreduzierung kaufen.

Im Gegensatz zu den Rand- und Landgebieten allerdings finden sich in nachfragestarken Märkten eben diese 4 % wesentlich schneller. Aufgrund der Vielzahl der Interessenten ist die Verlängerung des Objektes am Markt minimal, sodass sie keinen Einfluss auf den Kaufpreis hat. Der Makler muss den Preis nicht reduzieren. Das Objekt wird am Ende zum vollen Preis verkauft.

In nachfrageschwächeren Gegenden dauert es wesentlich länger, bis die einzelnen Käufer gefunden sind, die kein Problem mit dem schadhaften Objekt haben. Bevor die Immobilie zum „Ladenhüter" wird, wird der Makler oder der Verkäufer den Preis reduzieren.

In der oben dargestellten Auswertung für die Randgebiete oder ländlichen Gegenden findet man keinen Käufer, der die Immobilie ohne Abschlag kauft, denn sie ist nicht gar so lange am Markt.

Die Kaufpreissammlungen der Gutachterausschüsse bilden nur den Käufer aus der Menge der 4 % ab, die den vollen Kaufpreis bezahlen würden. Ob und wie viele Interessenten wegen der Bauschäden vom Kauf zurückgetreten sind und wie lange das Objekt am Markt war oder ob der Kaufpreis reduziert wurde, lässt sich daraus nicht ablesen.

Aus diesem Grund sind Auswertungen der Kaufpreissammlung auch nur bedingt aussagekräftig.

Für die Wertermittlung ist es essenziell, den Hintergrund zu verstehen, um die vorliegenden Daten entsprechend bewerten zu können.

5.7 Auswertung der Kaufpreissammlungen auf Basis der neuen Datenerhebung

Kapitel 5.5 hat gezeigt, dass auf Basis der bisherigen Datenerfassung mittels Fragebögen der Gutachterausschüsse eine sinnvolle Auswertung des Einflusses von Baumängeln und Bauschäden nur begrenzt möglich ist. In Kapitel 5.5 wird die Auswertung der Kaufpreissammlung bezüglich Sachwertfaktoren mangelbehafteter Objekte vorgestellt. Insbesondere die Ermittlung des vorläufigen Sachwerts auf Basis der erfassten Eingangsparameter stellt eine große Unsicherheitskomponente im Rahmen der Auswertung dar. Im Zuge der Gegenüberstellung der schematisch errechneten vorläufigen Sachwerte und der tatsächlichen Kaufpreise wird unterstellt, dass die sich ergebenden Abweichungen auf Bauschäden zurückzuführen sind. Dies muss aber nicht zwangsläufig so sein.

Darüber hinaus wurden keine Schadensarten erfasst, aber gerade diese haben einen großen Einfluss auf den Verkehrswert. Die Umfrage zu Marktreaktionen bei unterschiedlichen Schadensarten (Kapitel 5.6) zeigt dies deutlich. Es liegt also nahe, die Befragung dahingehend zu erweitern.

Im Rahmen eines von der Verfasserin initiierten und zusammen mit dem Gutachterausschuss für Immobilienwerte für den Bereich der Landkreise Bergstraße, Darmstadt-Dieburg, Groß-Gerau, Offenbach und des Odenwaldkreises ins Leben gerufenen Pilotprojekts wurde der Fragebogen des Gutachterausschusses hinsichtlich des Themas Bauschäden konkretisiert.

In den neuen Fragebögen wird nun die Schadensart abgefragt. Darüber hinaus wird direkt nach der Wertminderung gefragt. Zum einen kann angegeben werden, ob eine Wertminderung aufgrund von Baumängeln und Bauschäden erfolgte, und zum anderen wird abgefragt, wie hoch die Kaufpreisminderung war. Zur Einschätzung der Angaben wird ebenfalls erfasst, ob die Angaben von einem Sachverständigen gemacht werden oder von einem Laien.

12. Bauschäden / Bauzustand

12.1 Schadensgröße

- ☐ Kleinere Schäden (Schadensbeseitigungskosten bis 10.000 €)
- ☐ Mittlere Schäden (Schadensbeseitigungskosten 10.000 € - 25.000 €)
- ☐ Größere Schäden (Schadensbeseitigungskosten 25.000 € - 70.000 €)
- ☐ Erhebliche Schäden (Schadensbeseitigungskosten größer 70.000 €)
- ☐ **Eigeneinschätzung** ☐ **Einschätzung eines Sachverständigen**

12.2 Schadensart

- ☐ Feuchteschäden (Wasserflecken, Verfärbungen, Putzabplatzungen, Salzausblühungen, Wassereindrang, etc.)
- ☐ Risse
- ☐ Schimmelschäden
- ☐ Hausschwamm
- ☐ Schädlinge

12.3 Haben Sie den Kaufpreis aufgrund des vorhandenen Bauschadens gemindert?

☐ Nein ☐ Ja, wie hoch war der Wertabschlag? ....€

Abb. 5-41: Auszug aus dem neuen Fragebogen des Gutachterausschusses für Immobilienwerte für den Bereich der Landkreise Bergstraße, Darmstadt-Dieburg, Groß-Gerau, Offenbach und des Odenwaldkreises

Diese erweiterten Fragebögen werden seit Juni 2020 versendet. Die Rückläufe der Jahre 2020 bis 2023 wurden nun ausgewertet. Besonders interessant hierbei ist die jährliche Auswertung der Daten, da die letzten Jahre von besonderen Ereignissen geprägt waren. So waren die Jahre 2020 bis 2022 von der Corona-Pandemie beeinflusst. Im Februar 2022 begann der Krieg in der Ukraine und damit einhergehend in den Folgemonaten die Energiekrise. Gegen Ende des vierten Quartals 2022 begann die Erhöhung des Leitzinses der Europäischen Zentralbank[59] von 1,25 % im September 2022 auf 4,5 % im September 2023. Die Ergebnisse werden im Folgenden vorgestellt.

5.7.1 Allgemeine Auswertung

Bevor die einzelnen Teilmärkte im Detail betrachtet werden, erfolgt eine teilmarktübergreifende Auswertung aller rd. 1.100 untersuchten Kauffälle aus den Jahren 2020 bis 2023. Bei den unter 5.7.1.1 ff. dargestellten Auswertungen handelt es sich um allgemeine Übersichten. Die Datengrundlage umfasst somit den gesamten Erhebungszeitraum sowie alle Lagen und alle Teilmärkte.

5.7.1.1 Verteilung des Schadensausmaßes

Von allen untersuchten Kauffällen weisen 58 % kleine Schäden auf, 25 % haben mittlere Schäden, rd. 10 % große und 7 % erhebliche.

Die Zuordnung der Schadensgrößen im Rahmen der Auswertung ist wie folgt definiert:

Schadensausmaß	**Geschätzte Schadensbeseitigungskosten**
Kleine Schäden	< 10.000 €
Mittlere Schäden	10.000 bis 24.999 €
Große Schäden	25.000 bis 70.000 €
Erhebliche Schäden	> 70.000 €

Mehr als die Hälfte der erfassten Schadensfälle ist damit gering, d.h., die Schadensbeseitigungskosten liegen unter 10.000 €. Sehr große Schäden mit mehr als 70.000 € Schadensbeseitigungskosten machen nur 7 % der Kauffälle aus. 10 % der Kauffälle hatten große Schäden und 25 % waren mittelgroß. Damit bewegen sich 35 % der Fälle in einer Kostenspanne von 10.000 bis 70.000 €.

59 Statista 24, Entwicklung des Zinssatzes der Europäischen Zentralbank für das Hauptrefinanzierungsgeschäft von 1999–2023.

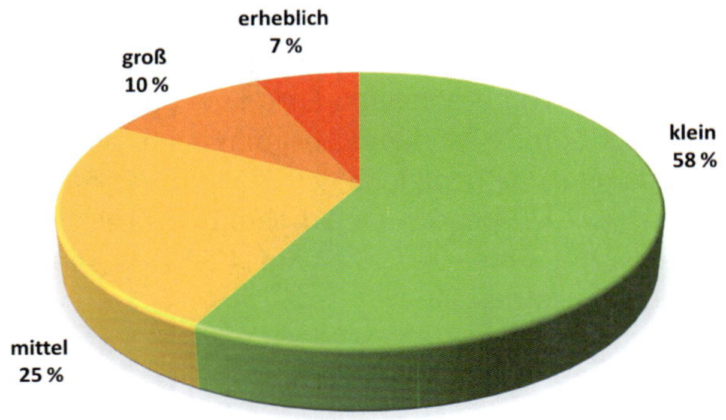

Abb. 5-42: Verteilung des Schadensausmaßes

5.7.1.2 Verteilung der Schadensarten

Mehr als die Hälfte der registrierten Bauschäden sind Feuchteschäden. Risseschäden machen 34 % und Schimmelbefall 10 % aus. Den kleinsten Anteil stellen Hausschwamm und Schädlinge mit jeweils 1 % dar. Da sowohl Schimmelschäden als auch Hausschwamm und Schädlinge nur eine Folge erhöhter Feuchtigkeit im oder am Bauteil sind und sicherlich auch ein Teil der Risseschäden auf Wassereindrang zurückzuführen ist, kann von einem Gesamtanteil von rd. 80 % Feuchteschäden ausgegangen werden.

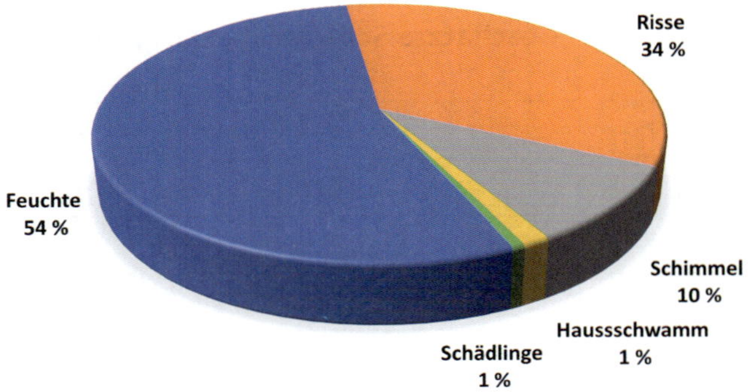

Abb. 5-43: Verteilung der Schadensarten

5.7.1.3 Verteilung der Teilmärkte

Die Aufteilung des Teilmarktes bzw. der Gebäudeart ergibt, dass 91 % der Objekte dem Ein- und Zweifamilienhausmarkt, 5 % dem Mehrfamilienhausmarkt und 3 % Sonstigen zuzuordnen sind.

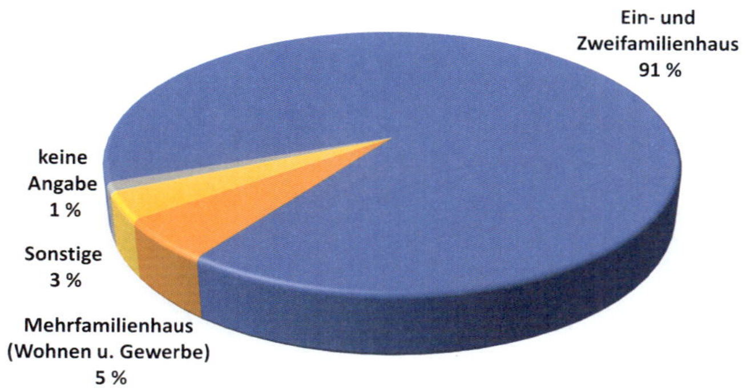

Abb. 5-44: Verteilung des Teilmarktes

5.7.1.4 Verteilung der Lagen

Die Zuordnung der Lagen erfolgt auf Basis folgender Zuteilung:

Ländliches Gebiet	Bodenrichtwert < 149 €/m²
Randlage	Bodenrichtwert 150 bis 499 €/m²
Ballungsgebiet	Bodenrichtwert > 499 €/m²

Hinsichtlich der Verteilung der Lagen sind mehr als die Hälfte der Kauffälle den Randlagen zuzuordnen, nämlich 51 %. 34 % der untersuchten Fälle kommen aus dem Ballungsgebiet mit einem Bodenrichtwertniveau ab 500 €/m². Die ländlichen Gebiete umfassen 14 %.

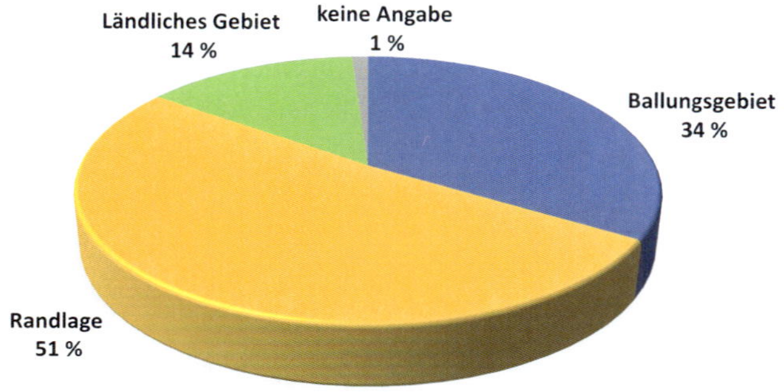

Abb. 5-45: Verteilung der Lage

5.7.1.5 Verteilung der Baujahre

Die untersuchten Ein- und Zweifamilienhäuser stammen überwiegend aus den Jahren 1931 bis 1989. Rund ein Fünftel der Fälle sind Altbauten und ein kleiner Teil von ca. 11 % der Kauffälle sind neuere Bauten nach 1989. Die Grafik zeigt auch, dass für Mehrfamilienhäuser nur wenige Fälle zur Verfügung standen. Gleichwohl ist erkennbar, dass die Verteilung der Baujahre bei Mehrfamilienhäusern und Wohn- und Geschäftshäusern analog der bei Ein- und Zweifamilienhäusern ist.

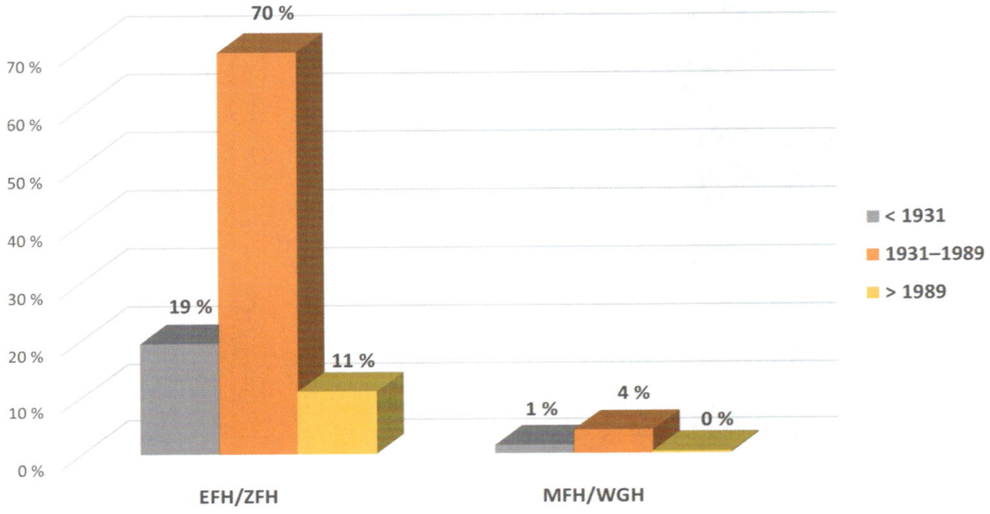

Abb. 5-46: Gebäudeart nach Baujahr

5.7.1.6 Schadensart nach Schadensgröße

Bei kleineren, mittleren und großen Schäden war in mehr als 50 % der Fälle Feuchtigkeit die Ursache, gefolgt von Rissen, die bei diesen Schadensdimensionen in ca. ein Drittel der Fälle ursächlich waren. Hausschwamm und Schädlinge führen demnach eher zu erheblichen Schäden. Bei erheblichen Schäden waren im Vergleich zu kleinen, mittleren und großen Schäden Feuchte und Risseschäden weniger vertreten. Dafür waren Schimmel, Hausschwamm und Schädlinge eher die Ursache. 24 % der erheblichen Schäden gehen auf Schimmel zurück, 50 % auf Hausschwamm und 3 % auf Schädlinge.

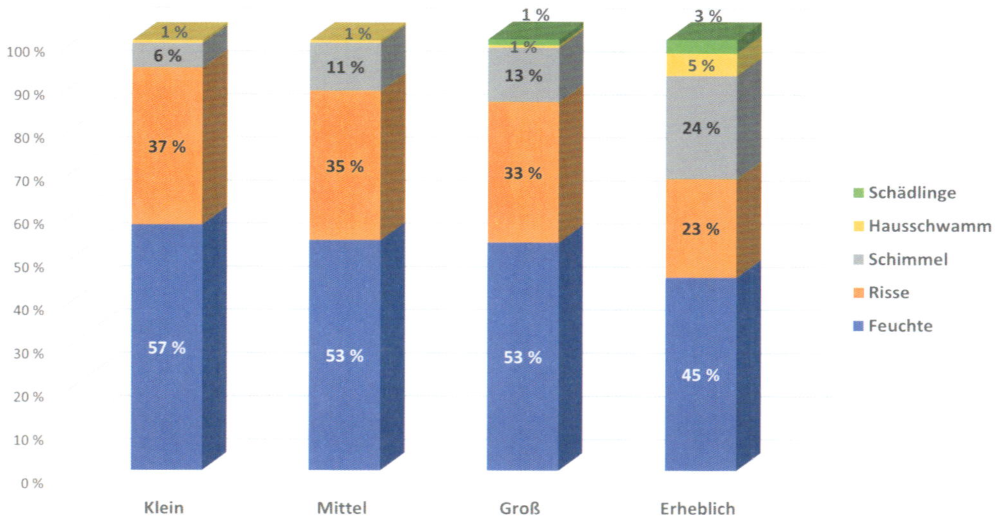

Abb. 5-47: Schadensart nach Schadensgröße

5.7.1.7 Schadensart nach Baujahr

Die Darstellung der Schadensarten nach Baujahr zeigt, dass die Verteilung der Schadensarten baujahresübergreifend vergleichbar ist. Etwa die Hälfte aller Schäden sind Feuchteschäden. Risse treten bei ca. einem Drittel der älteren Gebäude und bei ca. der Hälfte der neueren Gebäude auf. Schimmelschäden sind bei allen Baujahresklassen mit rund 10 % vertreten. Die Grafik zeigt auch, dass Hausschwamm und Schädlinge eher in Altbauten auftreten. Das ist nicht verwunderlich, da diese überwiegend Holzkonstruktionen aufweisen.

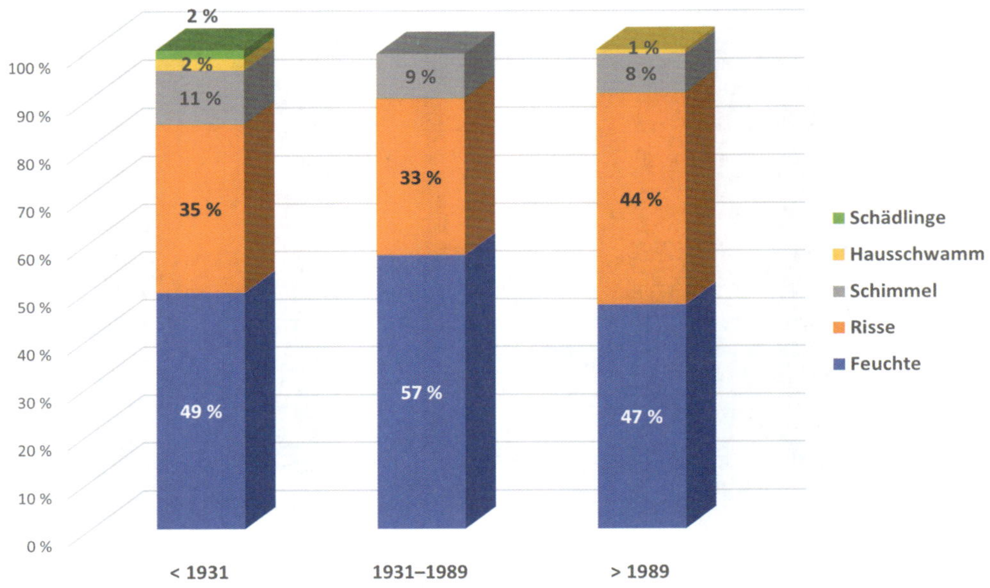

Abb. 5-48: Schadensart nach Baujahr

5.7.1.8 Schadensgröße nach Baujahr

Die Auswertung Schadensgröße nach Baujahr zeigt, dass die größeren Schäden typischerweise bei den älteren Gebäuden auftreten und nicht bei den neueren. Somit machen bei Gebäuden mit Baujahren vor 1931 die kleinen Schäden ca. ein Drittel aus, während bei Gebäuden mit Baujahren nach 1989 kleine Schäden über 80 % der Schäden darstellen. Große und erhebliche Schäden machen ebenfalls ein Drittel der Schäden bei älteren Gebäuden aus, wogegen bei neueren Gebäuden keine erheblichen Schäden verzeichnet wurden und große Schäden nur 4 % ausmachten.

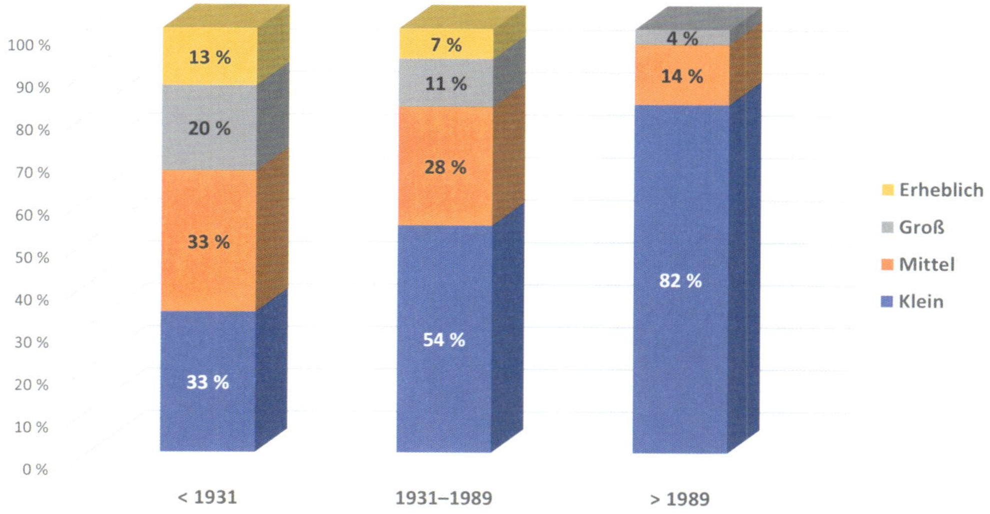

Abb. 5-49: Schadensgröße nach Baujahr

5.7.1.9 Verteilung der Einschätzung durch Sachverständige/ Eigentümer

Da einzelne Schäden von Laien und von Sachverständigen unterschiedlich bewertet werden, ist es interessant zu sehen, wie viele Käufer einen Sachverständigen beim Kauf einer Immobilie hinzuziehen. Leider machten 43 % der Befragten keine Angaben hierzu. Theoretisch könnte davon ausgegangen werden, dass die Befragten es angegeben hätten, wenn sie einen Sachverständigen beauftragt hätten. Da dies aber nur eine Vermutung ist, kann nur auf die tatsächlichen Zahlen Bezug genommen werden. Danach haben 50 % der Eigentümer die Angaben zur Schadenshöhe selbst gemacht, nur 7 % der Befragten haben einen Sachverständigen beauftragt.

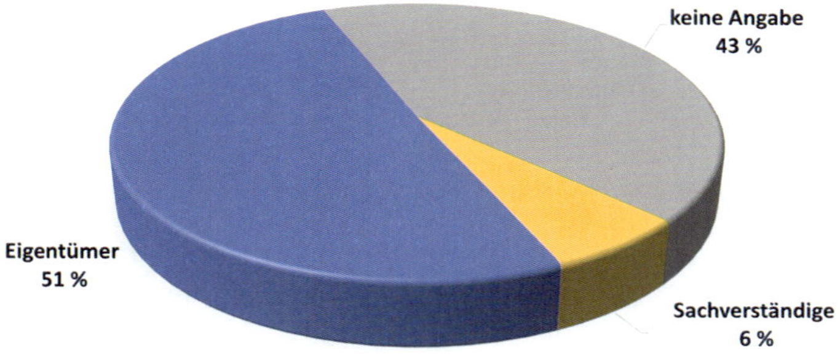

Abb. 5-50: Verteilung der Beurteilung

Eliminiert man die Datensätze ohne Angaben, verbleibt eine Anzahl von 633 Fällen. Die Auswertung auf dieser Basis zeigt, dass in rund 11 % der Kauffälle ein Sachverständiger hinzugezogen wurde. Bei der überwiegenden Mehrheit, 89 % der Transaktionen, wurde kein Sachverständiger beauftragt. Man könnte nun argumentieren, dass die Mehrheit der Schäden geringfügig ist und deshalb in den meisten Fälle kein Sachverständiger nötig war.

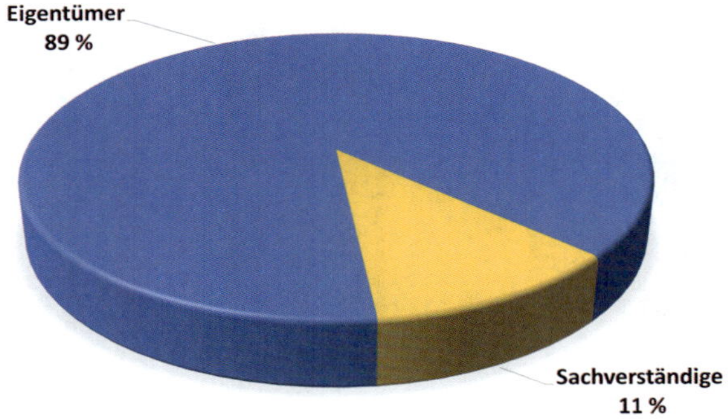

Abb. 5-50a: Verteilung der Beurteilung (ohne „keine Angabe")

Entfernt man die kleinen Schäden sowie die Datensätze ohne Angaben aus der Datenmenge, ist dennoch zu erkennen, dass ein wesentlich geringerer Anteil der Käufer einen Sachverständigen zu Rate zieht. In nur 15 % der Fälle wurde angegeben, dass bei mittleren bis erheblichen Schäden ein Sachverständiger hinzugezogen wurde.

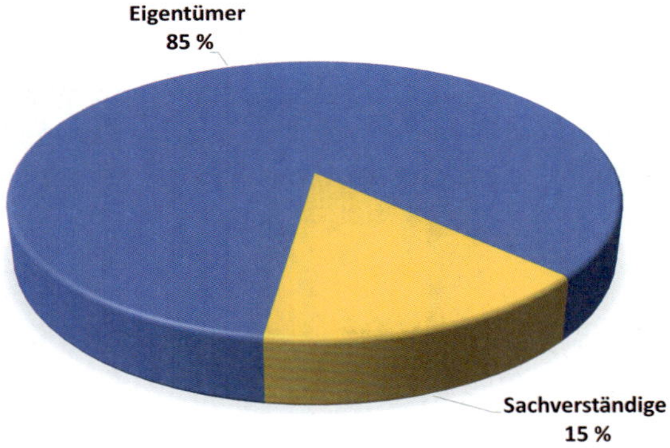

Abb. 5-50b: Verteilung der Beurteilung (ohne „keine Angabe" und „kleine Schäden")

Somit liegt der Anteil der Transaktionen im Ein- und Zweifamilienhausmarkt, in denen ein Sachverständiger zugegen war, bei 11 bis 15 %. Die überwiegende Mehrheit der Käufe, 85 bis 89 %, findet auf diesem Teilmarkt ohne Sachverständige statt.

Diese Information ist insbesondere bei der Abwägung, inwieweit eine bauliche Besonderheit –Schäden oder Schadstoffe – dem Laien bekannt sein können, von Bedeutung. Nach dieser Auswertung wird klar, dass im Ein- und Zweifamilienhausmarkt die überwiegende Mehrheit der Käufer den Laien zuzurechnen ist.

5.7.1.10 Verteilung der Minderungshöhe

Bezüglich der durchgeführten Abschläge ohne Unterteilung nach Teilmarkt und Lage ist eindeutig zu erkennen, dass in 76 % der Fälle keine Abschläge wegen Baumängeln oder Bauschäden vorgenommen wurden. Die Minderungen, die in den restlichen 24 % der Fälle durchgeführt wurden, sind unten dargestellt. Daraus ist ersichtlich, dass nur sehr selten Abschläge < 10.000 € gemacht wurden. Abschläge zwischen 10.000 und 25.000 € wurden in 8 % der Fälle gemacht, 25.000 bis 70.000 € in 6 % und 1 % entfielen auf große Abschläge von mehr als 70.000 €.

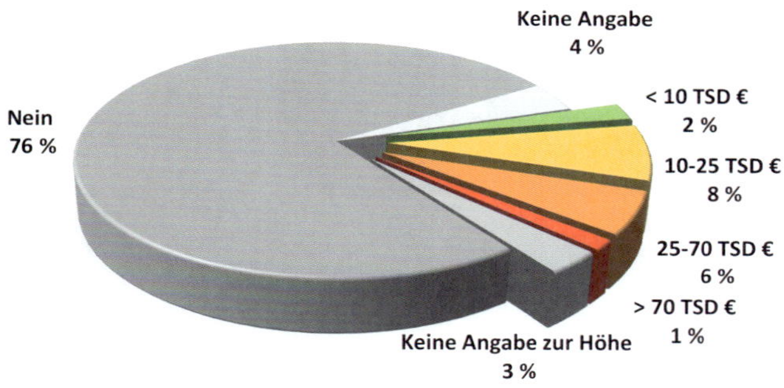

Abb. 5-51: Verteilung der Minderungshöhe

5.7.1.11 Minderung nach Jahren

Die Übersicht über die Minderungen in den Jahren 2020 bis 2023 zeigt, dass in den überwiegenden Fällen, nämlich in 74 bis 79 %, keine Wertminderungen aufgrund von Baumängeln und Bauschäden erfolgten. Abschläge erfolgten dementsprechend in 17 bis 26 % der Fälle. Die Verteilung ist über die Jahre relativ konstant, gleichwohl ist erkennbar, dass im Jahr 2021 die wenigsten Abschläge gemacht wurden und im Jahr 2023 die meisten. Von 2020 bis 2021 war der Markt mit einer hohen Nachfrage und einem geringen Angebot sehr aktiv und der Einfluss von Baumängeln und Bauschäden damit gering. Das Jahr 2022 war geprägt von den Auswirkungen der Corona-Pandemie sowie der Energiekrise, die sich auch im Jahr 2023 fortsetzte. In 2023 folgte dann auch noch eine stetige Zinserhöhung.

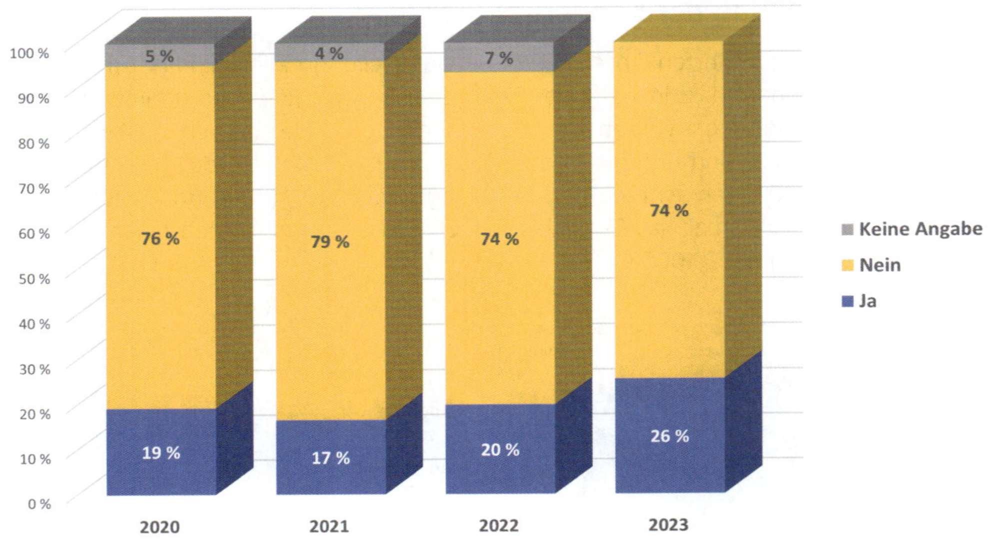

Abb. 5-52: Minderung nach Jahren

5.7.2 Auswertung Teilmarkt Einfamilienhäuser/ Zweifamilienhäuser

Die Darstellung in Abbildung 5-44 zeigt, dass die Mehrheit der ausgewerteten Daten den Ein- und Zweifamilienhausmarkt umfasst. Aus diesem Grund wird im folgenden Kapitel der Ein- und Zweifamilienhausmarkt detailliert betrachtet. Die folgenden Auswertungen basieren auf einem Datensatz von rd. 1.000 Kauffällen.

5.7.2.1 Verteilung der Schadensarten

Im Rahmen der Untersuchung werden unterschiedliche Schadensarten betrachtet. Die folgende Darstellung zeigt, dass etwas mehr als die Hälfte der Schadensfälle auf Feuchteschäden zurückzuführen sind. Risse machen 34 % der Schadensfälle aus, Schimmel 10 %. Hausschwamm und Schädlinge kommen mit insgesamt 2 % recht selten vor.

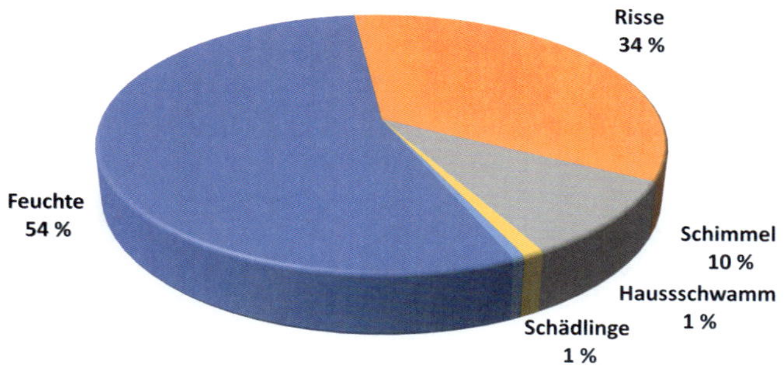

Abb. 5-53: Verteilung der Schadensarten

5.7.2.2 Minderung im Teilmarkt EFH /ZFH

Im Ein- und Zweifamilienhausmarkt haben 77 % der Befragten keinen Abschlag wegen Baumängeln und Bauschäden vorgenommen. Nur 19 % der Befragten minderten den Kaufpreis.

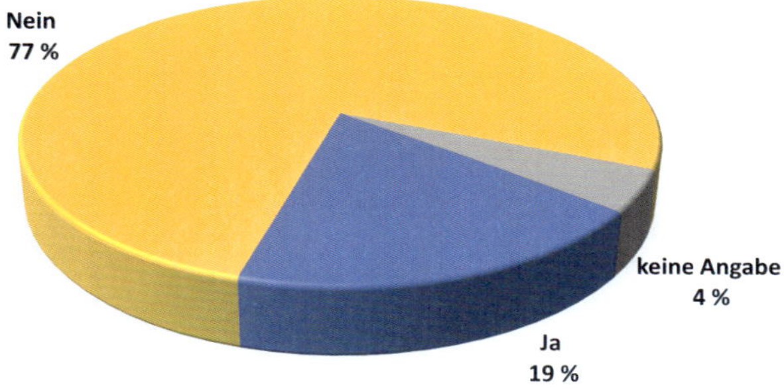

Abb. 5-54: Minderung für EFH/ZFH

5.7.2.3 Minderung nach Schadensart

Abbildung 5-55 zeigt die Minderungen nach Schadensart aus der Datenmenge der Jahre 2020 bis 2023. In der Abbildung 5-55a werden die einzelnen Untersuchungszeiträume separat dargestellt, über alle Lagen. In den Abbildungen 5-55b bis d erfolgt eine weitere Differenzierung nach Lagen. In der Auswertung über alle Lagen ist zu erkennen, dass im Ein- und Zweifamilienhausmarkt überwiegend keine Abschläge für die einzelnen Bauschadensarten gemacht werden. Es ist eine Tendenz zu erkennen, dass bei Hausschwamm und Schädlingen eher ein Abschlag gemacht wird als bei Feuchte, Rissen und Schimmel. Das deutet darauf hin, dass der Markt bei einem Schaden durch Hausschwamm oder Schädlinge sensibler reagiert.

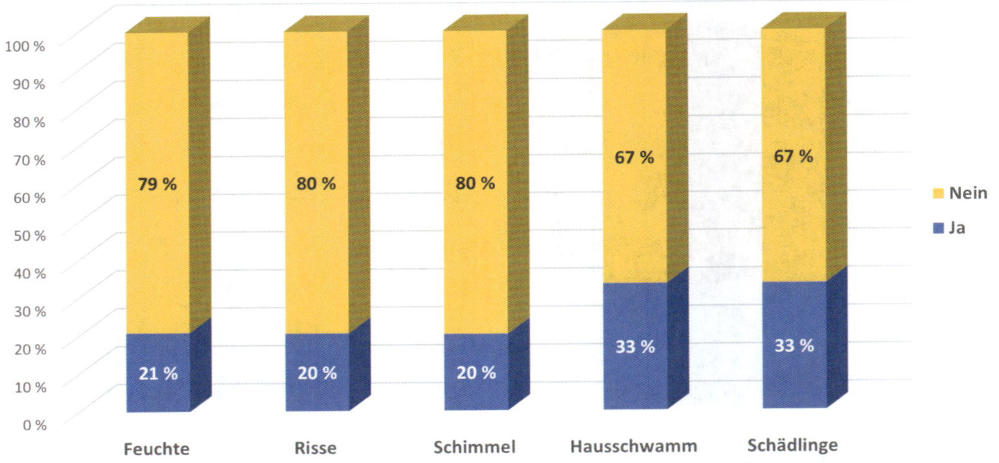

Abb. 5-55: Minderung nach Schadensart bei EFH/ZFH

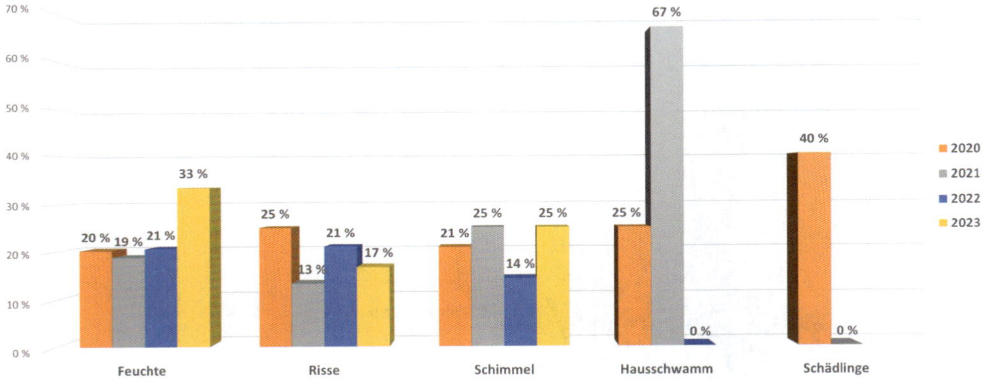

Abb. 5-55a: Minderung nach Schadensart alle Lagen, 2020–2023

Aufgrund der großen Datenmenge war es nun möglich, die vorangestellte Auswertung weiter zu untergliedern. Es folgte eine Unterteilung in die unterschiedlichen Lagen sowie die Jahre der Kaufabschlüsse.

In Abbildung 5-55b ist die Minderung nach Schadensart im Ballungsgebiet dargestellt. Hier ist deutlich zu erkennen, dass für Feuchte- und Schimmelschäden die meisten Abschläge gemacht wurden. Weiter ist ersichtlich, dass im Jahr 2023 die Anzahl der Wertminderungen zunahm.

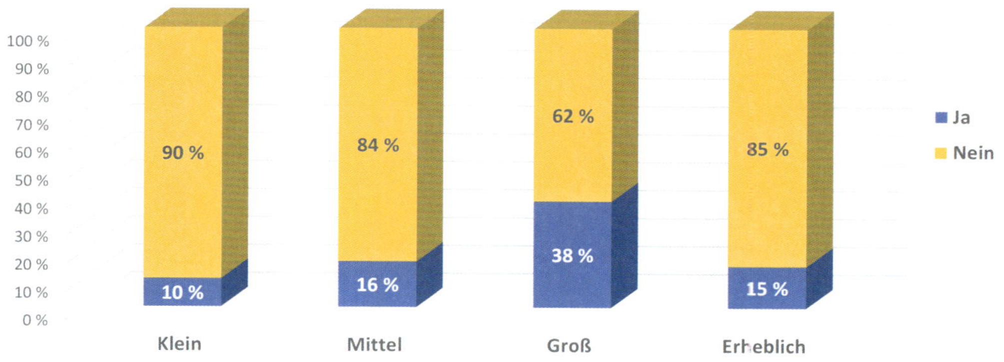

Abb. 5-55b: Minderung nach Schadensart – Ballungsgebiet, 2020–2023

Im Randgebiet war die Anzahl der Abschläge erwartungsgemäß höher als im Ballungsgebiet. Auch hier sticht das Jahr 2023 mit einer erhöhten Anzahl von Wertminderungen hervor. Die meisten Abschläge wurden hier für Schimmel, Hausschwamm und Schädlinge gemacht.

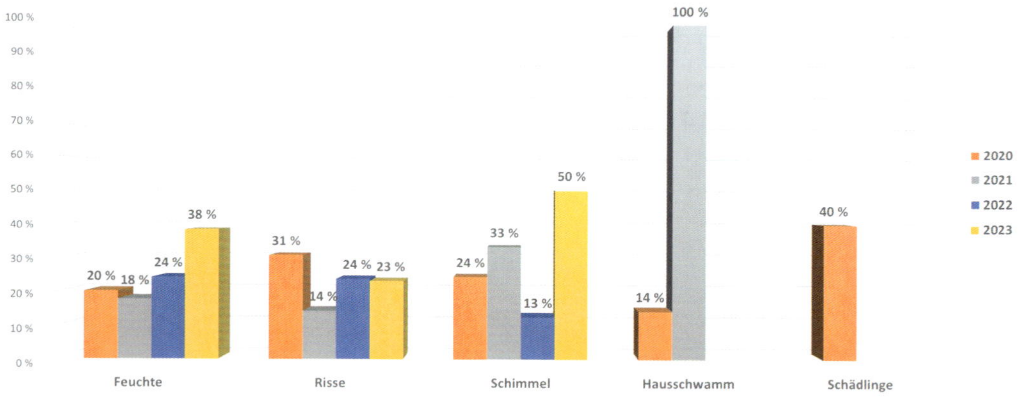

Abb. 5-55c: Minderung nach Schadensart – Randgebiet, 2020–2023

Überraschenderweise sind im ländlichen Gebiet die höchsten Abschläge im Jahr 2022 zu verzeichnen. Auch hier wurden für Schimmel, Hausschwamm und Schädlinge die meisten Abschläge gemacht. In 100 % der Fälle wurde bei einem vorliegenden Hausschwamm ein Abschlag gemacht.

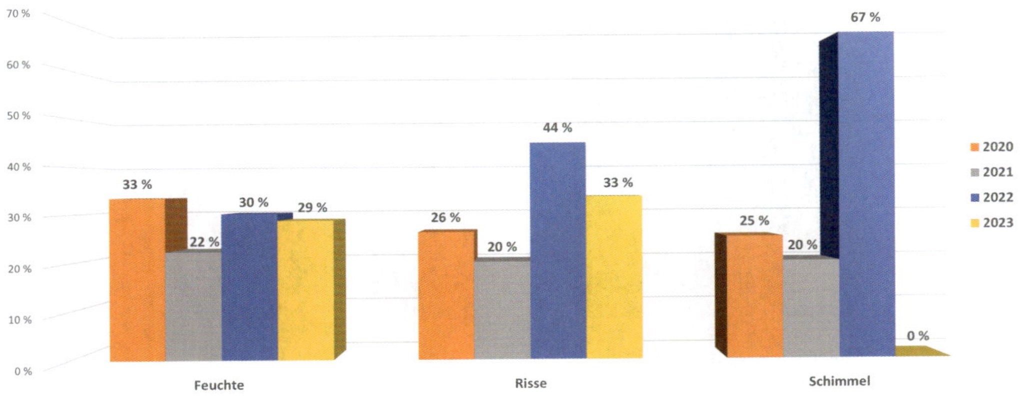

Abb. 5-55d: Minderung nach Schadensart – ländliches Gebiet, 2020–2023

5.7.2.4 Minderung nach Schadensgröße

In Kapitel 5.7.2.1 wurde bereits festgestellt, dass in rund 80 % der Kauffälle mangelbehafteter Immobilien keine Abschläge vom Kaufpreis vorgenommen werden. Zur Beurteilung dieses Sachverhalts ist es wichtig zu wissen, um welche Schadensgrößen es sich hierbei handelt und wie sich dies in den unterschiedlichen Lagen verhält.

Die Übersicht über alle Lagen ist in Abbildung 5-56 dargestellt. Darin ist zu erkennen, dass bei kleinen Schäden nur in 14 % der Fälle ein Abschlag gemacht wurde. Bei mittleren, großen und erheblichen Schäden wurde in 21 bis 34 % der Fälle eine Wertminderung durchgeführt.

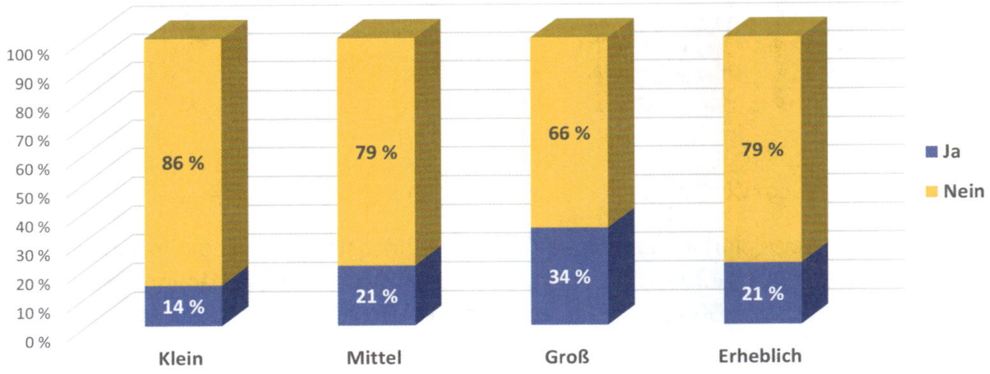

Abb. 5-56: Wertminderung nach Schadensgröße, EFH/ZFH Markt, alle Lagen

Abbildung 5-56a zeigt die Wertminderungen über alle Lagen differenziert nach Schadensgrößen und Jahren. Für kleine, mittlere und große Schäden ist erkennbar, dass in den Jahren 2022 und 2023 die meisten Abschläge erfolgten. Die meisten Abschläge wurden für mittlere Schäden im Jahr 2023 und für große Schäden im Jahr 2022 vorgenommen.

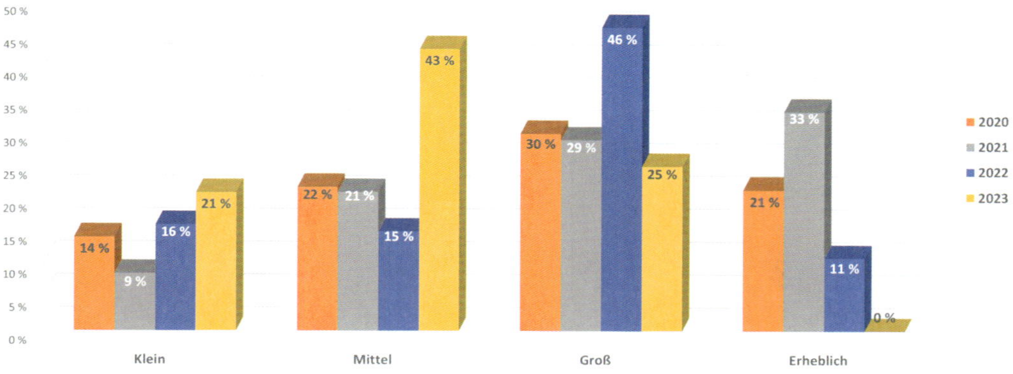

Abb. 5-56a: Wertminderung nach Schadensgröße, EFH/ZFH Markt, alle Lagen und Jahren

Bei der Differenzierung der einzelnen Lagen wird deutlich, dass bei zunehmendem Bodenrichtwertniveau die Anzahl der Wertminderungen sinkt. So wird in Ballungsgebieten nur in 10 % der Kauffälle mit kleinen Schäden ein Wertabschlag gemacht. In 90 % der Fälle erfolgt für kleine Schäden an Immobilien keine Wertminderung. Die meisten Abschläge vom Kaufpreis wurden bei großen Schäden festgestellt. Hier waren es 38 % der Fälle. Überraschenderweise war dies im Ballungsgebiet.

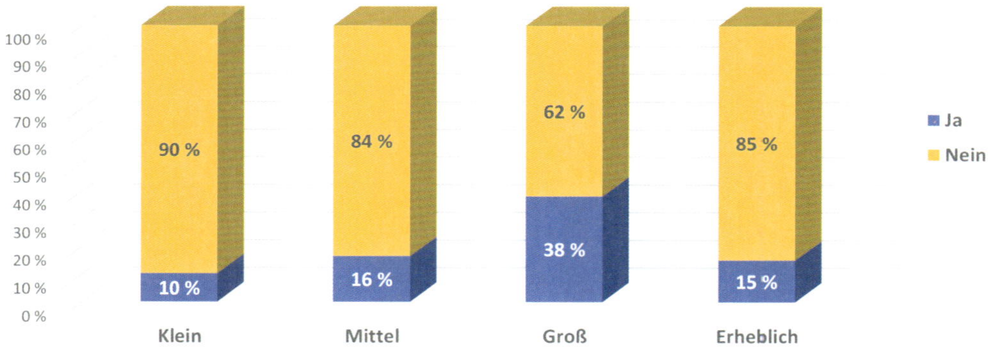

Abb. 5-56b: Wertminderung nach Schadensgröße, EFH/ZFH Markt, Ballungsgebiet

Auch in Randlagen erfolgten die meisten Wertminderungen infolge mittlerer und großer Schäden. Für kleine Schäden wurde auch hier nur in 15 % der Fälle eine Wertminderung gemacht. Die meisten Wertminderungen wurden für große Schäden in 33 % der Fälle gemacht.

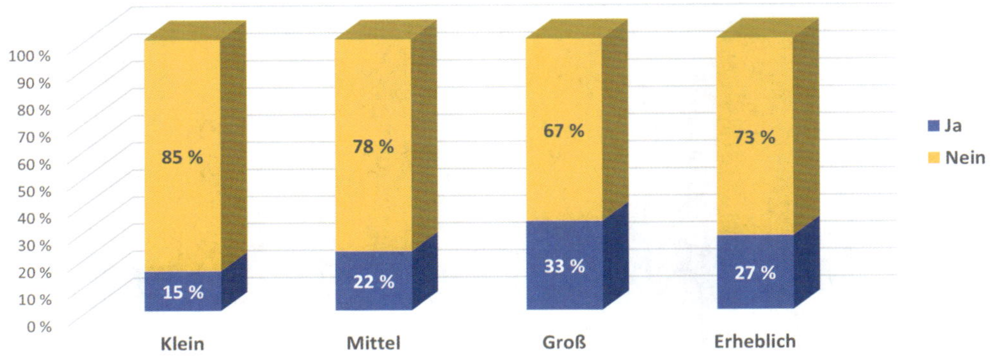

Abb. 5-56c: Wertminderung nach Schadensgröße, EFH/ZFH Markt, Randgebiet

Für das ländliche Gebiet war die Datenmenge mit insgesamt 131 Fällen am geringsten. Dennoch zeigt sich, dass hier für kleine Schäden in 15 % der Fälle ein Abschlag gemacht wurde. In Randgebieten waren es 21 % und im Ballungsgebiet nur 10 %. Damit ist der Abschlag für kleine Schäden im ländlichen Gebiet im Vergleich zu den anderen Lagen am größten. Für mittlere Schäden stellt es sich ähnlich dar. Bei großen und erheblichen Schäden war der Abschlag leicht niedriger als im Randgebiet. Dies war nicht zu erwarten, könnte aber mit der geringen Datenmenge von 11 großen Schäden und 4 erheblichen Schäden begründet werden. Im Randgebiet waren es 43 große und 16 erhebliche Schäden.

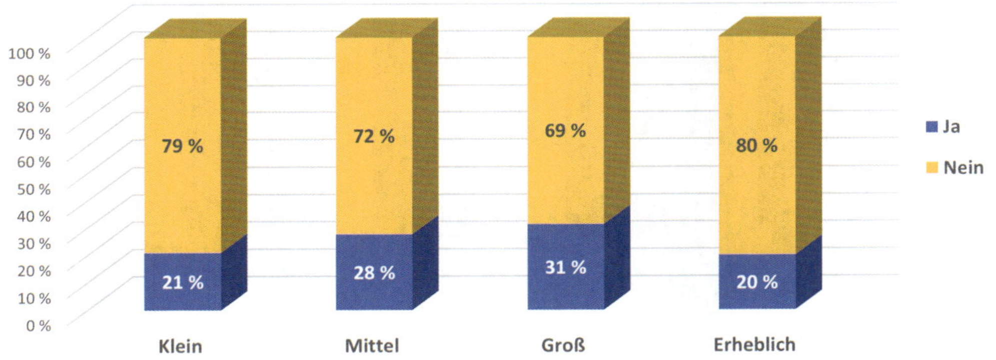

Abb. 5-56d: Wertminderung nach Schadensgröße, EFH/ZFH Markt, ländliches Gebiet

5.7.2.5 Minderungshöhe nach Schadensgröße

Die Grafik zeigt deutlich, dass Minderungen unter 10.000 € überwiegend bei kleinen Bauschäden gemacht werden. Bei mittleren und großen Bauschäden bewegen sich die Minderungen in der Regel zwischen 10.000 und 70.000 €, nur in seltenen Fällen kommen hier Minderungen über 70.000 € zum Zuge. Bei erheblichen Bauschäden wurden in 30 % der Fälle Minderungen zwischen 25.000 und 70.000 € registriert und in 50 % der Fälle waren die Minderungen größer als 70.000 €.

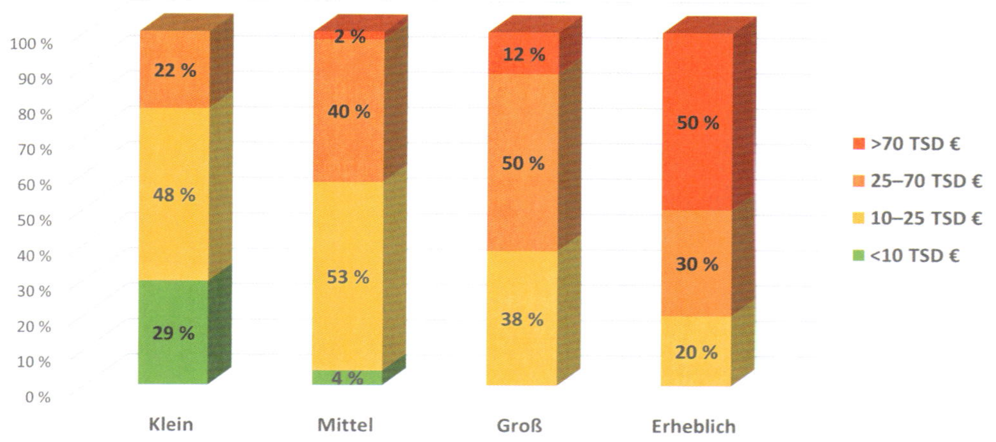

Abb. 5-57: Minderungshöhe nach Schadengröße EFH/ZFH

5.7.2.6 Minderungshöhe nach Schadensart

Die Darstellung der Minderungshöhe nach Schadensart zeigt, dass sich die durchgeführten Abschläge überwiegend in einer Spanne von 10.000 bis 70.000 € bewegen. Abschläge unter 10.000 € kommen wurden bei der Stichprobe nur bei den Schadensarten Feuchte, Risse und Schimmel gemacht. Die größten Abschläge mit über 70.000 € erfolgten überwiegend bei Schäden aufgrund von Schimmel, Hausschwamm und Schädlingen.

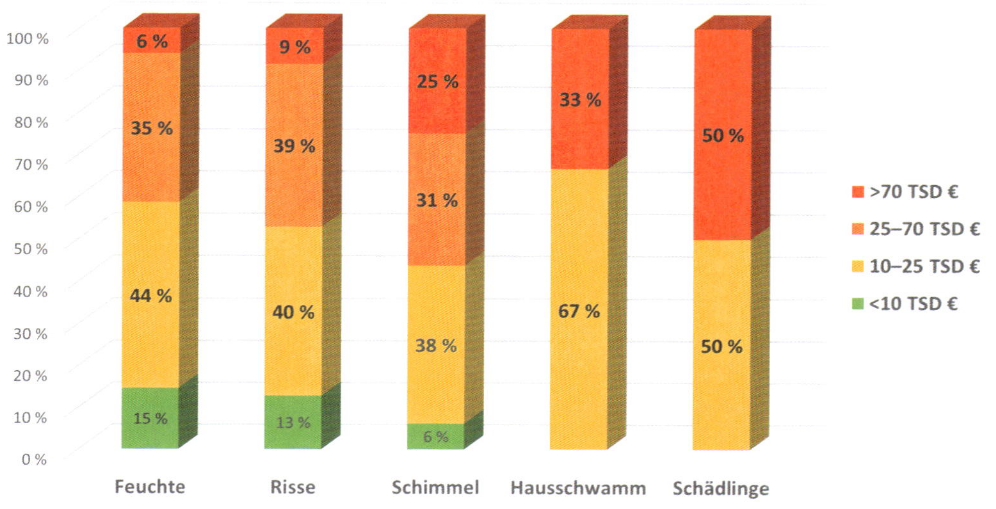

Abb. 5-58: Minderungshöhe nach Schadensart

Damit wird auch beim Teilmarkt Einfamilienhäuser/Zweifamilienhäuser (siehe auch Kapitel 5.7.2) deutlich, dass der Markt eine große Abneigung gegen Schäden aufgrund von Hausschwamm und Schädlingen hat. Wichtig ist an dieser Stelle der Hinweis, dass bei der

Befragung eine Mehrfachantwort möglich war. Das bedeutet, dass ein Objekt mehrere Schäden haben konnte, aber nur eine Schadensminderungssumme abgefragt wurde.

Bei der Auswertung wurde diese Gesamtsumme jeder angegebenen Schadensart zugeordnet. Somit können die Minderungssummen insgesamt tatsächlich niedriger sein.

Das sich ergebende Verhältnis der Schadensarten untereinander ist insofern aber aussagekräftig, als dass festgestellt werden kann, dass immer, wenn Hausschwamm ausgewählt war, die Minderungshöhe hoch war.

5.7.2.7 Minderungshöhe nach Baujahr

Die Grafik zeigt die Auswertung Minderungshöhe nach Baujahr. Da in den überwiegenden Fällen keine Minderungen gemacht wurden, ist die Datengrundlage für die untenstehende Darstellung mit 169 Fällen recht gering. Dabei entfielen 42 Fälle auf Objekte mit Baujahren vor 1931 und 21 Fällen nach 1989. Die Daten der Objekte mit Baujahren zwischen 1931 und 1989 machten mit 106 Fällen den größten Anteil aus.

Die Darstellung zeigt, dass die meisten Minderungen baujahresübergreifend im Bereich von 10.000 bis 70.000 € liegen. Tendenziell liegen die größten Minderungen bei den ältesten Gebäuden. Das ist insofern plausibel, da bei älteren Gebäuden tendenziell größere Schäden entstehen als bei Neubauten, was sicherlich auch auf Instandhaltungsstau bei älteren Gebäuden zurückzuführen ist.

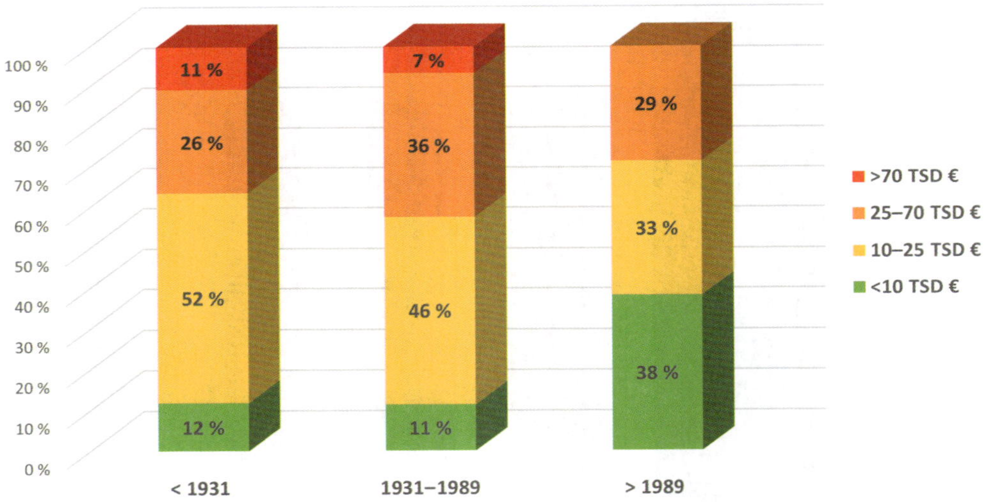

Abb. 5-59: Minderungshöhe nach Baujahr

5.7.2.8 Abschläge vom unbelasteten Verkehrswert nach Schadensgröße und Lage

Die Abbildungen 5-60a bis 5-60d zeigen die Höhe der durchschnittlichen Abschläge vom unbelasteten Verkehrswert unter der Annahme, dass der erzielte Kaufpreis dem unbelasteten Verkehrswert entspricht. Für die Auswertung wurden die in den Fragebögen dokumentierten Wertminderungen zum tatsächlich bezahlten Kaufpreis addiert. Das Verhältnis der Wertminderung zu diesem erhöhten Kaufpreis wurde dann ausgewiesen.

Nach Reduzierung um die Datensätze ohne Angaben zur Wertminderung verblieben 940 Fälle. Nach Unterteilung der Jahre und Lagen blieben für das Jahr 2023 nur 74 Kauffälle übrig. In 2020 waren es im Vergleich 419 Kauffälle, 235 Fälle in 2021 und 212 Kauffälle in 2022.

Auch die erheblichen Schadensfälle waren mit 47 Stück sehr gering vertreten im Vergleich zu den 101 großen, 227 mittleren und 563 kleinen Schadensfällen.

Dies muss bei der Interpretation der Daten berücksichtigt werden.

Wie erwartet ist zu erkennen, dass die Abschläge bei steigendem Schadensausmaß größer werden. Für kleine Schäden wurden demnach Abschläge bis max mal 2,0 % erfasst, für erhebliche vereinzelt bis 22,0 %.

Die Darstellung nach Lagen zeigt auch, dass die Abschläge in Ballungsgebieten am geringsten sind und in ländlichen Gegenden am höchsten, was auch nicht überraschend war.

Die Darstellung über die Jahre 2020 bis 2023 hingegen ist etwas schwieriger zu interpretieren.

Für kleine Schäden wurden Abschläge zwischen 0,0 bis 2,0 % gemacht. Erwartungsgemäß waren die Abschläge im Ballungsgebiet am niedrigsten und im ländlichen Gebiet am höchsten. Auffallend ist, dass die Abschläge im ländlichen Gebiet im Jahr 2021 am höchsten waren. Im Ballungsgebiet und im Randgebiet war das Jahr 2021 das Jahr, in dem die geringsten Abschläge gemacht wurden.

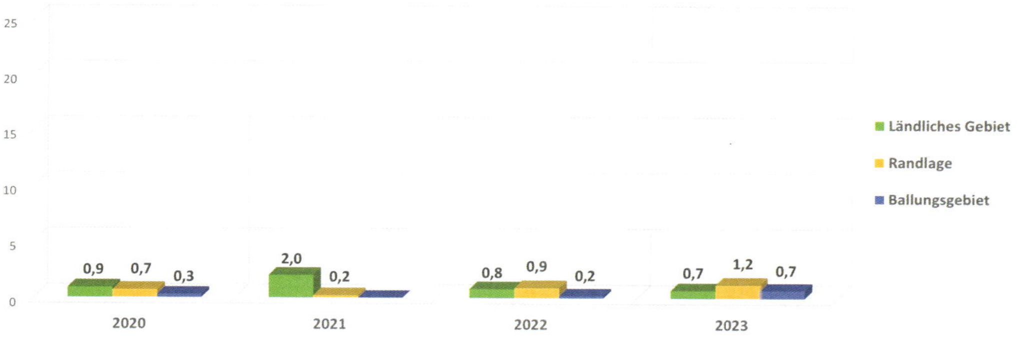

Abb. 5-60a: Abschläge vom unbelasteten Verkehrswert nach Jahren und Lagen, kleine Schäden

Bei mittleren Schäden betrug die geringste Wertminderung im Ballungsgebiet 0,4 %, die höchste wurde im im ländlichen Raum mit 6,0 % verzeichnet, wobei auch hier angemerkt werden muss, dass die Fallzahl im ländlichen Gebiet mit 4 Objekten sehr gering war. Die Verteilung über die Jahre zeigt, dass für das Ballungs- und Randgebiet die kleinsten Abschläge im Jahr 2022 gemacht wurden und die höchsten im Jahr 2023.

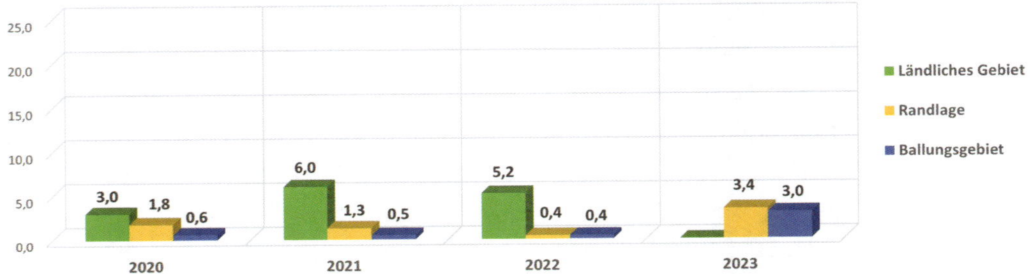

Abb. 5-60b: Abschläge vom unbelasteten Verkehrswert nach Jahren und Lagen, mittlere Schäden

Bei den mittleren Schäden erfolgte der geringste durchschnittliche Abschlag mit 1,4 % im Ballungsgebiet im Jahr 2022, der größte betrug 17,6 % im ländlichen Gebiet im selben Jahr.

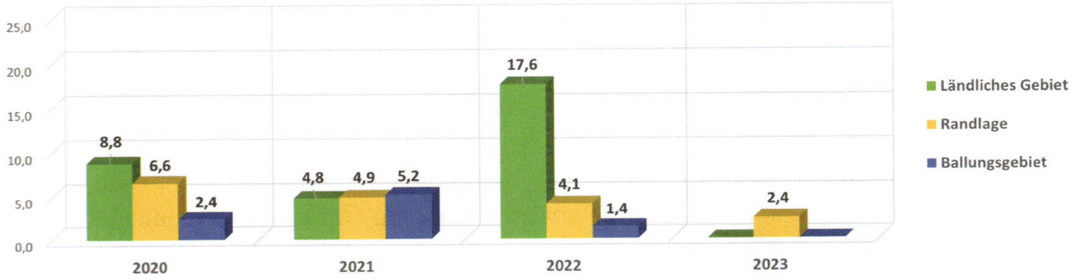

Abb. 5-60c: Abschläge vom unbelasteten Verkehrswert nach Jahren und Lagen, größere Schäden

Die Abschläge bei erheblichen Schäden sind auch aufgrund der geringen Fallzahl kaum aussagekräftig. Hier war der größte Abschlag im ländlichen Gebiet mit 22,0 % zu verzeichnen.

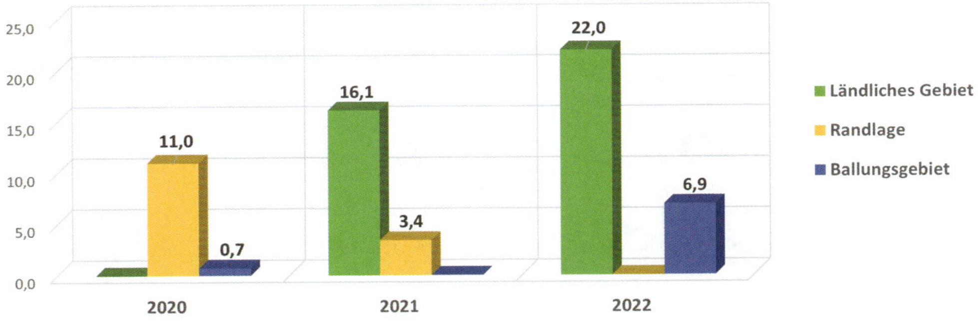

Abb. 5-60d: Abschläge vom unbelasteten Verkehrswert nach Jahren und Lagen, erhebliche Schäden

In Kapitel 6.5 wurden die hier dargestellten Abschläge als Tabelle dargestellt.

5.7.3 Auswertung Teilmarkt Mehrfamilienhäuser/Wohn- und Geschäftshäuser

Die Datenbank umfasste zum Zeitpunkt der Auswertung rund 54 Kauffälle von Mehrfamilienhäusern und Wohn- und Geschäftshäusern. Eine detaillierte Darstellung nach einzelnen Baujahren war daher nicht möglich. Die folgenden Auswertungen nach Teilmarkt, Schadensart und Schadensgröße sowie Lagen zeigen einen ersten Trend auf.

5.7.3.1 Verteilung der Schadensart

Auch in diesem Teilmarkt machen die Feuchteschäden mit 52 % den größten Anteil aus. Risseschäden wurden mit 37 % und Schimmelbefall mit 9 % erfasst. Den kleinsten Anteil machen auch hier die Schädlinge mit 2 % aus. Befall durch Hausschwamm wurde nicht angegeben. Die Verteilung der Schadensart ist äquivalent zum Teilmarkt Einfamilienhäuser/Zweifamilienhäuser.

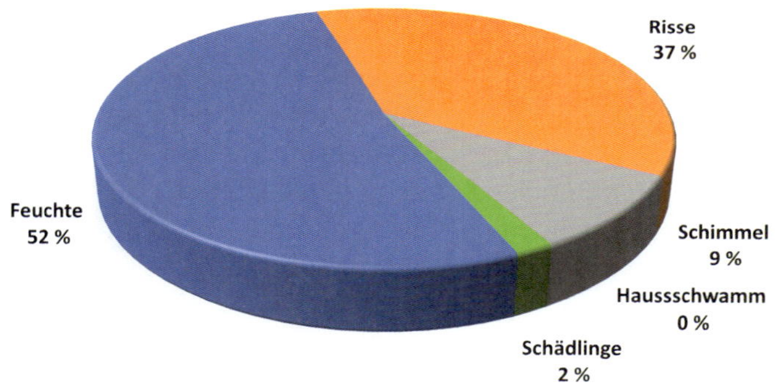

Abb. 5-61: Verteilung der Schadensart

5.7.3.2 Minderung im Teilmarkt Mehrfamilienhäuser und Wohn- und Geschäftsimmobilien

Im Teilmarkt der Mehrfamilienhäuser und Wohn- und Geschäftshäuser wurde in 78 % der Fälle kein Abschlag wegen Bauschäden gemacht. In 18 % der Fälle wurden Abschläge erfasst. In 4 % der Fälle wurden keine Angaben gemacht, ob eine Wertminderung wegen Bauschäden erfolgte. Diese Verteilung ist fast identisch mit der entsprechenden Auswertung für den Teilmarkt Einfamilienhäuser/Zweifamilienhäuser.

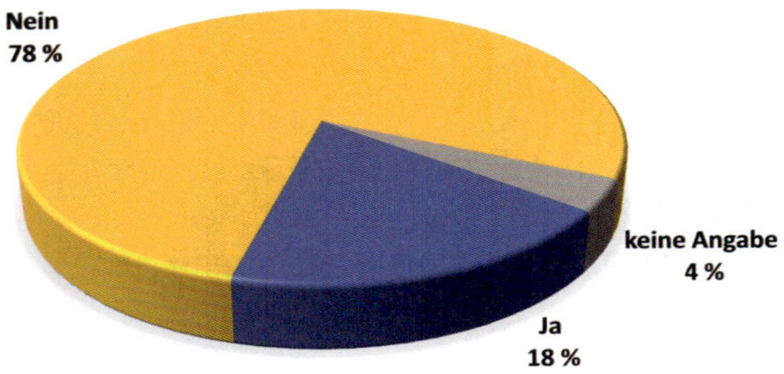

Abb. 5-62: Minderung nach Teilmarkt

5.7.3.3 Minderung nach Schadensart

Für Feuchteschäden an Mehrfamilienhäusern über alle Lagen wurden in 77 % der Fälle keine Wertabschläge gemacht. Nur bei 23 % der Objekte mit Feuchteschäden wurde eine Wertminderung durchgeführt. Bei Rissen verschiebt sich das Verhältnis nur wenig. In nur 26 % der Fälle gab es Wertminderungen. Bei Schimmelschäden wurde in 40 % der Fälle ein Wertabschlag gemacht. Wie aus Abbildung 5-63 ersichtlich ist, wurde für Schädlinge in 100 % der Fälle kein Abschlag gemacht. Tatsächlich gab es hier nur einen Kauffall mit einem Schädlingsbefall. Bei größerer Datengrundlage ist zu erwarten, dass für Schädlinge in der Regel Abschläge vom Kaufpreis gemacht werden. Fälle von Hausschwamm wurden beim Teilmarkt Mehrfamilienhäuser und Wohn- und Geschäftshäuser nicht registriert.

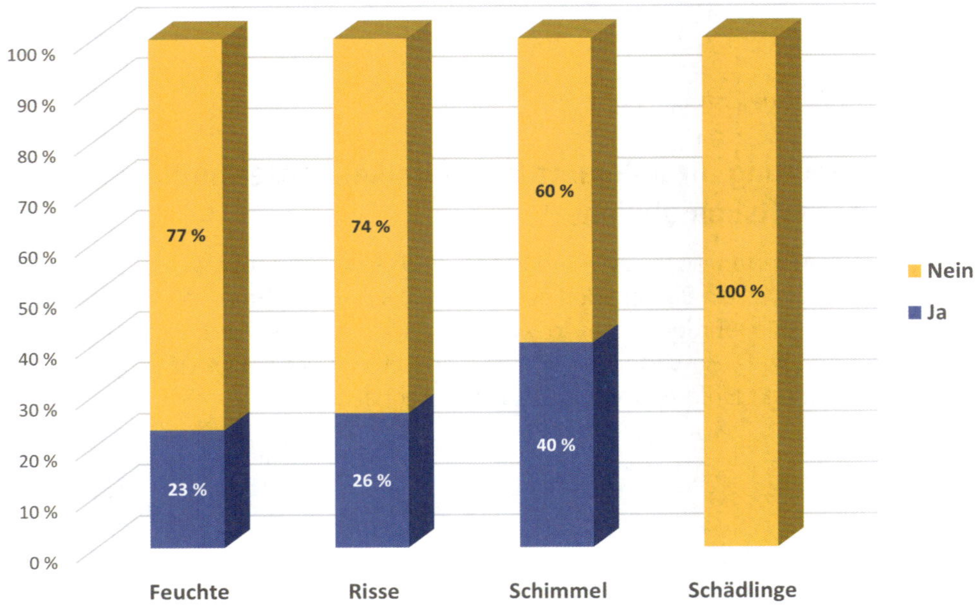

Abb. 5-63: Minderung nach Schadensart, alle Lagen

Insgesamt ist festzustellen, dass im Teilmarkt Mehrfamilienhäuser vergleichbar häufig Wertabschläge für die einzelnen Schadensarten gemacht wurden wie im Teilmarkt Einfamilienhäuser/Zweifamilienhäuser.

Die vorherige Auswertung umfasst 51 Datensätze, da pro Kaufobjekt teilweise mehrere Schäden vorlagen. Im Folgenden wird diese Verteilung nach Lagen differenziert.

Im Ballungsgebiet liegen 17 Fälle zugrunde. Demnach wurde für Feuchteschäden nur bei 13 % der Fälle eine Wertminderung angesetzt. Bei Risseschäden war der Anteil mit 29 % mehr als doppelt so hoch. Für Schimmel und Schädlinge wurde kein Abschlag dokumentiert. Allerdings liegt hier jeweils nur ein Fall zugrunde.

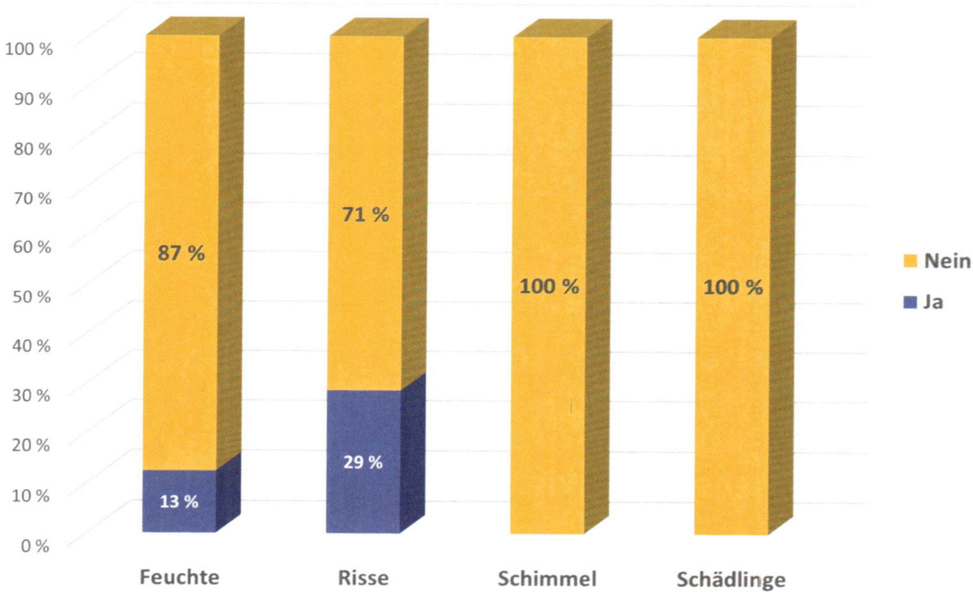

Abb. 5-63a: Minderung nach Schadensart, Ballungsgebiet

Auf das Randgebiet entfielen 29 Fälle. Hierbei wurde in 29 % der Fälle eine Wertminderung für Feuchteschäden und in 27 % der Fälle eine für Risseschäden vermerkt. Für Schimmelbefall wurde am häufigsten ein Wertabschlag gefordert, nämlich in 50 % der Fälle.

So ist auch für den Teilmarkt Mehrfamilienhäuser erkennbar, dass Schimmelschäden im Vergleich zu Feuchte- und Risseschäden häufiger zu Wertabschlägen führen.

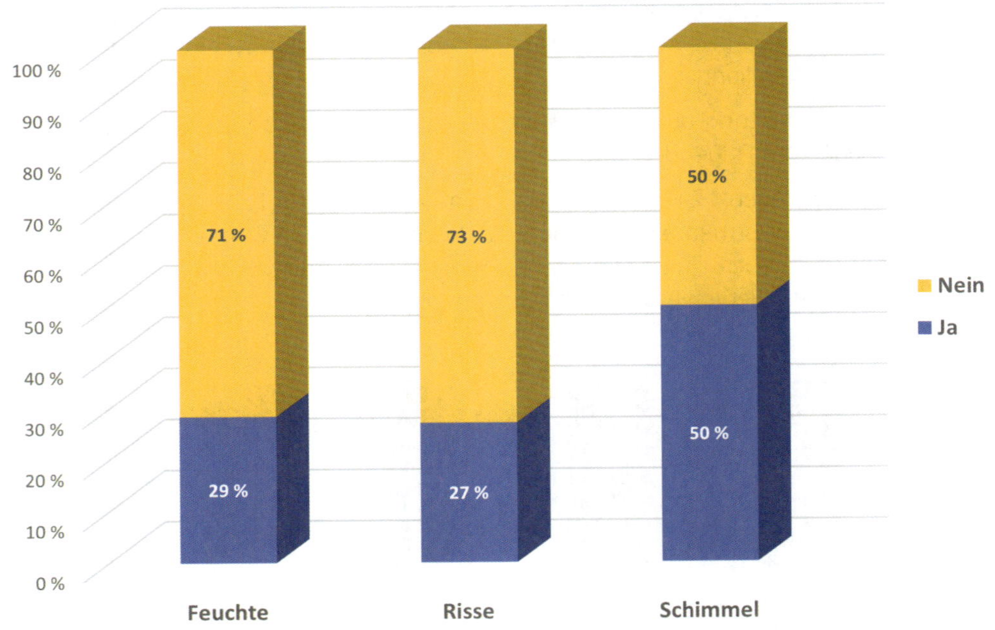

Abb. 5-63b: Minderung nach Schadensart, Randgebiet

Eine Auswertung für das ländliche Gebiet konnte aufgrund der geringen Datenmenge nicht durchgeführt werden.

5.7.4 Zusammenstellung der Ergebnisse

Die Auswertungen der allgemeinen Daten in Kapitel 5.7.1 umfasste rd. 1.100 Kauffälle. Sie zeigte, dass rd. 58 % der Fälle mangelbehafteter Objekte auf kleine Schäden zurückzuführen ist. Nur 7 % der Kauffälle sind von erheblichen Schäden betroffen. Die Hauptursache von Schäden ist Feuchtigkeit, gefolgt von Rissen und Schimmel.

Das bestätigte sich auch für die Teilmärkte Einfamilienhäuser/Zweifamilienhäuser (siehe Kapitel 5.7.2) und Mehrfamilienhäuser (siehe Kapitel 5.7.3). Hier konnte ebenfalls ermittelt werden, dass für Schäden infolge Schimmel, Hausschwamm und Schädlingen lage- und marktübergreifend die höchsten und die häufigsten Abschläge gemacht wurden.

Wertminderungen für Baumängel und Bauschäden lagen meistens zwischen 25.000 bis 70.000 €, in 80 % der Fälle wurde gar kein Abschlag vom Kaufpreis vorgenommen.

Es bestätigte sich die bereits vorherrschende Annahme, dass die Wertabschläge in nachfragestarken Gegenden gering sind und in strukturschwachen Gegenden höher sind. Auch wenig überraschend war die Feststellung, dass die Schadensgröße mit zunehmendem Baujahr steigt.

Aufgrund der Auswertung nach Jahren ist erkennbar, dass in den Jahren 2022, aber vor allem im Jahr 2023 die Wertabschläge anstiegen. Dies deckt sich mit der Energiekrise, den Unsicherheiten im Zusammenhang mit dem Gesetzesentwurf des Gebäudeenergieesetzes ab Sommer 2022 sowie der Zinserhöhung im 2. Halbjahr 2022, die auch in 2023 fortgeführt wurde.

Eine wichtige Erkenntnis liefert die Auswertung in Bezug auf den Prozentsatz der Käufer, die einen Sachverständigen bei ihrer Kaufüberlegung hinzuziehen. Nur 10 % der Käufer ziehen einen Sachverständigen beim Immobilienkauf zu Rate. Dies ist eine maßgebliche Information in Bezug auf die in der Immobilienbewertung geforderte marktgerechte Bewertung. Wenn die überwiegende Mehrheit der Käufer als Laie eine Kaufentscheidung trifft, dann ist es unter Umständen nicht marktgerecht, die Immobilienbewertung mit dem Sachverständigenblick durchzuführen.

6 Ermittlung von Minderwerten

In diesem Kapitel werden unterschiedliche Modellansätze und Verfahrensweisen zur Bestimmung von Minderwerten vorgestellt. Neben der Vorstellung von Definitionen der verschiedenen Minderwerte werden einige Wertermittlungsansätze aus der aktuellen Immobilienwertermittlungsverordnung und älteren Versionen der Wertermittlungsverordnung anhand von Beispielberechnungen und Marktauswertungen betrachtet und bewertet.

Abbildung 6-1 gibt einen Überblick über die unterschiedlichen Begriffe und Anwendungsbereiche verschiedener Minderwerte. Die gelb markierten Bereiche stellen den Tätigkeitsbereich der Bausachverständigen dar. Baumängel enstehen aus einer fehlerhaften Planung, mangelhaften Ausführung oder minderwertigen Baustoffen. Am Tag der Abnahme werden Baumängel festgestellt.

Handelt es sich um eine hinzunehmende Unregelmäßigkeit oder werden die Mängel beseitigt, erfolgt keine Minderung. Kann der Mangel aufgrund Unmöglichkeit, Unverhältnismäßigkeit oder Unzumutbarkeit (siehe Kapitel 6.1.1) nicht behoben werden, muss eine Minderung ermittelt werden. Zur Bezifferung dieser wird der technische Minderwert bestimmt. Nicht selten soll in diesem Zusammenhang zusätzlich ein merkantiler Minderwert geltend gemacht werden. Inwieweit dies angebracht ist, ist fraglich (siehe Kapitel 6.1.3.2).

Bauschäden entstehen im Lebenszyklus einer Immobilie als Folge eines Mangels (Mangelfolgeschaden), aufgrund äußerer Ereignisse oder aufgrund unterlassener Instandhaltung. Der Verkehrswert der Immobilie wird zu einem bestimmten Wertermittlungsstichtag ermittelt. Vorhandene Schäden werden in der Wertermittlung unter den besonderen objektspezifischen Grundstücksmerkmalen berücksichtigt. Bei beseitigten ehemals großen Schäden ist zu prüfen, ob es ggf. auch einen merkantilen Minderwert gibt.

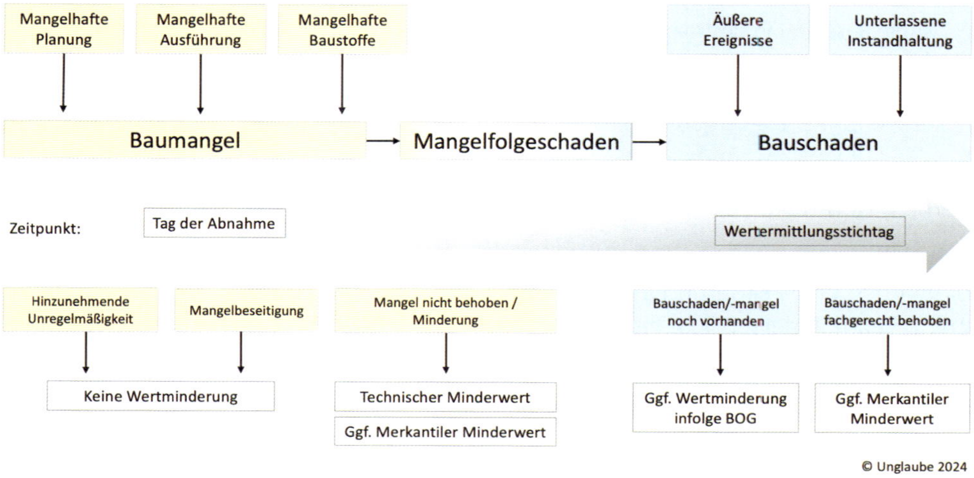

Abb. 6-1: Minderwerte

6.1 Definitionen

6.1.1 Minderung

Gemäß § 638 BGB wird der Begriff Minderung wie folgt definiert:

> „[...] (3) Bei der Minderung ist die Vergütung in dem Verhältnis herabzusetzen, in welchem zurzeit des Vertragsschlusses der Wert des Werkes in mangelfreiem Zustand zu dem wirklichen Wert gestanden haben würde. Die Minderung ist, soweit erforderlich, durch Schätzung zu ermitteln. [...]"

Es ist darauf hinzuweisen, dass zunächst der Grundsatz der Vertragserfüllung gilt. Minderungen sind generell Abweichungen von vertraglichen Verpflichtungen. Diese sind nur möglich, wenn beide Vertragsparteien zustimmen.

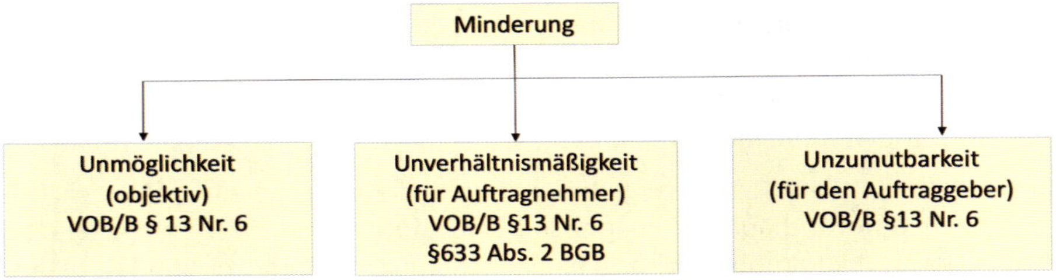

Abb. 6-2: Minderungsoptionen

Die VOB/B § 13 (6) regelt die Minderung wie folgt:

> „Ist die Beseitigung des Mangels für den Auftraggeber unzumutbar oder ist sie unmöglich oder würde sie einen unverhältnismäßig hohen Aufwand erfordern und wird sie deshalb vom Auftragnehmer verweigert, so kann der Auftraggeber durch Erklärung gegenüber dem Auftragnehmer die Vergütung mindern."

Die Minderung ist dann umsetzbar, wenn die Mangelbeseitigung wegen Unmöglichkeit, Unverhältnismäßigkeit oder Unzumutbarkeit nicht möglich ist.

Unmöglichkeit liegt vor, wenn Unmögliches vereinbart wurde oder später geänderte Randbedingungen die Ausführung unmöglich machen. Dies kann der Fall sein, wenn z.B. vereinbarte Baumaterialien nicht mehr zu beschaffen sind oder wenn die Ausführung bauordnungsrechtlich nicht umsetzbar ist.

Wenn kein vernünftiges Verhältnis zwischen den Mangelbeseitigungskosten und zusätzlich erzielbarem Wert des Erfolgs, der als Geldbetrag darzustellen ist, zu erwarten ist, kann der Einwand des Unternehmers der Unverhältnismäßigkeit berechtigt sein. Es gibt keine Grenzwerte zur Beurteilung, ob die Schadensbeseitigungsmaßnahmen unverhältnismäßig sind. Aus diesem Grund ist zur Beurteilung in jedem Fall ein Sachverständiger hinzuzuziehen.

Der Aspekt der Unzumutbarkeit bezieht sich auf den Auftraggeber. Wenn dem Auftraggeber eine nachträgliche Vertragserfüllung durch den Auftragnehmer nicht zuzumuten ist, weil ihm dadurch nicht hinnehmbare Nachteile entstehen, erlischt die Nacherfüllungspflicht für den Unternehmer und der Auftraggeber muss sich mit einer Minderung abfinden. Häufig sind die sich aus dem Minderwertverfahren ergebenden Beträge derart gering, dass die Akzeptanz des Minderungsbetrags sinkt. Es zeichnete sich der Trend ab, dass sich Auftraggeber lieber den Betrag zur Beseitigung der Mängel als Schadensersatz auszahlen lassen.

6.1.2 Schadensersatz

Der Bundesgerichtshof unterbindet mit der Entscheidung zum Äquivalenzgebot solche Schadensersatzforderungen, bei denen nur die fiktiven Kosten einer Nacherfüllung geltend gemacht, aber nicht dafür verwendet werden.

> „Der Besteller, der das Werk behält und den Mangel nicht beseitigen lässt, kann den Schaden in der Weise bemessen, dass er im Wege einer Vermögensbilanz die Differenz zwischen dem hypothetischen Wert der durch das Werk geschaffenen oder bearbeiteten, im Eigentum des Bestellers stehenden Sache ohne Mangel und dem tatsächlichen Wert der Sache mit Mangel ermittelt. [...]"[60]

Mit diesem Urteil wurde ein weiteres Arbeitsgebiet für die Sachverständigen geschaffen. In Ballungsgebieten wird das Ergebnis allerdings ernüchternd sein. Die Differenz zwischen dem Verkehrswert eines mangelbehafteten Gebäudes und dem eines mangelfreien Gebäudes wird aufgrund der Dominanz des Bodenwerts kaum feststellbar sein.

6.1.3 Minderwert

Der Minderwert ist der Betrag, der sich bei begründeter Minderung ergibt. Er ist die monetäre Differenz zwischen dem Wert des Werkes (bzw. der Immobilie) im mangelfreien Zustand und dem Wert des Werkes im tatsächlichen Zustand zum Wertermittlungsstichtag.

Dabei ist zwischen dem technischen Minderwert und dem merkantilen Minderwert zu unterscheiden. Grob gesagt, zielt der technische Minderwert auf die technischen Abweichungen im Hinblick auf das Vertragssoll ab und ist dabei rational zu ermitteln. Der merkantile Minderwert bezieht sich hingegen auf den Markt (*mercator,* lat. Kaufmann). Interessant dabei ist, dass bei den Definitionen des merkantilen Minderwerts immer die Rede von einem Minderwert ist, der entsteht, obwohl ein Schaden bereits fachgerecht beseitigt wurde. Der Minderwert, der für noch bestehende Schäden anzusetzen ist, zählt nach den Definitionen in der Rechtsprechung nicht zum merkantilen Minderwert. Gleichwohl basiert auch er auf einem Marktverhalten und hat somit eine nicht zu vernachlässigende psychologische Komponente.

Es gibt Schadensereignisse, die zu Wertminderungen führen, die über die Dimension der Schadensbeseitigungskosten hinausgehen. Bei einem Schädlingsbefall z.B. kann es sein,

60 BGH, Urt. v. 22.2.2018, VII ZR 46/17.

dass neben den zu erwartenden Schadensbeseitigungskosten auch die Sorge besteht, dass der Befall wieder auftreten könnte. Dann kommt zu der rationalen Komponente, die die anstehenden Kosten umfasst, zusätzlich eine emotionale Komponente. Für die Wertermittlung drückt sich diese dann in einem reduzierten Käuferkreis aus.

Hierbei ist aber unbedingt der Wertermittlungsstichtag zu beachten. Die Tatsache, dass ein merkantiler Minderwert erst nach erfolgter fachgerechter Mangelbeseitigung vorliegen kann, bedeutet, dass er zum Zeitpunkt der noch bestehenden Mängel oder Schäden nicht zu beziffern ist. Das zeitgleiche Vorhandensein einer Minderung wegen vorhandener Schäden und eines merkantilen Minderwerts schließt sich daher gegenseitig aus.

6.1.3.1 Technischer Minderwert

Der technische Minderwert beschreibt die objektiv ermittelbare Beeinträchtigung, die trotz sachgerechter Mangelbeseitigung in Form einer Abweichung vom Vertragssoll verbleibt.

Abb. 6-3: Abweichung Vertragssoll

> „Ein technischer Minderwert liegt vor, wenn trotz einer Instandsetzung der vertraglich geschuldete Zustand nicht erreicht werden kann. Für Baumängel bedeutet dies, dass ein technischer Minderwert anzunehmen ist, wenn trotz erfolgter Mangelbeseitigung der Gebrauchs- und Nutzwert oder ggf. auch das optische Erscheinungsbild des Bauwerks beeinträchtigt bleibt. Maßstab für seine Berechnung ist die Beeinträchtigung der technischen und optischen Funktionstauglichkeit, Haltbarkeit und Höhe der Betriebs- oder Instandsetzungskosten des jeweiligen Bauteils sowie die Nutzbarkeit und des Ertrags- und Veräußerungswertes des Gebäudes. Seine Höhe kann mit Hilfe nachvollziehbarer und nachprüfbarer Schätzmethoden festgestellt werden (Oswald/Auernhammer)“[61] (siehe hierzu Kapitel 6.9).

61 BGH, Urt. v. 9.1.2003, VII ZR 181/00.

6.1.3.2 Merkantiler Minderwert

Der merkantile Minderwert stellt eine Beeinträchtigung eines Grundstücks oder einer Sache in Form eines psychologischen Aspekts dar, die trotz sachgerechter Mangelbeseitigung bei einem Großteil der Marktteilnehmer verbleibt und die im Gegensatz zum technischen Minderwert nicht objektiv rational nachweisbar ist. Aus diesem Grund wird zur Ermittlung der Höhe des merkantilen Minderwerts oftmals auf Expertenbefragungen zurückgegriffen (siehe hierzu Kapitel 6.8.3).

Der merkantile Minderwert stellt die Wertdifferenz zwischen einem mangelfreien Objekt und einem zum Zeitpunkt der Bewertung mangelfreien, aber ehemals mangelbehafteten Objekt dar.

Die Ermittlung des merkantilen Minderwerts hat sich im Rahmen der Minderwertermittlung von verunfallten Autos durchgesetzt. Immer wieder wird die Übertragbarkeit des merkantilen Minderwerts auf Immobilien grundsätzlich diskutiert. *Zöller*[62] kommt zu dem Schluss, dass Autos nicht gleichzusetzen sind mit Immobilien, da Autos in Serienfertigung erstellt werden, wogegen jede Immobilie eine Einzelanfertigung darstellt.

Er vertritt die Ansicht, dass es fast keine Baustelle ohne Baumängel gibt. Die Baumängel werden in der Regel während der Bauphase beseitigt. So gesehen seien fast alle Gebäude mit der Geschichte eines beseitigten Mangels behaftet. Demzufolge sei es daher nicht möglich, dass übliche Mängel zu einer Wertbeeinflussung führen, da ein Vergleich zu mangelfreien Objekten nicht möglich sei.

Dem ist insoweit zuzustimmen, als dass auch in der Immobilienbewertung lediglich die Bauschäden und Baumängel berücksichtigt werden, die gemäß ImmoWertV über das Übliche hinausgehen. Unerheblich ist es dabei aber, ob alle Gebäude eine mangelbehaftete Historie aufweisen.

Für die Wertermittlung sind lediglich die Mängel relevant, die über das Übliche hinausgehen bzw. auf die der Markt reagieren könnte. Es herrscht Einigkeit darüber, dass nicht jeder Mangel, der behoben wurde, zu einem merkantilen Minderwert führt. Ein falsch montierter Türgriff oder eine zu hohe Sockelleiste wird kein Unbehagen beim Käuferkreis auslösen. Wenn der Mangel in Zusammenhang mit Sicherheit oder Gesundheitsgefährdung steht, sieht es möglicherweise anders aus. Darüber hinaus gibt es noch ein breites Spektrum an Feuchteschäden, die zuweilen als undefinierbar und unberechenbar gesehen werden und bei denen die Sorge vor Folgekosten besteht.

Weiter führt *Zöller* aus, dass für Mängel, die vor der Abnahme beseitigt wurden, kein merkantiler Minderwert angesetzt wird und damit nicht nachvollziehbar ist, wieso dies für technisch gleiche Sachverhalte nach der Abnahme angemessen sein soll. Er geht sogar so weit zu sagen, dass Mängel, die nach der Abnahme beseitigt werden, eine höhere Ausführungsqualität erwarten lassen, da diese Schadensbeseitigungsmaßnahmen mit einem vergleichsweise hohen Aufwand und einer besonderen Sensibilität für die bauliche Qualität

62 Zöller, M., Aachener Bausachverständigentage 2018, Fehlerfrei und doch mangelhaft. Hinzunehmende Unregelmäßigkeiten, hinnehmbare oder zu beseitigende Mängel.

durchgeführt wurden, im Gegensatz zu den üblichen Bauverfahren zur Errichtung von Gebäuden, die unter Zeit- und Kostendruck erfolgen.

Nach Ansicht der Verfasserin besteht durchaus die Möglichkeit, dass ein merkantiler Minderwert auch angesetzt wird, wenn Mängel vor der Abnahme beseitigt wurden. Dann nämlich, wenn die Mangelbeseitigung z.B. im Rahmen eines Gerichtsprozesses bekannt wird und bei einem großen Teil des Publikums ein geringeres Vertrauen in die Qualität des Gebäudes verbleibt. Genau genommen werden viele Mängel vor der Abnahme beseitigt. Einige werden bei der Vorbegehung zur Abnahme entdeckt und bis zur Abnahme beseitigt, andere werden bei der Abnahme entdeckt und sind gegebenenfalls so schwerwiegend, dass die Abnahme verschoben werden muss.

Zwar kann die Qualität der baulichen Ausführung bei Nachbesserung höherwertig sein, für die Begründung eines merkantilen Minderwerts ist dies allerdings unerheblich, da sich dieser nicht über die Qualität der Nachbesserung definiert. Vielmehr wird beim merkantilen Minderwert davon ausgegangen, dass die Mangelbeseitigung fachgerecht erfolgt ist. Das Augenmerk liegt auf der Tatsache, dass überhaupt eine Mangelbeseitigung erfolgen musste und somit das Vertrauen in die bauliche Qualität erschüttert ist.

Die Definition des merkantilen Minderwerts findet sich in verschiedenen Urteilen in der Rechtsprechung:

> „Unter einem merkantilen Minderwert ist dabei der Betrag zu verstehen, um den sich der Verkehrswert eines Grundstücks, das einen Mangel aufwies, trotz vollständiger Beseitigung dieses Mangels in technisch einwandfreier Weise (auch z. B. aufgrund eines Bauschadens) in der allgemein verbliebenen Befürchtung mindert, dass sich ein Folgeschaden irgendwie auch künftig auswirken könnte, auch wenn diese Befürchtung tatsächlich unbegründet ist. Der merkantile Minderwert wird auch als psychologischer Minderwert bezeichnet."[63]

> „Der merkantile Minderwert liegt in der Minderung des Verkaufswerts einer Sache, die trotz völliger und ordnungsgemäßer Instandsetzung deshalb verbleibt, weil bei einem großen Teil des Publikums vor allem wegen des Verdachts verborgen gebliebener Schäden eine den Preis beeinflussende Abneigung gegen den Erwerb besteht."[64]

> „Ein merkantiler Minderwert liegt vor, wenn nach erfolgter Mängelbeseitigung eine verringerte Verwertbarkeit gegeben ist, weil die maßgeblichen Verkehrskreise ein im Vergleich zur vertragsgemäßen Ausführung geringeres Vertrauen in die Qualität des Gebäudes haben."[65]

Die vorgenannten Gerichtsurteile stellen auf einen beseitigten baulichen Mangel oder Schaden ab. Keines der Urteile bezieht sich auf andere als bauliche Beeinträchtigungen. Dabei wird im Zusammenhang mit dem merkantilen Minderwert gerne das Beispiel des Selbstmörderhauses erwähnt. Und tatsächlich leuchtet es ein, dass ein schreckliches Ereignis in einem Bewertungsobjekt, das sich in einer kleinen Gemeinde befindet, durchaus ein Unbehagen bei einem potenziellen Käufer hervorrufen kann.

---

63 BGH, Urt. v. 24.2.1972, VII ZR 177/70, BGHZ 58, 181 = EzGuG 3.38.b.

64 BGH, Urt. v. 8.12.1977, VII ZR 60/76.

65 BGH, Urt. v. 6.12.2012, VII ZR 84/10; BGH, Urt. v. 9.1.2003, VII ZR 181/00; BGH, Urt. v. 15.12.1994, VII ZR 246/93; BGH, Urt. v. 11.7.1991, VII ZR 301/90; BGH, Urt. v. 19.9.1985, VII ZR 158/84; OLG Oldenburg, Urt. v. 11.12.2014, 8 U 140/09.

Abb. 6-4: Psychologischer Werteinfluss

Dies wird z.B. am Fall des sogenannten Horrorhauses in H. deutlich. Vor einiger Zeit war der Fall des Ehepaares, das Frauen über Jahre in seinem Haus teilweise mit Todesfolge gequält hatte, sehr präsent in der Presse. In den Medien war vom „Foltermord in B." und dem „Horrorhaus H." die Rede.

Laut Presseberichten wurde das Haus nach der Verurteilung der Täter an einen Mann aus dem Nachbarort für einen Minimalpreis in Höhe von 5.000 € verkauft. Nachdem der neue Eigentümer ebenfalls wegen einer Straftat verurteilt wurde, wurde das Grundstück nach Medienberichten enteignet und ging zum vorübergehenden Besitz an das betroffene Bundesland über.

In der Zwischenzeit kam es zu einem regelrechten Sensationstourismus durch Schaulustige. Die Anwohner des Ortes planen, das Grundstück zu kaufen und das Gebäude abzureißen, damit wieder Ruhe in den Ort einkehrt.

Dieses Beispiel macht deutlich, dass ein Gebäude, das aufgrund eines Verbrechens einen bestimmten Ruf erhalten hat, eine so starke Wertminderung erfahren kann, dass es schlussendlich nur noch abgerissen werden kann.

In diesem Fall spricht *Kleiber*[66] von einem psychologischen Hemmnis eines Käufers gegenüber einem Bewertungsobjekt.

Ein weiteres Beispiel, dass schreckliche Ereignisse einen Einfluss auf den Verkehrswert einer Immobilie haben können, ist der Fall, der vor dem Oberlandesgericht Celle im September 2007 entschieden wurde. Hier hatten sich die Vorbesitzer in ihrem Haus erhängt. Die Lei-

66 Kleiber, W., Trainingshandbuch Grundstückswertermittlung, 2014.

chen wurden so spät entdeckt, dass der Verwesungsprozess bereits begonnen hatte. Der Makler hatte den Kaufinteressenten zwar mitgeteilt, dass die Vorbesitzer Suizid begangen hatten, die Rückfrage der Kaufinteressenten, ob dies in diesem zum Verkauf stehenden Haus geschehen sei, hatte er verneint. Nach Kaufabschluss erfuhren die neuen Besitzer durch die Handwerker, dass der Doppelsuizid doch in dem gekauften Haus stattgefunden hatte. Wegen arglistiger Täuschung durch den Makler waren die Käufer zur Rückabwicklung des Kaufvertrags berechtigt.[67]

Diese Fälle zeigen, dass trotz technisch und baulich einwandfreiem Gebäudezustand ein psychologischer Faktor zu einer Wertminderung führen kann.

Nach Auffassung der Verfasserin handelt es sich bei diesen Beispielen ebenfalls um merkantile Minderwerte, auch wenn die Definitionen, die auf den Gerichtsurteilen basieren, ausschließlich auf bauliche Aspekte abzielen.

6.2 Wertermittlungsansätze zur Berücksichtigung von Baumängeln und Bauschäden in der Wertermittlung

Bevor die Wertermittlungsmodelle im Einzelnen betrachtet werden, muss sich der Sachverständige zunächst die Frage stellen, ob denn überhaupt ein Baumangel oder Bauschaden vorliegt. Dies klingt trivial, aber manchmal schadet es nicht, aus der Rolle des Sachverständigen in die Rolle des Käufers zu schlüpfen und sich vorzustellen, welche Überlegungen dieser anstellen würde. Kommt man zu dem Schluss, dass ein Baumangel oder Bauschaden vorliegt, stellt sich die grundlegende Frage, ob dieser überhaupt einen Einfluss auf den Verkehrswert hat. Geht der Schaden nicht über „das Übliche"[68] hinaus und ist somit in der Restnutzungsdauer (RND) bzw. der Alterswertminderung (AWM) erfasst, ist keine weitere Wertminderung zu berücksichtigen. Es könnte aber auch sein, dass die Marktteilnehmer nicht auf dieses Schadensereignis reagieren, vielleicht, weil sie keine Kenntnis darüber haben, was es bedeutet. Ein stark beschädigtes Parkett z.B. könnte den PAK[69]-haltigen Kleber freilegen und wäre gegebenenfalls genauso gesundheitsschädlich wie ein Schimmelbefall. Da der Käufer aber gar nicht weiß, was PAK ist, kann er auch keine Abneigung dagegen empfinden. Eine Wertminderung wäre an dieser Stelle nicht marktgerecht. Der Käufer kann aber auch aus anderen Gründen keinen Wertabschlag machen, wenn er z.B. schon sehr lange nach einer Immobilie sucht und nun endlich ein interessantes Objekt gefunden hat. Dann wird er bei kleineren bis mittleren Schäden sicher bereit sein, diese ohne Wertminderung in Kauf zu nehmen.

67 OLG Celle, Urt. v. 18.9.2007, 16 U 38/07.
68 Bundesministerium für Verkehr, Bau und Stadtentwicklung, Sachwertrichtlinie vom 5.9.2012.
69 PAK = polyzyklische aromatische Kohlenwasserstoffe; siehe Kapitel 4.

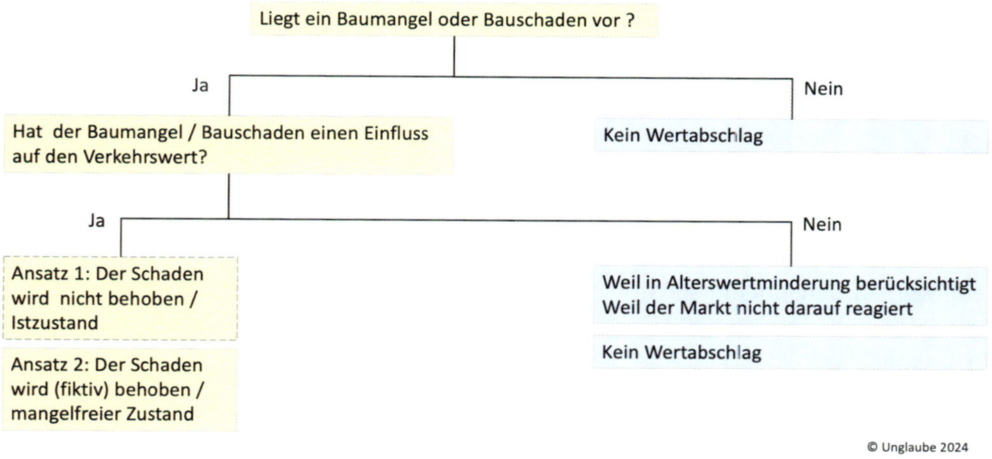

Abb. 6-5: Vorüberlegungen im Rahmen der Wertermittlung

Baumängel und Bauschäden können theoretisch auf zwei Weisen in der Wertermittlung berücksichtigt werden. Zum einen kann vom Istzustand des mangelbehafteten Grundstücks ausgegangen werden, zum anderen kann ein fiktiv mangelfreies Objekt unterstellt werden, bei dem die Schadensbeseitigungskosten unter den besonderen objektspezifischen Grundstücksmerkmalen marktgerecht berücksichtigt werden.

Wird vom Istzustand ausgegangen, werden die Bauschäden bereits vor der Marktanpassung im Berechnungsverfahren berücksichtigt (siehe hierzu Abb. 6-6). Dies geschieht entweder über die Alterswertminderung oder mittels einer Modifizierung der wertrelevanten Eingangsparameter. In Kapitel 6.3 ist diese Vorgehensweise näher erläutert.

Sachwertverfahren	Ertragswertverfahren
Herstellungskosten (mangelbehaftet / IST)	Rohertrag (mangelbehaftet / IST)
- Alterswertminderung (mangelbehaftet / IST)	- Bewirtschaftungskosten (mangelbehaftet / IST)
= Herstellungskosten reduziert	= Reinertrag
+ Bodenwert	- Bodenwert
+ Außenanlagen	* Liegenschaftszinssatz (mangelbehaftet / IST)
= vorläufiger Sachwert	= vorläufiger Ertragswert
* Sachwertfaktor (mangelbehaftet / IST)	* Kapitalisierungsfaktor
	+ Bodenwert
= vorläufiger Sachwert marktangepasst	= vorläufiger Ertragswert
+/- boG	+/- boG
= Verkehrswert	= Verkehrswert

Abb. 6-6: Verfahrensmodelle mit Berücksichtigung der Bauschäden vor der Marktanpassung

Die Berücksichtigung der Wertminderung von Baumängeln und Bauschäden nach der Marktanpassung erfolgt auf Basis der Wertermittlung eines fiktiv mangelfreien Grundstücks und separater Berücksichtigung der Bauschäden unter den besonderen objektspezifischen Grundstücksmerkmalen (boG). Dies ist im Einzelnen in Kapitel 6.4 dargestellt.

Diese Vorgehensweise birgt zwei wesentliche Vorteile im Vergleich zur Wertermittlung auf Basis des Istzustandes. Zum einen kann der Markteinfluss der Schäden unabhängig von der Marktanpassung der Herstellungskosten betrachtet werden und zum anderen kann hier eine saubere Trennung zwischen der modellparameterabhängigen Berechnung des Verkehrswerts des mangelfreien Grundstücks und der Ermittlung der Wertminderung infolge Baumängel und Bauschäden erfolgen. Diese boG können dann in allen Verfahren gleichartig angesetzt werden (siehe hierzu Abb. 6-7).

Sachwertverfahren

Herstellungskosten (fiktiv mangelfrei)
- Alterswertminderung
= Herstellungskosten reduziert
+ Bodenwert
+ Außenanlagen
= vorläufiger Sachwert
• Sachwertfaktor (fiktiv mangelfrei)
= vorläufiger Sachwert marktangepasst
- (Schadensbeseitigungskosten * Marktanpassungsfaktor)
+/- boG
= Verkehrswert

Ertragswertverfahren

Rohertrag (fiktiv mangelfrei)
- Bewirtschaftungskosten
= Reinertrag
- Bodenwert * Liegenschaftszinssatz
= vorläufiger Ertragswert
* Kapitalisierungsfaktor
+ Bodenwert
= vorläufiger Ertragswert
- (Schadensbeseitigungskosten * Marktanpassungsfaktor)
+/- boG
= Verkehrswert

Abb. 6-7: Verfahrensmodelle mit Berücksichtigung der Bauschäden nach der Marktanpassung

Grundsätzlich handelt es sich bei den objektspezifisch ermittelten Wertminderungsansätzen um grobe Schätzungen des Sachverständigen, der damit darstellt, wie der Markt nach seiner Einschätzung auf den vorliegenden Baumangel oder Bauschaden reagiert. Eine detaillierte Ermittlung von Schadensbeseitigungskosten, wie es im Leistungsbild der Sachverständigen für Schäden an Gebäuden enthalten ist, kann und sollte der Immobilienbewerter schon aus Haftungsgründen nicht leisten.

Beide vorbeschriebenen Ansätze sind grundsätzlich möglich, wenngleich beide zu weiteren Fragestellungen führen. Werden bei Ansatz 1 die Eingangsparameter modifiziert, stellt sich die Frage der Modellkonformität. Geht man von einem mangelfreien Objekt aus und berücksichtigt die Bauschäden unter den besonderen objektspezifischen Grundstücksmerkmalen, kommt die Frage nach dem passenden Marktanpassungsfaktor auf (siehe Abb. 6-8).

Abb. 6-8: Wertermittlungsansätze

6.3 Bewertungsansatz auf Basis des Istzustandes

Der Verkehrswert wird auf der Basis des Istzustandes ermittelt. Die Baumängel und Bauschäden werden hierbei entweder über die Alterswertminderung erfasst oder die bewertungsrelevanten Eingangsparameter werden entsprechend modifiziert. Dies kann z.B. durch eine Verkürzung der Restnutzungsdauer oder einen geringeren Mietansatz oder erhöhte Bewirtschaftungskosten geschehen.

Hierbei stellt sich die Problematik der Modellkonformität. Wenn Parameter wie Restnutzungsdauer oder Miete abweichend angesetzt werden, müssen auch die bewertungsrelevanten Daten wie Liegenschaftszinssatz und Sachwertfaktor dementsprechend angepasst werden.

Darüber hinaus müssen die vom Modell abweichenden Ansätze begründet werden. Dies gestaltet sich aufgrund mangelnder Erfahrungswerte und fehlender Marktuntersuchungen als extrem schwierig.

6.3.1 Alterswertminderung

Bei der Erfassung der Baumängel und Bauschäden erfolgt die Berücksichtigung der Wertminderung im Rahmen der laufenden Instandhaltung. Es wird davon ausgegangen, dass es sich um übliche Gebrauchsspuren handelt, die bei einer Immobilie in dieser Art unter dem angesetzten Modernisierungsgrad auftreten (z.B. Farbabplatzungen an der Unterseite eines Balkons aus den 1950er-Jahren). Dabei wird unterstellt, dass alle Gebäude aus dem gleichen Baujahr bei gleichem Modernisierungsgrad vergleichbare Schäden aufweisen. Die Schäden gehen nicht über das Übliche hinaus und müssen somit nicht unter den boG berücksichtigt werden.

Bei der Überlegung, welche Schäden üblich sind und welche über das „Übliche" hinausgehen, hilft es, sich zu überlegen, welche Schäden baujahrestypisch auftreten. Kapitel 3 gibt einen Überblick über eine Auswahl von Schäden und typischen Baukonstruktionen sowie über die technische Lebensdauer von Bauteilen.

6.3.2 Modifizierung der wertrelevanten Daten

Um den Abweichungen vom Vergleichswertobjekt Rechnung zu tragen, könnten theoretisch die Eingangsparameter angepasst werden. Dies birgt einige Probleme, die im Folgenden diskutiert werden.

Ist ein Raum z.B. wegen eines Feuchtschadens oder einer Schimmelbildung vorübergehend nicht nutzbar, so könnte bei der Ermittlung der monatlichen Miete die Wohnfläche um den Anteil des betroffenen Raumes reduziert und die Miete somit angepasst werden.

Diese Vorgehensweise kann, wenn überhaupt, nur im Rahmen einer Differenzwertmethode durchgeführt werden. Die um die nicht nutzbare Fläche minimierte Miete darf keinesfalls über die Restnutzungsdauer kapitalisiert werden. Es ist nicht davon auszugehen, dass der schadhafte Zustand bis zum Ende der wirtschaftlichen Restnutzungsdauer anhält. Es kann daher nur eine Betrachtung zum Wertermittlungsstichtag gemacht werden, wonach einmal das Gebäude mangelfrei mit der vollen Mietfläche durchgerechnet wird und parallel dazu eine Berechnung auf Basis der verminderten Fläche erfolgt. Die Differenz könnte auf den ersten Blick dem Minderwert entsprechen. Dass dies jedoch nicht der Fall ist, wird im Folgenden erläutert.

6.3.2.1 Minderung des Mietertrags

Die Kapitalisierung des Mietansatzes über die Restnutzungsdauer würde bei unterschiedlichen Restnutzungsdauern zu unterschiedlichen Ergebnissen führen. Bei einer langen Restnutzungsdauer wäre der Wertunterschied fast doppelt so hoch wie bei einer geringen Restnutzungsdauer. Auch wenn es grundsätzlich logisch ist, dass ein Schaden bei einem neueren Gebäude größere Auswirkungen hat als bei einem alten Gebäude, ist es doch fraglich, ob der Einfluss so stark sein würde.

Weiter ist zu bedenken, dass bei dieser Vorgehensweise der Wertabschlag bei einer höheren Miete größer wird. Nun ist es so, dass bekanntlich in hochpreisigen Regionen die Nachfrage das Angebot übersteigt und Baumängel und Bauschäden eher in Kauf genommen werden. Das bedeutet, dass in Gebieten mit einer hohen Miete die Abschläge für Bauschäden geringer sind. Bei dem Ansatz der Mindermiete hingegen würde in einer hochpreisigen Gegend ein größerer Abschlag gemacht werden als in einer niedrigpreisigen. Bezogen auf den Verkehrswert wären die Abschläge gegebenenfalls sogar gleich hoch. Dies entspricht nicht dem tatsächlichen Marktverhalten, denn die Schadensbeseitigungskosten sind auf beiden Märkten mehr oder weniger gleich, auch wenn man durchaus berücksichtigen muss, dass in Ballungsgebieten auch die Baukosten höher sind als auf dem Land. Dennoch wird die Abdichtung eines Kellers in der Dimension 25.000 bis 30.000 € liegen. Und selbst wenn man die vollen Schadensbeseitigungskosten ansetzen würde, wäre der Abschlag in einer ländlichen Gegend bezogen auf den Verkehrswert wesentlich höher als in einem Ballungsgebiet.

Anhand der folgenden Beispielberechnungen wird aufgezeigt, dass dieser Ansatz nicht marktgerecht sein kann.

Beispiel

Untersucht wird eine Doppelhaushälfte auf einem 500 m² großen Grundstück mit einem Ausstattungsstandard nach Anlage 4 der ImmoWertV 2021 von 2,0. Ein Raum mit 20 m² Wohnfläche ist aufgrund einer großflächigen Schimmelpilzbildung an allen Wänden nicht nutzbar. Für die Betrachtung in Tabelle 6-1 und 6-2 wird von einem Baujahr 1970 und somit einer Restnutzungsdauer von 20 Jahren ausgegangen. Der Ertragswert wird sowohl unter der Annahme der Mangelfreiheit als auch für ein mangelbehaftetes Grundstück ermittelt. In Tabelle 6-1 erfolgt die Berechnung unter der Voraussetzung, dass das Grundstück in einem Ballungsgebiet liegt. Der Bodenrichtwert wird für das Ballungsgebiet mit 1.000 €/m² angenommen, der Liegenschaftszinssatz wird auf 1,5 % geschätzt und die marktüblich erzielbare Miete liegt bei 12,50 €/m².

Für das mangelfreie Grundstück ergibt sich ein Ertragswert von rund 700.000 €, für das mangelbehaftete Grundstück ergibt sich der Ertragswert von rund 660.000 €. Die Differenz zwischen mangelfreiem und mangelbehaftetem Grundstück errechnet sich zu rund 40.000 €. Dies entspricht ca. 6 % des Verkehrswerts.

Die Annahme, dass das Grundstück in einem ländlichen Gebiet liegt, führt zu einem Bodenrichtwert von 200 €/m², einem Liegenschaftszinssatz von 3 % sowie einer marktüblichen Miete von 7 €/m². Der mangelfreie Ertragswert beträgt damit rund 215.000 €, der mangelbehaftete Ertragswert ergibt sich zu rund 195.000 €. Der Wertunterschied beträgt damit also rund 20.000 €, was ca. 9 % des Verkehrswerts entspricht.

Im Rahmen der Sanierung werden die Wandbeläge entfernt, je nach Eindringtiefe erfolgt eine Behandlung des Untergrundes. Nach Trocknung und fachgerechter Entsorgung werden neue Wandbeläge hergestellt und gestrichen. Je nach Intensität des Befalls sind Raumluftmessungen erforderlich. Die Kosten für diese Sanierung liegen üblicherweise zwischen 10.000 und 15.000 €.

Nach der durchgeführten Differenzwertmethode über die verminderte Mietfläche ergibt sich für das Ballungsgebiet eine Wertminderung von rund 40.000 €, die damit doppelt so hoch ist wie die Wertminderung im ländlichen Gebiet. Bei Schadensbeseitigungskosten von maximal 15.000 € würde sich danach eine Wertminderung ergeben, die mehr als doppelt so hoch ist wie die tatsächlichen Schadensbeseitigungskosten. Auch für den ländlichen Bereich würde der Wertminderungsansatz wesentlich höher sein als die tatsächlichen Kosten.

Beispiel

Doppelhaushälfte, Baujahr 1970, ASS 2, 20 m² kontaminiert, 500 m² Grundstück

Ballungsgebiet

	mangelfrei	**mangelbehaftet**
LSZ	1,5 %	
Baujahr	1970	
Miete	12,50 €/m²	
RND	**20 Jahre**	
BRW	**1.000 €/m²**	
Wohnfläche	160 m²	140 m²
Rohertrag	24.000 €/a	21.000 €/a
BWK	rd. 20 %	rd. 20 %
Reinertrag	19.200 €/a	16.800 €/a
Bodenwertanteil	7.500 €/a	7.500 €/a
Gebäudewert	11.700 €/a	9.300 €/a
Barwertfaktor	17,1686	17,1686
Ertragswert (vorl.)	200.873 €	159.668 €
Bodenwert	500.000 €	500.000 €
Ertragswert	700.873 €	659.668 €
Differenz	**41.205 €**	

Tab. 6-1: Wertdifferenz im Ballungsgebiet bei RND 20 Jahre

rd. 6 % des Verkehrswerts

Landgebiet

	mangelfrei	*mangelbehaftet*
LSZ	*3 %*	
Baujahr	*1970*	
Miete	*7 €/m²*	
RND	***20 Jahre***	
BRW	***200 €/m²***	
Wohnfläche	*160 m²*	*140 m²*
Rohertrag	*13.440 €/a*	*11.760 €/a*
BWK	*rd. 20 %*	*rd. 20 %*
Reinertrag	*10.752 €/a*	*9.408 €/a*
Bodenwertanteil	*3.000 €/a*	*3.000 €/a*
Gebäudewert	*7.752 €/a*	*6.408 €/a*
Barwertfaktor	*14,8775*	*14,8775*
Ertragswert (vorl.)	*115.330 €*	*95.335 €*
Bodenwert	*100.000 €*	*100.000 €*
Ertragswert	*215.330 €*	*195.335 €*
Differenz	***19.995 €***	

Tab. 6-2: Wertdifferenz im Landgebiet bei RND 20 Jahre

rd. 9 % des Verkehrswerts

Natürlich gibt es auch Schadensfälle, bei denen der Wertabschlag die tatsächlichen Schadensbeseitigungskosten übersteigt. Dies ist aber sehr selten der Fall (siehe hierzu auch Kapitel 6.1.3).

In den Tabellen 6-3 und 6-4 ist beispielhaft dargestellt, wie sich die Wertdifferenzen verändern, wenn die Restnutzungsdauer erhöht wird. Für eine Restnutzungsdauer von 60 Jahren ergibt sich im Ballungsgebiet eine Wertdifferenz von ca. 108.000 € und für das Landgebiet eine Differenz von rund 40.000 €. Damit wird deutlich, dass die Differenzwertmethode im vorliegenden Beispiel keine realistischen Werte liefert. Nach den oben stehenden Rechnungen ergeben sich Wertminderungen von bis zu 9,5 % im Ballungsgebiet. Marktuntersuchungen[70] haben gezeigt, dass die Wertminderungen infolge mittlerer Bauschäden in Ballungsgebieten verschwindend gering sind.

Unabhängig davon ist die sich ergebende Korrelation zwischen Ballungsgebiet und Landgebiet unschlüssig. Die absoluten Wertminderungen in Ballungsgebieten sind

70 Siehe Kapitel 5.6.

nach den vorgestellten Beispielen höher als im Landgebiet. Dies widerspricht dem tatsächlichen Marktverhalten.

Die tatsächlichen Schadensbeseitigungskosten von ca. 10.000 bis 15.000 € ergeben in Abhängigkeit von Restnutzungsdauer und Lage bei den beschriebenen Beispielen Wertminderungen zwischen 20.000 und 108.000 €.

Damit wird deutlich, dass der Ansatz der verminderten Mietfläche im Differenzwertverfahren kein realistischer Ansatz ist, der zu einer marktkonformen Wertminderung führt. Die Mietminderung kann damit nur dann zum Einsatz kommen, wenn zusätzlich zu den Schäden der Mietausfall berücksichtigt werden soll. Dies könnte der Fall sein, wenn z.B. bei einer Souterrainwohnung Wasser eingedrungen ist und diese komplett getrocknet werden muss, sodass die Wohnung oder auch Teile der Wohnung für den Zeitraum der Trocknungszeit nicht bewohnbar sind. Dieser Zeitraum wird in der Regel aber nicht länger als sechs Monate dauern, sodass die Mindermiete nicht sehr hoch sein wird.

Beispiel

Doppelhaushälfte, Baujahr 1970, ASS 2, 20 m² kontaminiert, 500 m² Grundstück

Ballungsgebiet

	mangelfrei	***mangelbehaftet***
LSZ	*1 %*	
Baujahr	*1970*	
Miete	*12,50 €/m²*	
RND	**60 Jahre**	
BRW	**1.000 €/m²**	
Wohnfläche	*160 m²*	*140 m²*
Rohertrag	*24.000 €/a*	*21.000 €/a*
BWK	*rd. 20 %*	*rd. 20 %*
Reinertrag	*19.200 €/a*	*16.800 €/a*
Bodenwertanteil	*5.000 €/a*	*5.000 €/a*
Gebäudewert	*14.200 €/a*	*11.800 €/a*
Barwertfaktor	*44,9600*	*44,9600*
Ertragswert (vorl.)	*638.432 €*	*530.528 €*
Bodenwert	*500.000 €*	*500.000 €*
Ertragswert	*1.138.432 €*	*1.030.528 €*
Differenz	***107.904 €***	

Tab. 6-3: Wertdifferenz im Landgebiet bei RND 60 Jahre

rd. 9,5 % des Verkehrswerts

Landgebiet

	mangelfrei	*mangelbehaftet*
LSZ	*2,5 %*	
Baujahr	*1970*	
Miete	*7 €/m²*	
RND	***60 Jahre***	
BRW	***200 €/m²***	
Wohnfläche	*160 m²*	*140 m²*
Rohertrag	*13.440 €/a*	*11.760 €/a*
BWK	*rd. 20 %*	*rd. 20 %*
Reinertrag	*10.752 €/a*	*9.408 €/a*
Bodenwertanteil	*2.500 €/a*	*2.500 €/a*
Gebäudewert	*8.252 €/a*	*6.908 €/a*
Barwertfaktor	*30,9087*	*30,9087*
Ertragswert (vorl.)	*255.058 €*	*213.517 €*
Bodenwert	*100.000 €*	*100.000 €*
Ertragswert	*355.058 €*	*313.517 €*
Differenz	***41.541 €***	

Tab. 6-4: Wertdifferenz im Landgebiet bei RND 60 Jahre

rd. 12 % des Verkehrswerts

6.3.2.2 Verkürzung der Restnutzungsdauer

Eine weitere theoretische und teilweise auch heute noch von Kollegen praktizierte Möglichkeit der Modifizierung der Eingangsparameter bei der Bewertung des Istzustands, die noch aus der WertR 2002 stammt (siehe auch Kapitel 1.2.6), ist die Reduzierung der Restnutzungsdauer. Dem liegt die Überlegung zugrunde, dass ein mangelbehaftetes Gebäude weniger lange wirtschaftlich nutzbar sein wird als ein mangelfreies Gebäude.

Problematisch hierbei ist es, einen marktkonformen Ansatz zur Reduzierung zu finden und zu begründen. Es gibt keine Erfahrungswerte, um wie viele Jahre ein Gebäude aufgrund eines Mangels altert.

Um einen Eindruck zu bekommen, ob sich eine Tendenz ableiten lässt, wird ein Datensatz mangelbehafteter Objekte aus einer Kaufpreissammlung exemplarisch untersucht.

Im Rahmen einer Verfahrensbetrachtung wird das Sachwertverfahren vom tatsächlich gezahlten Kaufpreis der mangelbehafteten Immobilie zurückgerechnet auf den Gebäudewert nach der Alterswertminderung.

Parallel wird der in der Datenbank angegebene, auf Basis der Mangelfreiheit ermittelte Gebäudewert vor der Alterswertminderung gleichgesetzt mit dem Gebäudewert vor der Alterswertminderung des mangelbehafteten Grundstücks.

	Mangelfreies Objekt	**Mangelbehaftetes Objekt**
Gebäudewert vor AWM	450.000 €	450.000 €
x Alterswertminderung	$\frac{RND}{GND} = \frac{40}{70} = 0{,}40$	$\frac{RND}{GND}$
= Gebäudewert nach AWM	180.000 €	145.000 €
+ Bodenwert	250.000 €	250.000 €
+ Außenanlagen	5.000 €	5.000 €
Vorläufiger Sachwert	435.000 €	400.000 €
Marktanpassung	1,5	1,5
Sachwert/Kaufpreis	625.500 €	600.000 €

Tab. 6-5: Berechnung der RND des mangelbehafteten Objekts aus tatsächlichem Kaufpreis

Danach kann die Restnutzungsdauer durch Auflösen der unten stehenden Gleichung ermittelt werden. Die Gesamtnutzungsdauer ist mit 70 Jahren gegeben.

Ermittlung der Restnutzungsdauer des mangelbehafteten Objekts:

$$450.000 \times \frac{RND}{70} = 145.000$$

$$\frac{RND}{70} = \frac{145.000}{450.000}$$

$$\frac{RND}{70} = 0{,}322$$

$$RND_{mangelbehaftet} = 0{,}322 \times 70 = 22{,}5 \text{ Jahre}$$

Die Restnutzungsdauer des mangelfreien Objekts beträgt 42 Jahre.

Die aus dem tatsächlichen Kaufpreis des mangelbehafteten Grundstücks ermittelte Restnutzungsdauer beträgt 22,5 Jahre.

Die Restnutzungsdauer hat sich somit aufgrund des Schadens um rund 20 Jahre verkürzt.

Abbildung 6-9 stellt die Restnutzungsdauern von mangelfreien und mangelbehafteten Objekten dar. Exemplarisch sind hier Objekte mit großen Schäden in Randgebieten dargestellt. Aus der Grafik ist abzuleiten, wie stark die Schwankungen der Reduzierung der Restnutzungsdauern sind. Zwar könnte man ein Mittel bilden und wie in unten stehender Tabelle eine mittlere Reduzierung der Restnutzungsdauer nach Schadensgröße und Lage darstellen, es bleibt jedoch fraglich, inwieweit diese Mittelwerte vor dem Hintergrund der Schwankungen eine valide Grundlage bilden.

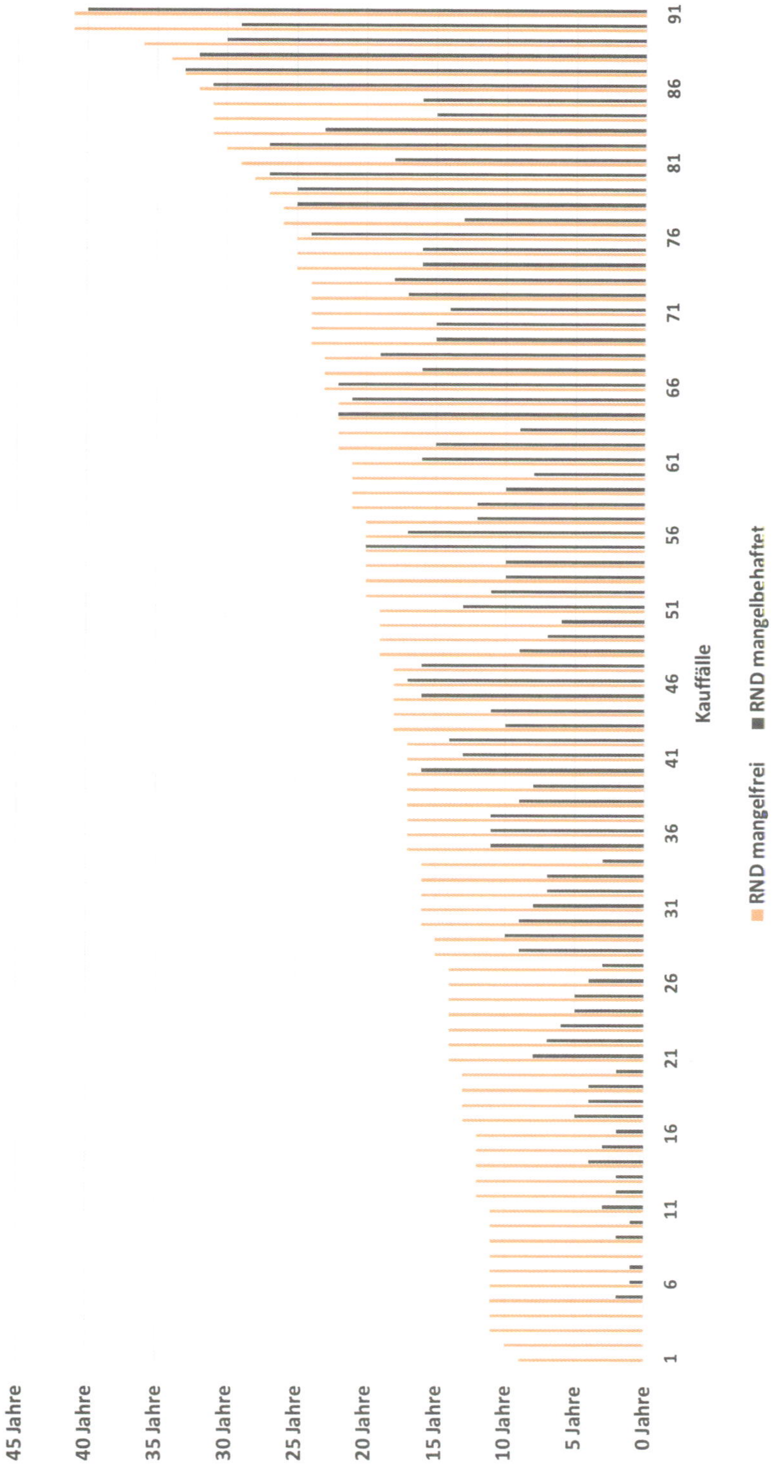

Abb. 6-9: Darstellung der Restnutzungsdauern mangelfreier und mangelbehafteter Objekte bei großen Schäden in Randgebieten

Zur Überprüfung der Aussagekraft dieser Auswertung werden die Ergebnisse tabellarisch dargestellt.

In Tabelle 6-6 und 6-7 sind die Restnutzungsdauern aller vorhandenen Fälle in der Kaufpreissammlung für das Randgebiet und das Landgebiet zur Demonstration ausgewertet worden.

Im Detail betrachtet ist es nicht schlüssig, weshalb ein leichter Schaden im Randgebiet eine größere Reduzierung der Restnutzungsdauer und damit eine größere Wertminderung verursacht als ein leichter Schaden auf dem Land. Auch ergibt sich laut Tabelle für einen großen Schaden im Randgebiet eine geringere Wertbeeinträchtigung als für einen mittleren oder leichten Schaden.

Es wird klar, dass die Tabellen keinesfalls im Detail zur Wertermittlung herangezogen werden dürfen.

Um dies zu verdeutlichen, wurden die Ergebnisse in zwei Tabellen dargestellt. Danach könnte theoretisch abgelesen werden, dass sich die Restnutzungsdauer (bei RND < 25 Jahre) bei großen Schäden im Durchschnitt und in Abhängigkeit von der Lage (Rand/Land) um acht bis zehn Jahre reduziert, bei leichten Schäden um fünf bis sieben Jahre.

Reduzierung der RND aufgrund von Bauschäden:

	RND < 25 Jahre	
	Randgebiet	**Landgebiet**
Großer Schaden	**8 Jahre** (Spanne 0 bis 24 Jahre) [76 Fälle]	**10 Jahre** (Spanne 1 bis 21 Jahre) [24 Fälle]
Mittlerer Schaden	**8 Jahre** (Spanne 0 bis 18 Jahre) [105 Fälle]	**8 Jahre** (Spanne 1 bis 20 Jahre) [25 Fälle]
Leichter Schaden	**7 Jahre** (Spanne 0 bis 21 Jahre) [46 Fälle]	**5 Jahre** (Spanne 0 bis 13 Jahre) [13 Fälle]

Tab. 6-6: Restnutzungsdauern < 25 Jahre für mangelbehaftete Objekte

	RND > 25 Jahre	
	Randgebiet	**Landgebiet**
Großer Schaden	**7 Jahre** (Spanne 1 bis 16 Jahre) [14 Fälle]	**10 Jahre** (Spanne 7 bis 24 Jahre) [4 Fälle]
Mittlerer Schaden	**9 Jahre** (Spanne 0 bis 36 Jahre) [81 Fälle]	**10 Jahre** (Spanne 0 bis 28) [18 Fälle]
Leichter Schaden	**8 Jahre** (Spanne 0 bis 36 Jahre) [93 Fälle]	**9 Jahre** (Spanne 0 bis 28 Jahre) [23 Fälle]

Tab. 6-7: Restnutzungsdauern > 25 Jahre für mangelbehaftete Objekte

Die vorbeschriebene Auswertung berücksichtigt die Lage, das Schadensausmaß und den Teilmarkt. Das Baujahr sowie die Schadensart bleiben unberücksichtigt. Beide Kriterien haben aber einen großen Einfluss auf das Marktverhalten.

Auch aus diesem Grund ist es höchst fraglich, ob diese Reduzierung der Restnutzungsdauer zu einem marktkonformen Ergebnis führt.

Zur Verdeutlichung wird eine Beispielrechnung durchgeführt.

Beispiel

Doppelhaushälfte, Baujahr 1970, ASS 2, 500 m² Grundstück

Im Beispiel wird von einer Doppelhaushälfte mit Baujahr 1970 auf einem 500 m² großen Grundstück ausgegangen. Die Wohnfläche beträgt 140 m². Es wird ein Feuchteschaden im Keller unterstellt. Zur Schadensbeseitigung muss aufgegraben und abgedichtet werden. Die Schadensbeseitigungskosten werden auf 30.000 € geschätzt.

Die Restnutzungsdauer für das mangelfreie Grundstück beträgt 20 Jahre. Nach vorgenannter Auswertung wird für den großen Schaden im Randgebiet eine Reduzierung der Restnutzungsdauer von acht Jahren angesetzt. Die Restnutzungsdauer des mangelbehafteten Grundstücks ergibt sich somit zu zwölf Jahren.

Aufgrund der Reduzierung der Restnutzungsdauer ist eine Erhöhung des Liegenschaftszinssatzes erforderlich. Hier wird für das mangelfreie Grundstück ein Liegenschaftszinssatz von 2,5 % und für das mangelbehaftete Grundstück ein Liegenschaftszinssatz von 2,8 % gewählt.

Die Differenz der Ertragswerte beträgt rund 67.000 € und liegt damit erheblich über den eigentlichen Schadensbeseitigungskosten von 30.000 €.

Somit liefert die Reduzierung der Restnutzungsdauer im vorliegenden Beispiel keine marktkonformen Ergebnisse. Im Einzelfall kann das Ergebnis marktkonform sein, aber aufgrund der großen Spannweite der Abweichungen und der nicht erfassten Schadensart ist die Methode als ungeeignet einzustufen.

Randgebiet

	mangelfrei	*mangelbehaftet*
BRW	***400 €/m²***	
Baujahr	*1970*	
Miete	*12 €/m²*	
Wohnfläche	*140 m²*	
LSZ	*2,5 %*	*2,8 %*
RND	***20 Jahre***	***12 Jahre***
Rohertrag	*20.160 €/a*	*20.160 €/a*
BWK	*rd. 20 %*	*rd. 20 %*
Reinertrag	*16.128 €/a*	*16.128 €/a*
Bodenwertanteil	*5.000 €/a*	*5.600 €/a*
Gebäudewert	*11.128 €/a*	*10.528 €/a*
Barwertfaktor	*15,5892*	*10,0739*
Ertragswert (vorl.)	*173.476 €*	*106.058 €*
Bodenwert	*200.000 €*	*200.000 €*
Ertragswert	*373.476 €*	*306.058 €*
Differenz	***67.418 €***	

Tab. 6-8: Wertdifferenz bei Reduzierung der Restnutzungsdauer

17 % des Verkehrswerts

Die vorgestellten Beispielrechnungen haben gezeigt, dass die Modifizierung der Eingangsparameter ein sehr unsicheres Verfahren darstellt. Jede Immobilie und jeder Schaden sind individuell. Es ist fast unmöglich, diese Besonderheiten in den Eingangsparametern marktkonform zu berücksichtigen.

Hinzu kommt, dass sich die Marktanpassung wegen des Einflusses von Baumängeln und Bauschäden diametral zur Anpassung mittels Sachwertfaktor verhält. Während in hochpreisigen Gegenden der Sachwertfaktor hoch ist, ist der Wertabschlag für Baumängel und Bauschäden niedrig. Die Wahl eines passenden Sachwertfaktors für mangelbehaftete Objekte gestaltet sich somit sehr schwierig und ist ohne valide Marktuntersuchungen kaum begründbar.

Auf Basis der vorangegangenen Ausführungen ist es zielführender, das Objekt mangelfrei zu rechnen und den Bauschaden unter den besonderen objektspezifischen Grundstücksmerkmalen zu berücksichtigen.

6.4 Bewertungsansatz auf Basis des fiktiv instand gesetzten Gebäudes

In diesem Kapitel wird ein fiktiv mangelfreies Grundstück zugrunde gelegt. Die Schadensbeseitigungskosten werden unter den besonderen objektspezifischen Grundstücksmerkmalen (boG) abgezogen. Der Vorteil wurde bereits erläutert. Zum einen kann eine separate Marktanpassung für die Baumängel und Bauschäden durchgeführt werden, die in der Regel nicht mit der Marktanpassung mittels Sachwertfaktor einhergeht.[71] Weiter wird eine Wertminderung ermittelt, die in allen Verfahren entsprechend berücksichtigt werden kann.

6.4.1 Wertermittlung mittels Differenzwertmethode

Bei der Differenzwertmethode wird zunächst der Verkehrswert des fiktiv mangelfreien Grundstücks ermittelt. Anschließend wird der Verkehrswert des mangelbehafteten Grundstücks ermittelt. Die Differenz der beiden vorgenannten Verkehrswerte ergibt den Wert des Bauschadens. Die Problematik hierbei liegt in der Ermittlung des Werts des mangelbehafteten Grundstücks.

Dies kann über erhöhte Bewirtschaftungskosten geschehen. In Fällen, in denen ein Mangel oder eine fehlende Modernisierung höhere Instandsetzungskosten verursacht, können diese mittels erhöhter Bewirtschaftungskosten erfasst werden.

Die Problematik beim Ansatz einer verkürzten Restnutzungsdauer oder einer Mindermiete wurde im vorangegangenen Kapitel dargestellt.

6.4.2 Wertermittlung auf der Basis von Schadensbeseitigungskosten

Dieser Ansatz steht und fällt mit dem richtigen Marktanpassungsfaktor für Baumängel und Bauschäden. Nach Ermittlung der Kosten sind diese marktgerecht als Wert anzusetzen. Kosten sind grundsätzlich per Definition nicht gleich Wert, dennoch kann es marktkonform sein, den Kostenansatz vollumfänglich als Wertminderung anzusetzen. Um den richtigen Marktanpassungsfaktor zu wählen, muss der Markt bzw. Teilmarkt genau untersucht werden. Dabei ist hinsichtlich der Lage, des Gebäudetyps, der Schadensart und des Schadensumfangs sowie des Baujahrs zu unterscheiden. Die Ermittlung der Kostenansätze kann laut Wertermittlungsrichtlinien grundsätzlich über drei Wege erfolgen:

- ***Erfahrungswerte***
- ***Kostenkennwerte***
- ***Bauteiltabellen***

71 Strotkamp, H.-P., Landesgrundstücksmarktbericht Rheinland-Pfalz 2017.

Erfahrungswerte

Erfahrungswerte von Schadensbeseitigungskosten sind der beste Ansatz, da sie ohne fehleranfällige Herleitung direkt einen Kostenansatz liefern. In der Regel treten mehr oder weniger die gleichen Schadensereignisse auf und damit sind auch die anstehenden Schadensbeseitigungsmaßnahmen überschaubar. Es ist sinnvoll, sich einen Überblick über die häufigsten Schadensarten und Schadensbeseitigungsmaßnahmen zu verschaffen.

Hierauf wird in Kapitel 6.6 detailliert eingegangen.

Kostenkennwerte

Bei den Kostenkennwerten handelt es sich um Kostenansätze, die im Verhältnis zu einer Bezugseinheit definiert werden. Diese sind in zahlreichen Tabellenwerken in der Literatur und online zu finden.

An dieser Stelle sei darauf hingewiesen, dass der Immobilienbewerter keine fundierte Kostenschätzung erstellen kann und aus haftungstechnischen Gründen auch nicht sollte. Kleinere Maßnahmen können sehr gut über die vorgenannten Kostenkennwerte erfasst werden. Handelt es sich um abgeschlossene Bauteile, die ausgetauscht werden müssen, bei denen keine besonderen Zusatzmaßnahmen berücksichtigt werden müssen, kann im Gutachten auf die Quellen verwiesen werden (z.B. beim Austausch von defekten Fenstern oder Türen, Einbau einer Heizung). Liegen komplexere Maßnahmen wie z.B. die Neueindeckung eines Daches oder das Abdichten eines Kellers vor, sollte auf Pauschalansätze aus der Literatur oder Ansätze auf Basis von Erfahrungen zurückgegriffen werden.

In jedem Fall empfiehlt sich die Formulierung eines Haftungsausschlusses (siehe Kapitel 6.6 und 6.7).

Bauteiltabellen

Gemäß den Wertermittlungsrichtlinien können Baumängel und Bauschäden auf Basis von Bauteiltabellen berücksichtigt werden. Dabei werden anhand von Wertanteilstabellen die Normalherstellungskosten unter Zuhilfenahme eines Reparaturzuschlags in Schadensbeseitigungskosten umgewandelt.

Kleiber[72] fasst dies wie folgt zusammen:

Schadensbeseitigungskosten
= NHK × Beschädigungsgrad [%] × Wertanteil [%] × Reparaturzuschlag

Der Beschädigungsgrad ist dabei vom Sachverständigen zu schätzen. Der Wertanteil des beschädigten Bauteils am Ganzen kann einer Wertetabelle, z.B. in der DIN 276, entnommen werden. Der Reparaturfaktor berücksichtigt die Tatsache, dass die Kosten für eine Reparatur in der Regel höher sind als die Kosten einer Neuerrichtung. Der Reparaturzuschlag berücksichtigt die Mehrkosten einer Instandsetzung im Vergleich zu einem Neubau. Insbesondere die Zugänglichkeit zum Bauteil wird hierbei einbezogen.

72 Kleiber, Kleiber-digital, Teil IV, 6.3.8.2, Rn. 314.

Reparaturzuschlagsfaktoren

Bauteil	**Reparatur-zuschlag in %**	**Wert-anteil** in %**	**Reparatur-zuschlags-faktor***
Rohbau, Konstruktion und Treppe	0 %	49,68 %	1,0
Fenster	15 %	4,69 %	1,15
Türen	15 %	3,22 %	1,15
Elektroinstallation	20 %	2,85 %	1,2
Dachdecker, Zimmermann, Klempner	20 %	10,49 %	1,2
Putz, Trockenbau	30 %	7,36 %	1,3
Maler	30 %	3,22 %	1,3
Estrich, Bodenbelag	30 %	4,70 %	1,3
Heizung	30 %	6,53 %	1,3
Sanitär, Installation, Fliesen	100 %	7,27 %	2,0
Summe		100 %	

* nach Schmitz, Gerlach, Krings

** nach Vogels

Abb. 6-10: Reparaturzuschlagsfaktor nach Bauteilen
Quelle: Kleiber, Kleiber-digital, Teil IV, 6.3.8.4, Rn. 322

Warum das Hinzuziehen von Bauteiltabellen oftmals nicht zielführend ist, wird am folgenden Beispiel erläutert.

Beispiel

Freistehendes Einfamilienhaus, UG + EG + OG, Flachdach, Keller kein Wohnraum, GND 70 Jahre, Baujahr 1990, Feuchteeindrang an den straßenseitigen Außenwänden (50 % der Kellerwände)

Schadensbeseitigungskosten gemäß Bauteiltabelle

Der Wertanteil der Kelleraußenwände am Gesamtbauwerk wird grob auf 15 % geschätzt. Dies geschieht in Anlehnung an die Wägungstabelle in der Sachwertrichtlinie Anlage 2 für Ein- und Zweifamilienhäuser. Hier sind 23 % für Außenwände angesetzt. Da die Kellerwände baulich am anspruchsvollsten sind, werden 15 % als angemessen erachtet.

Nach ***Kleiber[73] „ […] bemisst sich der Reparaturzuschlag nach den Mehrkosten einer Instandsetzung gegenüber den Neubaukosten und ist insbesondere von der Zugänglichkeit des Bauteils und den Mehrkosten abhängig, die sich aus dem Umfang der ‚Handarbeiten' ergeben […]".*** *Vor dem Hintergrund ist es nicht verständlich, warum in der entsprechenden Tabelle, in der die Reparaturzuschlagsfaktoren dargestellt sind, kein Zuschlag für Rohbauarbeiten angesetzt wird. Im vorliegenden Beispiel ist die Zugänglichkeit zur Außenwandabdichtung nicht gegeben. Das bedeutet, es müsste aufgegraben werden. Die vorhandene Wandabdichtung müsste zurückgebaut bzw. die Oberfläche der Kelleraußenwände müsste gereinigt werden, bevor die neue Abdichtung aufgebracht werden kann. Möglicherweise müssten auch Beton oder Pflaster von Einfahrten zurückgebaut werden. Es ist nicht klar, welcher Reparaturfaktor angemessen ist. In jedem Fall ist mit einer Erschwernis im Vergleich zum Neubau zu rechnen, weshalb der Faktor 1 nicht angemessen ist. In Anlehnung an den Faktor 2,0 für Sanitärarbeiten wird hier ein Faktor von 1,5 gewählt. Anders als bei den Sanitärarbeiten finden die Rückbauarbeiten außerhalb des Gebäudes statt und haben somit keinen direkten Einfluss auf andere Gewerke.*

Standardstufe 1		
NHK (Stufe 1)	*665*	*€/m²*
BPI	*128,45*	
Bruttogeschossfläche (BGF)	*200*	*m²*
Baukosten gesamt	*170.838,50*	*€*
Wertanteil des Kelleraußenwände am Gebäude	*15*	*%*
Beschädigungsgrad	*50*	*%*
Reparaturzuschlag	*1,5*	
Baukosten nach Bauteiltabelle	***19.219,33***	***€***

73 Kleiber, Kleiber-digital, Teil IV, 6.3.8.4, Rn. 322.

Standardstufe 2		
NHK (Stufe 2)	*740*	*€/m²*
BPI	*128,45*	
Bruttogeschossfläche (BGF)	*200*	*m²*
Baukosten gesamt	*190.106,00*	*€*
Wertanteil des Kelleraußenwände am Gebäude	*15*	*%*
Beschädigungsgrad	*50*	*%*
Reparaturzuschlag	*1,5*	
Baukosten nach Bauteiltabelle	***21.386,93***	***€***

Standardstufe 3		
NHK (Stufe 3)	*850*	*€/m²*
BPI	*128,45*	
Bruttogeschossfläche (BGF)	*200*	*m²*
Baukosten gesamt	*218.365,00*	*€*
Wertanteil des Kelleraußenwände am Gebäude	*15*	*%*
Beschädigungsgrad	*50*	*%*
Reparaturzuschlag	*1,5*	
Baukosten nach Bauteiltabelle	***24.566,06***	***€***

Standardstufe 4		
NHK (Stufe 4)	*1.025*	*€/m²*
BPI	*128,45*	
Bruttogeschossfläche (BGF)	*200*	*m²*
Baukosten gesamt	*263.322,50*	*€*
Wertanteil des Kelleraußenwände am Gebäude	*15*	*%*
Beschädigungsgrad	*50*	*%*
Reparaturzuschlag	*1,5*	
Baukosten nach Bauteiltabelle	***29.623,78***	***€***

Standardstufe 5		
NHK (Stufe 5)	*1.285*	*€/m²*
BPI	*128,45*	
Bruttogeschossfläche (BGF)	*200*	*m²*
Baukosten gesamt	*330.116,50*	*€*
Wertanteil des Kelleraußenwände am Gebäude	*15*	*%*
Beschädigungsgrad	*50*	*%*
Reparaturzuschlag	*1,5*	
Baukosten nach Bauteiltabelle	***37.138,11***	***€***

Tab. 6-9: Baukosten nach Bauteiltabelle für Ausstattungsstandard 1 bis 5

Die vorstehende Berechnung zeigt, dass die Schadensbeseitigungskosten je nach Ausstattungsstandard zwischen rund 19.000 und rund 37.000 € betragen. Die tatsächlichen Schadensbeseitigungskosten liegen bei ca. 20.000 bis 30.000 € und damit nahe bei den über die Bauteiltabellen ermittelten Kostenansätzen. Während bei den Bauteiltabellen allerdings die Höhe der Kosten vom Ausstattungsstandard des Gebäudes abhängt, richtet sich die Höhe der tatsächlichen Schadensbeseitigungskosten in erster Linie nach der Frage, ob der Keller als Wohnraum genutzt wird und somit gegebenenfalls noch weitere Kosten bezüglich des Wiederherstellens des Innenausbaus entstehen. Maßgeblich ist das Schadensausmaß, das bei der Berücksichtigung der Bauteiltabellen nur bedingt betrachtet wird. Die Beschaffenheit des Erdreichs bzw. die örtlichen Gegebenheiten sind ein großer Zeit- und damit Kostenfaktor. Muss zum Aufgraben lediglich Erdreich entfernt werden, sind die Kosten wesentlich geringer, als wenn z.B. der Beton- oder Pflasterbelag eines Stellplatzes zurückgebaut werden muss. Auch die Art der Abdichtung ist kostenrelevant. Handelt es sich um drückendes Wasser, muss eine aufwendigere Abdichtung ausgeführt werden als bei reinem Oberflächenwasser. All diese Punkte finden in den Bauteiltabellen keine Berücksichtigung und können über den Reparaturzuschlagsfaktor nur bedingt erfasst werden.

Die Verwendung von Bauteiltabellen zur Ermittlung eines validen Kostenansatzes für die Schadensbeseitigung ist als kritisch zu betrachten. Die zuvor beschriebene Vorgehensweise zielt nicht auf die tatsächlich erforderlichen Maßnahmen zur Schadensbeseitigung ab. Die Wertetabelle gibt lediglich Aufschluss darüber, in welchem prozentualen Verhältnis die Herstellungskosten einzelner Bauteile zu den Gesamtkosten des Bauwerks stehen. Dies ist bei der Kostenplanung von Neubauten von Relevanz. Auch bei Gebäuden, die noch nicht ganz fertiggestellt sind, kann es hilfreich sein, eine grobe Einschätzung über den Fertigstellungsgrad auf diese Weise zu erhalten.

Was die Bauschadensbeseitigung betrifft, ist die Anwendung von Bauteiltabellen schwierig. Die Maßnahmen zur Schadensbeseitigung müssen in keinem Zusammenhang zum Schadensausmaß oder den Herstellungskosten stehen.

Ein Trennriss in der Fassade z.B. würde mittels Bauteiltabelle lediglich über sein Ausmaß definiert werden.

Bei einem ca. 2 m langen und 3 mm breiten Riss ergäbe sich ein Schadensausmaß von 0,06 m^2. Die Kosten für die Errichtung einer Fassade in Beton oder Mauerwerk mit Putz und Anstrich über einen Teilbereich von ca. 0,06 m^2 wären verhältnismäßig gering. Die Schadensursache könnte aber von einem äußeren Ereignis wie z.B. Erschütterungen oder einer Grundwasserabsenkung bis hin zu nicht tragfähigem Untergrund aufgrund von Unterspülung oder mangelnder Voruntersuchungen reichen. Die Schadensbeseitigungsmaßnahmen könnten dann von Risse überbrückenden Maßnahmen bis hin zu Baugrundaustausch oder Unterfangungen reichen. Diese Kosten können über die Bauteiltabellen nicht erfasst werden.

Schwierig ist es auch für den Sachverständigen, den Beschädigungsgrad zu schätzen. Bei einem undichten Dach, bei dem im Dachgeschoss mehrere Eimer zum Auffangen des Wassers aufgestellt wurden, wird es schwierig sein, das Ausmaß des Schadens zu beurteilen. Und selbst wenn ein Loch im Dach augenscheinlich von unten zu erkennen wäre, ist der Beschädigungsgrad dann in der Größe des Loches zur kompletten Dachfläche zu sehen oder ist das Dach dann zu 100 % beschädigt, da eine Reparatur in Teilbereichen nicht möglich wäre? Offen bleibt auch, wie die Folgemaßnahmen erfasst werden.

Bei einem feuchten Keller, bei dem als Schadensbeseitigungsmaßnahmen ein Aufgraben sowie das Aufbringen einer Abdichtung mit Dämmung erforderlich wären, würden bei der Beurteilung des Beschädigungsgrades ausschließlich die Außenwände erfasst. Die darüber hinausgehenden Arbeiten wie Erdbau, Dämmung und Abdichtung würden nicht berücksichtigt werden.

Aus diesem Grund muss vor der schematischen Verwendung von Bauteiltabellen gewarnt werden. In vielen Fällen bedarf es einer tieferen Betrachtung des Schadens und entsprechender Kenntnis über die erforderlichen Sanierungsmaßnahmen.

6.4.3 Modernisierungspunkte

Wenn im Rahmen der Wertermittlung eine Sanierung und damit eine Modernisierung von Gebäudeteilen unterstellt wird, z.B. durch Ausführung eines neuen Daches, dann muss diese durch eine Verlängerung der Restnutzungsdauer berücksichtigt werden. Dies wiederum erfolgt durch die Vergabe von Modernisierungspunkten gemäß Anlage 2 der ImmoWertV 2021. Auf Basis der Summe der Modernisierungspunkte wird die modifizierte Restnutzungsdauer ermittelt.

Dabei ist der erste Absatz in Anlage 2 hervorzuheben: *„Die Verwendung des nachfolgenden Modells ersetzt nicht die erforderliche sachverständige Würdigung des Einzelfalls."*

Die zu bewertenden Modernisierungselemente lauten dort:

- Dacherneuerung inklusive Verbesserung der Wärmedämmung
- Modernisierung der Fenster und Außentüren
- Modernisierung der Leitungen

- Modernisierung der Heizungsanlage
- Wärmedämmung der Außenwände
- Modernisierung von Bädern
- Modernisierung des Innenausbaus
- wesentliche Verbesserung der Grundrissgestaltung

Für die oben dargestellten Modernisierungen können Punkte vergeben werden, die eine Erneuerung von Bauteilen würdigen.

Wie sieht es aber aus bei einer Erneuerung einer Kelleraußenwandabdichtung oder bei einer Komplettsanierung eines Balkons mit Dämmung und neuem Balkongeländer? Gerade diese Maßnahmen erfolgen sehr häufig bei Gebäuden mittleren Alters. Durchfeuchtete Balkonplatten und Außenwandabdichtungen, die ihre technische Lebensdauer überschritten haben, machen einen Großteil der altersbedingten Schäden an Gebäuden aus. Somit sind auch diesbezüglich sanierte Gebäude keine Seltenheit. Bei der Verkehrswertermittlung muss eine solche Sanierung werterhöhend bzw. restnutzungsdauerverlängernd berücksichtigt werden. Bei schematischer Abarbeitung der oben dargestellten Punkte würden diese Maßnahmen nicht betrachtet werden. Dies wäre fatal, denn ein Gebäude aus dem Jahr 1950 mit einem sanierten Balkon mit Entwässerung ist in jedem Fall einem Gebäude aus dem gleichen Baujahr ohne Entwässerung und mit den üblichen Farbabplatzungen an der Balkonunterseite und gegebenenfalls weiteren damit einhergehenden Schäden vorzuziehen.

Ein sanierter Balkon oder eine neu hergestellte Außenwandabdichtung gehen über „das Übliche" hinaus. Dies muss sich auch in der Wertermittlung widerspiegeln.

Daher muss auch an dieser Stelle an die sachverständige Beurteilung der individuellen Bewertungsfälle appelliert werden.

6.5 Wertermittlung auf Basis von Erfahrungssätzen

Nach ausführlicher Darstellung der Grenzen und Risiken der Wertermittlungsansätze in den vorangegangenen Kapiteln ist klar, dass die Verwendung von Erfahrungswerten in jedem Fall allen anderen Methoden vorzuziehen ist. Nur Erfahrungswerte bilden den Markt direkt ab.

Erfahrungswerte können aber erst verwendet werden, wenn es in ausreichendem Maß Erfahrungen gibt. Hierzu sind Marktuntersuchungen erforderlich. Derzeit werden Angaben zu Baumängeln und Bauschäden nur unzureichend erfasst. Aufgrund der lückenhaften Datenlage ist eine Auswertung bislang nicht möglich gewesen.

Aus diesem Grund wird oft auf Expertenbefragungen zurückgegriffen. Diese finden oftmals auch Anwendung bei der Bezifferung des merkantilen Minderwerts.

Expertenbefragungen sind bei Gerichten anerkannt, obwohl sie zuweilen auch kritisch zu hinterfragen sind, da Einschätzungen von „Experten" nicht zwangsläufig den Markt widerspiegeln. Auch ist nicht klar definiert, wer als „Experte" zu Rate zu ziehen ist (siehe hierzu auch Kapitel 6.8.3).

Die Auswertungen in Kapitel 5.7.3 zeigen, dass zum Teilmarkt Mehrfamilienhäuser wenige valide Aussagen gemacht werden können, da die Datenmenge hierfür insgesamt recht dünn ist.

Eine erste Tendenz zeigt, dass sich dieser Teilmarkt ähnlich verhält wie der Einfamilienhäuser-/Zweifamilienhäusermarkt.

Für den Ein- und Zweifamilienhausmarkt hingegen liegt eine gute Datenbasis mit rd. 1.000 Fällen vor. Die einzelnen Auswertungen wurden in Kapitel 5.7.2 im Detail vorgestellt.

Die Ergebnisse der Auswertungen sind in diesem Kapitel als Erfahrungswerte in tabellarischer Form dargestellt. Diese können für die Ermittlung der Wertminderungen bei Bewertungsobjekten mit Baumängeln und Bauschäden dienen.

Tabelle 6-10 stellt die Gesamttabelle über die Jahre 2020 bis 2023 dar. Die Tabellen 6-10a bis 6-10d zeigen die einzelnen Wertminderungen in den jeweiligen Jahren. Die Untersuchung nach Jahren hat gezeigt, dass die Wertminderungen trotz der zahlreichen Ereignisse der vergangenen Jahre überwiegend konstant blieben. Für die Randlagen und die Ballungsgebiete kann festgestellt werden, dass die Wertminderungen in Nuancen von 2020 bis 2021 sanken und in 2021 ihren Tiefpunkt hatten. In 2022 stiegen die Wertabschläge wieder minimal, um im Jahr 2023 den bisherigen Höchstpunkt zu erreichen.

Auffallend ist damit, dass sich die Corona-Pandemie offensichtlich nicht besonders auf den Markt ausgewirkt hat. In 2021 waren die Kaufpreise noch sehr hoch und die Wertabschläge vergleichsweise niedrig. In 2020 stiegen die Wertabschläge etwas. Marktberichte der Gutachterausschüsse[74] bestätigen, dass im ersten Halbjahr 2022 die Preise für Immobilien noch anstiegen, um dann in der zweiten Hälfte abzufallen. Das Zusammenwirken der Unsicherheit auf dem Markt als Folge der Energiekrise sowie des Gesetzesentwurfs des neuen Gebäudeenergiegesetzes in der zweiten Hälfte des Jahres 2022 und die zusätzlich ab September 2022 erfolgte Erhöhung des Leitzinses dürften die Preisrückgänge auf dem Immobilienmarkt 2023 und die damit einhergehenden höheren Abschläge begründen. Die Auswertungen in Kapitel 5.7.2 zeigen einen deutlichen Anstieg der Kauffälle im Einfamilienhäuser-/Zweifamilienhäusermarkt, bei denen Abschläge gemacht wurden.

Die unten dargestellten Werte aus dem Teilmarkt Einfamilienhäuser/Zweifamilienhäuser sind unbedingt sachverständig zu beurteilen und vor dem Hintergrund der teilweise sehr geringen Datenmenge kritisch zu prüfen.

74 Immobilienmarktbericht 2023 für den Bereich der Stadt Frankfurt am Main, Geschäftsstelle des Gutachterausschusses, 2023.

	Schadensgröße														
	klein			mittel			groß			erheblich			zusammen		
Jahre 2020-2023	Anz.	Ø	Max.	Anz.	Ø	Max.	Anz.	Ø	Max.	Anz.	Ø	Max	Anz.	Ø	Max.
Allgemein (alle Lagen)	563	0,6 %	20,0 %	227	1,5 %	25,0 %	101	5,4 %	66,7 %	47	6,3 %	75,0 %	940	1,3 %	42,9 %
Ländliches Gebiet	81	1,2 %	26,0 %	29	3,9 %	21,7 %	16	8,2 %	45,0 %	5	9,7 %	48,4 %	131	2,4 %	32,6 %
Randgebiet	285	0,6 %	20,0 %	119	1,5 %	25,0 %	64	5,5 %	66,7 %	22	9,3 %	75,0 %	492	1,5 %	42,9 %
Ballungsgebiet	196	0,3 %	13,5 %	79	0,7 %	12,1 %	21	3,1 %	24,0 %	20	2,2 %	34,7 %	317	0,6 %	25,8 %

Tab. 6-10: Wertabschläge vom unbelasteten Verkehrswert in den Jahren 2020–2023

	Schadensgröße														
	klein			mittel			groß			erheblich			zusammen		
Jahr 2020	Anz.	Ø	Max.	Anz.	Ø	Max.	Anz.	Ø	Max.	Anz.	Ø	Max	Anz.	Ø	Max.
Allgemein (alle Lagen)	239	0,6 %	20,0 %	110	1,7 %	21,7 %	40	6,3 %	66,7 %	28	7,0 %	75,0 %	419	1,5 %	42,9 %
Ländliches Gebiet	32	1,0 %	20,9 %	21	3,0 %	21,7 %	4	8,8 %	35,3 %	0	0,0 %	0,0 %	57	1,9 %	26,1 %
Randgebiet	134	0,7 %	20,0 %	57	1,9 %	21,6 %	29	6,9 %	66,7 %	17	11,0 %	75,0 %	237	1,9 %	42,9 %
Ballungsgebiet	73	0,3 %	5,6 %	32	0,6 %	4,6 %	7	2,4 %	12,8 %	11	0,9 %	7,0 %	123	0,5 %	11,4 %

Tab. 6-10a: Wertabschläge vom unbelasteten Verkehrswert in 2020

	Schadensgröße														
	klein			mittel			groß			erheblich			zusammen		
Jahr 2021	Anz.	Ø	Max.	Anz.	Ø	Max.	Anz.	Ø	Max.	Anz.	Ø	Max	Anz.	Ø	Max.
Allgemein (alle Lagen)	138	0,5 %	16,0 %	57	1,6 %	25,0 %	31	5,2 %	50,0 %	9	7,3 %	48,4 %	235	1,3 %	33,3 %
Ländliches Gebiet	23	2,0 %	16,0 %	4	7,5 %	17,5 %	8	5,4 %	27,3 %	3	16,1 %	48,4 %	38	3,5 %	32,6 %
Randgebiet	83	0,2 %	6,1 %	37	1,4 %	25,0 %	17	4,9 %	50,0 %	3	5,7 %	12,8 %	140	1,0 %	33,3 %
Ballungsgebiet	32	0,0 %	0,9 %	16	0,5 %	3,6 %	6	6,1 %	24,0 %	3	0,0 %	0,0 %	57	0,7 %	19,4 %

Tab. 6-10b: Wertabschläge vom unbelasteten Verkehrswert in 2021

	Schadensgröße														
	klein			mittel			groß			erheblich			zusammen		
Jahr 2022	Anz.	Ø	Max.	Anz.	Ø	Max.	Anz.	Ø	Max.	Anz.	Ø	Max	Anz.	Ø	Max.
Allgemein (alle Lagen)	124	0,6 %	11,2 %	53	0,8 %	20,7 %	26	4,8 %	45,0 %	9	3,9 %	34,7 %	212	1,1 %	31,0 %
Ländliches Gebiet	17	0,8 %	5,6 %	4	5,2 %	20,7 %	3	17,6 %	45,0 %	2	0,0 %	0,0 %	26	2,7 %	31,0 %
Randgebiet	50	1,0 %	11,2 %	22	0,4 %	6,5 %	15	4,1 %	24,0 %	2	0,0 %	0,0 %	89	1,2 %	19,3 %
Ballungsgebiet	57	0,2 %	4,2 %	27	0,5 %	5,4 %	8	1,4 %	6,7 %	5	6,9 %	34,7 %	97	0,6 %	25,8 %

Tab. 6-10c: Wertabschläge vom unbelasteten Verkehrswert in 2022

	Schadensgröße														
	klein			mittel			groß			erheblich			zusammen		
Jahr 2023	Anz.	Ø	Max.	Anz.	Ø	Max.	Anz.	Ø	Max.	Anz.	Ø	Max	Anz.	Ø	Max.
Allgemein (alle Lagen)	62	0,8 %	13,5 %	7	3,2 %	12,1 %	4	1,8 %	7,1 %	1	0,0 %	0,0 %	74	1,0 %	11,9 %
Ländliches Gebiet	9	0,7 %	4,2 %	0	-	-	1	0,0 %	0,0 %	0	-	-	10	0,6 %	4,0 %
Randgebiet	19	1,2 %	6,8 %	3	3,4 %	8,4 %	3	2,4 %	7,1 %	0	-	-	25	1,5 %	7,7 %
Ballungsgebiet	34	0,7 %	13,5 %	4	3,0 %	12,1 %	0	-	-	1	0,0 %	0,0 %	39	0,8 %	11,9 %

Tab. 6-10d: Wertabschläge vom unbelasteten Verkehrswert in 2023

6.6 Kostenansätze

Im Rahmen der Ermittlung der Wertabschläge auf Basis von Schadensbeseitigungskosten müssen zunächst die Sanierungskosten für die jeweils erforderlichen Maßnahmen ermittelt werden.

Dazu muss der Sachverständige zum einen wissen, was die Schadensursache ist, um Sanierungsmaßnahmen festlegen zu können, und zum anderen auf deren Basis die Kosten der jeweiligen Maßnahme schätzen.

Ist die Ursache unbekannt, ist es schwierig, Schadensbeseitigungskosten zu schätzen, da nicht klar ist, welche Schadensbeseitigungsmaßnahme zum Zuge kommt.

Dann gibt es nur zwei Vorgehensweisen:

- Ausklammern der Schadensbewertung mit Verweis auf ein Bauschadengutachten
- Treffen einer Annahme für die Schadensursache

Wenn der Schaden nicht beurteilt werden kann, da die Ursache schwer zu erahnen ist und damit keine Kostenansätze verwendet werden können, bleibt dem Sachverständigen nichts anderes übrig, als die Wertminderung aufgrund des Schadens im Gutachten auszuklammern. Der Schaden würde dann dennoch genau beschrieben werden und unter Erläuterung der nicht zu ergründenden Schadensursache würde dann ein Hinweis auf einen weiteren Sachverständigen für Bauschäden erfolgen.

Gerade bei der Erstellung von Gutachten für Verkäufer geschieht dies nicht immer zur Zufriedenheit des Auftraggebers, da er mit diesem Gutachten den Käufer nicht konfrontieren kann, wenn die Bezifferung eines größeren Schadens ausgeklammert ist. Das verunsichert den Käufer und führt nicht zu der Transparenz, die sich der Verkäufer von dem Gutachten erhofft hat.

Dies könnte umgangen werden, wenn der Auftraggeber noch im Rahmen der Erstellung des Verkehrswertgutachtens ein Bauschadengutachten beauftragt.

Alternativ kann vom Sachverständigen eine Annahme hinsichtlich der Schadensursache getroffen werden. Dabei kann sich der Sachverständige auf Kapitel 3 beziehen und zumindest für baujahrestypische Schäden Annahmen treffen. Diese sind dann im Rahmen des Haftungsausschlusses als solche zu kennzeichnen.

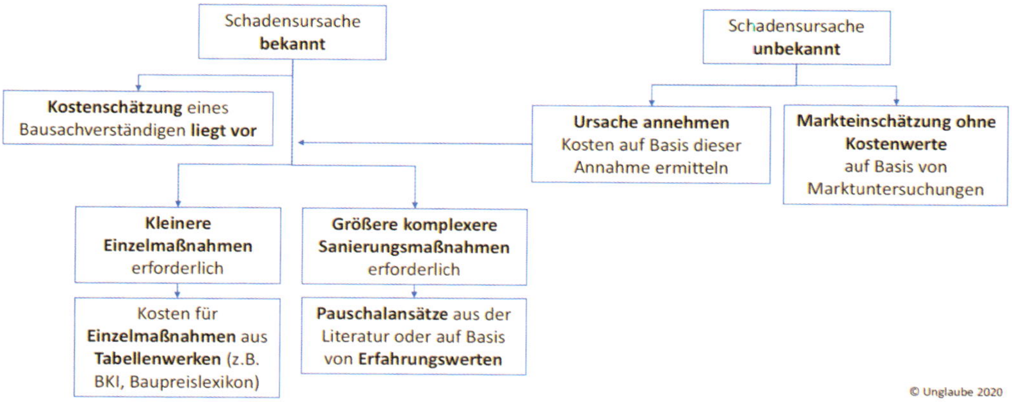

Abb. 6-11: Vorgehensweise bei bekannter und unbekannter Schadensursache

Im Einzelfall muss vom Sachverständigen beurteilt werden, ob es sinnvoller ist, den Schaden auszuklammern und ein Gutachten zu erstellen, welches auf den Schaden hinweist, ihn aber nicht in Form eines Abschlags berücksichtigt, oder ob eine Schadensursache unterstellt wird, da diese als wahrscheinlich erscheint.

Wenn z.B. bei einem Haus im Keller große Trennrisse vom Boden bis zur Decke reichen und ein Verkehrswertgutachten für den Verkäufer erstellt werden soll, wird es diesem nicht helfen, wenn im Gutachten ein Verkehrswert unter Vorbehalt dieser Risse ausgewiesen wird. Der potenzielle Käufer wird wissen wollen, was die Rissursache ist, und danach entscheiden, ob er das Haus kaufen möchte bzw. ob und in welcher Höhe er einen Wertabschlag macht. In diesem Fall wäre dem Verkäufer zu raten, vor Fertigstellung des Verkehrswertgutachtens ein Bauschadengutachten einzuholen. Auf Basis der darin ermittelten Kosten kann der Sachverständige dann einen Wertabschlag für die Risse ermitteln.

Ist die Schadensursache bekannt und liegt kein Gutachten über die Schadenshöhe vor, gibt es zwei Möglichkeiten, die Kosten zu schätzen.

Bei kleineren Maßnahmen kann auf Kostenkennwerte in der Literatur zurückgegriffen werden. Für größere, komplexere Maßnahmen sollten Pauschalansätze verwendet werden.

Detaillierte Kostenschätzungen, wie sie durch einen Bauschadenssachverständigen erstellt werden, gehören nicht zum Leistungsbild des Immobilienbewerters. Im Rahmen eines Haftungsausschlusses sollte im Gutachten darauf hingewiesen werden. Für die Ermittlung des Verkehrswerts in der Immobilienbewertung ist es ausreichend genau, mit geschätzten Pauschalwerten für umfangreichere Schadensbeseitigungsmaßnahmen zu arbeiten (siehe Tab. 6-11).

Aber auch die groben Kostenansätze stellen den einen oder anderen Sachverständigen vor ein Problem, denn nicht jeder Immobilienbewerter hat eine Ausbildung als Architekt oder Ingenieur oder hat bereits Baumaßnahmen begleitet. Es braucht viel Erfahrung, um diese zahlreichen unterschiedlichen Maßnahmen einpreisen zu können.

Im Folgenden werden ein paar ganz grobe Kostenansätze beispielhaft und auszugsweise vorgestellt, um die Dimensionen der Schäden darzustellen. Die Kostenansätze hängen vom Umfang der Schadenssanierung sowie dem Ausstattungsstandard ab. Unter der Prämisse, dass es sich bei der Immobilienbewertung um eine Schätzung handelt, sind die dargestellten Größenordnungen sicherlich ausreichend genau.

Kostenansätze für Schadstoffsanierungen sind schwierig zu kalkulieren. Die Entsorgungskosten für Asbest z.B. schwanken je nach Region und Deponie zwischen 250 und 900 €/t. Aber nicht nur die Entsorgungskosten sind unsicher, auch die Maßnahme als solches kann sehr unterschiedlich sein. In Abhängigkeit vom Schadstoffvorkommen sind unterschiedliche Arbeitsschutzvorkehrungen zu treffen. So setzen sich die Kosten für eine Schadstoffsanierung im Wesentlichen aus folgenden Positionen zusammen:

- Erhöhte Kosten für Spezialfirmen mit entsprechendem Qualifikationsnachweis
- Besondere Arbeitsschutzmaßnahmen zur Schadstoffentfernung (Masken, Sauger, gegebenenfalls mit Kammer-Dekontaminationsschleusen)
- Materialtransport (Bigbags statt Schuttrutschen)
- Materialentsorgung (gegebenenfalls erhöhte Deponiekosten) mit Entsorgungsnachweis
- Nachmessungen

Die Mehrkosten für die Entsorgung von z.B. PAK-haltigen Klebern an Parketthölzern im Vergleich zu nicht belasteten Hölzern sind nicht ganz so erheblich wie bei einer Schadstoffbelastung durch Asbest, da die Schutzmaßnahmen für den Rückbau von PAK-belasteten Bauteilen nicht so aufwendig sind wie bei Asbestvorkommen.

Die fachgerechte Sanierung von Cushion-Vinyl-Bodenbelägen hingegen ist sehr aufwendig und damit auch sehr kostenintensiv. Aufgrund der teilweise sehr aufwendigen Maßnahmen, kann es durchaus sein, dass für den Rückbau von z.B. nur 10 m² Cushion-Vinyl-Boden rd. 5.000 € Sanierungskosten aufgerufen werden. Aus diesem Grund lassen Erwerber von Einfamilienhäusern die Schadstoffsanierung in der Regel nicht durch eine Fachfirma ausführen. Oftmals aber hat der Laie auch gar keine Kenntnis von den Schadstoffen, die in einem Gebäude verbaut sind.

Um als Sachverständiger den Werteinfluss von schadstoffbelasteten Gebäuden zu bewerten, ist es somit wesentlich wichtiger einzuschätzen, welche Schadstoffe der Laie erkennt, und vor allem, inwieweit bei der Sanierung überhaupt kostspielige Fachfirmen eingesetzt werden.

Erfahrungsgemäß sind im Einfamilienhausmarkt Schadstoffe wie Asbest auch beim Laien bekannt. Somit kann ein mit Asbest kontaminiertes Gebäude grundsätzlich eine Wertminderung erfahren. Hierzu kann grob unterstellt werden, dass die Kosten für den Rückbau eines asbesthaltigen Faserzementdaches im Vergleich zu einer nicht schadstoffbelasteten Dacheindeckung insgesamt ungefähr doppelt so hoch sind.

Insgesamt ist die Berücksichtigung von Schadstoffen in der Wertermittlung bei Einfamilienhäusern eher vernachlässigbar. Nur wenn die Schadstoffbelastung über das übliche Maß hinausgeht und der Markt Kenntnis davon hat, sind diese anzusetzen.

Die in diesem Zusammenhang auch zu erwähnenden Fertighäuser stellen einen eigenen Markt dar, für den spezielle Marktkenntnisse erforderlich sind.

Erfahrungswerte zur Kostenindikation von Sanierungsmaßnahmen:

Bauschaden-kategorie	Bauschaden	Maßnahme	Mögliche Kostendimen-sion
Kleinere Schäden	Blinde Scheibe Nicht öffenbare Fenster Undichte Fenster Defekte Türen	Austausch	500 bis 2.000 €
	Kleiner Schimmelbefall, falsches Nutzerverhalten	Schimmelentfernung	500 bis 2.000 €
Mittlere Schäden	Defekte Heizungsanlage	Ausbau einer Gaszentralheizung mit Warmwasseraufbereitung und Wiedereinbau einer Gaszentralheizung	10.000 bis 20.000 €
		Einbau einer Fußbodenheizung	10.000 bis 15.000 €
	Mittlerer Schimmelbefall, falsches Nutzerverhalten	Schimmelentfernung	2.000 bis 5.000 €
	Schwindrisse im Putz, Mauerwerk oder Beton	Rissüberdeckung	1.000 bis 3.000 €
	Feuchtigkeitserscheinungen aufgrund von Leckagen, lokal und temporär eingrenzbar	Trocknung und Sanierung der betroffenen Bereiche	1.000 bis 5.000 €
	Korrodierte Stahlträger (Kappendecken im Altbau)	Sandstrahlen und Neuanstrich	5.000 bis 10.000 €
	Feuchteschäden im Keller	Sanierputz	5.000 bis 10.000 €
	Durchfeuchtete Balkonplatte	Abbruch des durchfeuchteten Belags, Wärmedämmung und Herstellung einer Entwässerung sowie gegebenenfalls neues Balkongeländer	10.000 bis 30.000 €

Bauschaden-kategorie	Bauschaden	Maßnahme	Mögliche Kostendimension
Größere Schäden	Defektes Steildach	Erneuerung Steildach inklusive Dacheindeckung mit Dämmung	50.000 bis 80.000 €
	Defektes Flachdach	Erneuerung Flachdach inklusive Dämmung	30.000 bis 45.000 €
	Großer Schimmelbefall, bauphysikalische Maßnahmen erforderlich	Schimmelentfernung, gegebenenfalls Aufbringen einer Wärmedämmung	7.000 bis 20.000 €
	Feuchteerscheinungen im Keller, bei Starkregen vorzugsweise Baujahr 1950/1960	Aufgraben, Abdichten, Verfüllen, Verdichten, Trocknen	25.000 bis 40.000 €
	Feuchteerscheinungen im Keller bei Starkregen im Neubau, „weiße Wanne"	Injektionen, Trocknung, gegebenenfalls Innenausbau wiederherstellen	35.000 bis 60.000 €
	Schädlingsbefall	Heißluftverfahren in Abhängigkeit von Dauer und erforderlichen Nebenarbeiten	15.000 bis 50.000 €
	Defekte Heizungsanlage	Ausbau einer Gaszentralheizung und Einbau einer Wärmepumpe, inkl. Nebenarbeiten und Fachplaner (ohne Fußbodenheizung)	40.000 bis 60.000 €
Sehr große Schäden	Erhebliche Schäden nach Brand, Überschwemmungen, Sturm, o.ä.	Rückbau und Wiederherstellung	150.000 bis 200.000 €
	Überschwemmungen		

Tab. 6-11: Kostenindikationen[75] für Schadensbeseitigungsmaßnahmen

75 Bei den Kostenindikationen handelt es sich um grobe Erfahrungswerte, die die Verfasserin im Rahmen ihrer Tätigkeit gesammelt hat.

6.7 Von Kosten zum Wert

Das vorige Kapitel enthält Kostenindikationen für einzelne Schadenssanierungsmaßnahmen. Für die Wertermittlung gilt es nun, diese in einen adäquaten Wertansatz umzuwandeln. Dabei muss sich der Sachverständige die Frage stellen, wie der Markt auf den Schaden und die damit verbundenen Schadensbeseitigungskosten reagiert.

Solange keine ausreichenden Marktuntersuchungen vorliegen, kann man sich nur mittels gezielter Fragestellungen an den richtigen Wert herantasten. Ein bewährtes Verfahren ist dabei die Zielbaummethode.

Es handelt sich dabei um ein Näherungsverfahren, bei dem unterschiedliche Aspekte des Schadenseinflusses auf den Verkehrswert beleuchtet und bewertet werden. Dabei werden die zu untersuchenden Aspekte gewichtet.

An dieser Stelle wird ausdrücklich darauf hingewiesen, dass die folgenden Herangehensweisen unbedingt als Vorschläge und Gedankenanstöße zu betrachten sind. Da jedes Schadensereignis und jede Immobilie individuell sind, ist von einer schematisierten Vorgehensweise dringend abzuraten. Vielmehr ist die dargestellte Methode als eine Art Checkliste zu betrachten, die den Nutzer zwingt, sich über die einzelnen Einflusskriterien intensiv Gedanken zu machen und sich dabei immer wieder das Marktgeschehen vor Augen zu führen. Durch die Dokumentation ebendieser Überlegungen entsteht gleichzeitig eine nachvollziehbare Unterlage für Dritte.

Die Vorlage hat somit keinen Anspruch auf Vollständigkeit und kann vom Nutzer durchaus individuell verändert oder angepasst werden.

6.7.1 Einflussparameter

Zur Ermittlung des Werteinflusses eines Bauschadens ist zu überlegen, welche Randparameter einen Einfluss auf das Marktverhalten haben.

Es sollten folgende sechs Kriterien untersucht werden:

- Schadensart
- Schadensausmaß
- Lage
- Baujahr
- Teilmarkt/Gebäudetyp
- Dringlichkeit der Schadensbeseitigung

Schadensart

Ganz erheblich für die Reaktion eines Käufers ist die Schadensart. Untersuchungen haben gezeigt, dass Käufer auf unterschiedliche Schadensszenarien unterschiedlich reagieren. So beurteilen sie Risse als wesentlich weniger wertmindernd als z.B. Feuchteschäden. Bei Schimmelschäden spielen neben den rationalen Aspekten auch emotionale Aspekte eine

Rolle. Ein Großteil der Befragten reagierte zurückhaltend bei einem vorliegenden Schimmelbefall. Nicht wenige von ihnen würden sogar vom Kauf zurücktreten. Insbesondere Schädlingsbefall wie Hausschwamm beunruhigen den Markt sehr.

Schadensumfang

Nicht ganz so erheblich wie die Schadensart hat die Schadensgröße einen Einfluss auf die Wertminderung. Bei kleinen Schäden reagiert der Markt nicht so stark wie bei Schäden größeren Ausmaßes. Kleine Risse sind nicht von großer Bedeutung, wogegen ein Trennriss über mehrere Geschosse durchaus beängstigend sein kann.

Lage

Schadensart und Lage haben den größten Einfluss auf die Wertminderung infolge von Bauschäden. In Ballungsgebieten, in denen das Angebot knapp ist, sind die Käufer bereit, Bauschäden hinzunehmen, ohne einen Preisabschlag vorzunehmen. Auf dem Land, wo man eine vergleichbare Immobilie auch ohne Schäden erstehen kann, haben Bauschäden eine verhältnismäßig große Auswirkung auf den Kaufpreis.

Baujahr

Eine weitere Rolle spielt das Baujahr des Gebäudes. Bei einem älteren Gebäude rechnen die Käufer bereits mit Sanierungskosten. Bei einer neueren Immobilie gehen die Käufer davon aus, dass das Gebäude in einem guten Zustand ist. Bauschäden werden dann nicht so akzeptiert, wie es bei älteren Gebäuden der Fall ist.

Teilmarkt

Der Teilmarkt ist nach der Lage und der Schadensart ein wichtiger Aspekt. Käufer von Einfamilienhäusern haben ein anderes Budget und andere Erwartungen als Käufer von Mehrfamilienhäusern. Während der Einfamilienhausmarkt geprägt ist von Privatpersonen, Familien mit Kindern oder Paaren, die die Immobilien in der Regel zur Eigennutzung suchen und ein begrenztes Budget haben, sind die Absichten von Käufern bzw. Investoren von Mehrfamilienhäusern üblicherweise ertragsorientiert. Dabei wird schnell klar, dass ein Schimmelschaden in einem selbst genutzten Einfamilienwohnhaus von diesem Markt wesentlich sensibler wahrgenommen wird, als es bei einem Investor eines Mehrfamilienhauses der Fall ist.

Käufer von Wohnungseigentum reagieren wieder anders. Der Einfluss des Marktes auf den Verkehrswert wird unterschiedlich beurteilt, je nachdem, ob die Käufer beabsichtigen, die Wohnung selbst zu nutzen oder sie zu vermieten. Bei Eigennutzung ist davon auszugehen, dass der Käufer eher emotional auf Schäden reagiert. Betrachtet er das Wohnungseigentum als reines Ertragsobjekt, wird er lediglich abwägen, inwieweit sich der vorhandene Schaden auf die erzielbare Miete auswirken könnte. Hinzu kommt, dass beim Wohnungseigentum größere Sanierungsmaßnahmen in der Regel Bauteile betreffen, die zum Gemeinschaftseigentum gehören und die Kosten somit über die Miteigentumsanteile aufgeteilt werden.

Beim Teilmarkt Gewerbe ist individuell zu bewerten, inwieweit der Schaden einen Einfluss auf den Kaufpreis hat. Emotionale Bedenken wie beim Einfamilienhausmarkt entfallen hier. Es stellt sich eher die Frage, ob der Schaden die Nutzung beeinträchtigt und wie hoch die Schadensbeseitigungskosten sind.

Dringlichkeit

An dieser Stelle sollte auch der Aspekt der Dringlichkeit angesprochen werden. Wenn im Einfamilienhausmarkt im Rahmen der Kaufüberlegung über notwendige Sanierungsmaßnahmen und Investitionen gesprochen wird, ist es für die Käufer in Einzelfällen mitunter entscheidend, ob die Maßnahmen umgehend erfolgen müssen oder auch mittelfristig oder langfristig umsetzbar sind. Bei einem undichten Dach ist es erforderlich, dass dieses sofort repariert wird. Der Käufer muss damit anders kalkulieren. Er muss die Kosten unmittelbar zum Kaufpreis aufbringen. Ist das Dach nur alt, aber noch nicht defekt, kann das erforderliche Budget im Laufe der kommenden Jahre angespart werden. Da dieser Aspekt aber nur in Einzelfällen und insbesondere im Einfamilienhausmarkt zu berücksichtigen ist, wird er in den folgenden Bewertungstabellen nicht aufgeführt.

6.7.2 Bewertungsschema

Bei der Ermittlung bzw. der nachvollziehbaren Herleitung des Wertminderungsansatzes auf Basis der Schadensbeseitigungskosten kann das im Folgenden beschriebene Modell helfen. Dabei wird mittels einer Näherungsmethode ermittelt, in welcher Höhe die Schadensbeseitigungskosten wertmindernd angesetzt werden.

Die zuvor beschriebenen Bewertungskriterien werden für die Wertermittlung in fünf Spalten dargestellt (siehe Tab. 6-13). Diese fünf Kriterien können um weitere Kriterien ergänzt werden, wenn nachweisbar ist, dass auch andere Einflussparameter wie z.B. Dringlichkeit o.ä. eine Rolle spielen. Zu jedem der vorgenannten fünf Punkte ist eine Kategorienspalte vorgesehen. Hier werden die Auswirkungen berücksichtigt.

Grundlage für die Bewertung des Werteinflusses ist die in Tabelle 6-12 dargestellte Einteilung in die Kategorien 0 bis 4. Danach entspricht Kategorie 0 keinem Einfluss des Schadens auf den Verkehrswert und der Wertminderungsansatz entspricht 0 %. Kategorie 1 stellt einen geringen Einfluss des Schadens auf den Verkehrswert dar. Bei Zuordnung in Kategorie 1 sollen die Schadensbeseitigungskosten im Durchschnitt um 25 % abgemindert werden. Kategorie 2 entspricht einem mittleren und Kategorie 3 einem starken Einfluss. Ein sehr starker Einfluss liegt bei Zuordnung in Kategorie 4 vor. Hierbei werden die vollen Kosten vom Verkehrswert abgezogen.

Kategorie	Einfluss des Schadens auf den Verkehrswert	Wertminderung (in % der Kosten)
0	Kein Einfluss	0
1	Geringer Einfluss	25
2	Mittlerer Einfluss	50
3	Starker Einfluss	75
4	Sehr starker Einfluss	100

Tab. 6-12: Wertminderungsansätze in Abhängigkeit von der Schadenskategorie

Als Ausgangsbasis für die Bewertung sind in Tabelle 6-13 Kategorienspannen für die einzelnen Beurteilungskriterien angegeben. Danach erhalten „Risse" eine Zuordnung zu Kategorie 1 bis 3. Hier hängt es stark von der Rissart ab, wie der Käufer auf den Schaden reagiert. Ebenso kann Schimmel von Kategorie 2 bis 4 reichen. Feuchteschäden und Schädlinge werden vom Markt in der Regel etwas kritischer betrachtet und dürften in der Regel mit Kategorie 3 bis 4 bewertet werden. Hausschwamm erhält aufgrund seiner aufwendigen Sanierungserfordernis Kategorie 4.

Die Schadensgrößen werden nach dem Bewertungsschema in Tabelle 6-13 definiert.

Wie zuvor beschrieben, hat die Lage einen wesentlichen Einfluss auf den Werteinfluss eines Schadens. Daher wird dem Ballungsgebiet kein bzw. ein geringer Einfluss auf den Verkehrswert beigemessen, im ländlichen Bereich hingegen werden die Schadensbeseitigungskosten mit Kategorie 3 bis 4 hoch angesetzt.

Hinsichtlich des Baujahres erhalten die neueren Gebäude Kategorie 3 bis 4, da bei diesen die Toleranz der Käufer bezüglich Schäden niedrig ist und somit mit einem hohen Ansatz der Schadensbeseitigungskosten zu rechnen ist. Ältere Gebäude erhalten die Kategorie 0 bis 1. Möglicherweise ist ein altes Gebäude kaum erneuert worden und weist eine so schlechte Bausubstanz auf, dass der Schaden von Käuferseite kaum noch berücksichtigt wird.

Die Teilmärkte werden entsprechend den Ausführungen zuvor bewertet. Bauschäden bei Einfamilienhäusern werden in der Regel von den Käufern sehr kritisch beachtet, während die ertragsorientierte Käufergruppe der Mehrfamilienhäuser nur bei extremen Schäden Abschläge macht. Daher wird eine Spanne von 3 bis 4 für Einfamilienhäuser und 0 bis 2 für Mehrfamilienhäuser als angemessen erachtet.

Schadensart	**Kat.**	**Schadens-umfang**	**Kat.**	**Lage**	**Kat.**	**Baujahres-klasse**	**Kat.**	**Teilmarkt**	**Kat.**	
Risse	1–3	Klein	1	Ballungs-gebiet	0–1	Neubau	3–4	EFH/ZFH	3–4	
Schimmel	2–4	Mittel	2	Rand-gebiet	1–3	Mittleres Baujahr	1–3	WET	2–4	
Feuchteschäden	3–4	Groß	3	Land	3–4	Altbau	0–1	MFH	0–2	
Schädlinge	3–4	Sehr groß	4					Gewerbe	0–2	
Hausschwamm	4									
Sonstige										
Gewichtung	25%		15%		25%		15%		20%	100%
Kategorie * Gewichtung										

Tab. 6-13: Schema zur Bewertung des Markteinflusses

In der Zeile „Gewichtung" sind Prozentsätze angegeben, die den fünf Bewertungskriterien den richtigen Stellenwert zuweisen sollen. Bei Gleichbewertung aller fünf Punkte entfallen jeweils 20 % auf die einzelnen Kriterien.

Einzelne Kriterien können etwas höher priorisiert werden. Die Schadensart ist maßgeblich für die Käuferreaktion, ebenso die Lage, daher könnten diese mit 25 % am höchsten gewichtet werden. Der Teilmarkt ist auch ausschlaggebend, allerdings nicht ganz so in den Vordergrund zu stellen, daher wäre ein Ansatz von 20 % denkbar. Das Baujahr und die Schadensgröße erhalten dann 15 %. Die Überlegung ist, dass z.B. bei einem Schimmelschaden zunächst die Lage ausschlaggebend ist und danach der Teilmarkt. Das Baujahr ist nachrangig, da der Schaden zunächst auch baujahresunabhängig einen großen Einfluss auf den Verkehrswert hat. Die Schadensgröße hat natürlich auch eine Auswirkung, aber bei einem Hausschwamm oder einem Schimmelschaden ist mehr die Schadensart das K.-o.-Kriterium als die Tatsache, wie viele Quadratmeter davon betroffen sind.

Beispiel

Die Vorgehensweise soll an einem Beispiel verdeutlicht werden. Ein Reihenmittelhaus im Ballungsgebiet mit Baujahr 1960 weist wiederkehrende Feuchteschäden im Keller bei Starkregenereignissen auf. Die Kellerräume werden nicht zu Wohnzwecken genutzt. Die Schadensursache ist bekannt. Das Wasser drückt bei Starkregen gegen die Außenwände. Die Außenwandabdichtung aus dem Baujahr ist dafür nicht dimensioniert. Im Zuge der Schadensbeseitigung muss aufgegraben und eine neue Abdichtung aufgebracht werden.

Im Schema würden die Feuchteschäden hier mit 3 beurteilt werden. Es wird 3 und nicht 4 gewählt, weil es sich bei den Kellerräumen nicht um Wohnräume handelt. Im Vergleich zu einem sanierungsbedürftigen Wohnraum ist der Schaden nicht so groß.

Was die Schadensgröße angeht, ist die erforderliche Maßnahme auf 30.000 € beziffert worden und damit als groß einzustufen.

Unter der Rubrik Lage würde nun die Kategorie 0 für keinen Werteinfluss definiert werden. Hier wäre auch 1 möglich, wenn man die Situation so beurteilt, dass doch ein geringer Einfluss möglich wäre. Ballungsgebiet ist nicht Ballungsgebiet, es gibt durchaus Vororte, die zum Ballungsgebiet zählen, die aber anders zu bewerten sind als Innenstadtlagen.

Das Baujahr ist mit 1960 angegeben und entspricht somit Kategorie 2.

Bei dem Bewertungsobjekt handelt es sich um ein Reihenmittelhaus. Es ist somit dem Einfamilienhausmarkt zuzuordnen. Hier ist eine Spanne von 3 bis 4 angegeben. Es wird 3 gewählt. Im Einfamilienhausmarkt reicht die Bauart von Reihenmittelhaus, Reihenendhaus, Doppelhaushälfte und freistehendem Einfamilienhaus bis hin zur Villa. Die letzteren beiden könnten dann Kategorie 4 entsprechen.

Nach Gewichtung der Kriterien ergibt sich somit eine Gesamtkategorie von 2,1. Damit wurde der große Feuchteschaden von Kategorie 3 durch die Lage im Ballungsgebiet und das Baujahr auf Kategorie 2 reduziert. Diese entspricht einem mittleren Werteinfluss.

Die angesetzten 30.000 € Schadensbeseitigungskosten würden nun nur mit rund 50 % wertmindernd angesetzt werden.

Schadensart	**Kat.**	**Schadens-umfang**	**Kat.**	**Lage**	**Kat.**	**Baujahres-klasse**	**Kat.**	**Teilmarkt**	**Kat.**	
Risse		Klein		Ballungs-gebiet	0	Neubau		EFH/ZFH	3	
Schimmel		Mittel		Rand-gebiet		Mittleres Baujahr	2	WET		
Feuchteschäden	3	Groß	3	Land		Altbau		MFH		
Schädlinge		Sehr groß						Gewerbe		
Hausschwamm										
Sonstige										
Gewichtung	25%		15%		25%		15%		20%	100 %
Kategorie * Gewichtung	0,75		0,45		0,00		0,30		0,60	**2,1**

Tab. 6-14: Schema zur Bewertung des Markteinflusses (Ballungsgebiet)

Kategorie	**Einfluss des Schadens auf den Verkehrswert**	**Wertminderung (in % der Kosten)**
0	Kein Einfluss	0
1	Geringer Einfluss	25
2	**Mittlerer Einfluss**	**50**
3	Starker Einfluss	75
4	Sehr starker Einfluss	100

Tab. 6-15: Wertminderungsansätze in Abhängigkeit von der Schadenskategorie

Würde man das oben beschriebene Einfamilienhaus von der Stadt in eine ländliche Gegend versetzen, würde sich die Wertminderung wie folgt verändern:

Schadensart	**Kat.**	**Schadens-umfang**	**Kat.**	**Lage**	**Kat.**	**Baujahres-klasse**	**Kat.**	**Teilmarkt**	**Kat.**	
Risse		Klein		Ballungs-gebiet		Neubau		EFH/ZFH	3	
Schimmel		Mittel		Rand-gebiet		Mittleres Baujahr	2	WET		
Feuchteschäden	3	Groß	3	Land	4	Altbau		MFH		
Schädlinge		Sehr groß						Gewerbe		
Hausschwamm										
Sonstige										
Gewichtung	25%		15%		25%		15%		20%	100 %
Kategorie * Gewichtung	0,75		0,45		1,00		0,30		0,60	**3,1**

Tab. 6-16: Schema zur Bewertung des Markteinflusses (ländliche Gegend)

Die Kategorie zur Beurteilug der Lage des Bewertungsobjekts würde nun von 0 auf 4 geändert werden, da der Einfluss von Bauschäden in Gegenden mit geringer Nachfrage als sehr hoch eingestuft wird. Nach Gewichtung der Ergebnisse ergibt sich eine mittlere Kategorie von 3,1. Dies entspricht gemäß Tabelle 6-15 einem starken Einfluss und führt dazu, dass die Schadensbeseitigungskosten mit 75 % angesetzt werden.

In diesem Beispiel beträgt die Wertminderung im Ballungsgebiet rund 2 % des unbelasteten Verkehrswerts und im ländlichen Gebiet sind es 9 %.

Diese Gegenüberstellung zeigt, dass die Lage einen großen Einfluss auf die Wertminderung infolge von Bauschäden hat. Aber nicht nur der in den ländlichen Gebieten im Vergleich zu den Ballungsgebieten höhere Wertminderungsansatz ist die Ursache hierfür. Auch die Tatsache, dass der mangelfreie Verkehrswert in den nachfragearmen Gebieten bereits dementsprechend gering ist und somit der prozentuale Anteil der Schadensbeseitigungskosten per se schon höher ist, führt zu einer stärkeren Berücksichtigung der Schäden in ländlichen Gebieten.

In Abbildung 6-12 sind die Wertanteile bei Objekten in unterschiedlichen Lagen dargestellt.

Einfamilienhaus Ballungsgebiet	
Baujahr	**1960**
GND	70 Jahre
RND	24 Jahre
Bodenrichtwert	950 €/m²
Verkehrswert unbelastet	800.000 €
Wertminderung absolut	15.000 €
Wertminderung	2,00 %

Tab. 6-17: Zusammenstellung Ergebnisse Ballungsgebiet

Einfamilienhaus ländliches Gebiet	
Baujahr	**1960**
GND	70 Jahre
RND	24 Jahre
Bodenrichtwert	160 €/m²
Verkehrswert unbelastet	250.000 €
Wertminderung absolut	22.500 €
Wertminderung	9,00 %

Tab. 6-18: Zusammenstellung Ergebnisse ländliches Gebiet

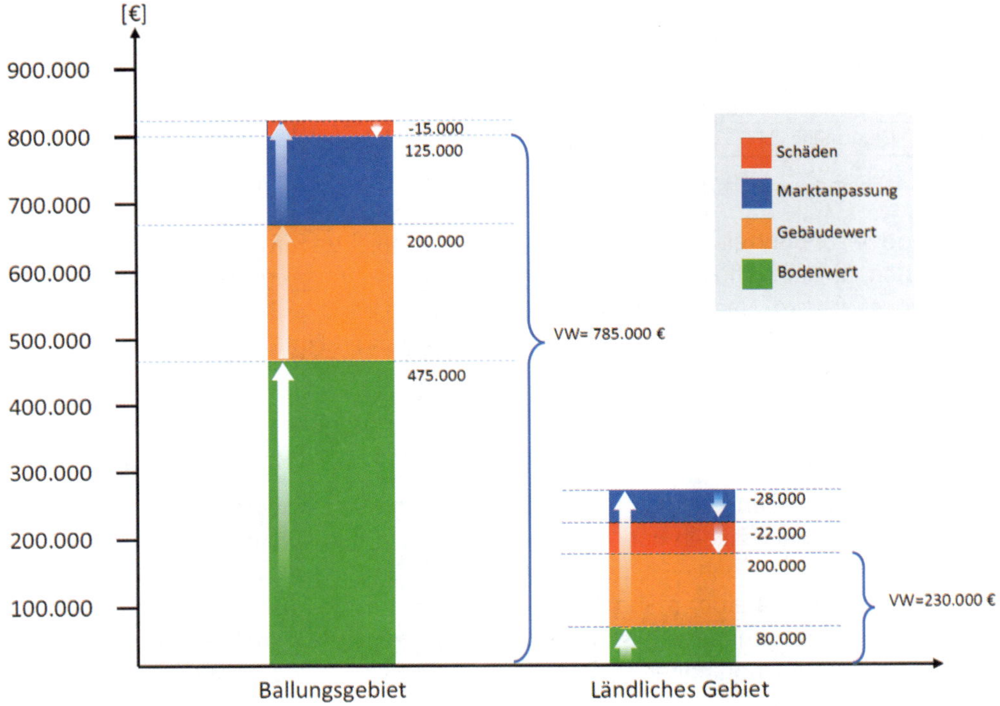

Abb. 6-12: Gegenüberstellung der Wertanteile im Ballungsgebiet und im ländlichen Gebiet

6.8 Merkantiler Minderwert

6.8.1 Bedingungen für das Vorliegen eines merkantilen Minderwerts

Bei der Bewertung eines merkantilen Minderwerts steht der Sachverständige vor dem Problem, dass er ein Verhalten des Marktes einschätzen soll, das bis dato nicht untersucht wurde.

Bevor auf die Expertenbefragung zurückgegriffen wird, auf die an anderer Stelle noch eingegangen wird, ist es hilfreich, die Einflussfaktoren und Bedingungen für die Berücksichtigung eines merkantilen Minderwerts herauszuarbeiten.

Ob ein merkantiler Minderwert vorliegt, kann anhand der Bewertung der dafür erforderlichen Voraussetzungen beantwortet werden.

Diese können wie folgt zusammengefasst werden:

- geringe bis mittlere Nachfrage
- risikobehafteter Schaden
- Mangel/Schaden/Ereignis ist bekannt
- Mangel- oder Schadenbeseitigung liegt zum Bewertungsstichtag weniger als fünf Jahre zurück
- Mangel/Schaden/Ereignis muss erheblich gewesen sein

Das Vorhandensein eines merkantilen Minderwerts bedingt eine geringe bis mittlere Nachfragesituation auf dem Immobilienmarkt.

Ein merkantiler Minderwert kann nur dann zum Zuge kommen, wenn ein alternatives Objekt mit vergleichbaren Eigenschaften vorliegt. Die Marktuntersuchungen zum Einfluss von Baumängeln und Bauschäden auf den Verkehrswert (siehe Kapitel 5) haben gezeigt, dass in Ballungsgebieten, wo die Nachfrage groß und das Angebot knapp ist, kaum ein Abschlag wegen bestehender Schäden gemacht wird. Demzufolge kann erst recht kein Minderwert geltend gemacht werden für Baumängel oder Bauschäden, die infolge eines zu einer bestimmten Zeit vorhandenen, nun aber behobenen Mangels oder Schadens möglicherweise zu erwarten gewesen wären bzw. für solche, die fachgerecht beseitigt wurden.

Ein weiteres Kriterium für die Rechtfertigung eines merkantilen Minderwerts ist die Wahrscheinlichkeit des Wiedereintritts des Schadens. Wenn bei einem Großteil des Käuferkreises eine gewisse Sorge vor dem Wiedereintritt des Schadens besteht, ist abzuschätzen, wie groß diese Wahrscheinlichkeit tatsächlich ist.

In Hinblick auf die Beurteilung der Bekanntheit des Schadens oder des (Schadens-)Ereignisses ist zu prüfen, ob dem Bewertungsobjekt aufgrund dessen ein schlechter Ruf anhaftet. Dies ist in der Regel eher in kleinen Gemeinden der Fall. In großen Metropolen ist gegebenenfalls an schwerwiegende Unglücke zu denken, wie beispielsweise der Einsturz eines Gebäudes. Üblicherweise beschränkt sich die Bekanntheit von (Schadens-)Ereignissen in Ballungsgebieten auf die Offenlegungspflicht des Verkäufers gegenüber dem Käuferkreis.

Dabei ist zu prüfen, ob diese in Abhängigkeit von den Schadensbeseitigungskosten wirklich vorliegt.

Auch ein Suizid wird in einer Metropole keine besondere Bedeutung erlangen, da die Nachfrage sehr groß ist. In einer kleinen Gemeinde jedoch, wo der Großteil der Einwohner den Selbstmörder möglicherweise persönlich kannte, kann dies zu einer gewissen Abneigung gegen das Objekt führen.

Weiter ist zu beachten, dass gegebenenfalls eine Unterscheidung zwischen Erst- und Wiederverkaufsmarkt besteht. Der Käufer beim Erstverkauf ist unmittelbar an der Mangelbeseitigung beteiligt, indem er die Mängel bei der Abnahme beanstandet hat. Der Käufer im Zweitverkauf kennt die Schadensproblematik nur durch Erzählungen des Verkäufers. Er ist nicht so nah am Geschehen wie der Erstkäufer. Der Werteinfluss im Erstverkaufsmarkt ist somit höher zu bewerten.

Nach *AiBau*[76] entwickeln sich Baumängel innerhalb von zwei Jahren, spätestens nach fünf Jahren zu sichtbaren Schäden. Dementsprechend werden auch Gewährleistungszeiträume auf fünf Jahre angesetzt.

Erfahrungsgemäß nehmen die Zweifel an der baulichen Qualität mit zunehmender Zeit ab. Wenn nach fünf Jahren keine Bauschäden auftreten, dann ist das Vertrauen in die bauliche Qualität wiederhergestellt.

Zur Ermittlung des merkantilen Minderwerts ist es daher maßgeblich, den Zeitpunkt der Wertermittlung zu definieren. Grundsätzlich kann ein merkantiler Minderwert bei Neubauten bei Inbetriebnahme nach der Abnahme oder bei Bestandsgebäuden nach Mangelbeseitigung entstehen.

Der Unterschied zwischen Erstverkauf und Weiterverkauf besteht im Prinzip nur im Bewertungszeitpunkt. Bei Erstverkäufen liegt der Zeitpunkt zwischen Schadensbeseitigung und Verkauf unmittelbar beieinander, bei Zweitverkäufen kann die Mangelbeseitigung unmittelbar vor dem Verkauf liegen, sie kann aber auch schon einige Jahre zurückliegen. Das führt dazu, dass der merkantile Minderwert bei Erstverkäufen tendenziell höher einzuschätzen ist als bei Weiterverkäufen.

Beim Erstverkauf werden die Mängel bei der Abnahme festgestellt. In der Regel werden diese Mängel nach der Abnahme beseitigt. Es gibt aber auch den Fall, dass die Abnahme bei besonders schwerwiegenden Mängeln verweigert wird und diese damit vor der Abnahme beseitigt werden. Üblicherweise erwirbt der Käufer die Immobilie schon in der Bauphase oder sogar noch in der Planungsphase. Er wird am Tag der Abnahme Kenntnis bekommen von allen Mängeln, die noch zu beseitigen sind. Es könnte sein, dass der Erwerber einer Immobilie, die am Tag der Abnahme massive Mängel aufweist, das Vertrauen in die Qualität der baulichen Ausführung des Hauses verliert, so wie es in den Gerichtsurteilen

76 Oswald, R., Daten über Schäden an Gebäuden, Untersuchung zur zeitlichen Verteilung des Auftretens von Bauschäden-Schlussfolgerung für technisch begründete Gewährleistungsfristen, AiBau, Forschungsbericht 1986/1989; Böhmer, H., Simon, J., Helmbrecht, H., Untersuchung der Erforderlichkeit einer Verlängerung der Verjährungsfrist für Mängelansprüche bei Bauwerken, Forschungsbericht Institut für Bauforschung, e.V. 2016.

zur Definition des merkantilen Minderwerts formuliert ist. Dabei ist es unerheblich, ob er die Immobilie weiterverkaufen oder selbst nutzen will.

Wenn die Mängel so massiv waren, dass sie beim Weiterverkauf der Immobilie angezeigt werden müssten (Offenbarungspflicht) und somit Zweifel an der baulichen Qualität der Immobilie hervorrufen würden und der Markt daher einen Abschlag machen würde, läge ein merkantiler Minderwert vor.

Kleiber[77] weist unter Berufung auf das Urteil des LG Hamburg[78] darauf hin, dass ein Schaden, der einen merkantilen Minderwert auslöst, erheblich gewesen sein muss. In diesem Zusammenhang verweist er auf die Schadensbeseitigungskosten, die höher als ca. 10 % des makellosen Grundstücks sein müssen. Unter Berücksichtigung des Marktgeschehens sei der Wert für Ballungsgebiete sogar noch zu erhöhen.

Beispiel

In einem Einfamilienwohnhaus in einem hochpreisigen Ballungsgebiet wurden bei der Dachsanierung feuchte Materialien eingebaut. Es kam zu massivem Schimmelbefall. Der Schimmel wurde fachgerecht beseitigt. Es liegt ein Gutachten eines Bausachverständigen vor.

Die Kaufinteressenten werden über den beseitigten Schaden informiert. Umfragen[79] *haben gezeigt, dass die Käufer von Einfamilienhäusern auch in Ballungsgebieten sensibel reagieren, wenn es um Schimmelschäden geht. Die Reaktionen sind kompromisslos. Wenn jemand eine besondere Sensibilität bezüglich Schimmel hat, wird eine Minderung des Kaufpreises sicherlich nicht dafür sorgen, dass er seine Bedenken beiseiteschiebt. Hier geht es schließlich um die Sorge um die eigene Gesundheit und die der Familie. Man kann also davon ausgehen, dass beim Thema Schimmel (aber auch bei anderen Themen) die Käufergruppe geteilt ist. Es gibt diejenigen, die kein Problem mit Schimmel haben und froh sind, endlich ein Haus in einer hochpreisigen Gegend gefunden zu haben. Diese Marktteilnehmer werden den vollen Preis zahlen. Auf der anderen Seite wird es die Skeptiker geben, die Bedenken bei Schimmel haben und nicht sicher sind, ob der Schaden nachhaltig beseitigt ist. Diese werden das Haus unabhängig von der Höhe des Preisnachlasses nicht kaufen.*

Infolgedessen kommt es zu einer Reduzierung des Käuferkreises. Der Makler muss möglicherweise daraufhin eine größere Anzahl Interessenten durch das Haus führen, die Dauer bis zur Kaufabwicklung wird sich verlängern. Doch was bedeutet das für ein Objekt im Ballungsgebiet? Die Zeit zwischen Hausbesichtigung und Hauskauf ist in der Regel recht kurz. Der Ansturm auf die Besichtigungstermine ist sehr groß. Selbst wenn sich der Kaufprozess wegen der Abneigung einzelner Kaufinteressenten aufgrund des beseitigten Schimmels um einige Wochen verlängert, wird das Haus dennoch in einem sehr kurzen Zeitraum, üblicherweise innerhalb von weniger als sechs Monaten, den Besitzer wechseln.

77 Kleiber, Kleiber-digital, Teil IV, 6.5.4.4, Rn. 577.

78 LG Hamburg, Urt. v. 3.2.2016, 302 O 365/14, GuG 2017, 202; vgl. auch Karczewski, T., Kein merkantiler Minderwert bei vollständiger Schadensbeseitigung, IBR 2016, 1084.

79 Unglaube, D., Umfrage zur Berücksichtigung von größeren Bauschäden, Der Immobilienbewerter 5/2019.

Setzt man die Schadensbeseitigungskosten ins Verhältnis zum mangelfreien Verkehrswert, wird der prozentuale Ansatz in Ballungsgebieten aufgrund der hohen Bodenwerte und damit hohen Grundstückspreise im Durchschnitt 2 % nicht überschreiten. Es liegt also in der Natur der Sache, dass die Schadensbeseitigungskosten generell eher vernachlässigbar sein werden.

Daher kann für Ballungsgebiete die Aussage zutreffen, dass ein merkantiler Minderwert in der Regel nicht marktgerecht anzusetzen ist.

Für Randgebiete und ländliche Gebiete, in denen vergleichbare Objekte ohne mangelbehaftete Historie vorhanden sind, ist genau abzuwägen, inwiefern die marktbeeinflussenden Aspekte zum Tragen kommen.

Folgende Einflussparameter beeinflussen den merkantilen Minderwert maßgeblich:

- *Bekanntheit des ehemaligen Mangels/Schadens/Ereignisses*
- *Schadensart*
- *Lage*
- *Zeitdauer nach Beseitigung des Schadens*
- *Größe des Schadens*
- *Teilmarkt*
- *Gebäudealter*

6.8.2 Bemessung des merkantilen Minderwerts

Ausgehend von einem ehemaligen Feuchteschaden im Keller eines Einfamilienhauses in einem Randgebiet soll nun der merkantile Minderwert ermittelt werden. Es kann davon ausgegangen werden, dass es – wenn auch wenige – vergleichbare Objekte ohne schadhafte Vergangenheit gibt. Dann sind dem Grunde nach die Voraussetzungen für einen merkantilen Minderwert gegeben.

Die Kardinalsaufgabe ist es nun, die Höhe des merkantilen Minderwerts zu bestimmen.

In der Literatur sind einige wenige Modellansätze zur Bestimmung der Höhe des merkantilen Minderwerts zu finden. Tatsächlich hat sich bis dato kein Modell durchgesetzt. Der Ansatz von *Thees*[80] basiert auf der Zerlegung der Problematik in Einflussfaktoren, die auf Basis der Zielbaummethode kombiniert werden. Dabei dürfen die Unterbereiche nicht voneinander abhängig sein. Wichtig bei der Methode ist die Definition von K.-o.-Kriterien. Es werden damit Parameter definiert, die zu einem Abbruch des Verfahrens führen, weil diese die Voraussetzung für das Vorhandensein eines merkantilen Minderwerts nicht erfüllen. Grundsätzlich ist die Nutzwertanalyse nur bei kleinen Abweichungen der Zielerfüllungs-

80 Thees, E., Der merkantile Minderwert: Technische und rechtliche Widersprüche, 3. Beitrag zur Versachlichung der Ermittlung der Höhe eines (bautechnisch irrationalen) merkantilen Minderwerts, Aachener Bausachverständigentage 2018.

grade von K.-o.-Zielen sinnvoll anzuwenden. (Näheres zur Nutzwertanalyse siehe Kapitel 6.9.2.)

Durch Bewertung und Gewichtung der einzelnen Zielkriterien wird die Summe der Teilnutzwerte generiert. Dies entspricht einem Prozentsatz, der wiederum auf den maximal möglichen Minderwert angewendet wird.

Diese Vorgehensweise ist transparent und rational. Fraglich ist allerdings, ob die Definition der K.-o.-Kriterien und auch die prozentuale Bewertung der Zielerfüllung schematisiert darstellbar sind.

Kleiber[81] beschreibt eine direkte Methode zur Ermittlung der Höhe des merkantilen Minderwerts. Diese stellt ab auf die tatsächlichen Schadensbeseitigungskosten. Dabei werden diese zu den möglicherweise zu erwartenden Folgekosten addiert. Unter Berücksichtigung einer Eintrittswahrscheinlichkeit des Wiederauflebens des Schadens sowie eines Vergessenheitsfaktors, der die Zeitdauer zwischen Bewertung und Schadensereignis berücksichtigt, wird die Höhe des merkantilen Minderwerts bestimmt.

Beide vorgenannten Methoden versuchen, emotionale Marktreaktionen anhand eines Schemas oder einer Formel rational darzustellen. Das kann schon allein deshalb nicht funktionieren, da jeder Bewertungsfall individuell ist und gerade bei der Bewertung des merkantilen Minderwerts sehr viele Einflussfaktoren zu betrachten sind. Je nach Bewertungsfall müssen gegebenenfalls andere Maßstäbe angesetzt werden. Ein merkantiler Minderwert infolge eines Suizids z.B. kann nicht auf Basis von Schadensbeseitigungskosten bewertet werden.

Die Zeiten, in denen „sachverständig geschätzte" Werte diskussionslos akzeptiert wurden, sind Vergangenheit. Spätestens vor Gericht oder gegenüber dem Finanzamt wird eine nachvollziehbare Minderwertermittlung gefordert. Dennoch sollte das nicht dazu verleiten, Bewertungsüberlegungen in Schemata zu pressen, die am Ende das Marktverhalten nicht angemessen abbilden.

Um den Anforderungen an die Nachvollziehbarkeit dennoch nachzukommen, können nach Einschätzung der Verfasserin einzelne Einflusskriterien auch separat betrachtet werden, ohne Schemata und Formeln zu verwenden. Die Einschätzung des Sachverständigen in Bezug auf das jeweilige Kriterium stellt plausibel dar, warum z.B. ein hoher, mittlerer oder niedriger Abschlag erfolgte oder ob überhaupt ein merkantiler Minderwert vorliegt. Einige Gedankenanstöße hierzu werden im Folgenden vorgestellt.

Grundsätzlich kann die Wertminderung für einen beseitigten Schaden nicht höher sein als die für einen noch vorhandenen Schaden. Diese wiederum richtet sich u.a. nach den Schadensbeseitigungskosten, die im schlimmsten Fall zu 100 % als Wertminderung angesetzt werden. Natürlich gibt es Ausnahmen, bei denen die Wertminderung auch höher sein oder das Gebäude nur noch zurückgebaut werden kann. Darauf wird an späterer Stelle eingegangen.

81 Kleiber, Kleiber-digital, Teil IV, Kapitel 6.5.4.8, Rn. 595.

Beispiel

Ein Einfamilienhaus mit Baujahr 1960 soll zwei Jahre nach Beseitigung der Ursache für einen Feuchteschaden an der Außenwand infolge mangelnder Abdichtung in einem Randgebiet verkauft werden.

Ausgehend von 20.000 € Schadensbeseitigungskosten (für Aufgraben und Abdichten der Außenwand) für die Beseitigung des Feuchteschadens an einem Einfamilienhaus mit einem mangelfreien Verkehrswert von rund 300.000 € betragen die Schadensbeseitigungskosten rund 6,7 % des Verkehrswerts. Dieser Wert stellt nach vorangegangener Argumentation die Obergrenze für den merkantilen Minderwert dar.

Unter Berücksichtigung der zuvor genannten Einflussparameter kann nun der Anteil an den vorgenannten 6,7 % geschätzt werden.

- *Bekanntheit des ehemaligen Mangels/Schadens/Ereignisses*

Es ist davon auszugehen, dass der vorausgehende Feuchteschaden beim Kauf kommuniziert wird. Der Einfluss ist damit zunächst sehr groß (Ansatz = 100 %).

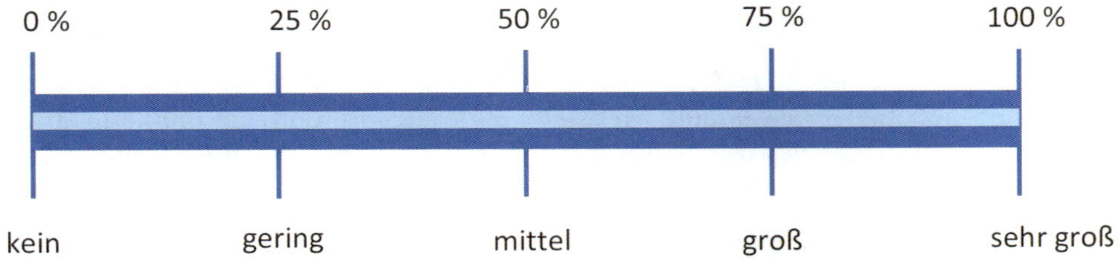

- *Schadensart*

Es handelt sich um einen Feuchteschaden, bei dem Wasser von außen in den Keller des Einfamilienhauses eingedrungen ist. Aus vorbeschriebenen Umfragen geht hervor, dass Feuchteproblematik ein Thema ist, auf das der Einfamilienhausmarkt im Vergleich zu Rissen und Schimmel am sensibelsten reagiert (Ansatz = 100 %).

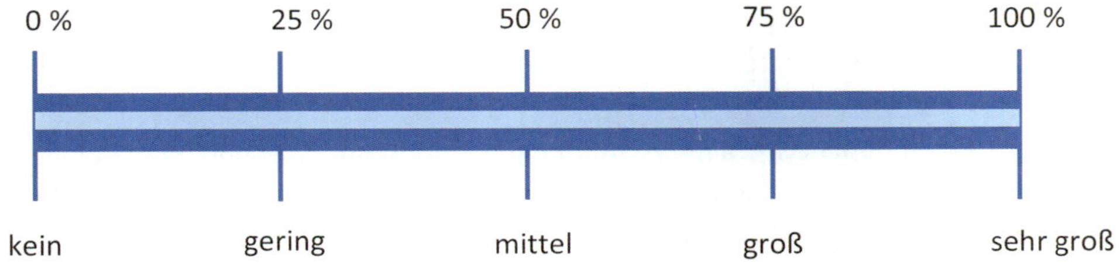

- *Lage*

Die Lage im Randgebiet bedeutet, dass es durchaus einige alternative Objekte mit vergleichbaren Eigenschaften gibt (Ansatz = 75 %). Je höher das Angebot, desto höher der merkantile Minderwert.

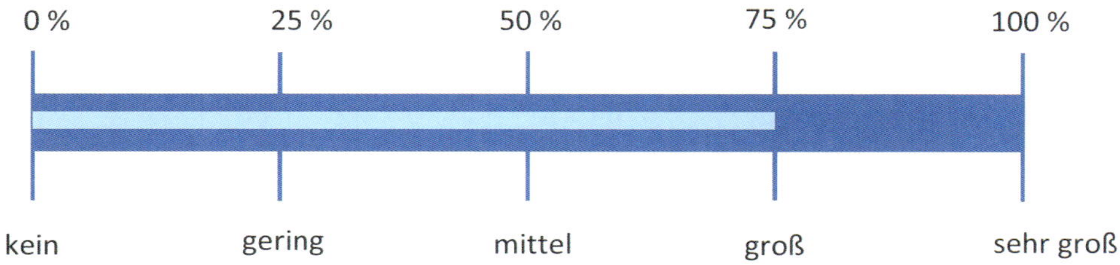

- *Zeitdauer nach Beseitigung des Schadens*

Der Weiterverkauf findet zwei Jahre nach der Schadensbeseitigung statt. Ausgehend davon, dass ab fünf Jahren nach dem Schadensbeseitigung nicht mehr mit Schäden gerechnet wird und dann 0 % angesetzt würden, erscheint für zwei Jahre Zeitdauer ein Ansatz von 60 % passend (Ansatz = 60 %).

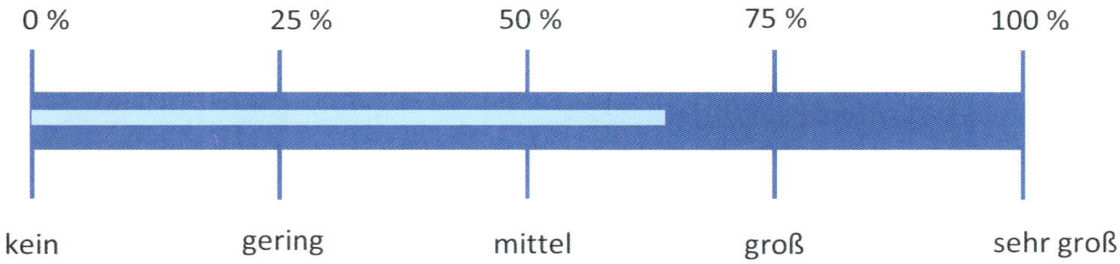

- *Größe des Schadens*

Es handelt sich um einen größeren Schaden, wenn auch die Sanierung weder von außen noch von innen sichtbar ist, daher wird ein Ansatz von 75 % gewählt (Ansatz = 75 %).

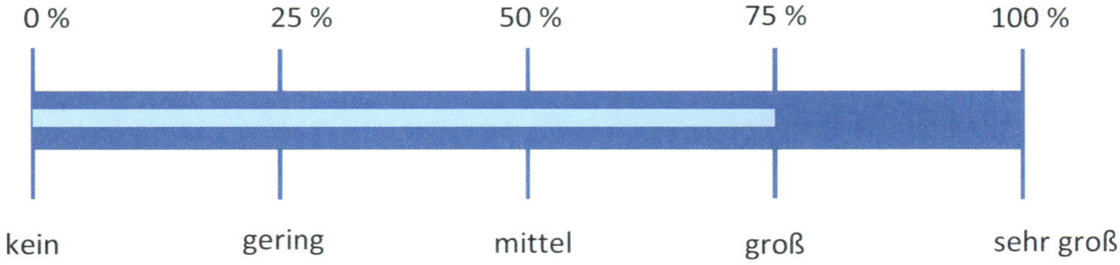

- *Teilmarkt*

Der Käuferkreis des Einfamilienhausmarktes besteht überwiegend aus Kleinfamilien, die die Immobilie zur Eigennutzung suchen. Hier treten Befindlichkeiten und psychologische Kaufentscheidungen am häufigsten auf (Ansatz = 100 %).

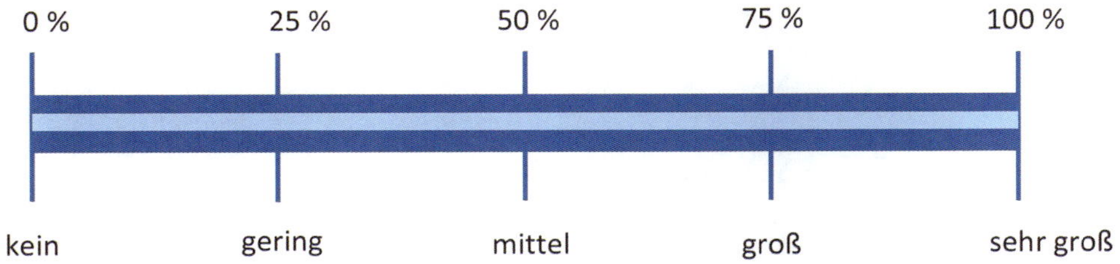

- *Gebäudealter*

In der Literatur wird weitestgehend die Meinung vertreten, dass der merkantile Minderwert mit steigendem Gebäudealter sinkt. Das ist grundsätzlich nachvollziehbar, denn bei einem alten Gebäude rechnet der Käufer eher mit Schäden oder notwendigen Instandsetzungen als bei einem Neubau.

Es könnte aber auch sein, dass der Käufer bei einem neuen Gebäude ein gutes Gefühl hinsichtlich der Schadensbeseitigung hat, da alle Bauteile noch neuwertig sind, und dass er bei einem alten Gebäude skeptisch ist, ob eine wiederholte Instandsetzung langfristig schadensfrei bleibt.

Deshalb ist dieser Punkt schwer einschätzbar und bleibt in der folgenden Bewertung unberücksichtigt.

Insgesamt ergibt sich rein rechnerisch bei gleicher Gewichtung der oben aufgeführten Aspekte ein Wertansatz von (100 + 100 + 75 + 60 + 75 + 100) % / 6 = 85 % der maximal möglichen Wertminderung. Der merkantile Minderwert ergibt sich somit zu:

0,85 x 0,067 x 300.000 € = ***17.085 €, rund 17.000 €,*** *was rund 6 % des Verkehrswerts entspricht.*

Es wäre sicher aber auch ausreichend zu argumentieren, dass nach Auswertung der vorbeschriebenen sechs Einflusskriterien insgesamt festgestellt werden kann, dass der Einfluss durchschnittlich im oberen Viertel der Bemessungsgrenze liegt. Unter Zugrundelegung der Schadensbeseitigungskosten als Bemessungsgrundlage kann man argumentieren, dass hier ein Ansatz von 80 bis 90 % angemessen ist.

Die Vorgehensweise soll an einem weiteren Beispiel verdeutlicht werden. Am Beispiel des „Horrorhaus von H." (siehe hierzu Kapitel 6.1.3.2) gibt es keinen Oberwert in Form tatsächlicher Schadensbeseitigungskosten. Hier muss die Situation global betrachtet werden.

- *Bekanntheit des ehemaligen Mangels/Schadens/Ereignisses*

Es ist davon auszugehen, dass der Käuferkreis aus der Presse von der Tat erfahren hat. Der Einfluss auf den Verkehrswert wird damit als sehr groß bewertet.

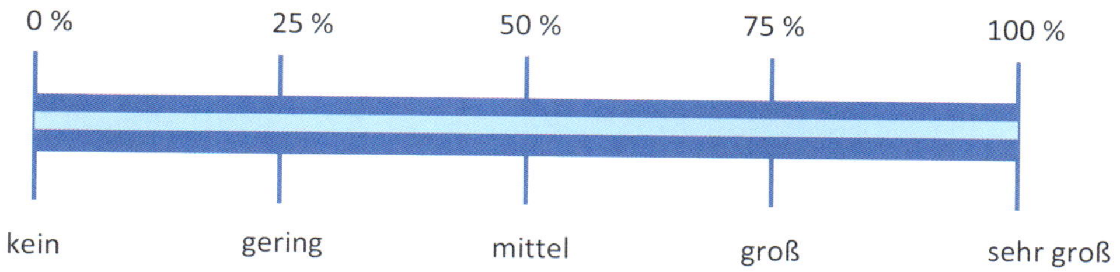

- *Art des Ereignisses*

Es handelt sich um eine schreckliche Gewalttat. Der Einfluss auf den Verkehrswert wird damit als sehr groß geschätzt.

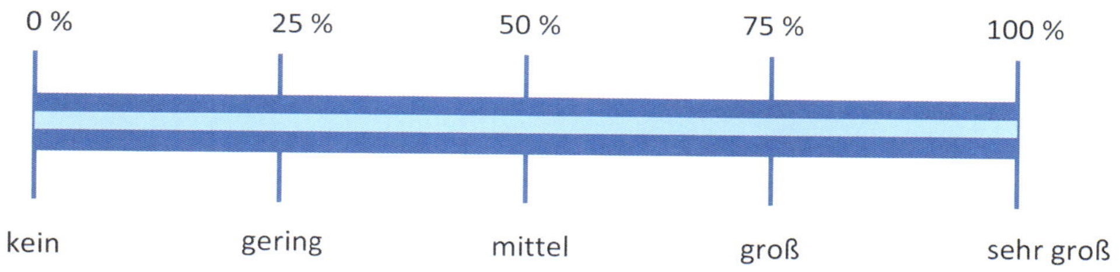

- *Lage*

Das Ereignis fand in einem kleinen Dorf auf dem Land statt. Die Nachfrage ist gering. Gebäude dieser Art und Nutzung gibt es ausreichend. Der Werteinfluss ist daher sehr groß.

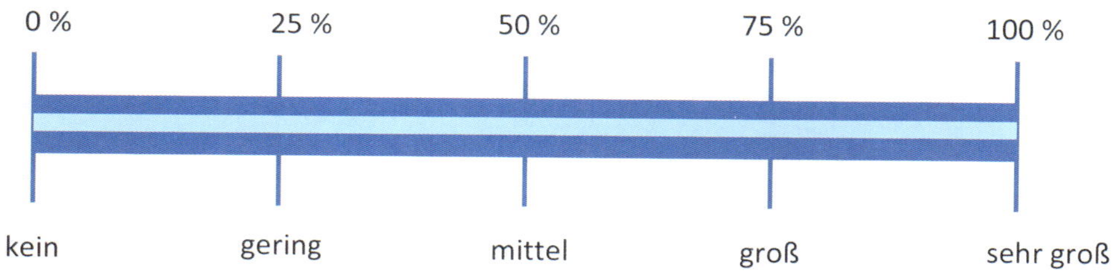

- *Zeitdauer nach Beseitigung des Schadens*

Der Weiterverkauf findet unmittelbar nach der Tat statt. Somit hat noch keine Verjährung stattgefunden. Der Einfluss ist sehr hoch.

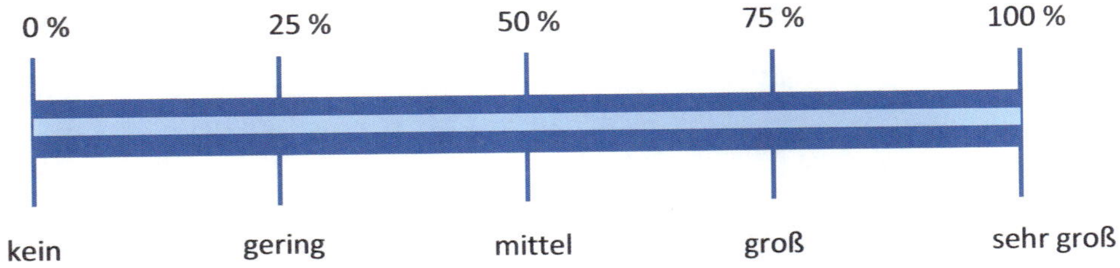

- *Teilmarkt*

Der Käuferkreis des Einfamilienhausmarktes besteht überwiegend aus Kleinfamilien, die die Immobilie zur Eigennutzung suchen. Hier sind die Befindlichkeiten und psychologischen Kaufentscheidungen am häufigsten. Der Einfluss wird als sehr hoch betrachtet.

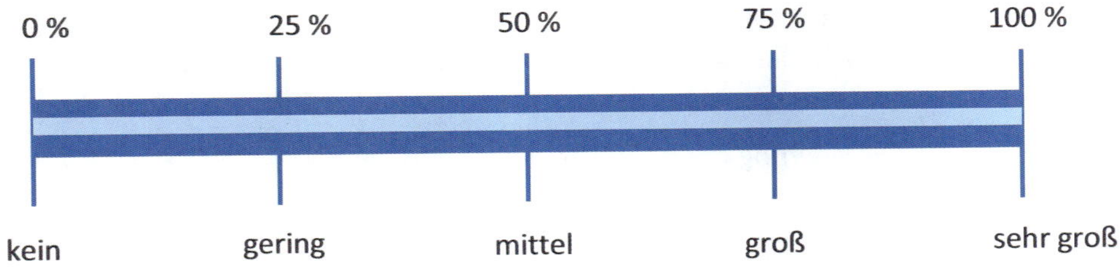

Es wird deutlich, dass bei diesem Beispiel alle wertbeeinflussenden Aspekte maximal in die Bewertung eingehen. Anders als bei Baumängeln und Bauschäden kann bei einer Gewalttat nicht von den Schadensbeseitigungskosten als Maximalwert für den merkantilen Minderwert ausgegangen werden. Zur „Schadenbeseitigung" bleibt in diesem Fall wahrscheinlich nur der Abriss des Gebäudes.

6.8.3 Möglichkeiten und Grenzen der Expertenbefragung

Da derzeit keine Marktuntersuchungen über den Einfluss von behobenen Baumängeln und Bauschäden auf den Verkehrswert vorliegen, sind die Sachverständigen gezwungen, den merkantilen Minderwert anhand der zuvor beschriebenen Parameter abzuschätzen.

Da es vor Gericht anerkannt ist und auch zunehmend erwartet wird, greifen viele Sachverständige bei der Ermittlung des merkantilen Minderwerts auf Expertenbefragungen zurück.

Dabei wird der Sachverhalt bzw. der Beweisschluss beschrieben und in Form eines Fragebogens mit der Bitte um Einschätzung an Kollegen und andere Marktteilnehmer versendet.

Zunächst drängt sich die Frage auf, weshalb die Kollegen den Markt besser einschätzen können sollen als der Sachverständige selbst. Auch sie haben mit großer Wahrscheinlichkeit keinerlei Auswertungen oder tiefer gehende Kenntnisse zum Marktverhalten im Hinblick auf merkantile Minderwerte.

Weiter ist zu bedenken, dass die Befragten sich im Rahmen einer Expertenbefragung erfahrungsgemäß bei Weitem nicht so intensiv mit dem Sachverhalt auseinandersetzen wie der beauftragte Sachverständige. Es besteht die Gefahr, dass die Aufgabenstellung nicht richtig erkannt wird. Häufig wird dabei die Fragestellung nur oberflächlich betrachtet und oftmals entsprechen die Antworten einer allgemein üblichen Ansicht. So wird bei Fragen zu der Höhe des merkantilen Minderwerts oftmals 5 bis 7,5 % vom mangelfreien Verkehrswert angegeben. Der Hintergrund könnte sein, dass allgemein ein Maximalwert von rund 15 bis 20 % kursiert, den ein merkantiler Minderwert betragen darf. Die vorgenannten Schätzwerte der Sachverständigen bewegen sich damit im Mittelfeld und sind somit wenig angreifbar.

Ein weiterer wichtiger Punkt bei der Expertenbefragung ist der Teilnehmerkreis, der viele unterschiedliche Marktteilnehmer abbilden sollte. Eine reine Befragung von Sachverständigen oder Maklern könnte das Ergebnis dahingehend verfälschen, dass es nur einen Teil des Marktes widerspiegelt.

Das Ergebnis der Umfrage ist weiter erheblich von der Qualifikation der Befragten abhängig. Sachverständige sehen den Sachverhalt aus einem anderen Blickwinkel als potenzielle Käufer, Makler oder Bauträger. Bauträger kennen sich in der Regel nur in dem von ihnen angebotenen Immobilienmarkt aus. Sie sind auf eine Immobilienart spezialisiert und ausschließlich im Erstverkaufsmarkt tätig.

Makler kennen üblicherweise einen begrenzten Kaufinteressentenkreis in ihrer Umgebung. Sie sind zwar nah am Markt, da sie die Reaktionen ihrer Kunden hautnah miterleben, verfügen aber in der Regel nicht über die gleichen Fachkenntnisse wie Sachverständige. Daher besteht die Gefahr, dass diffizile Beweisschlüsse, bei denen es um differenzierte Definitionen von Fachtermini geht, nicht ausreichend erkannt werden.

Die Sachverständigen hingegen sind fachtechnisch versiert. Sie kennen in der Regel den Markt, in dem sie tätig sind. Umfragen haben allerdings ergeben, dass Sachverständige den Markt bzw. die Auswirkungen von Baumängeln und Bauschäden auf den Verkehrswert weniger gravierend einschätzen, als es potenzielle Käufer tun. Was für einen Sachverständigen eine Bagatelle ist, kann einen Laien abschrecken.

Es bietet sich daher an, die Expertenbefragung an ein breites Publikum zu richten, auch wenn dabei die Gefahr besteht, ein heterogenes Ergebnis zu erhalten. Wichtig ist, dass viele Personen befragt werden, um ein breites Bild zu erhalten. Dabei gibt es allerdings in der Rechtsprechung keine Vorgaben, wie viele Personen zu befragen sind.

Die Umfrage sollte in jedem Fall schriftlich erfolgen. Bei einer mündlichen Befragung könnten die Befragten beeinflusst werden und es fehlt im Nachgang an einer Dokumentation zur Vorlage bei Gericht.[82]

82 BGH, Urt. v. 6.12.2012, VII ZR 84/10.

Auch die Art der Fragestellung kann die Antworten beeinflussen. Einerseits müssen die Fragen für alle Befragten verständlich und nicht zu umfangreich sein, damit die Motivation an der Teilnahme nicht schwindet. Zum anderen müssen sie den Beweisschluss abbilden. Keinesfalls dürfen Suggestivfragen gestellt werden. Darüber hinaus muss die Vertraulichkeit gewahrt bleiben. Somit wird schnell klar, dass allein die Formulierung des Problems nicht ganz einfach ist. Es bietet sich an, den Wortlaut des Beweisschlusses ganzheitlich zu übernehmen, um späteren Einwänden bezüglich der Fragestellung entgegenzuwirken.

An einem Beispiel wird deutlich, dass man zu dem gleichen Thema bei unterschiedlicher Fragestellung voneinander abweichende Antworten erhalten kann.

Aufgrund einer Minderbemessung von Bewehrungseisen kommt es zur Verweigerung der Abnahme wegen mangelnder Tragfähigkeit eines Bauteils. Der Schaden wird mittels Stützenstellung behoben. Es soll festgestellt werden, ob ein merkantiler Minderwert vorliegt. Die Frage müsste gemäß Beweisschluss lauten:

„Liegt im vorliegenden Fall ein merkantiler Minderwert vor?"

Abweichende Formulierungen sind suggestiv, z.B.:

- Könnte sich der Käufer unsicher fühlen, weil eventuell zukünftig noch ein Folgeschaden aufgrund des statischen Mangels entstehen könnte?
- Könnte es aufgrund des beschriebenen Mangels eine Wertbeeinträchtigung geben?
- Könnte es bei der zukünftigen Veräußerung des Objekts zu einer Wertbeeinträchtigung kommen?

Die Fragen sind unspezifisch und suggerieren ein Ergebnis. Zunächst führt die Verwendung des Konjunktivs dazu, dass die Antwort in der Regel zu bejahen ist. Denkbar ist viel. Die Frage ist aber nicht, ob es theoretisch denkbar ist, sondern ob eine begründete Vermutung besteht, dass bei einem Großteil des Publikums ein unsicheres Gefühl verbleibt. Die Frage nach der Wertbeeinträchtigung suggeriert ebenfalls eine bejahende Antwort. Grundsätzlich besteht eine Wertbeeinträchtigung. Es muss aber unterschieden werden, ob es sich um eine technische Beeinträchtigung durch die Stützenstellung handelt oder wirklich um eine merkantile, die darauf basiert, dass das Vertrauen in die Qualität des Gebäudes erschüttert ist.

Zusammenfassend haben folgende Punkte einen großen Einfluss auf das Ergebnis der Expertenbefragung:

- Adressaten der Befragung (Sachverständige, Makler, Bauherren, Investoren, Bauträger etc.)
- Qualifikation bzw. Kenntnisstand der Befragten bezüglich des Themas der Umfrage
- Anzahl der Befragten
- Formulierung der Aufgabenstellung
- Umfang des Fragebogens
- Einzugsgebiet der Befragten

Im Hinblick auf die zuvor erläuterten Stellschrauben an der Expertenbefragung sind die Ergebnisse mit Vorsicht zu genießen.

Schwierig ist auch der Umgang mit dem Ergebnis der Umfrage.

Hat die Mehrheit der Befragten eine andere Meinung als der Verfasser des Gutachtens, muss der Gutachter neben den Argumenten, die seinen Ansatz begründen, auch noch darstellen, warum seine Einschätzung entgegen der Mehrheit als richtig zu bewerten ist.

Es ist fraglich, ob es sich selbst bei einem einheitlichen Ergebnis der Umfrage um eine realistische Einschätzung des Marktverhaltens handelt. Es könnte sich dabei lediglich um die Bestätigung handeln, dass sich die Befragten in der Sichtweise des Problems einig sind. Dies wiederum könnte bedeuten, dass die Frage so formuliert war, dass sie dieses Ergebnis forcierte.

Eine objektive Abbildung des Marktgeschehens ist mittels der Expertenbefragung nach Auffassung der Verfasserin nicht darstellbar und sollte daher möglichst vermieden werden.

6.9 Technischer Minderwert

Der technische Minderwert ist ausschließlich im Erstverkaufsmarkt relevant. Dabei geht es um die Bezifferung eines Minderwerts, der entsteht, weil das Vertragssoll auch nach Mangelbeseitigung nicht einzuhalten ist. Der technische Minderwert ist ein rein rationaler Wert, der die Abweichung zum Vertragssoll abbildet. In der Immobilienbewertung richtet sich der Verkehrswert im Erstverkauf oftmals nach den Herstellungskosten. Wenn z.B. im Rahmen einer Abnahme eines bereits gekauften Wohnungseigentums eine Abweichung zum Vertragssoll verbleibt, ist der technische Minderwert zu ermitteln, um eine Reduktion des Kaufpreises zu bestimmen. Im Weiterverkaufsmarkt oder im Rahmen der Ermittlung des merkantilen Minderwerts finden die im folgenden dargestellten Verfahren keine Anwendung.

6.9.1 Minderwertermittlung nach Oswald

Zur Bewertung der Abweichung des Istzustands vom vertraglich geforderten Sollzustand hat *Oswald*[83] eine Matrix entwickelt. Er unterscheidet dabei zwischen Bagatellen, geringen hinnehmbaren Mängeln und nicht hinnehmbaren Mängeln, die eine Nacherfüllung erfordern.

Hinnehmbar sind Mängel, wenn der bauliche Zustand nur geringfügig von der vertraglichen Leistung abweicht. Die Abweichungen werden in der Matrix klassifiziert in gering/mäßig/deutlich/sehr stark. Parallel wird die Bedeutung des mangelbehafteten Merkmals unterteilt in sehr wichtig/wichtig/eher unbedeutend/unwichtig.

83 Oswald, R., Abel, R., Hinzunehmende Unregelmäßigkeiten bei Gebäuden.

			Bedeutung des Merkmals										
			sehr wichtig			wichtig			eher unbedeutend			unwichtig	
			100	90	80	70	60	50	40	30	20	10	5
Grad der Beeinträchtigung	sehr stark	100	100	90	80	70	60	50	40	30	20	10	5
		90	90	81	72	63	54	45	36	27	18	9	4,5
		80	80	72	64	56	48	40	32	24	16	8	4
	deutlich	70	70	63	56	49	42	35	28	21	14	7	3,5
		60	60	54	48	42	36	30	24	18	12	6	3
		50	50	45	40	35	30	25	20	15	10	5	2,5
	mäßig	40	40	36	32	28	24	20	16	12	8	4	2
		30	30	27	24	21	18	15	12	9	6	3	1,5
		20	20	18	16	14	12	10	8	6	4	2	1
	geringfügig	10	10	9	8	7	6	5	4	3	2	1	0,5
		5	5	4,5	4	3,5	3	2,5	2	1,5	1	0,5	0,25

0 = mangelfrei
1 = fast nicht beeinträchtigt
2 = etwas beeinträchtigt
3 = noch befriedigend
4 = wenig befriedigend
5 = unbefriedigend
6 = mangelhaft
7 = sehr mangelhaft
8 = unzulänglich
9 = ungenügend, aber noch nutzbar
10 = unbrauchbar, nicht verwertbar

Tab. 6-19: Bewertungsmatrix nach Oswald

Nach dieser Matrix handelt es sich bei Abweichungen zwischen Soll- und Istzustand von kleiner 2 % um Bagatellen (in der Abbildung grün markiert). Eine Minderung ist demnach erst bei Abweichungen ab 2 bis 15 % (gelb markiert) diskutabel. Bei Abweichungen größer als 15 % ist eine Nacherfüllung erforderlich (rot markiert).

Ob das Soll erfüllt oder eine Abweichung vorhanden ist, kann mittels einer Nutzwertanalyse festgestellt werden. Dabei werden Aufgaben und Zweck der zu bewertenden Sache definiert und den zu untersuchenden Gegenständen gegenübergestellt.

6.9.2 Minderwertermittlung mittels Nutzwertanalyse (nach Auernhammer)

Die Nutzwertanalyse (NWA) wird oftmals verwendet, wenn es darum geht, eine Entscheidung auf Basis mehrerer Möglichkeiten zu treffen. Im Rahmen der Minderwertermittlung handelt es sich um eine Methode, bei der komplexe Problemstellungen in kleinere Bestandteile zerlegt werden. Sie hilft dabei, eine Entscheidung nachvollziehbar darzustellen. *Auernhammer* und später *Kamphausen* und *Oswald* haben diese Methode zur Ermittlung von Minderwerten etabliert.

Ein Hauptziel wird in weitere Unterziele unterteilt. Dabei wird berücksichtigt, welchen Zweck die zu bewertende Sache hat. Die Aufgaben der Unterziele sind zu gewichten und aufzusummieren.

Im Ergebnis stellt sich dar, inwieweit das Bewertungsobjekt die Ziele erfüllt. Man erhält eine Aussage über die Abweichungen vom Ist- zum Sollzustand.

Auernhammer hat auf Basis der Nutzwertanalyse die Zielbaummethode zur Ermittlung des technischen Minderwerts entwickelt. Hierbei werden die Nutzungsziele einzelner Bauteile (baumartig) zerlegt. Die Summe der gewichteten Einzelkriterien beträgt 100 %. Weiter werden die Abweichungen mittels einer Tabelle kategorisiert, wobei eine Punkteskala verwendet wird. Diese reicht von 0 = mangelfrei bis 10 = unbrauchbar.

Die Zielbaummethode dient zur Nachvollziehbarkeit der Ermittlung des technischen Minderwerts. Um sowohl einem funktionalen als auch einem optischen Mangel Rechnung zu tragen, wird das Bewertungsobjekt, das in diesem Fall ein Haus, eine Fassade oder auch eine geflieste Badezimmerwand sein kann, prozentual aufgeteilt in Gebrauchswert und Geltungswert. Eine Villa entspräche möglicherweise einer Aufteilung von 80 % Geltungswert und 20 % Nutzwert, während bei einem Lagerhaus, bei dem die Funktion im Vordergrund steht, die Aufteilung umgekehrt wäre. In der nächsten Ebene werden diese beiden Ziele wieder aufgeteilt. Der Gebrauchswert könnte in Dauerhaftigkeit und in einer weiteren Gliederungsebene in Gebrauchstauglichkeit, Tragfähigkeit und Werthaltigkeit aufgeteilt werden. Wichtig ist, dass die Ziele in keiner Abhängigkeit zueinander stehen. Jedem gewichteten Ziel wird eine Abweichung entsprechend vorgenannter Kategorisierung (von 1 bis 10) zugeordnet. Das Produkt aus Abweichung und Gewichtung ergibt die Wertminderung der Unterziele. Die Summe dieser ergibt die Gesamtwertminderung in Prozent von den Herstellkosten.

<table>
<tr><th colspan="4">Wertanteil am Gesamtwert/hier: Wandfliese (Luxus)</th><th>Abweichung</th><th>Wertminderung</th></tr>
<tr><td rowspan="12">Gesamtwert (100 %)</td><td rowspan="7">Gebrauchswert (x %)</td><td rowspan="3">Dauerhaftigkeit (x %)</td><td>Gebrauch</td><td></td><td></td></tr>
<tr><td>Tragfähigkeit</td><td></td><td></td></tr>
<tr><td>Werthaltigkeit</td><td></td><td></td></tr>
<tr><td rowspan="4">sonstige Funktionen (x %)</td><td>Feuchtschutz</td><td></td><td></td></tr>
<tr><td>Schallschutz</td><td></td><td></td></tr>
<tr><td>Wärmeschutz</td><td></td><td></td></tr>
<tr><td>Brandschutz</td><td></td><td></td></tr>
<tr><td rowspan="5">Geltungswert (x %)</td><td>Material (x %)</td><td></td><td></td><td></td></tr>
<tr><td rowspan="3">Form (x %)</td><td>Winkeligkeit (x %)</td><td></td><td></td></tr>
<tr><td>Struktur (x %)</td><td></td><td></td></tr>
<tr><td>Ebenheit (x %)</td><td></td><td></td></tr>
<tr><td>Farbe (x %)</td><td></td><td></td><td></td></tr>
<tr><td colspan="5">Summe der Minderung</td><td></td></tr>
</table>

Tab. 6-20: Tabellarische Darstellung der Nutzwertanalyse – Zielbaummethode

Das Problem bei dieser Vorgehensweise ist, dass die sich ergebenden Wertminderungen teilweise zu gering sind, wenn die Hauptziele zu sehr zerlegt werden. Weiter ist zu beachten, dass sich diese Vorgehensweise nur für kleinere Abweichungen vom Sollzustand eignet. Bei größeren Abweichungen ist ohnehin davon auszugehen, dass eine Nacherfüllung erfolgt.[84]

Die vorgenannten Verfahren nach *Oswald* und *Auernhammer* eignen sich ausschließlich für die Darstellung der Abweichungen eines Istzustandes zum vertraglich geforderten Sollzustand und zur Ermittlung der Höhe des technischen Minderwerts. Dieser wird mithilfe des ermittelten Prozentsatzes in Bezug auf die Herstellkosten ermittelt. In der Verkehrswertermittlung sind diese Verfahren nicht anwendbar, da sie ausschließlich auf Kosten abstellen. Ein Marktverhalten wird mit den Verfahren nicht abgebildet.

6.10 Schadstoffe in der Immobilienbewertung

In zahlreichen Bestandsgebäuden wurden schadstoffhaltige und damit zum Teil gesundheitsschädliche Baumaterialien verbaut (siehe hierzu Kapitel 4).

Nicht nur in Fertighäusern finden sich problematische Baustoffe. Auch bei Massivhäusern, insbesondere bei Gebäuden aus den Jahren zwischen 1960 und 1980, ist mit einem Schadstoffvorkommen zu rechnen. In Wohnhäusern sind Schadstoffe oftmals in Dacheindeckungen, Abdichtungen, Klebern, Farben, Holzschutzmitteln u.a. zu finden. Bei Gewerbeobjekten und Industriebauten wurden diese überwiegend im Zusammenhang mit Brandschutzmaßnahmen verwendet. So finden sich dort oftmals Schadstoffe in Brandschutztüren, Verkleidungen von Stahlträgern, Brandschutzklappen, aber auch in Kondensatoren von Leuchten, in Putzen, Anstrichen, Decken- und Wandbekleidungen und Klebern.

Die verbauten Schadstoffe sind in der Regel für den Nutzer unproblematisch, solange die betroffenen Bauteile nicht beschädigt sind. Eine Ausnahme bilden hier Bauteile mit schwach gebundenem Asbest oder PCB. Sobald allerdings ein Umbau oder Rückbau erfor-

84 Oswald, R., Abel, R., Hinzunehmende Unregelmäßigkeiten bei Gebäuden.

derlich wird, sind Zusatzkosten für Arbeitsschutzmaßnahmen beim Rückbau sowie die fachgerechte Entsorgung zu kalkulieren.

In der Immobilienbewertung muss der Sachverständige einschätzen, inwieweit diese zusätzlichen Kosten einen Einfluss auf den Verkehrswert haben. Auch hier stellt sich die Frage nach der Marktreaktion.

Insbesondere beim Schadstoff Asbest sind die Käufer sensibilisiert. Der Großteil der anderen teilweise gefährlicheren Schadstoffe in Bestandsimmobilien ist dagegen weniger bekannt und kann daher als weniger marktrelevant eingeschätzt werden.

Wenn ein Schadstoffsachverständiger ein Gebäude begutachtet, wird er in Abhängigkeit vom Baujahr in mehr oder weniger jedem Bauteil einen Schadstoffverdacht hegen. Für ein Schadstoffgutachten werden zahlreiche Proben entnommen. Angefangen bei Bodenbelägen über Fugenmassen oder gar Kernbohrungen zur Ermittlung eines Fußboden- oder Wandaufbaus.

Abb. 6-13: Probe einer Wandbeschichtung

Abb. 6-14: Bohrkern eines Fußbodenaufbaus

Da die Verkäufer verständlicherweise in den meisten Fällen eine Beprobung ihrer Immobilie ablehnen, können die Gebäude in der Regel erst nach dem Kauf auf Schadstoffe untersucht werden. Bis dahin bleibt die Ungewissheit über mögliche Schadstoffvorkommen bestehen.

Zur Beurteilung der Marktgängigkeit einer Immobilie kann demnach nur auf den Schadstoffverdacht abgestellt werden. Im Zuge der Immobilienbewertung darf dabei das Gebäude aber nicht mit den Augen des Schadstoffsachverständigen gescannt werden.

Danach würde der Abschlag viel zu hoch sein. Er würde Verdachtsmomente erfassen, die der Käufer gar nicht kennt und für die er keinen Abschlag machen würde. Immobilienbewerter müssen daher versuchen, die Immobilie mit den Augen des Kaufinteressenten zu sehen.

Man kann davon ausgehen, dass der Laie ausschließlich Kenntnis von den gängigen durch die Presse bekanntgewordenen Schadstoffen hat. Hierzu zählen sicher Asbest und Schimmel. Radon ist sicherlich auch in den Gebieten, in denen es diese Vorkommen gibt, bekannt. Weitere Schadstoffe wie PAK, PCB, PCP etc. sind bei Fachfremden eher unbekannt.

Bekannt hingegen ist der Ruf der Fertighäuser, schadstoffbelastet zu sein. Der Fertighausmarkt ist aber schon wegen der abweichenden Baukonstruktion und damit einhergehenden Gesamtnutzungsdauer als separater Immobilienmarkt zu betrachten.

Darüber hinaus stellt sich immer die Frage, inwieweit die Schadstoffbelastung über das Übliche hinausgeht. Für die Immobilienbewertung ist maßgeblich, dass Gebäude aus den gleichen Baujahresspannen mit den für die jeweilige Zeit typischen Baumaterialien gebaut wurden. Somit kann davon ausgegangen werden, dass sämtliche Vergleichsobjekte der gleichen Baujahresklasse gleichermaßen mit Schadstoffen belastet sind.

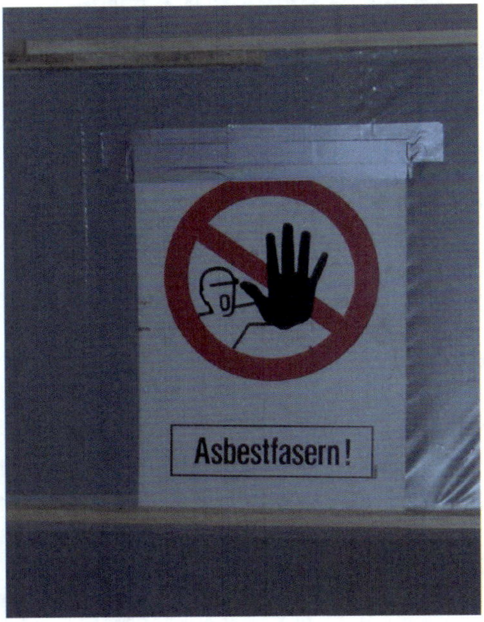

Abb. 6-15: Warnsymbol Asbestfasern
Quelle: Ingenieurbüro Mund

Faserzementdächer von Gebäuden mit Baujahr vor 1990 sind höchst wahrscheinlich asbestbelastet. Für die Wertermittlung bedeutet dies, dass die Asbestbelastung in den Vergleichskaufpreisen und damit auch in den von den Gutachterausschüssen generierten wertrelevanten Daten wie Liegenschaftszinssatz und Sachwertfaktor bereits enthalten sind.

Die besonderen objektspezifischen Grundstücksmerkmale decken all diejenigen Eigenschaften des Objekts ab, die über das übliche Maß hinausgehen. Auch für die Schadstoffe bedeutet das, dass für diese keine zusätzlichen Abschläge zu erfolgen haben, wenn ihr Ausmaß nicht über das übliche zu erwartende baujahrestypische Maß hinausgeht.

Erst wenn die Kontamination über das übliche Maß hinausgeht oder wenn im Rahmen der Wertermittlung von einem Abriss oder Umbau ausgegangen werden muss, kann es marktgerecht sein, die erhöhten Entsorgungskosten anzusetzen. Dabei gilt es abzuschätzen, inwieweit die Kosten als Wertminderung berücksichtigt werden dürfen (siehe hierzu Kapitel 6.7).

Abschläge für Schadstoffe finden sich am Ende der Wertermittlungsverfahren unter den besonderen objektspezifischen Grundstücksmerkmalen (boG). Die Abschläge müssen marktüblich sein. So gibt es die Immobilienwertermittlungsverordnung § 8 vor.

Wenn nun z.B. ein Einfamilienhaus mit Baujahr 1960 bewertet werden soll, sollte der Immobilienbewerter auf jeden Fall über die damalige Bauweise und die verwendeten Baustoffe informiert sein, um dies im Gutachten beschreiben zu können. Verdachtsmomente müssen in jedem Fall erwähnt werden, auch wenn sie schlussendlich nicht ins Verfahren einfließen.

Die meisten Schadstoffe sind nicht in der Baubeschreibung aufgeführt. Oftmals finden sich diese in Klebern und Fugenmassen. Diese sind in der Regel nicht namentlich genannt. Fassadenbekleidungen und Dacheindeckungen hingegen können Erwähnung finden (z.B. Faserzementdach etc.).

Zur marktgerechten Einstufung des Werteinflusses eines Schadstoffverdachts muss vorab untersucht werden, wie viele Kaufinteressenten einen Sachverständigen beim Kauf hinzuziehen.

Eine Auswertung[85] von rd. 1.100 Fällen zeigt, dass nur 13 % der Befragten einen Sachverständigen hinzuziehen. Demnach kann davon ausgegangen werden, dass die überwiegende Mehrheit der Käufer keine besondere Kenntnis von Schadstoffen in Immobilien hat. Selbst die hinzugezogenen Sachverständigen müssen nicht zwangsweise im Fachgebiet der Schadstoffe tätig sein.Wenn die überwiegende Mehrheit der Käufer keine Kenntnis von Schadstoffen hat, dann wäre es nicht marktgerecht, diese als wertmindernd zu berücksichtigen.Im Umkehrschluss bedeutet das, dass es marktgerecht ist, nur für solche Schadstoffe eine Wertminderung anzusetzen, die der Markt auch kennt und die über das übliche Maß des zu Erwartenden hinausgehen.

85 Auswertung von D. Unglaube aus Kauffällen mangelbehafteter Immobilien im Rahmen eines Pilotprojekts in Zusammenarbeit mit dem Gutachterausschuss für Immobilienwerte für den Bereich der Landkreise Bergstraße, Darmstadt-Dieburg, Groß-Gerau, Offenbach und des Odenwaldkreises.

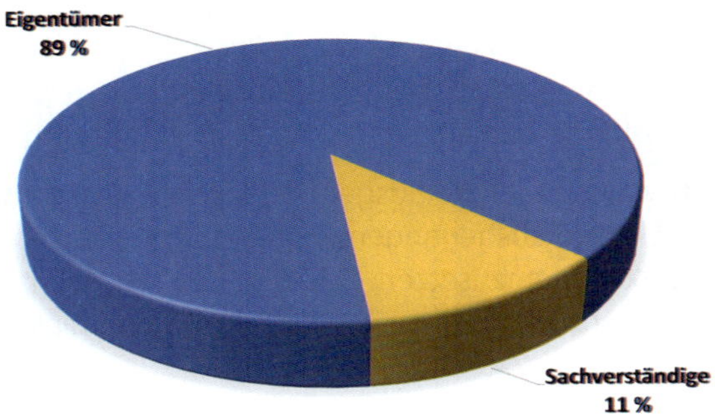

Abb. 6-16: Anteil der Kaufinteressenten, die einen Sachverständigen mit einbeziehen

Zur marktgerechten Berücksichtigung von Schadstoffverdachtsmomenten gibt es keine allgemeingültige Lösung.

Man kann sich dennoch schrittweise an die marktgerechte Berücksichtigung herantasten, indem zunächst eine Überprüfung stattfindet, inwieweit ein Wertabschlag erforderlich ist. In vielen Fällen ist ein zusätzlicher Abschlag unter den boG nicht notwendig. Abbildung 6-17 zeigt eine Vorgehensweise, wie sie beim Einfamilienhausmarkt denkbar wäre.

Zunächst wird unterschieden, ob es sich bei dem Schadstoff um einen beim breiten Publikum bekannten Schadstoff wie z.B. Asbest handelt, ob es um ein Radonvorkommen geht oder ob es spezielle Schadstoffe sind, die nicht hinlänglich bekannt sind.

Bei den bekannten Schadstoffen ist noch einmal zu unterscheiden, ob es sich um baujahrestypische Schadstoffe handelt und ob diese in einem üblichen Ausmaß vorliegen. Ist dies der Fall, erfolgt kein Abschlag, um eine Doppelberücksichtigung zu vermeiden.

Ist das Schadstoffvorkommen größer, als es bei vergleichbaren Objekten der Fall ist, oder treten Schadstoffe auf, die nicht zu den baujahrestypischen Schadstoffen zählen (z.B. radioaktive Substanzen), dann muss ein Wertabschlag unter den besonderen objektspezifischen Grundstücksmerkmalen erfolgen.

Zuletzt ist noch die Marktlage zu überprüfen. Bei einem angespannten Markt kann es dazu führen, dass kein Abschlag erfolgt. Dies ist aber im Einzelfall zu prüfen. Bei einem Vorkommen einer radioaktiven Substanz wird selbst bei einem angespannten Markt mit einem Wertabschlag zu rechnen sein.

Bei speziellem Schadstoffvorkommen bzw. Verdachtsmomenten ist zu überlegen, ob die Käufergruppe einen Sachverständigen miteinbezieht oder nicht. Bei Gewerbeimmobilien kann davon ausgegangen werden, dass die Käufer entsprechende Fachplaner beauftragt haben. Im Einfamilienhausmarkt hat die vorgenannte Untersuchung gezeigt, dass lediglich 13 % der Kaufinteressenten einen Sachverständigen beauftragen. Der Anteil der Schadstoffsachverständigen dürfte noch geringer sein. Damit kann davon ausgegangen werden, dass im Einfamilienhausmarkt die Käufer in der Regel keine Kenntnis von speziellen Schadstoffen haben. Die Tatsache, dass ein geringer Anteil der Interessenten doch einen Fachmann zu Rate zieht und damit der Käuferkreis ggf. geringfügig eingegrenzt wird, kann durch einen geringen Abschlag in nachfrageschwachen Gegenden berücksichtigt werden.

Künftig wird aber auch zu prüfen sein, inwieweit die Novellierung der Gefahrstoffverordnung hier Einfluss hat. Das Erkundungsgebot bezüglich Asbest für alle Bestandsgebäude mit Baujahr vor 31.10.1993 wird zumindest dazu führen, dass auch Privatleute und Laien vor Sanierung über das Asbestvorkommen informiert sind. Darüber hinaus wird es zu einem Kostenanstieg kommen, wenn die Unternehmen verpflichtet werden, ein Expositions-Risiko-Konzept zu erstellen. In welchem Ausmaß die Kosten steigen werden und inwieweit diese über staatliche Fonds abgefangen werden, ist bisher nicht zu beziffern.

Bei Radon oder anderen lagetypischen Vorkommen in der Erde ist in der Regel kein Abschlag erforderlich, da die Gegenden für das Vorkommen bekannt sind und sich dies bereits im Bodenwert abbildet. Hier ist ein Abschlag nur dann gerechtfertigt, wenn es sich um eine lageuntypische Substanz handelt. Bei Neubauten bzw. Liquidationsobjekten kann im Einzelfall ein Zuschlag für besondere bauliche Erfordernisse aufgrund des Schadstoffvorkommens im Boden marktgerecht sein.

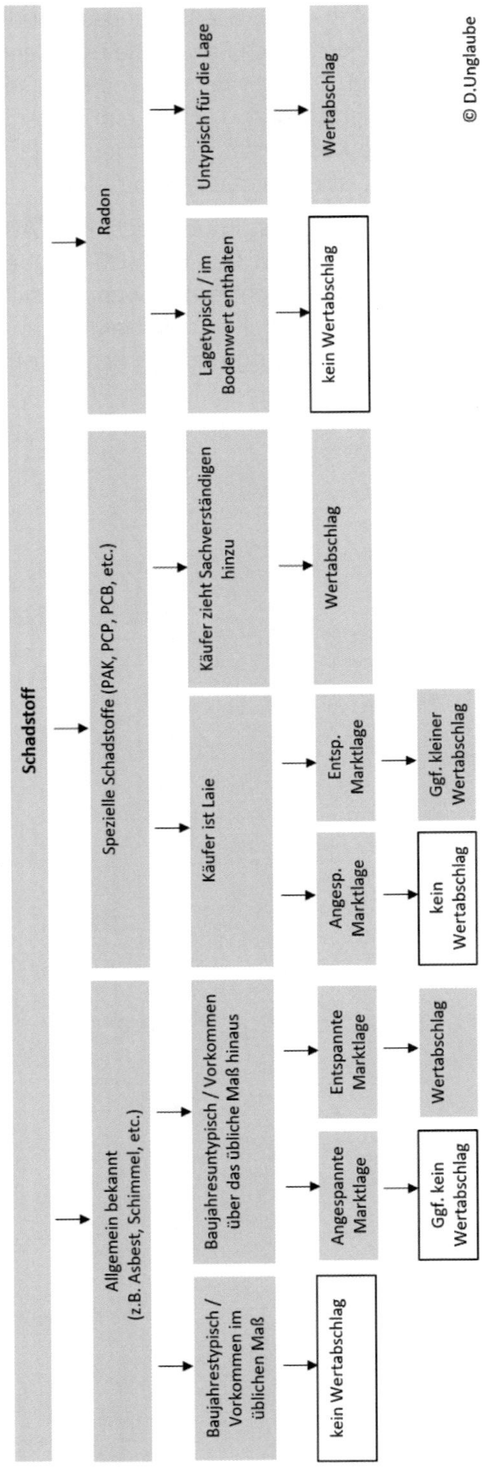

Abb. 6-17: Übersicht über die Bewertungsfälle mit Schadstoffvorkommen im Einfamilienhausmarkt

Wird nach vorstehender Prüfung festgestellt, dass ein Wertabschlag erforderlich ist, kann bei Mangel an Marktuntersuchungen auf die Näherungsmethode zurückgegriffen werden. Dabei müssen zunächst die Einflusskriterien festgelegt werden.

Bei der Bewertung von Schadstoffen in Gebäuden gelten im Prinzip ähnliche Einflussfaktoren wie bei der Bewertung von Baumängeln und Bauschäden.

- Schadstoffart
- Ausmaß des Vorkommens
- Lage
- Baujahr des Gebäudes
- Teilmarkt

Unter Berücksichtigung dieser Parameter kann der Werteinfluss geschätzt werden.

7 Wertermittlung in der Praxis

In diesem Kapitel werden die zuvor beschriebenen Bewertungsansätze zur Berücksichtigung von Baumängeln und Bauschäden an konkreten Beispielen verdeutlicht.

An dieser Stelle wird darauf hingewiesen, dass es sich bei den nachfolgenden Beispielen um Vorschläge für eine nachvollziehbare Bewertung des Einflusses von Baumängeln und Bauschäden handelt. Andere Lösungsansätze und Argumentationen sind denkbar.

7.1 Wertminderung infolge vorhandener Baumängel und Bauschäden

7.1.1 Einfamilienhaus Baujahr 1973 im Randgebiet, Feuchteschaden am Balkon

Ein freistehendes Einfamilienwohnhaus mit Baujahr 1973 befindet sich in einem Randgebiet mit einem Bodenrichtwertniveau von 570 €/m². Die Restnutzungsdauer beträgt 25 Jahre bei einer Gesamtnutzungsdauer von 70 Jahren. Der unbelastete Verkehrswert ergibt sich zu 570.000 €.

Seit Errichtung des Gebäudes im Jahr 1973 wurden so gut wie keine Modernisierungsmaßnahmen durchgeführt.

Abb. 7-1: Ansicht Einfamilienhaus

Einfamilienhaus Randgebiet	
Baujahr	1973
GND	70 Jahre
RND	25 Jahre
Bodenrichtwert	570 €/m²
Verkehrswert unbelastet	570.000 €

Tab. 7-1: Übersicht Eingangswerte

Beschreibung der Schäden und Besonderheiten

Der Balkon weist an der Unterseite großflächige Farbabplatzungen auf. Die Balkonplatte ist durchfeuchtet. Moosbewuchs ist an den Stirnflächen erkennbar. Die Geländerfüße des Balkongeländers sind korrodiert.

Zur Schadensbeseitigung muss der Bodenbelag zurückgebaut werden. Ein normgerechter Balkonaufbau mit Abdichtungs- und Dämmebene sowie neuem Belag ist herzustellen. Es ist weiter davon auszugehen, dass das Geländer komplett zu erneuern ist. Die korrodierten Geländerfüße des bestehenden Geländers bergen die Gefahr einer verminderten Standsicherheit.

Abb. 7-2: Balkon mit Feuchteschäden

Abb. 7-3: Unteransicht Balkon

Das Badezimmerfenster weist eine blinde Scheibe aus dem Baujahr des Hauses auf. Hierbei handelt es sich um Luft- bzw. Feuchtigkeitseintritt in die Glasebene aufgrund eines undichten Randverbunds. Zur Schadensbehebung ist ein Austausch des Fensterglases erforderlich.

Im Dachgeschoss sind Feuchteflecken im Rahmenbereich eines Dachflächenfensters erkennbar. Das Fenster ist offensichtlich undicht. Zur Schadensbeseitigung muss das Fenster ausgetauscht werden.

Abb. 7-4: Beschädigtes Fenster

Abb. 7-5: Wassereindrang Dachflächenfenster

Überlegungen im Rahmen der Verkehrswertermittlung

Die beiden zuletzt beschriebenen Schäden an den Fenstern sind Folgen einer Überalterung. Sie stellen keine besondere Schadensituation dar, die vom Üblichen abweicht. Sie sind bereits im Rahmen der Alterswertminderung bzw. der ermittelten wirtschaftlichen Restnutzungsdauer im Wertermittlungsverfahren berücksichtigt worden.

Die komplette Durchfeuchtung der Balkonplatte hat zur Folge, dass der Balkonbelag inklusive Geländer zurückgebaut werden muss und ein neuer Bodenbelag inklusive Wärmedämmung und ein neues Balkongeländer erforderlich sind. Der Schaden weicht von den üblichen Farbabplatzungen an der Balkonunterseite ab.

Da der Balkon mit ca. 17 m^2 Fläche recht groß ist, sind die Sanierungskosten entsprechend hoch. Es kann von ca. 15.000 € ausgegangen werden. Es ist wahrscheinlich, dass ein potenzieller Käufer diese Kosten in seine Kaufüberlegung mit einbeziehen wird.

Ermittlung der Wertminderung

Die Wertminderung wird im Folgenden auf Basis der Schadensbeseitigungskosten ermittelt.

Feuchteschäden haben erfahrungsgemäß einen großen Einfluss auf den Verkehrswert (siehe hierzu auch Kapitel 5). Aus diesem Grund wird Kategorie 3 für einen starken Einfluss auf den Verkehrswert angesetzt.

Das Schadensausmaß ist begrenzt, es sind nur außen liegende Bauteile betroffen. Das bedeutet, dass die Schadenssanierung nicht unmittelbar erfolgen muss und der Markt dies daher als weniger wichtig einschätzt als einen Schaden, der zu einem unmittelbaren Wassereindrang in das Gebäude führt. Für das Schadensausmaß wird daher die Kategorie 2 für einen mittleren Einfluss gewählt.

Die Randlage hat einen mittleren Einfluss auf die Wertminderung, daher wird hier Kategorie 2 gewählt.

Die Baujahresklasse wird ebenfalls als mittel eingestuft. Je älter das Gebäude ist, desto eher rechnet man mit dem Auftreten von Schäden.

Der Teilmarkt Einfamilienhaus wird mit Kategorie 4 berücksichtigt. Dies wurde in den vorangegangenen Kapiteln ausführlich erläutert.

Die Gewichtung der einzelnen Bewertungskriterien ergibt sich aus der Überlegung, dass die Schadensart und die Lage den größten Einfluss auf die Wertminderung haben, gefolgt vom Teilmarkt. Die Schadensgröße sowie das Baujahr werden als drittrangig betrachtet. Die Prozentverteilung liegt mit einer Spanne von 15 bis 25 % sehr dicht beieinander, da alle Bewertungskriterien wichtig sind, kleine Abstufungen aber berücksichtigt werden sollen.

Schadensart	**Kat.**	**Schadens-umfang**	**Kat.**	**Lage**	**Kat.**	**Baujahres-klasse**	**Kat.**	**Teilmarkt**	**Kat.**	
Risse		Klein		Ballungs-gebiet		Neubau		EFH	4	
Schimmel		Mittel	2	Rand-gebiet	2	Mittleres Baujahr	2	MFH		
Feuchteschäden	3	Groß		Land		Altbau		WET		
Schädlinge		Sehr groß						Gewerbe		
Hausschwamm										
Sonstige										
Gewichtung	25 %		15 %		25 %		15 %		20 %	100 %
Kategorie * Gewichtung	0,75		0,30		0,50		0,30		0,80	**2,7**

Tab. 7-2: Bewertungsmatrix

Kategorie	**Einfluss des Schadens auf den Verkehrswert**	**Wertminderungsansatz (in % der Kosten)**
0	Kein Einfluss	0
1	Geringer Einfluss	25
2	Mittlerer Einfluss	50
3	Starker Einfluss	75
4	Sehr starker Einfluss	100

Tab. 7-3: Wertminderungsansätze

Nach Gewichtung der einzelnen Einflussparameter ergibt sich eine Kategorie von rund 2,7. Entsprechend Tabelle 7-3 wird als Wertansatz daher ein Prozentsatz von rund 65 % als angemessen erachtet.

Die Wertminderung ergibt sich damit zu 15.000 € x 0,65 = 9.750 € = rund 10.000 €.

Zusammenstellung der Ergebnisse

Einfamilienhaus Randgebiet	
Baujahr	**1973**
GND	70 Jahre
RND	25 Jahre
Bodenrichtwert	570 €/m²
Verkehrswert unbelastet	570.000 €
Wertminderung absolut	10.000 €
Wertminderung	1,80 %

Tab. 7-4: Übersicht Ergebnis

Die Wertminderung ergibt sich somit zu ca. 1,8 % vom unbelasteten Verkehrswert.

Die Marktuntersuchungen in Kapitel 5 haben gezeigt, dass kleine Schäden lageübergreifend so gut wie keinen Einfluss auf den Verkehrswert haben. Der vorliegende Schaden am Balkon liegt mit 15.000 € in der als mittlere Schäden definierten Wertspanne. Gemäß Kapitel 6.5, Tabelle 6-10 liegen die Wertminderungen für mittlere Schäden in Randbereichen in den Jahren 2020 bis 2023 im Durchschnitt bei 1,4 %.

7.1.2 Doppelhaushälfte Baujahr 1960 im Ballungsgebiet, großer Feuchtschaden

Beschreibung der Schäden und Besonderheiten

Bei einer Doppelhaushälfte aus dem Jahr 1960 am Ortsrand einer Metropole kommt es zu wiederkehrendem Feuchteeintritt im Kellergeschoss nach Starkregenereignissen. Der unbelastete Verkehrswert beträgt unter Zugrundelegung einer Restnutzungsdauer von 24 Jahren bei einer Gesamtnutzungsdauer von 70 Jahren und einem Bodenrichtwert von 950 €/m² rund 800.000 €.

Abb. 7-6: Außenansicht Doppelhaushälfte

Doppelhaushälfte Ballungsgebiet	
Baujahr	1960
GND	70 Jahre
RND	24 Jahre
Bodenrichtwert	950 €/m²
Verkehrswert unbelastet	800.000 €

Tab. 7-5: Übersicht Eingangswerte

Schadensuntersuchungen führten zu dem Ergebnis, dass der Anschluss zwischen Fallrohr und Grundwasserleitung nicht sachgemäß ausgeführt wurde. Infolgedessen wurde eine Gebäudeecke bei Starkregen unterspült. Das Erdreich in diesem Bereich sackte ab, was zu einer Lösung der Bodenplatte von den aufgehenden Wänden führte. Jeweils von der Gebäudeecke aus bildete sich ein Riss zwischen Bodenplatte und aufgehenden Mauerwerkswänden mit einer Länge von ca. 4 m an der straßenseitigen Außenwand sowie an der hofseitigen Außenwand.

Abb. 7-7: Wasserschaden Innenansicht

Tab. 7-8: Rissansicht von außen

Abb. 7-9: Außenabdichtung

Zur Behebung des Schadens waren ein Aufgraben der vorderen und seitlichen Gebäudefront, ein Rissverschluss mit Mörtel sowie die Durchführung einer Abdichtung gemäß DIN 18533 erforderlich.

Die Kosten für die Schadensbeseitigungsmaßnahmen betrugen ca. 25.000 €.

Überlegungen im Rahmen der Verkehrswertermittlung

Das Gebäude soll zu einem Zeitpunkt bewertet werden, zu dem die Schadensursache bekannt, jedoch noch nicht beseitigt ist.

Untersuchungen[86] haben ergeben, dass Feuchteschäden im Einfamilienhausmarkt im Vergleich zu Rissen und Schimmelschäden den größten Einfluss auf das Marktverhalten haben.

Die Zielgruppe besteht in der Regel aus Familien, die die Objekte zur Eigennutzung kaufen.

Ermittlung der Wertminderung

Zur Ermittlung des Wertansatzes auf Basis der ermittelten Kosten in Höhe von 25.000 € wird die Bewertungsmatrix, wie in Kapitel 6.7 beschrieben, angewendet. Dabei werden die projektspezifischen Randparameter im Hinblick auf die fünf Kategorien beurteilt.

Bei der Schadensart handelt es sich um Feuchteschäden. Diese werden erfahrungsgemäß vom Markt am schwerwiegendsten eingestuft. Hier wird ein starker bis sehr starker Einfluss unterstellt und somit Kategorie 3 bis 4 zugeordnet.

Das Schadensausmaß wird als groß eingestuft, da die Maßnahmen zur Schadensbeseitigung umfangreich sowie die damit einhergehenden Schadensbeseitigungskosten hoch sind.

Die Kategoriezuordnung für die Lage im Ballungsgebiet wurde bereits in Kapitel 6.7 erläutert und wird mit 0 angesetzt.

Das Baujahr des Gebäudes hat nur einen mittleren Einfluss auf das Marktverhalten, da die Käufer eines älteren Gebäudes bereits einige Kosten für Sanierungsmaßnahmen kalkulieren. Da diese Kosten über den üblicherweise bei Gebäuden mittleren Alters zu erwartenden Umfang hinausgehen, wird ein mittlerer Einfluss auf den Verkehrswert unterstellt.

Der Teilmarkt wird aufgrund der hohen Sensibilität des Käuferkreises mit Kategorie 4 berücksichtigt.

Die Gewichtung der einzelnen Bewertungskriterien ergibt sich aus der Überlegung, dass die Schadensart und die Lage den größten Einfluss auf die Wertminderung haben, gefolgt vom Teilmarkt. Die Schadensgröße sowie das Baujahr werden als drittrangig betrachtet. Die Prozentverteilung liegt mit einer Spanne von 15 bis 25 % sehr dicht beieinander, da alle Bewertungskriterien wichtig sind, kleine Abstufungen aber berücksichtigt werden sollen.

Schadensart	**Kat.**	**Schadens-umfang**	**Kat.**	**Lage**	**Kat.**	**Baujahres-klasse**	**Kat.**	**Teilmarkt**	**Kat.**	
Risse		Klein		Ballungs-gebiet	0	Neubau		EFH	4	
Schimmel		Mittel	3	Rand-gebiet		Mittleres Baujahr	2	MFH		
Feuchteschäden	3,5	Groß		Land		Altbau		WET		
Schädlinge		Sehr groß						Gewerbe		
Hausschwamm										
Sonstige										
Gewichtung	25 %		15 %		25 %		15 %		20 %	100 %
Kategorie * Gewichtung	0,88		0,45		0,00		0,30		0,80	**2,4**

Tab. 7-6: Bewertungsmatrix

86 Unglaube, D., Umfrage zur Berücksichtigung von größeren Bauschäden, Der Immobilienbewerter 5/2019.

Kategorie	Einfluss des Schadens auf den Verkehrswert	Wertminderungsansatz (in % der Kosten)
0	Kein Einfluss	0
1	Geringer Einfluss	25
2	Mittlerer Einfluss	50
3	Starker Einfluss	75
4	Sehr starker Einfluss	100

Tab. 7-7: Wertminderungsansätze

Die gewichtete Kategorie ergibt sich zu 2,4. Daher wird ein Wertansatz von 60 % als angemessen erachtet.

Die Wertminderung ergibt sich damit zu 25.000 € x 0,60 = 15.000 €.

Zusammenstellung der Ergebnisse

Bezogen auf den unbelasteten Verkehrswert in Höhe von 800.000 € entspricht die Wertminderung rund 2 %.

Doppelhaushälfte Ballungsgebiet	
Baujahr	**1960**
GND	70 Jahre
RND	24 Jahre
Bodenrichtwert	950 €/m²
Verkehrswert unbelastet	800.000 €
Wertminderung absolut	15.000 €
Wertminderung	2,00 %

Tab. 7-8: Übersicht Ergebnis

Die Auswertungen in Kapitel 5 haben gezeigt, dass Bauschäden in Ballungsgebieten erst ab der Kategorie „größere Schäden" einen Einfluss auf den Kaufpreis haben. Mit 25.000 € ist der Schaden im vorliegenden Fall mittelgroß. Allerdings hat die in Kapitel 5.6 erläuterte Umfrage ergeben, dass auch Käufer in Ballungsgebieten sehr sensibel auf Feuchteschäden reagieren. Daher ist der ermittelte Abschlag in Höhe von 2 % durchaus realistisch. Die Auswertung in Kapitel 6.5 Tabelle 6-10 weist für die Jahre 2020 bis 2023 einen mittleren Wertabschlag von 0,6 % auf.

7.1.3 Mehrfamilienhaus Baujahr 1934 im Ballungsgebiet/ ländliches Gebiet, diverse Schäden

Im Folgenden wird ein Mehrfamilienhaus mit typischen Bauschäden vorgestellt. Für die Ermittlung der Wertminderung wird dieses für den Fall berechnet, dass es sich zum einen in einem Ballungsgebiet und zum anderen in einer ländlichen Gegend befindet.

Das Mehrfamilienwohnhaus wurde im Jahr 1934 errichtet. Es wurde im Krieg teilweise zerstört und im Jahr 1950 wiederaufgebaut. Bei Ansatz einer Gesamtnutzungsdauer von 70 Jahren ergibt sich eine Restnutzungsdauer von 24 Jahren.

Der Bodenwert beträgt nach GFZ-Anpassung 2.500 €/m². Der unbelastete Verkehrswert ergibt sich zu 1,21 Mio. €.

Abb. 7-10: *Außenansicht Mehrfamilienhaus*

Mehrfamilienhaus Ballungsgebiet	
Baujahr	1934/1950
GND	70 Jahre
RND	24 Jahre
Bodenrichtwert	2.500 €/m²
Verkehrswert unbelastet	1,21 Mio. €

Tab. 7-9: Übersicht Eingangswerte

<u>Fassade hofseitig</u>

Beschreibung der Schäden und Besonderheiten

Die hofseitige Fassade weist großflächige Putzabplatzungen auf. Ursache ist nach Aussage des Eigentümers die Durchfeuchtung der Außenwand aufgrund eines Wasserrohrbruchs. Für die Wertermittlung wird angenommen, dass die Schadensursache behoben ist.

Abb. 7-11: Hofansicht MFH

Abb. 7-12: Putzabplatzungen

Überlegungen im Rahmen der Verkehrswertermittlung

Die Wertminderung aufgrund der Bauschäden wird in diesem Beispiel auf Basis der Schadensbeseitigungskosten ermittelt. Dazu muss zunächst überlegt werden, welche Maßnahmen zur Schadensbeseitigung erforderlich sind. Dies sind:

- Entfernen des Putzes im Bereich der betroffenen Fassaden
- Untergrundbehandlung und Auftragen eines neuen Putzes
- Anstrich der Fassade

Da es sich um eine überschaubare Maßnahme handelt, kann ein Kostenansatz aus der Literatur entnommen werden. Gemäß Baupreislexikon[87] ergibt sich für die zuvor aufgelisteten Maßnahmen inklusive aller Nebenarbeiten wie Gerüststellen, Abdeckarbeiten und Entsorgung ein Kostenansatz von ca. 60 €/m².

Der betroffene Bereich der Fassade beträgt ca. 85 m². Die Schadensbeseitigungskosten für die Putzabplatzungen errechnen sich somit zu rund 5.000 €.

Ermittlung der Wertminderung

Die ImmoWertV fordert eine marktgerechte Berücksichtigung von Bauschäden, sodass nun zu bewerten ist, inwieweit ein Käufer einen Abschlag vom Verkehrswert aufgrund der Putzabplatzungen an der Fassade machen würde.

87 www.baupreislexikon.de.

Dazu müssen alle Einflussfaktoren auf die Wertminderung untersucht werden. Wie in Kapitel 6.7 erläutert, sind folgende Faktoren ausschlaggebend:

- Schadensart
- Schadensumfang
- Lage
- Baujahr
- Teilmarkt/Gebäudetyp

Schadensart	**Kat.**	**Schadens-umfang**	**Kat.**	**Lage**	**Kat.**	**Baujahres-klasse**	**Kat.**	**Teilmarkt**	**Kat.**	
Risse		Klein		Ballungs-gebiet	0,5	Neubau		EFH		
Schimmel		Mittel	2	Rand-gebiet		Mittleres Baujahr		MFH	1	
Feuchteschäden	3	Groß		Land		Altbau	1	WET		
Schädlinge		Sehr groß						Gewerbe		
Hausschwamm										
Sonstige										
Gewichtung	25 %		15 %		25 %		15 %		20 %	100 %
Kategorie * Gewichtung	0,75		0,30		0,13		0,15		0,20	**1,5**

Tab. 7-10: Bewertungsmatrix

Kategorie	**Einfluss des Schadens auf den Verkehrswert**	**Wertminderungsansatz (in % der Kosten)**
0	Kein Einfluss	0
1	Geringer Einfluss	25
2	Mittlerer Einfluss	50
3	Starker Einfluss	75
4	Sehr starker Einfluss	100

Tab. 7-11: Wertminderungsansätze

Feuchteschäden haben einen großen Einfluss auf die Wertminderung, daher wird hier Kategorie 3 gewählt. Der Schadensumfang ist mittel, weshalb die Einstufung Kategorie 2 entspricht. Das Ballungsgebiet wird mit 0,5 bewertet, da bei einer großen Nachfrage und einem geringen Angebot Bauschäden tendenziell einen geringen bis keinen Einfluss auf den Kaufpreis haben. Bei einem Altbau rechnen die Käufer mit erforderlichen Sanierungsmaßnahmen, sodass dieser geringe Werteinfluss mit Kategorie 1 berücksichtigt wird. Nach Gewichtung der Kriterien ergibt sich eine mittlere Kategorie von 1,5, welche somit zwischen Kategorie 1 und 2 liegt. Es wird daher ein Wertansatz von 35 % als angemessen erachtet.

Die Wertminderung ergibt sich damit zu 5.000 € x 0,35 = 1.750 €.

Decke über Kellergeschoss

Beschreibung der Schäden und Besonderheiten

Abb. 7-13: Unteransicht Kappendecke Keller

Abb. 7-14: Korrosionserscheinungen

Abb. 7-15: Abdichtung Hoffläche über Keller

Im Keller des Gebäudes sind massive Feuchtigkeitsschäden zu erkennen. Die Stahlträger der Kappendecke sind stark korrodiert. Über diesem Teilbereich des Kellers befindet sich eine Hoffläche, die mit Bitumenbahnen abgedichtet ist. Bei genauerer Untersuchung ist zu erkennen, dass die Wandanschlüsse der Abdichtung nicht fachgerecht ausgeführt sind, sodass Wasser hinter die Abdichtung läuft. Für die Wertermittlung wird davon ausgegangen, dass die Stahlträger im Kellergeschoss hinsichtlich ihrer Tragfähigkeit nicht beeinträchtigt sind und dass die Abdichtung der Hoffläche erneuert werden muss. Der vorgefundene Zustand weicht vom üblichen Schadensbild ab.

Überlegungen im Rahmen der Verkehrswertermittlung

Für die Wertermittlung wird davon ausgegangen, dass die Abdichtung der Hoffläche Mängel aufweist und diese zusätzlich zur bauwerksbedingten Feuchte zu einer erhöhten Feuchtigkeit im Untergeschoss führt.

An dieser Stelle erfolgt ein Hinweis im Gutachten mit einem Haftungsausschluss und Verweis auf einen Sachverständigen für Schäden an Gebäuden.

Folgende Maßnahmen sind auf Basis der oben genannten Annahme erforderlich:

- Sandstrahlen der Stahlträger
- Auftragen eines Korrosionsanstrichs
- Entfernen des feuchten Putzes im Untergeschoss
- Untergrundbehandlung
- Auftragen eines Sanierputzes
- Entfernen der Abdichtung auf der Untergeschossdecke im Hof
- Erneuerung der Abdichtung der Untergeschossdecke im Hof

Der Kostenansatz für die vorgenannten Maßnahmen sollte aufgrund der Komplexität nur pauschal geschätzt werden. Auch hier sollte ein Hinweis im Gutachten erfolgen. Dieser kann derart formuliert sein: „Der Kostenansatz basiert auf einer groben Schätzung auf Basis von Erfahrungswerten und dient lediglich als Indikation. Für eine detaillierte Ermittlung muss ein Sachverständiger für Bauschäden hinzugezogen werden."

Für die vorgenannten Maßnahmen wird ein Kostenansatz von rund 75.000 € angesetzt. Dieser kann grob aus der Aufstellung in Kapitel 6 zuzüglich Nebenarbeiten abgeleitet werden.

Ermittlung der Wertminderung

Die Bewertung der Kriterien erfolgt analog der vorhergehenden Beurteilung.

Schadensart	**Kat.**	**Schadensumfang**	**Kat.**	**Lage**	**Kat.**	**Baujahresklasse**	**Kat.**	**Teilmarkt**	**Kat.**	
Risse		Klein		Ballungsgebiet	0,5	Neubau		EFH		
Schimmel		Mittel		Randgebiet		Mittleres Baujahr		MFH	1	
Feuchteschäden	3	Groß	3	Land		Altbau	1	WET		
Schädlinge		Sehr groß						Gewerbe		
Hausschwamm										
Sonstige										
Gewichtung	25 %		15 %		25 %		15 %		20 %	100 %
Kategorie * Gewichtung	0,75		0,45		0,13		0,15		0,20	**1,7**

Tab. 7-12: Bewertungsmatrix

Kategorie	**Einfluss des Schadens auf den Verkehrswert**	**Wertminderungsansatz (in % der Kosten)**
0	Kein Einfluss	0
1	Geringer Einfluss	25
2	Mittlerer Einfluss	50
3	Starker Einfluss	75
4	Sehr starker Einfluss	100

Tab. 7-13: Wertminderungsansätze

Der Mittelwert der Kategorienpunkte ergibt sich zu rund 1,7. Danach wird ein Ansatz von rund 40 % als angemessen erachtet.

Die Wertminderung ergibt sich damit zu 50.000 € x 0,40 = 20.000 €.

Kellerabgang

Beschreibung der Schäden und Besonderheiten

Der Abgang zum Keller weist Feuchteschäden auf. Der Putz ist an den Wänden großflächig abgeplatzt. Stellenweise sind Grünverfärbungen erkennbar.

Überlegungen im Rahmen der Verkehrswertermittlung

Es ist davon auszugehen, dass die Marktteilnehmer hierfür keinen Wertabschlag machen würden, da bei einem Gebäude dieser Baujahresklasse mit solchen Erscheinungen zu rechnen ist.

Die Feuchteschäden gehen nicht über das übliche Maß hinaus. Aus dem Grund wird für diesen Bauschaden kein Wertabschlag angesetzt.

Abb. 7-16: Kellerabgang

Deckendurchbruch Rohrdurchführung

Beschreibung der Schäden und Besonderheiten

Im zweiten Obergeschoss des Mehrfamilienwohnhauses wurde eine Rohrleitung durch die Decke im Badezimmer geführt. Der Durchbruch ist nicht fachgerecht verschlossen worden. Die Brandschutzanforderungen, nämlich der Abschluss der Nutzungseinheiten, sind damit nicht erfüllt.

Überlegungen im Rahmen der Verkehrswertermittlung

In diesem Fall sollte im Gutachten auf die Thematik und den dringenden Handlungsbedarf hingewiesen werden. Für die Wertermittlung ist dieser Mangel unbedeutend, da die Kosten für das Verschließen des Durchbruchs in den Rundungsbereich des Verkehrswerts fallen.

Ermittlung der Wertminderung

Die Kosten werden der Vollständigkeit halber auf rund 500 € geschätzt. Unter Ansatz der oben dargestellten Tabelle würde aufgrund der Geringfügigkeit im Ballungsgebiet kein Wertabschlag gemacht werden.

Abb. 7-17: Deckendurchbruch für Rohrdurchführung

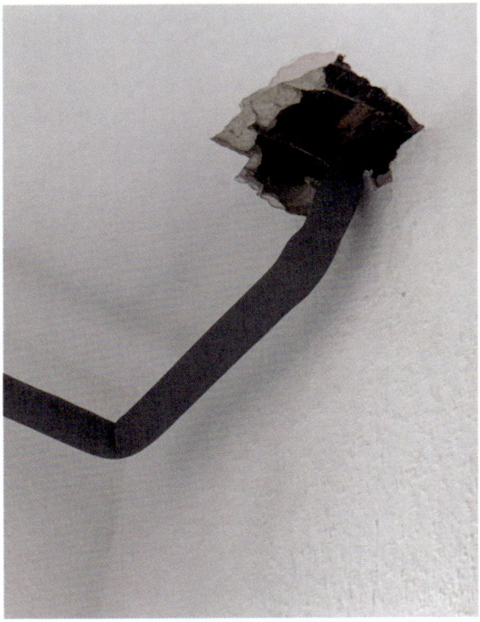

Abb. 7-18: Detailaufnahme Rohrdurchführung

Außenwand straßenseitig

Beschreibung der Schäden und Besonderheiten

Die Innenseite der Außenwand im Untergeschoss weist Feuchteschäden auf. Mittelgroße Putzabplatzung sind im oberen Wandbereich in den Toilettenräumen erkennbar. Die Schadensursache ist unbekannt.

Überlegungen im Rahmen der Verkehrswertermittlung

Insgesamt geht der Schaden nicht über das übliche Maß hinaus. Daher wird davon ausgegangen, dass der Markt nicht darauf reagiert. Im Rahmen der Wertermittlung wird kein Wertabschlag für diese Schäden durchgeführt.

Abb. 7-19: Feuchteschaden an der Innenseite der Kelleraußenwand

Zusammenstellung der Bauschäden

Bauschaden	Sanierungskosten	Faktor	Wertansatz
Fassade hofseitig	5.000 €	0,35	1.750 €
Decke über Kellergeschoss	50.000 €	0,40	20.000 €
Kellerabgang	Kein Wertabschlag	0,00	0 €
Deckendurchbruch Rohrdurchführung	500 €	0,00	0 €
Außenwand straßenseitig	Kein Wertabschlag	0,00	0 €
Summe Werteinfluss Schäden			**21.750 €**

Tab. 7-14: Zusammenstellung der Wertabschläge

Zusammenstellung der Ergebnisse

Mehrfamilienhaus Ballungsgebiet	
Baujahr	**1934/1950**
GND	70 Jahre
RND	24 Jahre
Bodenrichtwert	2.500 €/m²
Verkehrswert unbelastet	1,21 Mio. €
Wertminderung absolut	rd. 22.000 €
Wertminderung	1,8 %

Tab. 7-15: Übersicht Ergebnis

Abb. 7-20: Außenansicht Mehrfamilienhaus

Mehrfamilienhaus ländliche Gegend	
Baujahr	1934/1950
GND	70 Jahre
RND	24 Jahre
Bodenrichtwert	150 €/m²
Verkehrswert unbelastet	500.000 €

Tab. 7-16: Übersicht Eingangswert

Da sich das Gebäude nun auf dem Land befindet, ändert sich in der Bewertungstabelle die Spalte „Lage". Es davon auszugehen, dass die Nachfrage in ländlichen Regionen nicht so groß ist, sodass im Gegensatz zum Ballungsgebiet ein großes Angebot vorhanden ist. Wenn man die Möglichkeit hat, auch ein mangelfreies Gebäude zu erwerben, werden höchstwahrscheinlich bei einem mangelbehafteten Gebäude die Kosten, die zur Schadensbeseitigung aufzubringen sind, in voller Höhe zum Ansatz gebracht. Aus diesem Grund wird für die ländliche Lage die Kategorie 4 mit einem sehr starken Einfluss gewählt.

Fassade hofseitig

Schadensart	**Kat.**	**Schadens-umfang**	**Kat.**	**Lage**	**Kat.**	**Baujahres-klasse**	**Kat.**	**Teilmarkt**	**Kat.**	
Risse		Klein		Ballungs-gebiet		Neubau		EFH		
Schimmel		Mittel	2	Rand-gebiet		Mittleres Baujahr		MFH	1	
Feuchteschäden	3	Groß		Land	4	Altbau	1	WET		
Schädlinge		Sehr groß						Gewerbe		
Hausschwamm										
Sonstige										
Gewichtung	25 %		15 %		25 %		15 %		20 %	100 %
Kategorie * Gewichtung	0,75		0,30		1,00		0,15		0,20	**2,4**

Tab. 7-17: Bewertungsmatrix

Kategorie	Einfluss des Schadens auf den Verkehrswert	Wertminderungsansatz (in % der Kosten)
0	Kein Einfluss	0
1	Geringer Einfluss	25
2	Mittlerer Einfluss	50
3	Starker Einfluss	75
4	Sehr starker Einfluss	100

Tab. 7-18: Wertminderungsansätze

Nach oben stehender Tabelle ergibt sich somit ein Mittelwert von 2,4. Danach wird ein Wertminderungsansatz von 60 % als angemessen erachtet.

Die Wertminderung ergibt sich damit zu 5.000 € x 0,60 = 3.000 €.

Decke über Kellergeschoss

Auch hier bleibt die Tabelle identisch mit der Bewertung des Ballungsgebiets, außer dass die ländliche Lage mit Kategorie 4 bewertet wird statt mit 0,5 im Ballungsgebiet. Es ergibt sich eine gemittelte Kategorie von 2,6. Somit wird der Wertansatz mit 65 % als angemessen erachtet.

Schadensart	Kat.	Schadens-umfang	Kat.	Lage	Kat.	Baujahres-klasse	Kat.	Teilmarkt	Kat.	
Risse		Klein		Ballungs-gebiet		Neubau		EFH		
Schimmel		Mittel		Rand-gebiet		Mittleres Baujahr		MFH	1	
Feuchteschäden	3	Groß	3	Land	4	Altbau	1	WET		
Schädlinge		Sehr groß						Gewerbe		
Hausschwamm										
Sonstige										
Gewichtung	25 %		15 %		25 %		15 %		20 %	100 %
Kategorie * Gewichtung	0,75		0,45		1,00		0,15		0,20	**2,6**

Tab. 7-19: Bewertungsmatrix

Kategorie	Einfluss des Schadens auf den Verkehrswert	Wertminderungsansatz (in % der Kosten)
0	Kein Einfluss	0
1	Geringer Einfluss	25
2	Mittlerer Einfluss	50
3	Starker Einfluss	75
4	Sehr starker Einfluss	100

Tab. 7-20: Wertminderungsansätze

Die Wertminderung ergibt sich damit zu 50.000 € x 0,65 = 32.500 €.

Zusammenstellung der Bauschäden

Bauschaden	Sanierungskosten	Faktor	Wertansatz
Fassade hofseitig	5.000 €	0,60 *(0,35)*	3.000 €
Decke über Kellergeschoss	50.000 €	0,65 *(0,40)*	32.500 €
Kellerabgang	Kein Wertabschlag	0,00	0 €
Deckendurchbruch Rohrdurchführung	500 €	1,00 *(0,00)*	500 €
Außenwand straßenseitig	Kein Wertabschlag	0,00	0 €
Summe Werteinfluss Schäden			**36.000 €**

Tab. 7-21: Zusammenstellung der Wertabschläge

Die Werte in Klammern stellen die Ansätze für die Lage im Ballungsgebiet aus der vorigen Beispielrechnung dar.

Zusammenstellung der Ergebnisse

	Ballungsgebiet	Ländliches Gebiet
Baujahr	**1934/1950**	**1934/1950**
GND	70 Jahre	70 Jahre
RND	24 Jahre	24 Jahre
Bodenrichtwert	2.414 €/m²	150 €/m²
Verkehrswert unbelastet	1,21 Mio. €	500.000 €
Wertminderung absolut	rd. 22.000	rd. 36.000 €
Wertminderung	rd. 1,8 %	rd. 7 %

Tab. 7-22: Gegenüberstellung der Lagen

Die Beispielrechnung zeigt, dass für das gleiche Objekt mit den gleichen Bauschäden in Abhängigkeit von der Lage sehr unterschiedliche Wertabschläge gemacht werden. Im Ballungsgebiet ergeben sich rund 1,8 % Wertabschlag vom mangelfreien Verkehrswert, im ländlichen Gebiet hingegen sind es rund 7,2 %.

7.1.4 Einfamilienhaus freistehend, Baujahr 2000 im Ballungsgebiet, Risse

Ein freistehendes Einfamilienwohnhaus mit Baujahr 2000 hat bei einer Gesamtnutzungsdauer von 70 Jahren eine Restnutzungsdauer von 50 Jahren. Das Gebäude befindet sich in einem Ballungsgebiet mit einem Bodenrichtwert von 1.500 €/m². Der unbelastete Verkehrswert wird auf rund 1,3 Mio. € geschätzt.

Abb. 7-21: *Außenansicht Einfamilienhaus*

Einfamilienhaus freistehend Ballungsgebiet	
Baujahr	2000
GND	70 Jahre
RND	50 Jahre
Bodenrichtwert	1.500 €/m²
Verkehrswert unbelastet	1,3 Mio. €

Tab. 7-23: Übersicht Eingangswerte

Beschreibung der Schäden und Besonderheiten

Sowohl im Dachgeschoss als auch im Erdgeschoss sind zahlreiche Risse aufgetreten. Die Ursache liegt in der unsachgemäßen Ausführung der Trockenbauarbeiten im Dachgeschoss sowie nicht normgerechtem Putzauftrag im Erdgeschoss an der Außenfassade. Die Risse haben keine Relevanz hinsichtlich der Tragfähigkeit des Gebäudes.

Abb. 7-22: Horizontalriss in der Außenwand

Abb. 7-23: Detailaufnahme Horizontalriss in der Außenwand

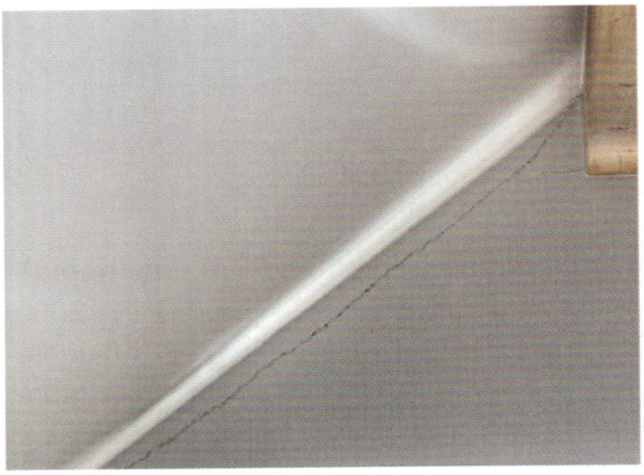

Abb. 7-24: Riss parallel zur Dachschräge – Innenansicht

Abb. 7-25: Risse im Außenputz

Die Schadensbeseitigungskosten werden für den Rückbau und Neubau der Gipskartonwände sowie Rückbau und Erneuerung des Putzes im Erdgeschoss auf 25.000 bis 30.000 € geschätzt.

Überlegungen im Rahmen der Verkehrswertermittlung

Das Gebäude befindet sich in einer sehr gefragten Gegend. Ein freistehendes Einfamilienhaus wird dort sehr selten zum Kauf angeboten. Insbesondere vor dem Hintergrund des hohen unbelasteten Verkehrswerts kann der Wertabschlag nur marginal sein.

Ermittlung der Wertminderung

Da es sich um ein relativ neues Gebäude handelt, ist davon auszugehen, dass der Käufer tendenziell wenig Verständnis für Bauschäden hat. Daher wird das Baujahr Kategorie 3 zugeordnet. Das Schadensausmaß ist im Dachgeschoss recht groß, da dort zahlreiche Risse sichtbar sind. Deshalb ist die Zuordnung zu Kategorie 3 für das Ausmaß zutreffend. Für die Schadensart wird Kategorie 2 gewählt, da Risse im Vergleich zu Feuchte- und Schimmelschäden als drittrangig anzusehen sind.

Unter Berücksichtigung der zuvor erläuterten Ansätze ergibt sich eine gewichtete Gesamtkategorie von 2,2.

Schadensart	Kat.	Schadens-umfang	Kat.	Lage	Kat.	Baujahres-klasse	Kat.	Teilmarkt	Kat.	
Risse	2	Klein		Ballungs-gebiet	0,5	Neubau	3	EFH	3,5	
Schimmel		Mittel		Rand-gebiet		Mittleres Baujahr		MFH		
Feuchteschäden		Groß	3	Land		Altbau		WET		
Schädlinge		Sehr groß						Gewerbe		
Hausschwamm										
Sonstige										
Gewichtung	25 %		15 %		25 %		15 %		20 %	100 %
Kategorie * Gewichtung	0,50		0,45		0,13		0,45		0,70	**2,2**

Tab. 7-24: Bewertungsmatrix

Kategorie	Einfluss des Schadens auf den Verkehrswert	Wertminderungsansatz (in % der Kosten)
0	Kein Einfluss	0
1	Geringer Einfluss	25
2	Mittlerer Einfluss	50
3	Starker Einfluss	75
4	Sehr starker Einfluss	100

Tab. 7-25: Wertminderungsansätze

Der Wertansatz wird entsprechend oben stehender Tabelle zu 60 % der Schadensbeseitigungskosten gewählt.

Unter Annahme einer Schadensbeseitigungssumme von rund 30.000 € ergibt sich der Wertminderungsansatz zu 30.000 € x 0,60 = 18.000 €.

Zusammenstellung der Ergebnisse

In der Verkehrswertermittlung würde der sich ergebende Verkehrswert von 1.280.000 € auf 1.300.000 € gerundet werden. Somit liegt der Wertabschlag aufgrund der Rissschäden bei diesen Größenordnungen im Rundungsbereich und kann vernachlässigt werden.

Einfamilienhaus freistehend Ballungsgebiet	
Baujahr	**2000**
GND	70 Jahre
RND	50 Jahre
Bodenrichtwert	1.500 €/m²
Verkehrswert unbelastet	1,3 Mio. €
Wertminderung absolut	rd. 18.000 €
Wertminderung	1,40 %

Tab. 7-26: Übersicht Ergebnis

Tatsächlich hat der Käufer keinen Wertabschlag gemacht und den vollen Kaufpreis bezahlt.

Dies deckt sich auch mit den Ergebnissen der Marktuntersuchungen in Kapitel 5 sowie den Erfahrungswerten in Kapitel 6.5 Tabelle 6-10, wonach in Ballungsgebieten Baumängel und Bauschäden in der Regel so gut wie keinen Einfluss auf den Verkehrswert haben.

Hinzu kommt, dass Rissschäden im Vergleich zu Schäden aufgrund von Schimmel, Feuchte und Schädlingen in der Regel am wenigsten wertbeeinflussend sind.

7.1.5 Reihenendhaus Baujahr 1975 im Ballungsgebiet, diverse Schäden

Das Reihenendhaus mit Baujahr 1975 befindet sich in einer hochpreisigen Lage in einem Ballungsgebiet. Bei der Begehung werden einige Bauschäden und Besonderheiten festgestellt.

Abb. 7-26: Unteransicht Balkon

Reihenendhaus Ballungsgebiet	
Baujahr	1975
GND	70 Jahre
RND	20 Jahre
Bodenrichtwert	1.000 €/m²
Verkehrswert unbelastet	800.000 €

Tab. 7-27: Übersicht Eingangswerte

Beschreibung der Schäden und Besonderheiten

Dach

Die Feuchteflecken, die sich an der Unterseite des Flachdaches um beide Lichtkuppeln herum befinden, weisen auf einen Wassereindrang hin. Die Ursache ist unklar.

Abb. 7-27: Feuchteschaden im Bereich der Lichtkuppel

Abb. 7-28: Grünbewuchs auf Balkonoberfläche

Abb. 7-29: Unteransicht Balkon

Balkone

Das Gebäude verfügt über zwei Balkone. Straßenseitig befindet sich ein kleiner Ausstritt, gartenseitig schließt ein großer Balkon an die Schlafzimmer an. Beide Bauteile sind in einem mittleren bis schlechten baulichen Zustand. An der Unterseite des kleinen Balkons sind keine Schäden erkennbar, die Oberseite des Balkons weist Grünbewuchs in den Fugen auf, was auf eine Durchfeuchtung hinweist. Auch der große Balkon ist augenscheinlich durchfeuchtet. An der Unterseite sind großflächige Verfärbungen und Abplatzungen zu erkennen. Ungefähr in der Mitte der Balkonplatte befindet sich unterseitig ein ca. 20 cm langer Riss, der sich zur Außenseite des Balkons hin vergrößert und dort ca. 4 mm breit ist (siehe Abb. 7-29).

Zimmer

In einem Zimmer im Obergeschoss ist mikrobieller Befall in den Bereichen an der Trennwand zum Nachbargebäude zu erkennen, in denen augenscheinlich Möbel an der Wand standen. Der Befall ist punktuell, vorwiegend im unteren Bereich.

Im gleichen Raum ist ein Rostfleck unter dem Heizkörper auf dem Bodenbelag zu erkennen. Offensichtlich ist der Heizkörper defekt.

Abb. 7-30: Mikrobieller Befall an Zimmerwand

Abb. 7-31: Korrosion an Heizkörper

Abb. 7-32: Feuchteschäden an Fenster

Keller

Im Keller sind an der Innenseite der straßenseitigen Außenwand Feuchteflecken bis ca. 1,5 m über dem Fußboden zu erkennen. An den Innenwänden sind im Sockelbereich bis ca. 30 cm über dem Fußboden Feuchteschäden in Form von Versinterungen und Verfärbungen sowie Putzabplatzungen zu sehen.

Im Untergeschoss befindet sich ein Schwimmbad mit stark veralteter Pooltechnik, die nicht mehr funktionsfähig ist. Die ebenfalls im Untergeschoss befindliche Sauna ist auch nicht mehr nutzbar.

Insgesamt ist festzustellen, dass das Gebäude seit Errichtung nicht saniert oder modernisiert wurde.

Abb. 7-33: Feuchteschäden an Außenwand im Keller

Abb. 7-34: Putzabplatzungen und Verfärbungen an Innenwand im Keller

Abb. 7-35: Putzabplatzungen und Ausblühungen an Innenwand im Keller

Überlegungen im Rahmen der Verkehrswertermittlung

Für die Wertermittlung gilt es nun, herauszufinden, welche Schäden bei einem Gebäude mit diesem Baujahr und diesem Modernisierungsgrad üblich sind, welche über das übliche Maß hinausgehen und bei welchen der Markt einen Wertabschlag fordern würde.

Dach

Aufgrund des Ausmaßes der Feuchteflecken sowie deren Geometrie kann ausgeschlossen werden, dass die Feuchtigkeit durch die geöffneten Lichtkuppeln eingedrungen ist. Es muss davon ausgegangen werden, dass es Undichtheiten in der Dachhaut, die gegebenenfalls beim Eindichten der Kuppeln erfolgt sind, gibt. Im Hinblick auf die bereits abgelaufene technische Lebensdauer der Flachdachabdichtung muss das Dach wahrscheinlich zeitnah neu eingedichtet werden. Würde nun in der Wertermittlung mit einem neuen Dach gerechnet werden, würde unterstellt, dass das Dach neu eingedichtet wurde. Dann wären bei der Ermittlung der Restnutzungsdauer dementsprechend Modernisierungspunkte für das neue Dach zu vergeben. Die Restnutzungsdauer würde somit verlängert werden. Gleichzeitig würde dies erfordern, dass bei den besonderen objektspezifischen Grundstücksmerkmalen die hierfür aufzubringenden Kosten marktgerecht berücksichtigt werden. Dies birgt zwei Probleme. Zum einen muss ein marktgerechter Ansatz gewählt werden, um die Sanierungskosten in einen Wertminderungsansatz zu transformieren. Darüber hinaus erhielte man nach Abzug dieses Ansatzes den Status eines nicht sanierten Daches, aber nicht den eines nicht sanierten undichten Daches. Nicht jedes unsanierte Gebäude aus den 1970er-Jahren verfügt über ein undichtes Dach.

Einfacher ist es, ebendiesen Unterschied zwischen einem alten und einem alten undichten Dach zu bewerten. Gemäß ImmoWertV 2021 geht es ausschließlich um die Sachverhalte, die über das übliche Maß hinausgehen. Wie reagieren die Marktteilnehmer auf ein undichtes Dach bei einem Gebäude aus dem Jahr 1975? Dem Kaufinteressenten ist klar, dass die Sanierung des Daches ca. 30.000 € kostet. Die Tatsache, dass das Dach jetzt undicht ist, führt dazu, dass Handlungsbedarf besteht und das Dach zeitnah saniert werden muss. Gerade wenn das Gebäudeinnere saniert werden soll, ist es notwendig, den Feuchteeindrang durch das Dach zu stoppen. Es ist nicht ganz einfach abzuschätzen, wie der Markt auf das undichte Dach reagiert. Hier kann man sich behelfen, indem man ausschließlich die Kosten zugrunde legt, die zur Schadensbeseitigung aufzubringen wären. Man würde, natürlich rein rechnerisch, das Dach nur „flicken", anstatt es zu erneuern. Der Kostenansatz wäre dann z.B. 5.000 € anstatt der 30.000 €.

Balkon

Bei den Balkonschäden sieht es anders aus. Hier muss sich der Käufer bewusst sein, dass die Sanierung beider Balkone ca. 20.000 € kosten wird, aber er kann dies auch noch einige Jahre verschieben. Da es sich um Außenbauteile handelt und derzeit keine akute Gefahr vorliegt, muss die Sanierung nicht umgehend erfolgen. Durchfeuchtete Balkone sind keine Seltenheit bei Gebäuden dieses Baujahres, da es damals noch keine geregelte Entwässerung gab. Der massive Grünbewuchs an dem kleinen Balkon und der große Riss mit Aussinterung an dem großen Balkon sind jedoch nicht üblich. Für die Wertermittlung wird davon ausgegangen, dass die Sanierung beider Balkone altersbedingt innerhalb der nächsten

Jahre notwendig wäre und zum großen Teil in der Restnutzungsdauer bzw. im fiktiven Baujahr berücksichtigt ist. Einige Schäden jedoch gehen über die üblichen Farb- und Putzabplatzungen hinaus. Die modellhafte[88] Sanierung dieser Schäden wird auf rund 8.000 € geschätzt.

Keller

Auch im Keller sind massive Feuchteschäden erkennbar. Im vorliegenden Fall konnte der Eigentümer über die Ursache aufklären. Nach dessen Aussage war ein Hydrant auf der Straße beschädigt worden und es kam zu einer Durchfeuchtung der straßenseitigen Außenwand. Im Gutachten kann man sich auf eine solche Aussage stützen und darauf aufbauend die Wertminderung ansetzen. Wichtig ist darzustellen, dass der Sachverständige keine Angaben zur Schadensursache machen kann und die Richtigkeit der Angaben des Eigentümers unterstellt. Auch kann nicht ausgeschlossen werden, dass die Feuchtigkeit in den Wänden noch weitere Ursachen hat. Um dies zu untersuchen, müsste ein Sachverständiger für Schäden an Gebäuden hinzugezogen werden. Wie Umfragen gezeigt haben, sind Feuchteschäden im Einfamilienhausmarkt durchaus ein sensibles Thema. In diesem Fall befinden sich im Keller keine Wohnräume und die Schadensursache ist augenscheinlich abgestellt. Man kann im Gutachten damit von einer Trocknung und gegebenenfalls Erneuerung des Putzes ausgehen. Die Schadensbeseitigungskosten im Keller werden auf 3.000 € geschätzt. Dabei wird von einem Rückbau des Putzes, Trocknen sowie Aufbringen eines neuen Putzes ausgegangen.

Bei weiterer Betrachtung des Obergeschosses wird klar, dass für die Nutzung des Gebäudes mehr oder weniger eine Kernsanierung erforderlich ist. Dies ist bei einem Gebäude mit einem Gebäudealter von 45 Jahren zunächst nichts Unübliches. Für die Wertermittlung würde man von einem 45 Jahren alten Gebäude ausgehen und ausschließlich die zuvor erwähnten Punkte, die bei vergleichbaren Objekten nicht zu erwarten sind, berücksichtigen.

Pool und Sauna

Für den Rückbau des Pools und der Pooltechnik werden rund 5.000 €, für den Ausbau der Sauna 1.000 € als Kosten angesetzt.

Ermittlung der Wertminderung

Dachsanierung

Bei dem Feuchteschaden an der Dachunterseite handelt es sich um einen mittelgroßen Schaden. Feuchteschäden werden generell als marktbeeinflussend betrachtet, daher wird hier Kategorie 3 als angemessen erachtet. Die Lage hat aufgrund der hohen Nachfrage einen sehr geringen Einfluss auf die Wertminderung.

Das mittlere Baujahr wird in Kategorie 2 eingestuft. Der Einfluss des Teilmarkts Einfamilienhaus wird hoch und damit mit 3,5 bewertet, da der Einfamilienhausmarkt überwiegend

88 Modellhaft deshalb, weil der Käufer in der Realität natürlich eine komplette Sanierung durchführen würde.

von Käufern geprägt ist, die die Immobilien selbst nutzen und daher emotionalere Kaufentscheidungen treffen als z.B. der Investor beim Kauf eines Mehrfamilienhauses.

Nach Gewichtung der Ansätze ergibt sich eine mittlere Kategorie 2,3 (siehe Tab. 7-28), die damit gemäß Tabelle 7-32 zwischen einem mittleren und einem hohen Einfluss liegt. Der Wertansatz bewegt sich somit zwischen 50 und 75 %.

An dieser Stelle sollte das sechste Einflusskriterium, die Dringlichkeit, betrachtet werden. Da das Dach undicht ist und die Sanierung umgehend erfolgen muss, haben die aufzuwendenden Kosten einen hohen Einfluss auf die Wertminderung. Daher wird im Folgenden ein hoher Einfluss und damit 75 % der tatsächlichen Kosten berücksichtigt.

Schadensart	**Kat.**	**Schadens-umfang**	**Kat.**	**Lage**	**Kat.**	**Baujahres-klasse**	**Kat.**	**Teilmarkt**	**Kat.**	
Risse		Klein		Ballungs-gebiet	0,5	Neubau		EFH	3,5	
Schimmel		Mittel	2,5	Rand-gebiet		Mittleres Baujahr	2	MFH		
Feuchteschäden	3	Groß		Land		Altbau		WET		
Schädlinge		Sehr groß						Gewerbe		
Hausschwamm										
Sonstige										
Gewichtung	25 %		15 %		25 %		15 %		20 %	100 %
Kategorie * Gewichtung	0,75		0,38		0,13		0,30		0,70	**2,3**

Tab. 7-28: Bewertungsmatrix

Balkonsanierung

Für die Sanierung der Feuchteschäden ergibt sich eine vergleichbare Beurteilung entsprechend der des Feuchteschadens am Dach. Der Schadensumfang kann etwas abgemindert werden, da wie bereits erwähnt Schäden an außen liegenden Bauteilen von den Marktteilnehmern weniger kritisch betrachtet werden.

Schadensart	**Kat.**	**Schadens-umfang**	**Kat.**	**Lage**	**Kat.**	**Baujahres-klasse**	**Kat.**	**Teilmarkt**	**Kat.**	
Risse		Klein		Ballungs-gebiet	0,5	Neubau		EFH	3,5	
Schimmel		Mittel	2	Rand-gebiet		Mittleres Baujahr	2	MFH		
Feuchteschäden	3	Groß		Land		Altbau		WET		
Schädlinge		Sehr groß						Gewerbe		
Hausschwamm										
Sonstige										
Gewichtung	25 %		15 %		25 %		15 %		20 %	100 %
Kategorie * Gewichtung	0,75		0,30		0,13		0,30		0,70	**2,2**

Tab. 7-29: Bewertungsmatrix

Kellersanierung

Die Kellersanierung wird ebenfalls mit einem Ansatz von 60 % der Sanierungskosten eingeschätzt. Da sich im Keller keine Wohnräume befinden, ist das Schadensausmaß als mittel zu bewerten.

Schadensart	Kat.	Schadens-umfang	Kat.	Lage	Kat.	Baujahres-klasse	Kat.	Teilmarkt	Kat.	
Risse		Klein		Ballungs-gebiet	0,5	Neubau		EFH	3,5	
Schimmel		Mittel	2	Rand-gebiet		Mittleres Baujahr	2	MFH		
Feuchteschäden	3	Groß		Land		Altbau		WET		
Schädlinge		Sehr groß						Gewerbe		
Hausschwamm										
Sonstige										
Gewichtung	25 %		15 %		25 %		15 %		20 %	100 %
Kategorie * Gewichtung	0,75		0,30		0,13		0,30		0,70	**2,2**

Tab. 7-30: Bewertungsmatrix

Pool und Sauna

Der Rückbau des Pools sowie der Pooltechnik und der Ausbau der Sauna werden auf rd. 6.000 € geschätzt und zählen somit zu kleineren Schäden, die mit Kategorie 1 bewertet werden.

Schadensart	Kat.	Schadens-umfang	Kat.	Lage	Kat.	Baujahres-klasse	Kat.	Teilmarkt	Kat.	
Risse		Klein	1	Ballungs-gebiet	0,5	Neubau		EFH	3,5	
Schimmel		Mittel		Rand-gebiet		Mittleres Baujahr	2	MFH		
Feuchteschäden		Groß		Land		Altbau		WET		
Schädlinge		Sehr groß						Gewerbe		
Hausschwamm										
Sonstige	1									
Gewichtung	25 %		15 %		25 %		15 %		20 %	100 %
Kategorie * Gewichtung	0,25		0,15		0,13		0,30		0,70	**1,5**

Tab. 7-31: Bewertungsmatrix

Für den Rückbau der Sauna und des Pools ergibt sich nach oben dargestellter Tabelle eine Kategorie 1,5, die einem Wertansatz von rund 40 % entspricht (siehe Tab. 7-31 und 7-32).

Kategorie	Einfluss des Schadens auf den Verkehrswert	Wertminderungsansatz (in % der Kosten)
0	Kein Einfluss	0
1	Geringer Einfluss	25
2	Mittlerer Einfluss	50
3	Starker Einfluss	75
4	Sehr starker Einfluss	100

Tab. 7-32: Wertminderungsansätze

Zusammenstellung der Ergebnisse

Erforderliche Maßnahmen	Sanierungskosten	Kostenansatz	Dringlichkeit	Faktor	Wertansatz
Dachsanierung	25.000 €	5.000 €	hoch	0,75	3.750 €
Balkonsanierung	20.000 €	8.000 €	mittel	0,60	4.800 €
Kellersanierung	8.000 €	3.000 €	mittel	0,60	1.800 €
Rückbau Pool und Technik	5.000 €	5.000 €	gering	0,40	2.000 €
Rückbau Sauna	1.000 €	1.000 €	gering	0,40	400 €
Summe	59.000 €				**12.750 €**
	rd. 60.000 €				**rd. 13.000 €**

Tab. 7-33: Bewertungsmatrix

Die vorgenannten Schäden mit einer Gesamtschadensbeseitigungssumme von rund 60.000 € führen somit lediglich zu einer Wertminderung von rund 13.000 €. Danach ergibt sich eine prozentuale Wertbeeinflussung von rund 1,6 %.

Reihenendhaus Ballungsgebiet	
Baujahr	**1975**
GND	70 Jahre
RND	20 Jahre
Bodenrichtwert	1.000 €/m²
Verkehrswert unbelastet	800.000 €
Wertminderung absolut	rd. 13.000 €
Wertminderung	1,60 %

Tab. 7-34: Übersicht Ergebnis

An diesem Beispiel wird deutlich, dass eine Summe an mittleren Bauschäden zu hohen Schadensbeseitigungskosten führen kann, diese aufgrund der Lage aber dennoch einen verhältnismäßig geringen Einfluss auf den Verkehrswert haben.

7.1.6 Doppelhaushälfte Baujahr 1960 in Randgebiet, diverse Besonderheiten

Das Zweifamilienhaus besteht aus einer Erdgeschosswohnung und einer Wohnung im Obergeschoss. Der Dachboden ist nicht ausgebaut, das Gebäude ist voll unterkellert. Die Doppelhaushälfte wurde im Jahr 1937 errichtet und 1957 erweitert. Das mittlere Baujahr ist 1946. Bei einer Gesamtnutzungsdauer von 70 Jahren ergibt sich eine Restnutzungsdauer von 14 Jahren.

Das Objekt befindet sich in einem Randgebiet mit einem Bodenrichtwertniveau von 400 €/m². Der unbelastete Verkehrswert ergibt sich zu rund 450.000 €.

Abb. 7-36: Außenansicht Zweifamilienhaus

Doppelhaushälfte Randgebiet	
Baujahr	1946
GND	70 Jahre
RND	14 Jahre
Bodenrichtwert	400 €/m²
Verkehrswert unbelastet	450.000 €

Tab. 7-35: Übersicht Eingangswerte

Beschreibung der Schäden und Besonderheiten

Keller

Abb. 7-37: Farbabplatzungen im Sockelbereich

Abb. 7-38: Putzabplatzungen im Kellerabgang

Abb. 7-39: Außentreppe

Abb. 7-40: Farbabplatzungen im Sockelbereich

Der Keller weist an mehreren Stellen Feuchteschäden auf. Vorwiegend im Sockelbereich, aber auch bis ca. 1,20 m über der Bodenplatte sind Putzabplatzungen und Verfärbungen sichtbar. Auch von außen sind Grünverfärbungen der Kelleraußenwand sowie Farbabplatzungen im Sockelbereich zu erkennen.

Obergeschoss

Im ersten Obergeschoss befindet sich gartenseitig ein kleiner frei auskragender Balkon. Nachträglich wurde der Fliesenbelag mit einer bituminösen Abdichtung versehen. Die Abdichtung wurde nicht gemäß DIN 18531 ausgeführt. Durch den nachträglich eingebauten Belag hat sich die Brüstungshöhe auf 0,80 m vermindert. Gemäß Hessischer Landesbauordnung (HBO) ist eine Brüstungshöhe von mindestens 0,90 m vorgeschrieben.

Abb. 7-41: Balkonoberseite

Abb. 7-42: Außenansicht Balkon

Erdgeschoss

In der Erdgeschosswohnung wurde das Badezimmer für einen Pflegefall umgebaut. Dazu wurde das Waschbecken in die Badewanne eingebaut. Eine weitere Duschmöglichkeit gibt es in der Wohnung nicht. Die Toilette ist ebenfalls erhöht ausgebildet.

Abb. 7-43: Badezimmer

Fassade

Die Fassade an der Stirnseite weist Unebenheiten und Ausbeulungen im Bereich des Fensters im ersten Obergeschoss auf. Die Ursache ist nicht klar. Es wird vermutet, dass es sich um eine unsachgemäße Verarbeitung des Außenputzes handelt.

Abb. 7-44: Fassade mit Ausbeulungen

Dach

Das Dach ist augenscheinlich undicht. Es wurden stellenweise Eimer aufgestellt, um das eindringende Wasser aufzunehmen.

Abb. 7-45: Dachboden mit Feuchteschaden

Abb. 7-46: Blick in den Dachboden

Überlegungen im Rahmen der Verkehrswertermittlung

Keller

Die Ursache der Feuchtschäden im Keller ist unbekannt. Nach Angabe der Eigentümer kam es bisher zu keinen Überschwemmungen im Untergeschoss. Das Untergeschoss wird nicht zu Wohnzwecken genutzt. Grundsätzlich ist bei einem älteren Gebäude mit Feuchteschäden im Keller zu rechnen. Dennoch gehen die Schäden etwas über das Übliche zu erwartende Schadensmaß hinaus. Aufgrund der Lage im Ballungsgebiet kann davon ausgegangen werden, dass die Schäden im Keller keinen besonderen Einfluss auf den Kaufpreis haben werden. Hier werden Kosten von rund 2.000 € für die Behebung der über das Übliche hinausgehenden Schäden angesetzt.

Balkon

Da es vergleichbar aufwendig wäre, den vorhandenen Balkonbelag zu entfernen, würde hier wahrscheinlich ein Geländer auf die Brüstung gesetzt werden, um die erforderliche Brüstungshöhe von 0,90 m zu erreichen. Für den Einbau des Geländers werden Kosten in Höhe von rund 2.000 € angesetzt.

Bad

Die Situation im Badezimmer ist komplizierter. So, wie das Bad derzeit ausgestattet ist, ist es nicht sinnvoll nutzbar. Der Käufer ist gezwungen, das Bad vor Einzug umzubauen. Dabei wird wahrscheinlich die Badewanne beschädigt und auch eine Beschädigung der Fliesen ist nicht auszuschließen. Der neue Besitzer wird das Bad, das ohnehin veraltet ist, komplett neu gestalten. Hier stellt sich die gleiche Problematik dar wie im vorigen Beispiel mit dem Dach. Wird das Badezimmer in der Wertermittlung fiktiv saniert und damit die Restnutzungsdauer durch Ansatz von Modernisierungspunkten nach ImmoWertV 2021 Anlage 2 verlängert, müssen die Umbaukosten marktgerecht bei den boG abgezogen werden. Nach Abzug der Umbaukosten erhält man ein altes Badezimmer. Das Bewertungsobjekt verfügt über ein altes, nicht nutzbares Badezimmer. Diesem Punkt wird hiermit nicht Rechnung getragen. Ein altes Badezimmer ist bei einem Gebäude aus den 1960er-Jahren ohne Modernisierung zu erwarten. Dass man dieses aber nicht nutzen kann, weil das Waschbecken in der Badewanne angebracht und die Toilette zu hoch ist, geht über das Übliche hinaus. Man könnte analog dem vorherigen Beispiel mit dem undichten Dach hier rein modellhaft überlegen, welche Maßnahmen erforderlich wären, um das Bad wieder nutzbar zu machen. Dabei bleibt unbeachtet, ob dies sinnvoll ist bzw. ob der Käufer dies tatsächlich so durchführen würde. Für das Demontieren des Waschbeckens und Neuinstallieren sowie den Umbau der Toilette und gegebenenfalls Einbau einer neuen Badewanne würde dann eben nicht von dem Gesamtkostenansatz für ein neues Bad in Höhe von 15.000 € ausgegangen, sondern geschätzt von einem Anteil z.B. in Höhe von 3.000 €. Insgesamt kann der Werteinfluss nur minimal sein, da jeder Käufer bei einem 60 Jahre alten Gebäude kalkuliert, dass er es umfangreich sanieren muss.

Fassade

Die Ausbeulungen an der Fassade gehen augenscheinlich auf unsachgemäße Putzarbeiten zurück. Womöglich wurde der Untergrund falsch behandelt, sodass der Putz an diesen Stellen nicht ausreichend haftet. Die Funktionstauglichkeit ist nicht beeinträchtigt. Es handelt sich um einen optischen Mangel. Aus diesem Grund ist kein dringender Handlungsbedarf zur Schadensbeseitigung gegeben. Auch wenn es sich bei dem vorgefundenen optischen Erscheinungsbild durchaus um etwas handelt, das über das Übliche hinausgeht, kann auch hier der Werteinfluss nur minimal sein. Der vorherigen Argumentation folgend würde hier nur die Beseitigung der Ausbeulungen betrachtet werden, auch wenn der Käufer in der Realität höchstwahrscheinlich spätestens einige Jahre nach dem Kauf die komplette Fassade erneuern würde. In der Wertermittlung würde daher von zwei Flächen von je ca. 2 m x 0,50 m, also rund 2 m^2 ausgegangen werden. Inklusive Gerüstauf- und -abbau sowie Vorhaltung werden sich die Kosten im Bereich um die 2.000 € bewegen.

Dach

Ein undichtes Dach ist in jedem Fall ein wertbeeinflussender Schaden. Im vorliegenden Fall ist der Dachboden nicht ausgebaut. Das Schadensausmaß ist derzeit gering. Allerdings besteht dringender Handlungsbedarf. Der Käufer muss das Dach zeitnah sanieren. Bei dem vorliegenden Baujahr ist davon auszugehen, dass das Dach vollständig saniert und wärmegedämmt wird. Für die Wertermittlung wird analog der Begründung des Wertansatzes der Fassadensanierung und des Badumbaus rechnerisch davon ausgegangen, dass das Dach geflickt wird. Ausgehend von rund 50.000 € für eine komplette Dachsanierung inklusive Wärmedämmung werden hier rund 5.000 € für die Beseitigung der undichten Stellen im Dach angesetzt.

Bei den zuvor erläuterten wertmindernden Aspekten handelt es sich sowohl bei dem Badumbau als auch bei der Brüstungshöhe des Balkons nicht um Bauschäden, sodass eine Kategorisierung des Schadensausmaßes schwierig ist. Aus diesem Grund würden bei diesen Punkten nur vier Einflussfaktoren berücksichtigt. Die Gewichtung derselben verschiebt sich entsprechend.

Ermittlung der Wertminderung

Feuchteschäden Keller

Schadensart	Kat.	Schadens-umfang	Kat.	Lage	Kat.	Baujahres-klasse	Kat.	Teilmarkt	Kat.	
Risse		Klein		Ballungs-gebiet		Neubau		EFH/ZFH	3	
Schimmel		Mittel	2,5	Rand-gebiet	2	Mittleres Baujahr	2,5	MFH		
Feuchteschäden	3	Groß		Land		Altbau		WET		
Schädlinge		Sehr groß						Gewerbe		
Hausschwamm										
Sonstige										
Gewichtung	25 %		15 %		25 %		15 %		20 %	100 %
Kategorie * Gewichtung	0,75		0,38		0,50		0,38		0,60	**2,6**

Tab. 7-36: Bewertungsmatrix

Balkonsanierung

Schadensart	Kat.	Schadens-umfang	Kat.	Lage	Kat.	Baujahres-klasse	Kat.	Teilmarkt	Kat.	
Risse		Klein		Ballungs-gebiet		Neubau		EFH/ZFH	3	
Schimmel		Mittel		Rand-gebiet	2	Mittleres Baujahr	2,5	MFH		
Feuchteschäden		Groß		Land		Altbau		WET		
Schädlinge		Sehr groß						Gewerbe		
Hausschwamm										
Sonstige	2									
Gewichtung	25 %		0 %		25 %		25 %		25 %	100 %
Kategorie * Gewichtung	0,50		0,00		0,50		0,63		0,75	**2,4**

Tab. 7-37: Bewertungsmatrix

Badumbau

Schadensart	Kat.	Schadens-umfang	Kat.	Lage	Kat.	Baujahres-klasse	Kat.	Teilmarkt	Kat.	
Risse		Klein		Ballungs-gebiet		Neubau		EFH/ZFH	3	
Schimmel		Mittel		Rand-gebiet	2	Mittleres Baujahr	2,5	MFH		
Feuchteschäden		Groß		Land		Altbau		WET		
Schädlinge		Sehr groß						Gewerbe		
Hausschwamm										
Sonstige	3,5									
Gewichtung	25 %		0 %		25 %		25 %		25 %	100 %
Kategorie * Gewichtung	0,88		0,00		0,50		0,63		0,75	**2,8**

Tab. 7-38: Bewertungsmatrix

Fassadensanierung

Schadensart	Kat.	Schadens-umfang	Kat.	Lage	Kat.	Baujahres-klasse	Kat.	Teilmarkt	Kat.	
Risse		Klein	1	Ballungs-gebiet		Neubau		EFH/ZFH	3	
Schimmel		Mittel		Rand-gebiet	2	Mittleres Baujahr	2,5	MFH		
Feuchteschäden		Groß		Land		Altbau		WET		
Schädlinge		Sehr groß						Gewerbe		
Hausschwamm										
Sonstige	1,5									
Gewichtung	25 %		15 %		25 %		15 %		20 %	100 %
Kategorie * Gewichtung	0,38		0,15		0,50		0,38		0,60	**2,0**

Tab. 7-39: Bewertungsmatrix

Dachsanierung

Schadensart	Kat.	Schadens-umfang	Kat.	Lage	Kat.	Baujahres-klasse	Kat.	Teilmarkt	Kat.	
Risse		Klein		Ballungs-gebiet		Neubau		EFH/ZFH	3	
Schimmel		Mittel	2	Rand-gebiet	2	Mittleres Baujahr	2,5	MFH		
Feuchteschäden	3,5	Groß		Land		Altbau		WET		
Schädlinge		Sehr groß						Gewerbe		
Hausschwamm										
Sonstige										
Gewichtung	25 %		15 %		25 %		15 %		20 %	100 %
Kategorie * Gewichtung	0,88		0,30		0,50		0,38		0,60	**2,7**

Tab. 7-40: Bewertungsmatrix

Kategorie	Einfluss des Schadens auf den Verkehrswert	Wertminderungsansatz (in % der Kosten)
0	Kein Einfluss	0
1	Geringer Einfluss	25
2	Mittlerer Einfluss	50
3	Starker Einfluss	75
4	Sehr starker Einfluss	100

Tab. 7-41: Wertminderungsansätze

Für die ermittelten Kategorien der einzelnen Maßnahmen in den Tabellen 7-36 bis 7-40 werden entsprechende Wertminderungsansätze gemäß Tabelle 7-41 zugeordnet. Der Einfluss der vorbenannten Mängel und Schäden wird unter Verwendung der Näherungsmethode jeweils als mittel bis stark bewertet. Entsprechend Tabelle 7-41 ergeben sich demnach Abschläge in Höhe von 50 bis 75 % der Schadensbeseitigungskosten. Für die Maßnahmen, die eine hohe Dringlichkeit haben, wie es in diesem Beispiel bei der Balkonsanierung und der Dachsanierung der Fall ist, kann es gerechtfertigt sein, das obere Ende der Spanne anzusetzen, anstatt den Wert zu mitteln.

Zusammenstellung der Ergebnisse

Erforderliche Maßnahmen	Sanierungskosten	Kostenansatz	Kategorie	Spanne für Wertabschläge in % von den Schadensbeseitigungskosten	Dringlichkeit	Faktor unter Berücksichtigung der Dringlichkeit	Wertansatz
Kellersanierung	5.000 €	2.000 €	2,6	50 %–75 %	mittel	0,65	1.300 €
Balkonsanierung	2.000 €	2.000 €	2,4	50 %–75 %	hoch	0,75	1.500 €
Badumbau	15.000 €	3.000 €	2,8	50 %–75 %	mittel	0,70	2.100 €
Fassadensanierung	12.000 €	2.000 €	2,1	50 %–75 %	gering	0,55	1.100 €
Dachsanierung	50.000 €	5.000 €	2,7	50 %–75 %	hoch	0,75	3.750 €
Summe	84.000 €						**9.750 €**
							rd. 10.000 €

Tab. 7-42: Zusammenstellung der Wertabschläge

Der Verkehrswert des mangelfreien, nicht sanierten Gebäudes ergibt sich zu rund 450.000 €. Unter Berücksichtigung der über das übliche Maß hinausgehenden Schäden und Eigenschaften ergibt sich ein Wertabschlag von rund 10.000 €. Dieser entspricht rund 2,2 % des unbelasteten Verkehrswerts. Damit wird klar, dass trotz der zahlreichen Schäden und Besonderheiten der Einfluss auf den Verkehrswert bei einem Gebäude mit einem Gebäudealter von über 70 Jahren sogar in einer Randlage relativ gering sein kann.

Doppelhaushälfte Randgebiet	
Baujahr	**1946**
GND	70 Jahre
RND	14 Jahre
Bodenrichtwert	400 €/m²
Verkehrswert unbelastet	450.000 €
Wertminderung absolut	rd. 10.000 €
Wertminderung	2,20 %

Tab. 7-43: Übersicht Ergebnis

Die in Kapitel 6.5 Tabelle 6-10 dargestellte Auswertung gezeigt, dass in Randgebieten für große Schäden ein mittlerer Abschlag von 4,1 % und für mittlere Schäden von 1,4 % durchgesetzt werden kann.

Da im vorliegenden Beispiel überwiegend mittlere Schäden vorliegen, ist der ermittelte Wertminderungsansatz von 2,2 % plausibel.

7.1.7 Zweifamilienhaus freistehend, Baujahr 1915 in Randgebiet, verringerte Tragfähigkeit

Bei dem zu bewertenden Zweifamilienhaus handelt es sich um einen Holzbau aus dem Beginn des vorigen Jahrhunderts. Das Gebäude befindet sich in einer Randlage mit einem Bodenrichtwert von 400 €/m². Umlaufend um das Gebäude befindet sich im ersten Obergeschoss mit ca. 1 m Breite ein auskragender Holzbalkon, der an der Westfassade in eine große Holzterrasse mündet. Insgesamt beträgt die Fläche des Balkons inklusive Terrasse 41 m².

Abb. 7-47: Außenansicht Zweifamilienhaus

freistehendes Zweifamilienhaus Randgebiet	
Baujahr	ca. 1915
GND	70 Jahre
RND	15 Jahre
Bodenrichtwert	400 €/m²
Verkehrswert unbelastet	rd. 600.000 €

Tab. 7-44: Übersicht Eingangswerte

Beschreibung der Schäden und Besonderheiten

Aufgrund mangelnder Instandhaltung ist das Holz stellenweise so stark verwittert, dass die Querschnitte der tragenden Konstruktion minimiert wurden und die Standsicherheit nicht mehr gegeben ist. An einigen Stellen sind die Holzbeläge bereits durchgebrochen.

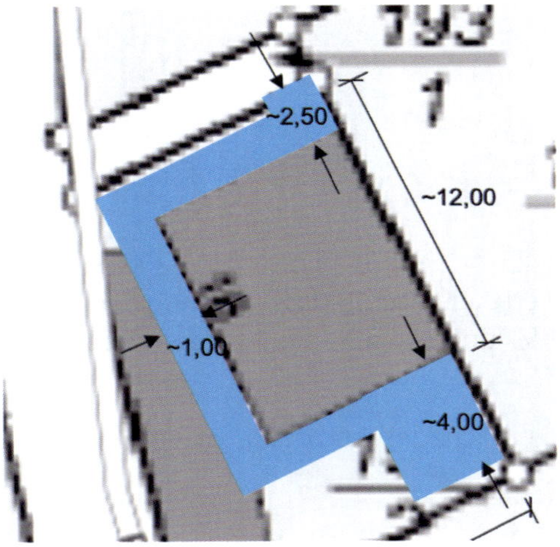

Abb. 7-48: Grundriss Balkon

Abb. 7-49: Unteransicht Terrasse

Abb. 7-50: Unteransicht Balkon mit Fehlstellen

Abb. 7-51: Unteransicht Balkon mit durchgebrochenem Belag

Abb. 7-52: Unteransicht Balkon, Ansicht straßenseitig

Ermittlung der Wertminderung

Anhand dieses Bewertungsobjekts wird die Wertminderung aufgrund des nicht nutzbaren Balkons mittels zweier verschiedener Varianten ermittelt.

In der ersten Variante wird die Wertminderung mittels der Differenzwertmethode ermittelt. In der zweiten Variante erfolgt eine Schätzung der Wertminderung auf Basis der Schadensbeseitigungskosten.

Überlegungen im Rahmen der Verkehrswertermittlung

Der Erwerber des Bewertungsobjekts kann den zum Wertermittlungsstichtag statisch instabilen Balkon nicht nutzen. Der Balkon müsste zurückgebaut und neu aufgebaut werden. Da der Balkon nicht bis zum Ende der Restnutzungsdauer unnutzbar bleiben wird, dürfen hier auf keinen Fall Erträge aus der verminderten Wohnfläche über die gesamte Dauer der wirtschaftlichen Restnutzungszeit kapitalisiert werden. Vielmehr wird der Minderwert mithilfe des Differenzwertverfahrens ermittelt. Dabei wird die Differenz zwischen dem Wert eines mangelfreien Objekts und dem mangelbehafteten Bewertungsobjekt, dessen Wohnfläche um die anzurechnende Balkonfläche reduziert ist, gebildet. Ausgehend von einem mangelfreien Objekt kann dieser Differenzbetrag, der somit den Minderwert darstellt, am Ende des Verfahrens unter den besonderen objektspezifischen Grundstücksmerkmalen berücksichtigt werden.

Im Anschluss an die Differenzwertmethode wird die Wertminderung auf Basis der Schadensbeseitigungskosten abgeschätzt und die Ergebnisse werden gegenübergestellt.

Ermittlung der Wertminderung

Differenzwertmethode:

Wohnfläche gesamt	**250 m^2**
Wohneinheit EG	120 m^2
Wohneinheit OG	130 m^2 (120 m^2 + rund 10 m^2 (25 % der Balkonfläche mit 41 m^2))
Wohnfläche gesamt (ohne Balkon)	**240 m^2**
Wohneinheit EG	120 m^2
Wohneinheit OG	120 m^2

Differenzwertmethode auf Basis einer verminderten Wohnfläche:

Ertragswertverfahren	**Berechnung mit Balkonfläche**	**Berechnung ohne Balkonfläche**
GND	70 Jahre	
RND	15 Jahre	
Rohertrag	*250 m² x 9 €/m² x 12*	*240 m² x 9 €/m² x 12*
	27.000 €	25.920 €
Bewirtschaftungskosten	ca. 14 %	ca. 14 %
Reinertrag	23.220 €	22.292
Liegenschaftszinssatz	2,8 %	2,8 %
Verzinslicher Bodenwert	*480.000 € x 2,8 %*	*480.000 € x 2,8 %*
Bodenwert	13.440 €	13.440 €
Gebäudereinertrag	9.780 €	7.852 €
Barwertfaktor	12,1125	12,1125
Gebäudewert	117.460 €	107.220 €
Bodenwert	480.000 €	480.000 €
Ertragswert	**597.460 €**	**587.220 €**
Wertminderung		**11.240 €**

Tab. 7-45: Differenzwertmethode

Die Untersuchungen in Kapitel 6.3.2.1 haben gezeigt, dass die Herangehensweise auf Basis einer verminderten Mietfläche kritisch zu betrachten ist. Die Ergebnisse sind teilweise nicht marktkonform.

In Fällen mit hohen Mieten und bei Gebäuden mit langen Restnutzungsdauern spiegeln die Ergebnisse das Marktgeschehen keinesfalls wider. Bei Objekten mit niedrigen Mieten und kurzen Restnutzungsdauern sind die Ergebnisse näher am Markt. Prinzipiell sind die sich ergebenden Wertminderungen dennoch zu hoch.

Da die Miete des Bewertungsobjekts in Randlage mäßig hoch und die Restnutzungsdauer mit 15 Jahren sehr niedrig ist, kann davon ausgegangen werden, dass die sich ergebende Wertminderung in Höhe von rund 11.000 € die Obergrenze der Wertminderungsspanne darstellt.

Zum Vergleich wird die Wertminderung auf Basis von Schadensbeseitigungskosten ermittelt. Folgende Maßnahmen sind zur Schadensbeseitigung erforderlich:

- Rückbau und Entsorgung der nicht mehr tragfähigen Teile
- Einbau einer Tragkonstruktion
- Einbau eines neuen Bodenbelags
- Einbau eines Geländers

Für die vorgenannten Maßnahmen wird ein pauschaler Kostenansatz in Höhe von 20.000 € angesetzt. Entsprechend dem unten dargestellten Schema ergibt sich eine große Beeinträchtigung aufgrund der Schadensart sowie des Schadensumfangs. Das Thema verminderte Tragfähigkeit oder gar Einsturzgefährdung wird auf dem Immobilienmarkt sicherlich sensibel aufgenommen. Im vorliegenden Fall bezieht sich das Problem ausschließlich auf den Balkon. Aus diesem Grund wird nicht Kategorie 4, sondern 3 gewählt. Die Lage wird mit Kategorie 2 bewertet. Das Baujahr lässt vermuten, dass einige Investitionen an dem Gebäude durchzuführen sind, weshalb der Einfluss als eher gering angesetzt wird. Das Zweifamilienhaus, das auch als Einfamilienhaus nutzbar ist, wird vorrangig im Interesse des Eigennutzung liegen und nicht von ertragsorientiertem Interesse sein. Daher erfolgt hinsichtlich des Teilmarktes die Zuordnung in Kategorie 3.

Schadensart	**Kat.**	**Schadens-umfang**	**Kat.**	**Lage**	**Kat.**	**Baujahres-klasse**	**Kat.**	**Teilmarkt**	**Kat.**	
Risse		Klein		Ballungs-gebiet		Neubau		EFH/ZFH	3	
Schimmel		Mittel		Rand-gebiet	2	Mittleres Baujahr		MFH		
Feuchteschäden		Groß	3	Land		Altbau	1	WET		
Schädlinge		Sehr groß						Gewerbe		
Hausschwamm										
Sonstige	3									
Gewichtung	25 %		15 %		25 %		15 %		20 %	100 %
Kategorie * Gewichtung	0,75		0,45		0,50		0,00		0,60	**2,3**

Tab. 7-46: Bewertungsmatrix

Kategorie	**Einfluss des Schadens auf den Verkehrswert**	**Wertminderungsansatz (in % der Kosten)**
0	Kein Einfluss	0
1	Geringer Einfluss	25
2	Mittlerer Einfluss	50
3	Starker Einfluss	75
4	Sehr starker Einfluss	100

Tab. 7-47: Wertminderungsansätze

Es ergibt sich eine gewichtete Kategorie 2, 3 die einem Wertminderungsansatz von rund 55 % entspricht. Die Wertminderung ergibt sich somit zu 20.000 x 0,55 = 11.000 €.

In diesem Fall wurde die über die verminderte Mietfläche ermittelte Wertminderung von rund 11.000 € durch den Ansatz auf Basis der Schadensbeseitigungskosten plausibilisiert. Auf Basis dieser beiden Bewertungen wäre ein Wertabschlag in der Verkehrswertberechnung in Höhe von rund 11.000 € angemessen.

Zusammenstellung der Ergebnisse

freistehendes Zweifamilienhaus Randgebiet	
Baujahr	**ca. 1915**
GND	70 Jahre
RND	15 Jahre
Bodenrichtwert	400 €/m²
Verkehrswert unbelastet	rd. 600.000 €
Wertminderung absolut	11.000 €
Wertminderung	1,80 %

Tab. 7-48: Übersicht Ergebnis

Die Wertminderung aufgrund eines einsturzgefährdeten Balkons eines Zweifamilienhauses in einem Randgebiet ergibt sich somit zu rund 2 %.

Dies deckt sich mit den Auswertungen in Kapitel 6.5, wonach die durchschnittliche Wertminderung bei mittleren Schäden in Randgebieten bei 1,4 % liegt.

7.1.8 Einfamilienhaus freistehend, Baujahr 1971 im Ballungsgebiet, Schadstoffe und Feuchteschaden

Beschreibung der Schäden und Besonderheiten

Bei dem Bewertungsobjekt handelt es sich um ein freistehendes Einfamilienwohnhaus erbaut im Jahr 1971. Das Gebäude besteht aus einem Erdgeschoss und Obergeschoss mit flach geneigtem Satteldach. Die Dacheindeckung besteht aus Faserzementschindeln aus dem Baujahr. Es ist davon auszugehen, dass diese asbesthaltig sind. Der Balkon an der Südseite des Hauses weist Korrosionserscheinungen und Verfärbungen infolge Feuchteeindrangs auf.

Abb. 7-53: Dachaufsicht Einfamilienhaus

freistehendes Einfamilienhaus Ballungsgebiet	
Baujahr	1971
GND	70 Jahre
RND	20 Jahre
Bodenrichtwert	1.200 €/m²
Verkehrswert unbelastet	1,2 Mio. €

Tab. 7-49: Übersicht Eingangswerte

Abb. 7-54: Straßenansicht Einfamilienhaus

Abb. 7-55: Seitenansicht Satteldach Einfamilienhaus

Das Haus befindet sich in einem Ballungsgebiet. Bei einer Gesamtnutzungsdauer von 70 Jahren beträgt die Restnutzungsdauer 20 Jahre. Der unbelastete Verkehrswert wird auf rund 1,2 Mio. € geschätzt.

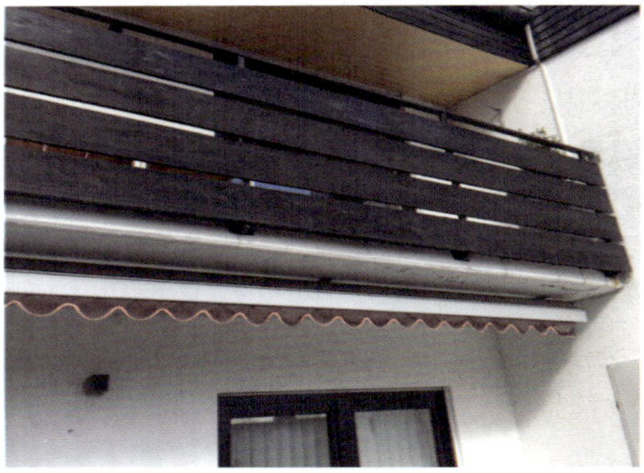

Abb. 7-56: Gartenansicht Balkon

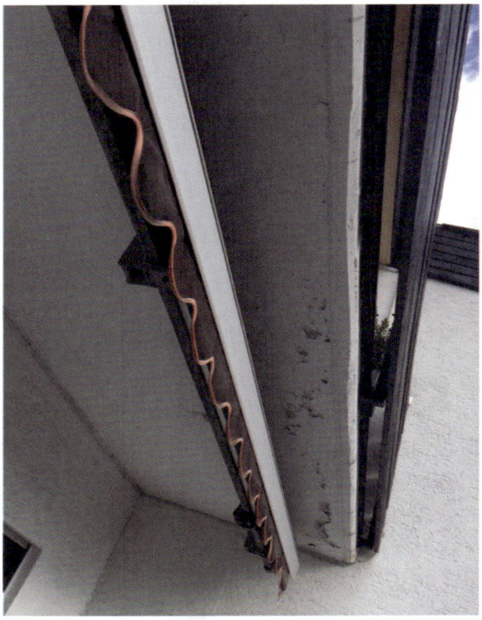

Abb. 7-57: Unteransicht Balkon

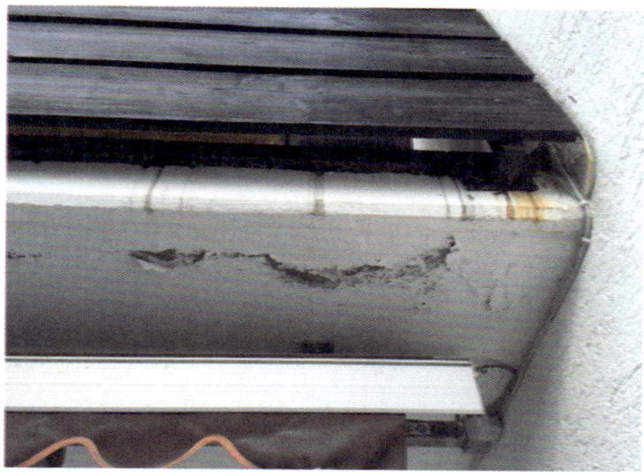

Abb. 7-58: Detailaufnahme Feuchteschäden Balkon

Überlegungen im Rahmen der Verkehrswertermittlung

Die Tatsache, dass das Dach mit asbesthaltigen Ziegeln versehen ist, verleitet die Sachverständigen oft dazu, über einen Abschlag wegen Schadstoffvorkommens oder erhöhter Entsorgungskosten nachzudenken. Beherzigt man aber strikt die Aussage der ImmWertV2021, dass nur die objektspezifischen Grundstücksmerkmale in Abzug zu bringen sind, die über das Übliche hinausgehen, wird schnell klar, dass ein asbesthaltiges Dach in der Verkehrswertermittlung eines Gebäudes aus den 1970er-Jahren keine wertmindernde Beachtung findet. Es ist davon auszugehen, dass die überwiegende Mehrheit der Gebäude aus der Zeit in der Gegend des Bewertungsobjekts mit diesen Materialien gebaut wurden, sodass ein asbesthaltiges Dach keine Besonderheit darstellt. Damit basieren auch die von den Gutachterausschüssen generierten bewertungsrelevanten Daten auf ebendiesen schadstoffbelasteten Gebäuden.

Folgende Abfrage aus Kapitel 6.10 kann bei der Begründung helfen:

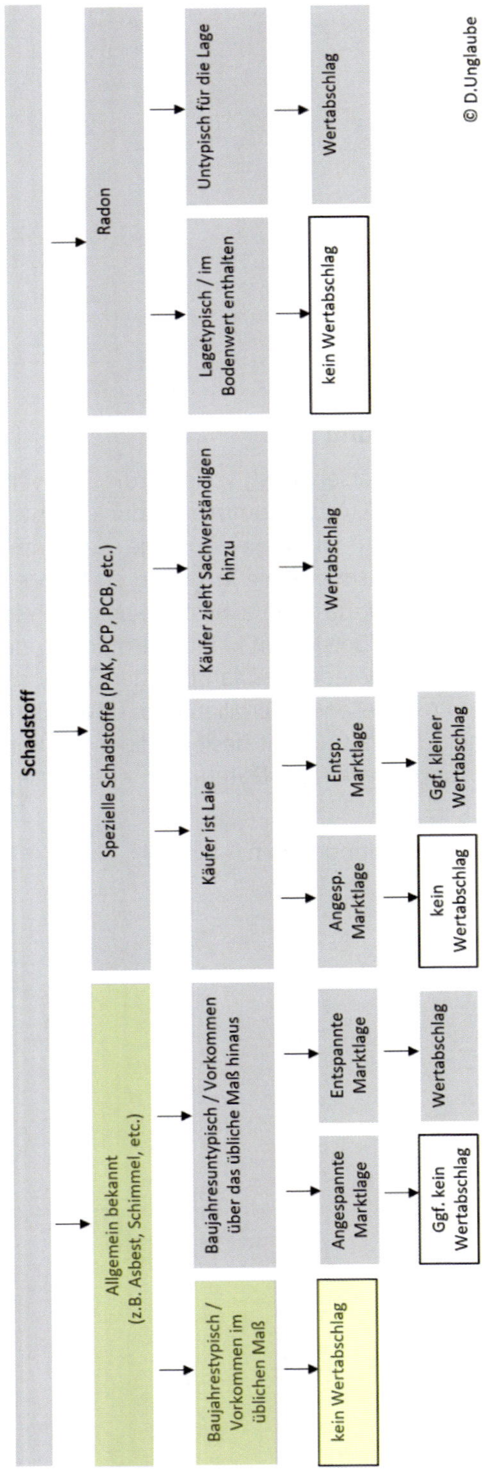

Abb. 7-59: Übersicht über die Bewertungsfälle mit Schadstoffvorkommen im Einfamilienhausmarkt

In diesem Fall kommt es zu keinem Wertabschlag infolge Schadstoffvorkommens. Dies ist unabhängig von der Lage des Gebäudes.

Anders sähe es aus, wenn ein Faserzementdach eine regional untypische Bauart wäre, wie z.B. in nördlichen Regionen, wo Reetdächer üblich sind.

Die Feuchteschäden am Balkon sind ebenfalls nicht wertmindernd anzusetzen. Zum einen ist das Schadensausmaß gering, zum anderen, und hier spielt die Lage eine Rolle, ist die Nachfrage in Ballungsgebieten nach einem freistehenden Einfamilienwohnhaus so groß, dass Farbabplatzungen und Korrosionsspuren keinesfalls einen Abschlag vom Kaufpreis rechtfertigen.

Zusammenstellung der Ergebnisse

freistehendes Einfamilienhaus Ballungsgebiet	
Baujahr	**1971**
GND	70 Jahre
RND	20 Jahre
Bodenrichtwert	1.200 €/m²
Verkehrswert unbelastet	1,2 Mio. €
Wertminderung absolut	0 €
Wertminderung	0,00 %

Tab. 7-50: Übersicht Ergebnis

7.1.9 Wohnungseigentum und Mehrfamilienhaus 1959 im Randgebiet, durchfeuchteter Balkon

Beschreibung der Schäden und Besonderheiten

Ein Mehrfamilienwohnhaus aus dem Jahr 1959 besteht aus einem Erdgeschoss, einem Obergeschoss und einem Dachgeschoss. In jedem Geschoss befindet sich eine Eigentumswohnung. Die Wohnungseigentümergemeinschaft besteht aus drei Parteien.

Auf dem Dach des Wohnzimmers der Erdgeschosswohnung, welches als Erker ausgebildet ist, befindet sich der Balkon der Eigentumswohnung im ersten Obergeschoss. Die Fassade des Gebäudes erhielt drei Jahre vor dem Wertermittlungsstichtag einen neuen Anstrich. Zum gleichen Zeitpunkt wurde das Dach gedämmt und neu eingedeckt. Ursprünglich war die Balkonsanierung auch Gegenstand der Sanierungsmaßnahme. Aufgrund von Diskrepanzen zwischen den Eigentümern wurde die Balkonsanierung zurückgestellt.

Der Balkon weist massive Feuchteschäden auf. Eine Bauteilöffnung bestätigt, dass der komplette Bodenaufbau bis zur Oberkante der Betondecke des Wohnzimmers durchfeuchtet ist. Die Durchfeuchtung hat zu einem Aufquellen der Balkoneinfassung geführt. Wasser läuft in Rinnsalen an der Außenwand hinunter und verschmutzt die frisch sanierte Fassade. Der Sonnenschutz der Erdgeschosswohnung wird ebenfalls verschmutzt.

Da die Abdichtung der Betondecke insbesondere im Bereich einer Probeöffnung nicht sachgerecht und vollumfänglich aufgebracht ist, besteht mittelfristig die Gefahr, dass das

Wasser durch die Betondecke in das darunterliegende Wohnzimmer der Erdgeschosswohnung eindringt.

Abb. 7-60: Seitenansicht Balkon, Wasseraustritt unterhalb der Regenrinne

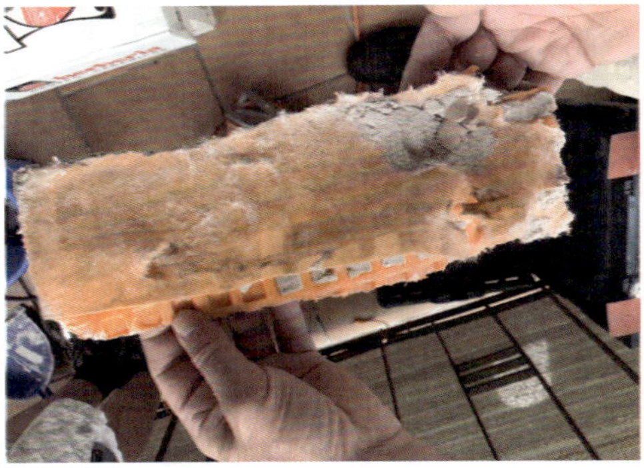

Abb. 7-61: Durchnässter Balkonaufbau

Abb. 7-62: Probeöffnung

a) Am Beispiel eines Wohnungseigentums

Die Wohnung im Erdgeschoss soll nun verkauft werden. Der Eigentümer möchte wissen, inwieweit der Verkehrswert der Eigentumswohnung aufgrund der versäumten Sanierung des Balkons beeinträchtigt ist.

Der unbelastete Verkehrswert der Wohnung beträgt ca. 250.000 € in einer Gegend mit mittlerer Nachfrage. Die Schadensbeseitigungskosten für den Rückbau des Balkonaufbaus sowie die fachgerechte Abdichtung mit äquivalentem Aufbau und Erneuerung des Balkongeländers und Erneuerung der Balkonentwässerung werden auf rund 15.000 € geschätzt. Vom Wohnungseigentümer der Erdgeschosswohnung sind entsprechend den Miteigentumsanteilen ca. 9.000 € der Kosten zu tragen. Das entspricht rund 3,6 % des Kaufpreises.

Abb. 7-63: Seitenansicht Balkon

Wohnungseigentum Randgebiet	
Baujahr	1959
GND	70 Jahre
RND	20 Jahre
Bodenrichtwert	400 €/m²
Verkehrswert unbelastet	250.000 €

Tab. 7-51: Übersicht Eingangswerte

Aus den Protokollen der Eigentümerversammlung geht hervor, dass es bezüglich der Balkonsanierung Uneinigkeiten gibt. Der Eigentümer der Wohnung im ersten Obergeschoss verweigert die Zustimmung zur Sanierung des Balkons. Die Hausverwaltung formuliert keine eindeutigen Beschlüsse. Die Balkonsanierung steht mittlerweile drei Jahre an.

Überlegungen im Rahmen der Verkehrswertermittlung

Der Vorteil einer WEG ist, dass anfallende Kosten am Gemeinschaftseigentum nur anteilig auf die Wohnungseigentümer übertragen werden. Der nicht zu unterschätzende Nachteil ist die Abhängigkeit von den Miteigentümern und der Hausverwaltung in Bezug auf die Beschlussfassung und Beschlussumsetzung. In diesem Beispiel besteht die potenzielle Gefahr des Wassereindrangs in die Decke über der Erdgeschosswohnung. Wann und ob eine sachgerechte Abdichtung des Balkons erfolgen kann, ist unklar.

Für die Wertermittlung gilt es nun abzuschätzen, wie Kaufinteressenten auf diesen Sachverhalt sowie die bereits aufgetretenen Schäden an der Fassade reagieren. Die Nachfrage nach Wohnungen dieser Größe, Art und Lage ist als „mittel" zu bewerten.

Dieses Beispiel umfasst eine Kombination aus tatsächlichem Bauschaden und einer Risikobetrachtung bezüglich möglicher Folgeschäden aufgrund der verschleppten Schadensbeseitigung.

Ermittlung der Wertminderung

Die Wertminderung ermittelt sich in diesem Falle einerseits auf Basis eines bereits eingetretenen Schadens und zusätzlich auf Basis des Risikos des Schadenseintritts eines Folgeschadens.

Wertminderung auf Basis der vorhandenen Schäden an der Fassade und am Balkon auf Basis der Schadensbeseitigungskosten

Feuchteschäden sind als große Einflussfaktoren auf die Wertminderung des Verkehrswerts zu betrachten. Das bisherige Schadensausmaß ist als mittelgroß zu bewerten. Die Randlage geht mit Kategorie 2 in die Bewertung ein. Bei Eigentumswohnungen kann nicht eindeutig abgegrenzt werden, ob diese zur Eigennutzung oder zur Vermietung als Ertragsobjekt erworben werden. Bei dieser Wohnung ist aufgrund der Art, Größe und Lage tendenziell von einer Eigennutzung auszugehen, der Teilmarkt wird daher mit 3 bewertet.

Schadensart	Kat.	Schadens-umfang	Kat.	Lage	Kat.	Baujahres-klasse	Kat.	Teilmarkt	Kat.	
Risse		Klein		Ballungs-gebiet		Neubau		EFH/ZFH		
Schimmel		Mittel	2	Rand-gebiet	2	Mittleres Baujahr	2,5	MFH		
Feuchteschäden	3	Groß		Land		Altbau		WET	3	
Schädlinge		Sehr groß						Gewerbe		
Hausschwamm										
Sonstige										
Gewichtung	25 %		15 %		25 %		15 %		20 %	100 %
Kategorie * Gewichtung	0,75		0,30		0,50		0,38		0,60	**2,5**

Tab. 7-52: Bewertungsmatrix

Kategorie	Einfluss des Schadens auf den Verkehrswert	Wertminderungsansatz (in % der Kosten)
0	Kein Einfluss	0
1	Geringer Einfluss	25
2	Mittlerer Einfluss	50
3	Starker Einfluss	75
4	Sehr starker Einfluss	100

Tab. 7-53: Wertminderungsansätze

Nach Gewichtung der Teilergebnisse ergibt sich eine mittlere Kategorie von 2,5, was zu einem Kostenansatz von rund 65 % führt.

Unter Berücksichtigung der anteiligen Schadensbeseitigungskosten ergibt sich ein Wertminderungsansatz von 9.000 x 0,65 = 5.850 €, somit rund 6.000 €.

Wertminderung auf Basis des Risikos von Folgekosten bei Nichtbeheben des aktuellen Schadens

Solange der Balkon nicht saniert wird, besteht die Gefahr, dass es zu einer Vergrößerung des Feuchteschadens kommt und dann auch die Innenräume der Erdgeschosswohnung betroffen sind.

Die entstehenden Folgekosten für die Sanierung der Zimmerdecke inklusive Trocknung und gegebenenfalls notwendiger Sachverständigenkosten werden auf ca. 5.000 € geschätzt. Auf den Eigentümer im Erdgeschosswohnung würden entsprechend den Miteigentumsanteilen rund 3.000 € entfallen. Dabei ist zu sagen, dass hier nicht klar ist, ob gegebenenfalls der Verursacher die Kosten tragen muss. Aber bis zur Entscheidung einer möglichen Klage wird einige Zeit vergehen, sodass an dieser Stelle mit den anteiligen Kosten kalkuliert wird, die im Zweifel erst einmal vorzulegen sind.

- Bekanntheit des ehemaligen Mangels/Schadens/Ereignisses

Der vorliegende Mangel bzw. Schaden ist den Kaufinteressenten aus den Besichtigungsprotokollen bekannt (Ansatz = 100 %).

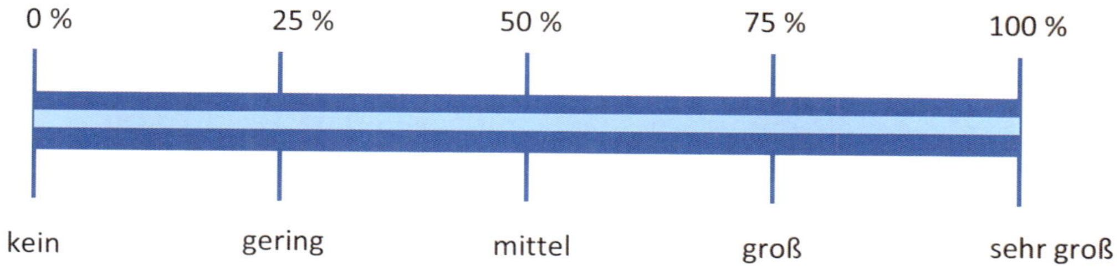

- Schadensart

Zunächst handelte es sich um einen potenziellen Feuchteschaden im Inneren des Gebäudes. Wohnräume wären unmittelbar betroffen.

Es ist davon auszugehen, dass Käufer auf die Schadensart sensibel reagieren (Ansatz = 100 %).

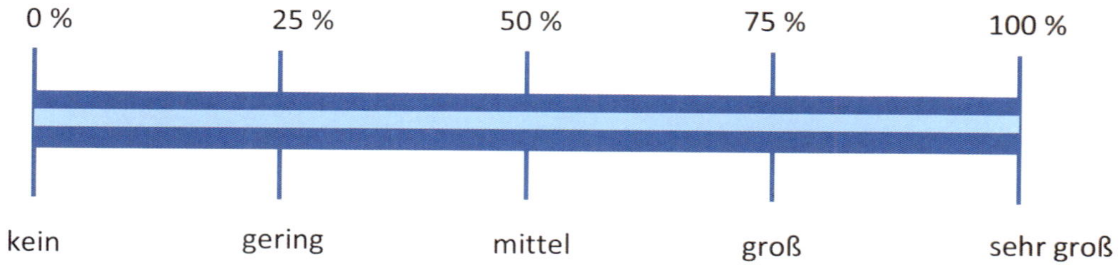

- Lage

Die Lage im Randgebiet bedeutet, dass es möglich ist, ein vergleichbares Objekt ohne Risiko eines Feuchteschadens zum Kauf zu finden. Damit ist der Einfluss der Lage auf die Wertminderung als eher hoch zu bewerten (Ansatz = 75 %).

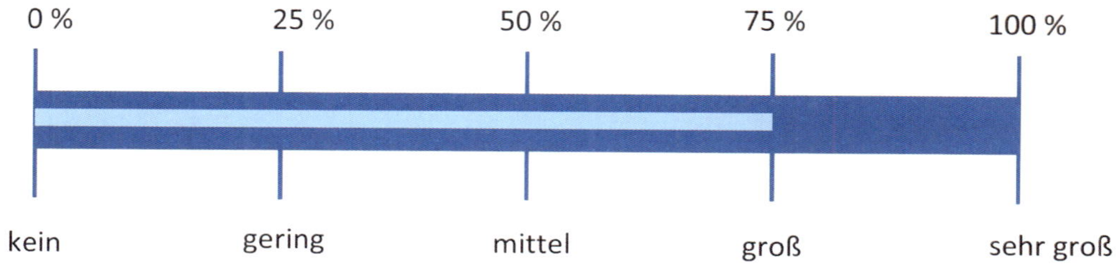

- Zeitdauer/Risiko des Schadeneintritts

Bezüglich des Einflusses der Zeitdauer verhält es sich in diesem Beispiel anders als bei der Ermittlung des merkantilen Minderwerts auf der Basis eines beseitigten Schadens. Im vorliegenden Fall besteht ein hohes Risiko, dass ein Schaden aufgrund eines Mangels eintritt.

Dabei ist die Zeitdauer von Öffnung der Abdichtung (zur Probeentnahme) bis zum Wertermittlungsstichtag relevant. Je länger die Abdichtung offen ist und je länger das Wasser in die Konstruktion eindringt, desto größer ist das Risiko, dass ein Schaden eintritt. Demnach wird eine Zeitdauer von drei Jahren als eher kritisch betrachtet (Ansatz = 75 %).

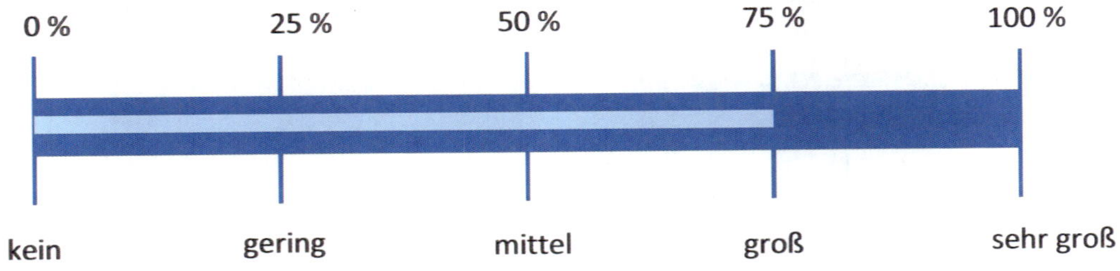

- Schadensausmaß

Dies ist nicht ganz einfach abzuschätzen, da nicht klar ist, zu welchem Zeitpunkt der Wassereindrang festgestellt wird. In Abhängigkeit von den Schadensbeseitigungskosten für die Balkonsanierung zuzüglich der Sanierung der Wohnräume wird ein mittlerer bis großer Schaden vermutet (Ansatz = 60 %).

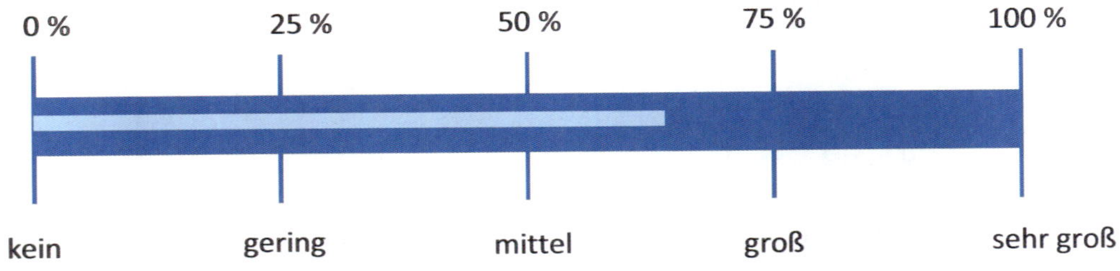

- Teilmarkt

Für den Teilmarkt Wohnungseigentum wird entsprechend den oben ausgeführten Erläuterungen ein Ansatz von 75 % als angemessen erachtet (Ansatz = 75 %).

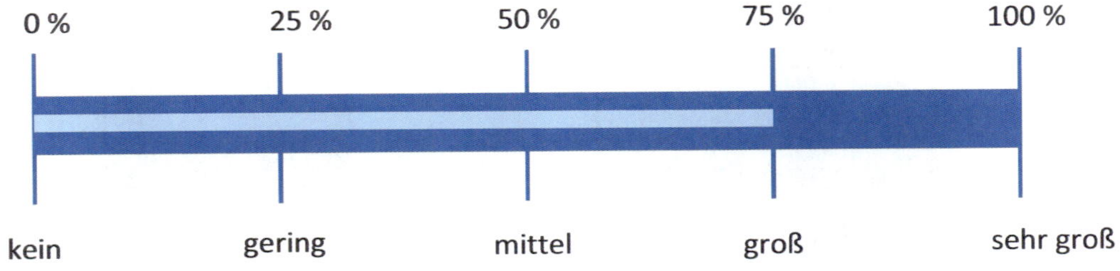

Unter Berücksichtigung der Bewertung der vorgenannten Einflusskriterien ergibt sich ein mittlerer Ansatz von rund 80 %. Das bedeutet, dass davon auszugehen ist, dass das Risiko eines Folgeschadens einen großen Einfluss auf den Wertminderungsansatz hat.

Der Minderwert infolge des Risikos von Folgeschäden ergibt sich somit zu 3.000 € x 0,8 = 2.400 €.

Zusammenstellung der Ergebnisse

Die Wertminderung aufgrund des bereits entstandenen Schadens beträgt rund 6.000 €. Die zusätzliche Wertminderung aufgrund des Risikos eines Folgeschadens wird auf rund 2.000 € geschätzt. Insgesamt ergibt sich die Wertminderung des Verkehrswerts der Eigentumswohnung im Erdgeschoss aufgrund des mangelbehafteten Balkons im Obergeschoss zu 8.000 €. Dies entspricht einer Wertminderung von rund 3,2 % vom Verkehrswert.

Wohnungseigentum Randgebiet	
Baujahr	**1959**
GND	70 Jahre
RND	20 Jahre
Bodenrichtwert	400 €/m²
Verkehrswert unbelastet	250.000 €
Wertminderung wg. Feuchteschäden	6.000 €
Wertminderung wegen des Risikos von Folgeschäden	2.000 €
Wertminderung absolut	8.000 €
Wertminderung	3,20 %

Tab. 7-54: Übersicht Ergebnis

b) Am Beispiel eines Mehrfamilienhauses im Volleigentum

Im folgenden Beispiel besteht der gleiche Sachverhalt wie im vorangegangenen Beispiel. Nun wird aber davon ausgegangen, dass alle drei Wohneinheiten in einem Besitz sind. In der Folge wird nun der Einfluss der Wertminderung auf den Verkehrswert des Mehrfamilienwohnhauses im Volleigentum ermittelt.

Der Verkehrswert des Mehrfamilienwohnhauses wird auf rund 1,2 Mio. € geschätzt. Die Schadensbeseitigungskosten für die Sanierung des Balkons betragen 15.000 €.

Abb. 7-64: Außenansicht Mehrfamilienhaus

Mehrfamilienhaus Randgebiet	
Baujahr	1959
GND	70 Jahre
RND	20 Jahre
Bodenrichtwert	400 €/m²
Verkehrswert unbelastet	1,2 Mio. €

Tab. 7-55: Übersicht Eingangswerte

Wertminderung auf Basis der vorhandenen Schäden an der Fassade und am Balkon auf Basis der Schadensbeseitigungskosten

Schadensart	Kat.	Schadens-umfang	Kat.	Lage	Kat.	Baujahres-klasse	Kat.	Teilmarkt	Kat.	
Risse		Klein		Ballungs-gebiet		Neubau		EFH/ZFH		
Schimmel		Mittel	2	Rand-gebiet	2	Mittleres Baujahr	2,5	MFH	1,5	
Feuchteschäden	3	Groß		Land		Altbau		WET		
Schädlinge		Sehr groß						Gewerbe		
Hausschwamm										
Sonstige										
Gewichtung	25 %		15 %		25 %		15 %		20 %	100 %
Kategorie * Gewichtung	0,75		0,30		0,50		0,38		0,30	**2,2**

Tab. 7-56: Bewertungsmatrix

Kategorie	Einfluss des Schadens auf den Verkehrswert	Wertminderungsansatz (in % der Kosten)
0	Kein Einfluss	0
1	Geringer Einfluss	25
2	Mittlerer Einfluss	50
3	Starker Einfluss	75
4	Sehr starker Einfluss	100

Tab. 7-57: Wertminderungsansätze

Nach Beurteilung der Einflusskriterien ergibt sich ein mittlerer Wertminderungsansatz, der mit ca. 50 % der Schadensbeseitigungskosten angesetzt wird. Danach beträgt die Wertminderung infolge des bestehenden Schadens rund 15.000 x 0,5 = 7.500 €.

Wertminderung auf Basis des Risikos von Folgekosten bei Nichtbeheben des aktuellen Schadens

- Bekanntheit des ehemaligen Mangels/Schadens/Ereignisses

Der vorliegende Mangel bzw. Schaden ist den Kaufinteressenten aus den Besichtigungsprotokollen bekannt (Ansatz = 100 %).

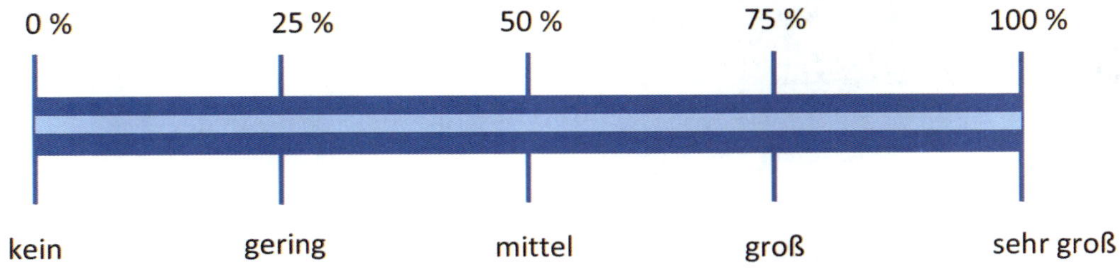

- Schadensart

Zunächst handelte es sich um einen potenziellen Feuchteschaden im Inneren des Gebäudes. Wohnräume wären unmittelbar betroffen.

Es ist davon auszugehen, dass Käufer auf die Schadensart sensibel reagieren (Ansatz = 100 %).

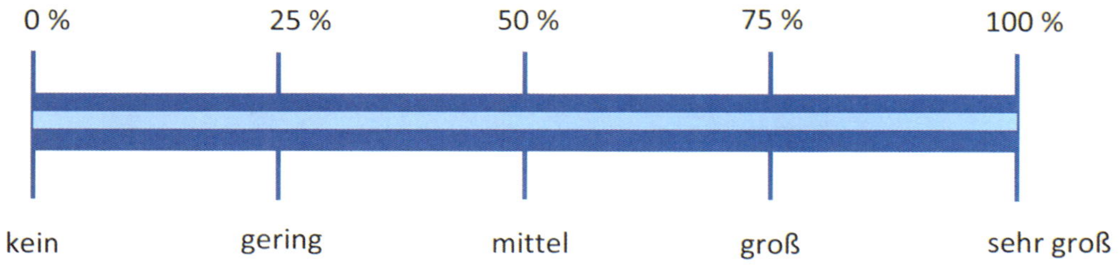

- Lage

Die Lage im Randgebiet bedeutet, dass es möglich ist, ein vergleichbares Objekt ohne Risiko eines Feuchteschadens zum Kauf zu finden. Damit ist der Einfluss der Lage auf die Wertminderung als eher hoch zu bewerten (Ansatz = 75 %).

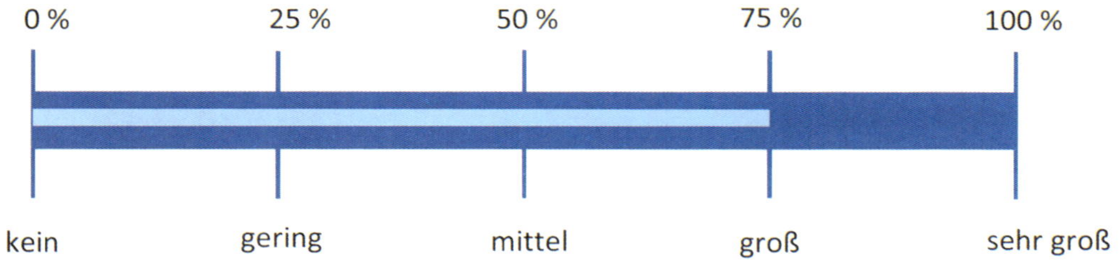

- Zeitdauer/Risiko des Schadeneintritts

Hier ist es anders als bei der Ermittlung des merkantilen Minderwerts auf der Basis eines beseitigten Schadens. In diesem Beispiel besteht ein hohes Risiko, dass ein Schaden aufgrund eines Mangels eintritt. Dabei ist die Zeitdauer von Öffnung der Abdichtung (zur Probeentnahme) bis zum Wertermittlungsstichtag relevant. Je länger die Abdichtung offen ist und je länger das Wasser in die Konstruktion eindringt, desto größer ist das Risiko, dass ein Schaden eintritt. Demnach wird eine Zeitdauer von drei Jahren als eher kritisch betrachtet (Ansatz = 75 %).

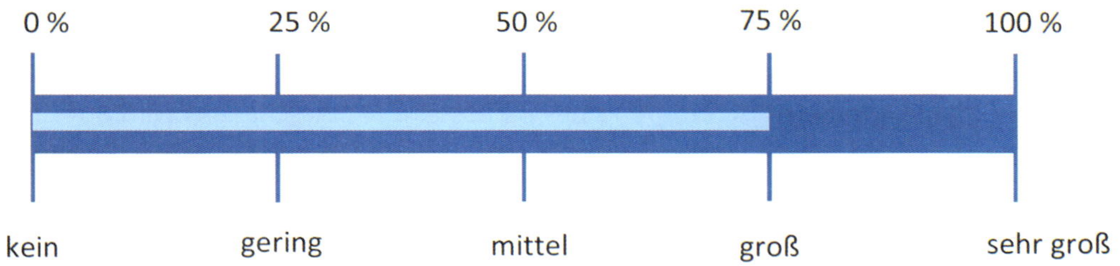

- Schadensausmaß

Dies ist nicht ganz einfach abzuschätzen, da nicht klar ist, zu welchem Zeitpunkt der Wassereindrang festgestellt wird. In Abhängigkeit von den Schadensbeseitigungskosten für die Balkonsanierung zuzüglich der Sanierung der Wohnräume wird ein mittlerer bis großer Schaden vermutet (Ansatz = 60 %).

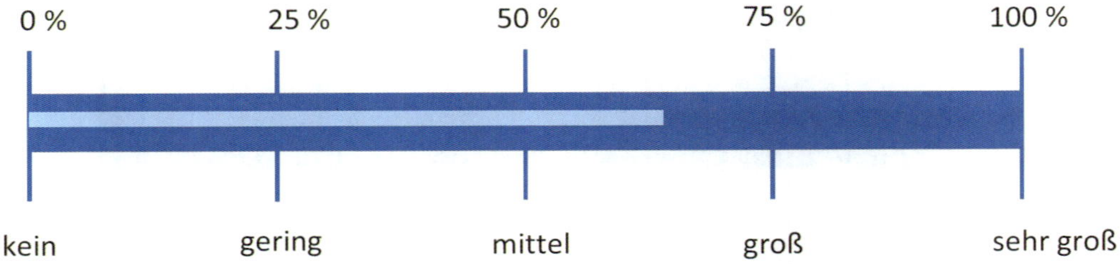

- Teilmarkt

Untersuchungen haben gezeigt, dass Baumängel und Bauschäden auf den Mehrfamilienhausmarkt keinen großen Einfluss haben. Hier steht der Ertrag im Vordergrund. Beim vorliegenden Beispiel könnte der Folgeschaden allerdings zu einer Mietminderung führen. Ein Ansatz von 25 % wird als angemessen erachtet (Ansatz = 25 %).

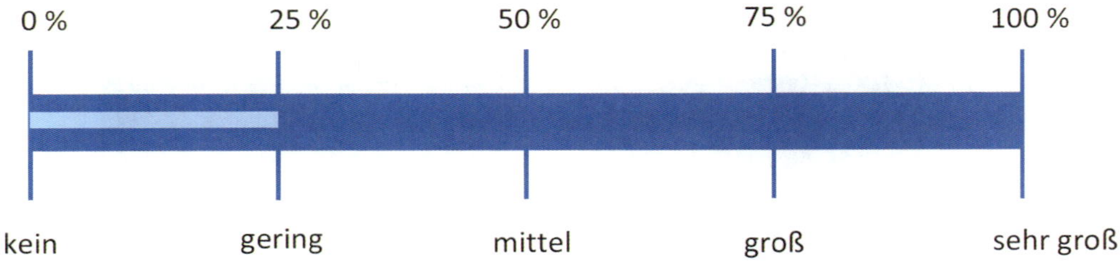

Unter Berücksichtigung der Bewertung der vorgenannten Einflusskriterien ergibt sich ein mittlerer Ansatz von rund 70 %. Das bedeutet, dass davon auszugehen ist, dass das Risiko eines Folgeschadens einen großen Einfluss auf den Verkehrswert hat.

Der Folgeschaden in Form der Sanierung und Trocknung der Zimmerdecke wurde auf rund 5.000 € geschätzt.

Der Minderwert infolge des Risikos von Folgeschäden ergibt sich somit zu 5.000 € x 0,7 = 3.500 €.

Zusammenstellung der Ergebnisse

Die Wertminderung aufgrund des bereits entstandenen Schadens beträgt rund 7.500 €. Die zusätzliche Wertminderung aufgrund des Risikos eines Folgeschadens wird auf rund 3.500 € geschätzt. Insgesamt ergibt sich die Wertminderung des Verkehrswerts der Eigentumswohnung im Erdgeschoss aufgrund des mangelbehafteten Balkons im Obergeschoss zu 11.000 €. Dies entspricht einer Wertminderung von rund 1 % des Verkehrswerts. Dies liegt im Rundungsbereich, sodass im Endeffekt keine Minderung erfolgt.

Mehrfamilienhaus Randgebiet	
Baujahr	**1959**
GND	70 Jahre
RND	20 Jahre
Bodenrichtwert	400 €/m²
Verkehrswert unbelastet	1,2 Mio. €
Wertminderung wg. Feuchteschäden	7.500 €
Wertminderung wegen des Risikos von Folgeschäden	3.500 €
Wertminderung absolut	11.000 €
Wertminderung	rd. 1 %

Tab. 7-58: Übersicht Ergebnis

7.1.10 Mehrfamilienhaus Baujahr 1915 im Randgebiet, diverse Besonderheiten

Beschreibung der Schäden und Besonderheiten

Bei dem Bewertungsobjekt handelt es sich um ein gemischt genutztes Mehrfamilienhaus mit Baujahr 1915. Das Gebäude befindet sich in einem Randgebiet.

Abb. 7-65: Außenansicht Mehrfamilienhaus

Mehrfamilienhaus Randgebiet	
Baujahr	1915
GND	70 Jahre
RND	20 Jahre
Bodenrichtwert	500 €/m²
Verkehrswert unbelastet	1,2 Mio. €

Tab. 7-59: Übersicht Eingangswerte

Untergeschoss

Im Untergeschoss befindet sich eine Nutzungseinheit, die derzeit umgebaut wird. Es handelt sich um drei Räume, die kernsaniert werden. Bewertet wird der Ausbaustatus zum Wertermittlungsstichtag abzüglich der zu investierenden Kosten zur Erstellung einer vermietbaren Einheit.

Abb. 7-66: Untergeschoss Eingang

Abb. 7-67: Untergeschoss Blick Richtung Bad

Baumwurzeln/Pflasterung

Vor dem Haus ist es zu Hebungen der Platten durch Baumwurzeln gekommen. Auch die Mauer ist leicht gekippt. Es besteht Stolpergefahr. Die Zuwegung muss zeitnah geebnet werden. Hierzu müssten die Platten zurückgebaut und neu ausgerichtet werden.

Abb. 7-68: Schaden am Plattenbelag

Feuchteschaden Fassade

Die Putzfassade auf der Rückseite des Gebäudes weist erhebliche Schäden infolge Durchfeuchtung auf. Der Putz hat Blasen gebildet und ist teilweise abgefallen. Bei bloßem Berühren fällt der Putz ab. In diesem Bereich der Hauswand befinden sich die Fallrohre der Badezimmer und der Waschmaschinenräume. Eventuell liegt hier eine Undichtheit vor. Laut Aussage des Eigentümers ist vor längerer Zeit eine Waschmaschine ausgelaufen.

Abb. 7-69: Ansicht Wasserschaden Fassade

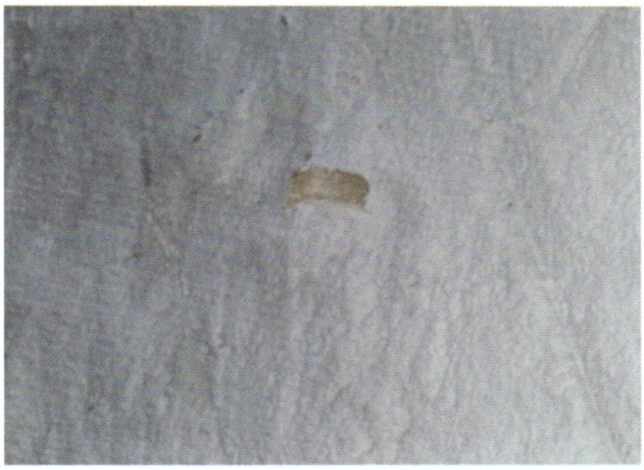

Abb. 7-70: Nahaufnahme Fassadenschaden

Dach

Das Dach ist mit Schieferschindeln eingedeckt. An einigen Stellen fehlt die Dacheindeckung. Die Schindeln weisen starke Verwitterungserscheinungen auf. An vielen Stellen ist der Schiefer abgeplatzt. Der Schornstein weist ebenfalls Beschädigungen auf.

Der Dachstuhl weist starke Feuchteflecken im Gebälk auf. Es ist davon auszugehen, dass Feuchtigkeit über das Dach in den Dachstuhl eindringt.

Abb. 7-71: Dacheindeckung

Abb. 7-72: Blick aus Dachflächenfenster

Abb. 7-73: Innenansicht Dach

Abb. 7-74: Feuchtschäden an Dachkonstruktion

Feuchteschaden im Treppenhaus

An mehreren Stellen im Treppenhaus sind Wasserflecken aufgetreten. Die Ursache ist nicht bekannt.

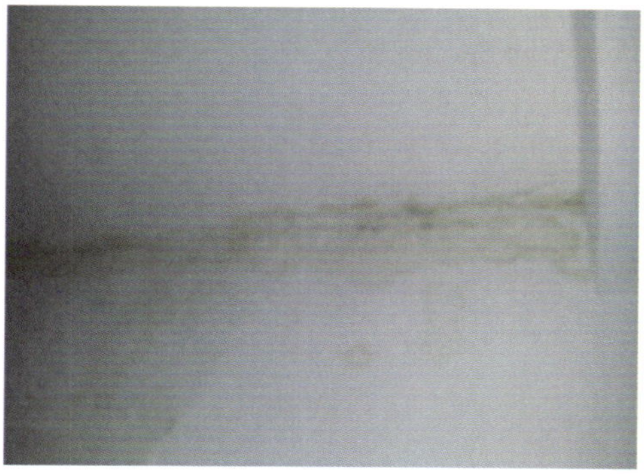

Abb. 7-75: Verfärbungen Treppenhaus

Abb. 7-76: Putzrisse Treppenhaus

Überlegungen im Rahmen der Verkehrswertermittlung

Untergeschoss

Das Untergeschoss befindet sich im Umbau und ist zum Bewertungszeitpunkt noch nicht fertiggestellt. Für die Wertermittlung müssen die Kosten ermittelt werden, die für die Fertigstellung der Ausbauarbeiten in der Gewerbeeinheit erforderlich sind. Dies kann mittels Bauteiltabellen erfolgen.

Fassade

Der Feuchteschaden an der hofseitigen Fassade geht über das Übliche hinaus. Für die Wertermittlung wird davon ausgegangen, dass die Schadensursache behoben ist. Hier wird ein Kostenansatz zur Schadensbeseitigung des betroffenen Bereichs von ca. 10.000 € kalkuliert. Dieser basiert auf einem Kostenansatz von 80 €/m^2 für das Entfernen des Putzes an den beschädigten Stellen sowie Untergrundherstellen und Neuauftragen eines Putzes mit Anstrich. Sicher würde der Käufer der Immobilie nicht nur diesen betroffenen Bereich ausbessern, sondern die ganze Fassade sanieren und gegebenenfalls auch gleich dämmen, aber für den rein rechnerischen Ansatz, der über das Übliche hinausgeht, wird modellhaft nur von der beschädigten Fläche ausgegangen.

Dach

Für die Wertermittlung wird davon ausgegangen, dass die Tragfähigkeit des Dachstuhls nicht beeinträchtigt ist und nach Trocknung weiterhin über die erforderliche Tragfähigkeit verfügt. Analog der oben ausgeführten Erläuterung wird auch für das Dach lediglich der Kostenansatz zur Ausbesserung bzw. Ergänzung der schadhaften Stellen inklusive des Schornsteinanschlusses kalkuliert, auch wenn der Käufer sicherlich eine komplette Dachsanierung durchführen würde. Die Kosten werden mit 5.000 € in Ansatz gebracht.

Treppenhaus

Da die Ursache der Feuchteschäden unbekannt ist, ist es sehr schwer, Schadensbeseitigungskosten zu schätzen. In der Wertermittlung können daher nur Annahmen getroffen oder ein Erfahrungsansatz für die Wertminderung zugrunde gelegt werden, der berücksichtigt, wie ein potenzieller Käufer auf diesen Feuchteschaden bei unbekannter Ursache reagiert. Aufgrund der Lage und der Art des Gebäudes als Altbau und Mehrfamilienhaus und damit ertragsorientierter Immobilie im Ballungsgebiet ist davon auszugehen, dass die Feuchteschäden im Treppenhaus keine Berücksichtigung finden.

Ermittlung der Wertminderung

Ausbau UG

Unter Verwendung der Bauteiltabellen werden die noch aufzubringenden Kosten für den Restausbau des Untergeschosses wie folgt ermittelt:

Die Normalherstellungskosten für ein Mehrfamilienwohnhaus mit mehr als sieben Wohneinheiten, Ausstattungsstandard zwischen 3 und 4 (gemäß ImmoWertV 2021, Anlage 4), wird geschätzt auf rund 800 €/m². Die Fläche des auszubauenden Untergeschosses wird auf 100 m² geschätzt. Danach ergeben sich die Gesamtherstellkosten anteilig für das Untergeschoss zu rund 80.000 €. Die Ausbaugewerke entsprechen ungefähr 40 % der Kosten eines Gesamtbauwerkes. Auf den reinen Ausbau des Untergeschosses entfallen somit rund 32.000 €. Der Ausbau ist bereits fortgeschritten, sodass ca. 50 % der Leistungen noch ausstehen, was 16.000 € entspricht. Hier kommt zwar kein Reparaturzuschlag zum Tragen, aber bei Arbeiten im Bestand ist immer mit Unvorhergesehenem zu rechnen. Ein Kostenzuschlag von rund 30 % hat sich hierfür bewährt. Danach ergeben sich die Kosten für die noch ausstehenden Arbeiten im Untergeschoss zu rund 20.000 €.

Normalherstellkosten	800,00	€/m²
Untergeschoss	100,00	m²
Herstellkosten ant. Untergeschoss	80.000,00	€
Anteil Ausbau an NHK	40	%
Kostenansatz Ausbau	32.000,00	€
bereits abgeschlossene Leistungen	50	%
Zwischensumme	16.000,00	€
Zuschlag für Bauen im Bestand	30	%
Kosten für offene Ausbauleistungen	**20.800,00**	**€**

Tab. 7-60: Kostenzusammenstellung Ausbauleistungen

Da die Fläche im halb ausgebauten Zustand nicht nutzbar ist, ist davon auszugehen, dass die Ausbauarbeiten zeitnah stattfinden werden. Im Hinblick auf den Teilmarkt wird der ertragsorientiert denkende Käufer des Mehrfamilienwohnhauses die anstehenden Kosten zum Ausbau des Untergeschosses einkalkulieren. Wird in der Wertermittlung die erzielbare

Miete für diese Mieteinheit angesetzt, müssen dementsprechend auch die zu investierenden Kosten berücksichtigt werden. Ein Ansatz von rund 90 % erscheint angemessen.

Fassade

Die Schäden an der Fassade werden, was die Schadensart betrifft, als mittel bewertet. Zwar handelt es sich um einen Feuchteschaden, der eigentlich mit einem hohen Einfluss berücksichtigt wird, im vorliegenden Fall ist das Schadensereignis aber lokal eingrenzbar und bereits behoben. Das Ausmaß ist ebenfalls mittlerer Größe. Ebenso wird die Lage mit einem mittleren Einfluss bewertet. Das Gebäude wurde im Jahr 1915 errichtet und verfügt über eine Restnutzungsdauer von 20 Jahren, sodass davon ausgegangen werden kann, dass der Käufer sich bereits darauf eingestellt hat, dass einige Kosten auf ihn zukommen werden. Der Einfluss des Baujahres wird somit gering eingeschätzt. Der Mehrfamilienhausmarkt ist vorliegend von ertragsorientiertem Denken beherrscht, sodass auch hier Kategorie 1 gewählt wird. Nach Gewichtung der Einschätzungen verbleibt eine mittlere Kategorie von 1,7, wonach ein mittlerer Einfluss gewählt wird und die Wertminderung der Schadensbeseitigungskosten für die Feuchteschäden an der Fassade mit dem Faktor 0,4 gemindert werden.

Schadensart	**Kat.**	**Schadens-umfang**	**Kat.**	**Lage**	**Kat.**	**Baujahres-klasse**	**Kat.**	**Teilmarkt**	**Kat.**	
Risse		Klein		Ballungs-gebiet		Neubau		EFH/ZFH		
Schimmel		Mittel	2	Rand-gebiet	2	Mittleres Baujahr		MFH	1	
Feuchteschäden	2	Groß		Land		Altbau	1	WET		
Schädlinge		Sehr groß						Gewerbe		
Hausschwamm										
Sonstige										
Gewichtung	25 %		15 %		25 %		15 %		20 %	100 %
Kategorie * Gewichtung	0,50		0,30		0,50		0,15		0,20	**1,7**

Tab. 7-61: Bewertungsmatrix

Kategorie	**Einfluss des Schadens auf den Verkehrswert**	**Wertminderungsansatz (in % der Kosten)**
0	Kein Einfluss	0
1	Geringer Einfluss	25
2	Mittlerer Einfluss	50
3	Starker Einfluss	75
4	Sehr starker Einfluss	100

Tab. 7-62: Wertminderungsansätze

Die Wertminderung ergibt sich somit zu 10.000 € x 0,4 = 4.000 €.

Dach

Wie zuvor erwähnt, werden im Folgenden nur die Schäden, die über das Übliche hinausgehen, betrachtet. Ein Feuchteschaden infolge einer Undichtheit im Dach wird von den

Marktteilnehmern sensibel betrachtet, daher wird hier Kategorie 3 angesetzt. Die anderen Einflusskriterien werden entsprechend der Beurteilung der Fassade gewählt. Es ergibt sich eine mittlere Kategorie von 1,9, was einem Wertansatz von ca. 50 % der Kosten entspricht.

Schadensart	**Kat.**	**Schadens-umfang**	**Kat.**	**Lage**	**Kat.**	**Baujahres-klasse**	**Kat.**	**Teilmarkt**	**Kat.**	
Risse		Klein		Ballungs-gebiet		Neubau		EFH/ZFH		
Schimmel		Mittel	2	Rand-gebiet	2	Mittleres Baujahr		MFH	1	
Feuchteschäden	3	Groß		Land		Altbau	1	WET		
Schädlinge		Sehr groß						Gewerbe		
Hausschwamm										
Sonstige										
Gewichtung	25 %		15 %		25 %		15 %		20 %	100 %
Kategorie * Gewichtung	0,75		0,30		0,50		0,15		0,20	**1,9**

Tab. 7-63: Bewertungsmatrix

Kategorie	**Einfluss des Schadens auf den Verkehrswert**	**Wertminderungsansatz (in % der Kosten)**
0	Kein Einfluss	0
1	Geringer Einfluss	25
2	Mittlerer Einfluss	50
3	Starker Einfluss	75
4	Sehr starker Einfluss	100

Tab. 7-64: Wertminderungsansätze

Die Wertminderung infolge des defekten Daches wird somit auf 5.000 € x 0,50 = 2.500 € geschätzt.

Treppenhaus

Wie bereits erwähnt, werden für die Feuchteflecken im Treppenhaus keine Abzüge vorgenommen.

Zusammenstellung der Ergebnisse

Die vorgenannten Wertansätze führen zu einer Wertminderung in Höhe von rund 25.000 €, was ca. 2 % des unbelasteten Verkehrswerts ausmacht.

Erforderliche Maßnahmen	**Kostenansatz**	**Kategorie**	**Faktor**	**Wertansatz**
Kellerausbau	20.000 €		0,90	18.000 €
Fassadensanierung	10.000 €	1,7	0,40	4.000 €
Dachsanierung	5.000 €	1,9	0,50	2.500 €
Summe	35.000 €			**24.500 €**

Tab. 7-65: Bewertungsmatrix

gemischt genutztes Mehrfamilienhaus	
Baujahr	**1915**
GND	70 Jahre
RND	20 Jahre
Bodenrichtwert	500 €/m²
Verkehrswert unbelastet	1,2 Mio. €
Wertminderung absolut	rd. 25.000 €
Wertminderung	2,00 %

Tab. 7-66: Übersicht Ergebnis

7.1.11 Wohnungseigentum Baujahr 1960 im Ballungsgebiet, Nikotingeruch

Der unbelastete Verkehrswert eines Wohnungseigentums im Ballungsgebiet beträgt rund 200.000 € bei rund 40 m² Wohnfläche. Bewertungsgegenstand ist eine Eigentumswohnung im Erdgeschoss eines Mehrfamilienwohnhauses aus dem Jahr 1960. Die Wohnung wurde nach dem Auszug eines über Jahrzehnte stark rauchenden Mieters kernsaniert. Dabei wurden der Putz an allen Innenwänden sowie alle Bodenbeläge und Sanitärobjekte und weitere Einbauten entfernt.

Abb. 7-77: Verfärbte Wand einer Raucherwohnung

Wohnungseigentum Ballungsgebiet	
Baujahr	1960
GND	70 Jahre
RND	60 Jahre
Bodenrichtwert	1.000 €/m²
Verkehrswert unbelastet	200.000 €

Tab. 7-67: Übersicht Eingangswerte

Die Geschossdecke besteht aus einer Stahlbetonrippendecke, die unterseitig beplankt ist. Als Deckenbekleidung dient eine ca. 1 cm dicke Putzschicht.

Nach der Sanierung ist der Nikotingeruch immer noch deutlich wahrnehmbar. Insbesondere an Tagen mit feuchtem Außenklima verstärkt sich der Geruch enorm. Sind die Zimmertüren länger verschlossen, steigt die Geruchsbelästigung weiter an.

Offensichtlich diffundiert der Nikotingeruch weiterhin aus dem 36 cm dicken Mauerwerk der Außenwände in die Raumluft.

Die Möglichkeit der Maßnahmen zur Geruchsbeseitigung sind begrenzt. Eine Beschichtung der Wände mittels einer mit einer Sperrschicht versehenen Tapete zur Einhausung des Geruchs ist bauphysikalisch schwierig, da die Wohnung überwiegend von nicht gedämmten Außenwänden umfasst ist. Die Einhausung der Wände birgt die Gefahr einer Kondenswasserbildung an der Wandoberfläche hinter der Tapete und damit einer Schimmelpilzbildung.

Eine Alternative zur Beschichtung der Wände ist das Ozonverfahren. Bei diesem werden die Gerüche aus der Raumluft und von den Wand- und Deckenoberflächen chemisch gebunden und somit eliminiert (siehe hierzu Kapitel 4.8).

Da im vorliegenden Bewertungsfall aber seit Monaten immer wieder Nikotingeruch aus den Wänden diffundiert, ist davon auszugehen, dass eine einmalige Ozon-Behandlung das Geruchsproblem nicht beheben wird.

Es ist fraglich, ob diese Wohnung an einen Nichtraucher vermietbar ist. Nach Angaben des Bundesgesundheitsministeriums rauchten im Jahr 2018 rund 25 % der Bevölkerung in Deutschland. Der Mieterkreis wäre damit enorm eingeschränkt.

Im Ballungsgebiet wird eine Wohnung in der Größe und Lage jedoch innerhalb weniger Tage vermietet. Reduziert sich nun der Interessentenkreis ausschließlich auf Raucher, müsste die Miete entsprechend vermindert werden, um eine entsprechend größere Auswahl an Interessenten zu erhalten. In Abhängigkeit von der Mindermiete kann ein Wertminderungsansatz ermittelt werden.

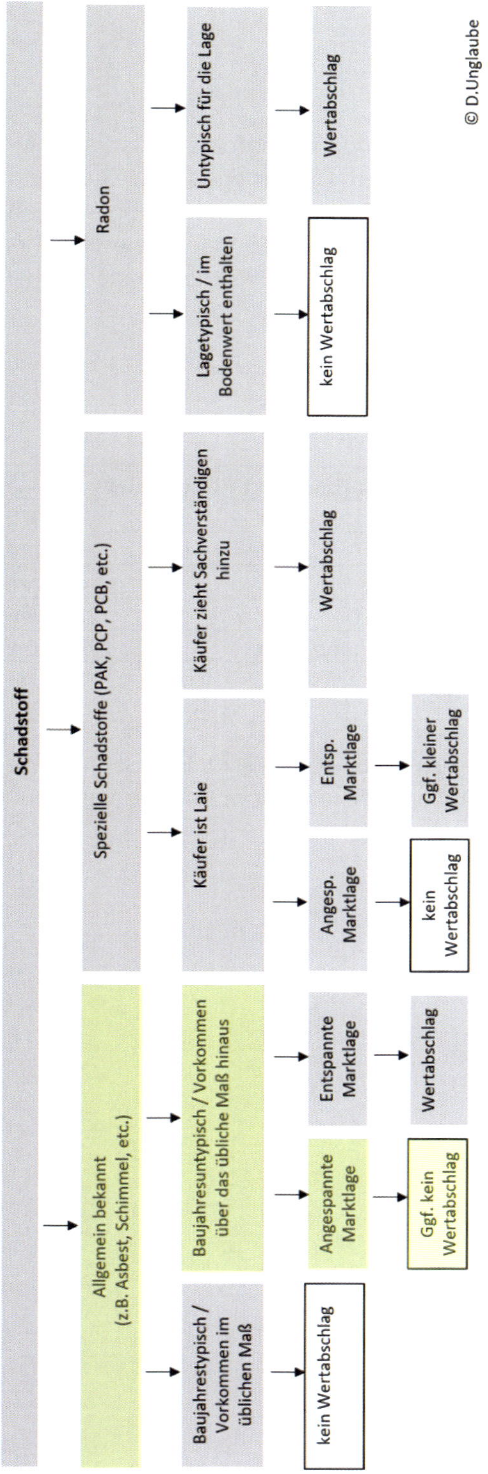

Abb. 7-78: Übersicht über die Bewertungsfälle mit Schadstoffvorkommen im Einfamilienhausmarkt

7.1.12 Gewerbeobjekt im Randgebiet Baujahr 1979, Feuchteschaden

Beschreibung der Schäden und Besonderheiten

Für ein Gewerbeobjekt mit Baujahr 1979 ist die Wertminderung infolge eines undichten Daches zu ermitteln. Das Grundstück befindet sich in einem Gewerbegebiet in einer Randlage mit einem Bodenrichtwert von 230 €/m². Bei einer Restnutzungsdauer von acht Jahren und einer Gesamtnutzungsdauer von 30 Jahren ergibt sich der unbelastete Verkehrswert zu rund 270.000 €. Das Gebäude besteht aus einer kleinen Werkhalle, einer großen Lagerhalle sowie einem zweigeschossigen Bürotrakt.

Abb. 7-79: Außenansicht Halle

Gewerbeobjekt Randgebiet	
Baujahr	1979
GND	30 Jahre
RND	8 Jahre
Bodenrichtwert	230 €/m²
Verkehrswert unbelastet	270.000 €

Tab. 7-68: Übersicht Eingangswerte

Das Dach der Lagerhalle ist an der Westfassade augenscheinlich undicht. Hier ist an mehreren Stellen Feuchteeindrang zu erkennen. Die Abhangdecke weist bräunliche Verfärbungen auf und ist stellenweise aufgequollen.

Abb. 7-80: Feuchteeindrang an der Hallendecke

Abb. 7-81: Nahaufnahme Feuchteschaden

Abb. 7-82: Feuchtefleck im Bereich der Stütze

Überlegungen im Rahmen der Verkehrswertermittlung

Das Dach wurde nach Angaben des Eigentümers vor ca. 20 Jahren erneuert. Aus diesem Grund ist es auszuschließen, dass es sich bei den Schäden um altersbedingte Erscheinungen handelt.

Für die Schadensbehebung durch einen Dachdecker wird ein Pauschalansatz auf Basis von Erfahrungswerten in Höhe von 10.000 € inklusive Sicherheitsmaßnahmen und Baustelleneinrichtung angesetzt.

Feuchteschäden an sich beeinträchtigen den Verkehrswert grundsätzlich eher stark. Daher wird hier Kategorie 2,5 angesetzt. Die Ausprägung des Schadens ist bisher klein und entspricht damit einem geringen bis mittleren Einfluss. Die Randlage wird mit Kategorie 2 bewertet, ebenso das Baujahr.

Bei dem Gewerbeobjekt handelt es sich um ein reines Ertragsobjekt. Der Ertrag in Form der Hallenmiete ist trotz vorhandenem Schaden weiterhin zu erzielen. Emotionale Bedenken aufgrund von Feuchteeintritt, wie es bei Einfamilienhäusern gegebenenfalls der Fall ist, entfallen hier. Daher wird der Gewerbemarkt mit Kategorie 0,5 bewertet.

Ermittlung der Wertminderung

Schadensart	**Kat.**	**Schadens-umfang**	**Kat.**	**Lage**	**Kat.**	**Baujahres-klasse**	**Kat.**	**Teilmarkt**	**Kat.**	
Risse		Klein	1,5	Ballungs-gebiet		Neubau		EFH/ZFH		
Schimmel		Mittel		Rand-gebiet	2	Mittleres Baujahr	2	MFH		
Feuchteschäden	2,5	Groß		Land		Altbau		WET		
Schädlinge		Sehr groß						Gewerbe	0,5	
Hausschwamm										
Sonstige										
Gewichtung	25 %		15 %		25 %		15 %		20 %	100 %
Kategorie * Gewichtung	0,63		0,23		0,50		0,30		0,10	**1,8**

Tab. 7-69: Bewertungsmatrix

Kategorie	**Einfluss des Schadens auf den Verkehrswert**	**Wertminderungsansatz (in % der Kosten)**
0	Kein Einfluss	0
1	Geringer Einfluss	25
2	Mittlerer Einfluss	50
3	Starker Einfluss	75
4	Sehr starker Einfluss	100

Tab. 7-70: Wertminderungsansätze

Unter Berücksichtigung der vorbeschriebenen Bewertung ergibt sich die Wertminderung zu 10.000 € x 0,45 = 4.500 €.

In Bezug auf den mangelfreien Verkehrswert handelt es sich um eine Wertminderung in Höhe von rund 1,7 %.

Zusammenstellung der Ergebnisse

Gewerbehalle Randgebiet	
Baujahr	**1979**
GND	30 Jahre
RND	8 Jahre
Bodenrichtwert	230 €/m²
Verkehrswert unbelastet	270.000 €
Wertminderung absolut	4.500 €
Wertminderung	1,70 %

Tab. 7-71: Übersicht Ergebnis

7.1.13 Mehrfamilienwohnhaus Baujahr 1900 im ländlichen Gebiet, Schädlingsbefall

Beschreibung der Schäden und Besonderheiten

In einem Mehrfamilienwohnhaus mit Baujahr 1919 in einer kleinen Gemeinde wird im Dachstuhl ein Hausbockbefall entdeckt. Die Tragfähigkeit der Balkenkonstruktion ist nicht beeinträchtigt. Da der Dachboden teilweise ausgebaut ist, sind vorbereitende Maßnahmen wie z.B. der Rückbau hitzegefährdeter Bauteile erforderlich. Die Sanierungskosten inklusive aller Nebenarbeiten werden mit 35.000 € beziffert. Der Verkehrswert des unbelasteten Grundstücks beträgt rund 360.000 €.

Abb. 7-83: Außenansicht Mehrfamilienhaus
Quelle: Robert Ott, SV für Holzschutz und -schäden

Mehrfamilienwohnhaus ländliches Gebiet	
Baujahr	1919
GND	70 Jahre
RND	15 Jahre
Bodenrichtwert	190 €/m²
Verkehrswert unbelastet	360.000 €

Tab. 7-72: Übersicht Eingangswerte

Abb. 7-84: Beschädigter Dachstuhl
Quelle: Robert Ott, SV für Holzschutz und -schäden

Überlegungen im Rahmen der Verkehrswertermittlung

Die Schadensbeseitigung bei Schädlingsbefall ist immer mit hohen Kosten verbunden. In der Regel bleibt es nicht allein bei den reinen Kosten für die Schädlingsbekämpfung, wie hier das Heißluftverfahren, sondern es kommen auch nicht unerheblich Nebenkosten für die Vorarbeiten zur Ermöglichung der Schädlingsbekämpfung hinzu.

Entsprechend dem unten dargestellten Schema würde demnach für die Schadensart eine Kategorie 3,5 gewählt werden. Das Ausmaß des Schadens ist groß und erhält somit Kategorie 3. Die ländliche Lage hat einen hohen Einfluss auf die Wertminderung. Hier ist die Nachfrage entsprechend niedrig. Bei einem Altbau rechnen die Käufer bereits mit einer entsprechenden Investition für Schäden, weshalb für das Einflusskriterien Baujahr die Kategorie 1 angemessen erscheint. Der Mehrfamilienhausmarkt reagiert weniger emotional als der Eigenheimmarkt, sodass hier Kategorie 2 für einen mittleren Werteinfluss passend ist. Unter Berücksichtigung der Gewichtung der Kriterien ergibt sich eine mittlere Kategorie 2,9, welche einem großen Werteinfluss entspricht. Danach werden die Schadensbeseitigungskosten zu 70 % angesetzt.

Ein Schädlingsbefall hat einen recht hohen Einfluss auf die Wertminderung, da ein solcher zunächst als unspezifisch und unkontrollierbar empfunden wird. Anders als bei einer defekten Rohrleitung, deren Schadensausmaß eingrenzbar ist, bleibt bei Schädlingsbefall die Sorge, dass man das Ausmaß nicht unter Kontrolle hat.

Es wäre durchaus denkbar, dass hier über den vorgenannten Ansatz hinaus ein Zuschlag für einen verbleibenden merkantilen Minderwert marktgerecht ist.

Ermittlung der Wertminderung

Schadensart	Kat.	Schadens-umfang	Kat.	Lage	Kat.	Baujahres-klasse	Kat.	Teilmarkt	Kat.	
Risse		Klein		Ballungs-gebiet		Neubau		EFH/ZFH		
Schimmel		Mittel		Rand-gebiet		Mittleres Baujahr		MFH	2	
Feuchteschäden		Groß	3	Land	4	Altbau	1	WET		
Schädlinge	3,5	Sehr groß						Gewerbe		
Hausschwamm										
Sonstige										
Gewichtung	25 %		15 %		25 %		15 %		20 %	100 %
Kategorie * Gewichtung	0,88		0,45		1,00		0,15		0,40	**2,9**

Tab. 7-73: Bewertungsmatrix

Kategorie	Einfluss des Schadens auf den Verkehrswert	Wertminderungsansatz (in % der Kosten)
0	Kein Einfluss	0
1	Geringer Einfluss	25
2	Mittlerer Einfluss	50
3	Starker Einfluss	75
4	Sehr starker Einfluss	100

Tab. 7-74: Wertminderungsansätze

Es ergibt sich nach Gewichtung der Ergebnisse ein starker Einfluss auf den Verkehrswert. Es wird ein Wertminderungsansatz von 70 % angesetzt. Die Wertminderung ergibt sich somit zu 35.000 x 0,7 = 24.500 €, rund 25.000 €. Bezogen auf den unbelasteten Verkehrswert in Höhe von 360.000 € entspricht die Wertminderung rund 7 %.

Zusammenstellung der Ergebnisse

Mehrfamilienwohnhaus ländliches Gebiet	
Baujahr	**1919**
GND	70 Jahre
RND	15 Jahre
Bodenrichtwert	190 €/m²
Verkehrswert unbelastet	360.000 €
Wertminderung absolut	rd. 25.000 €
Wertminderung	7,00 %

Tab. 7-75: Übersicht Ergebnis

7.1.14 Hofreite Baujahr 1890 im ländlichen Gebiet, diverse Schäden

Beschreibung der Schäden und Besonderheiten

Eine Hofreite aus dem Jahr 1890 wurde mehrfach erweitert und ausgebaut.

Abb. 7-85: Ansicht Innenhof Hofreite

Hofreite ländliches Gebiet	
Baujahr	1890
GND	70 Jahre
RND	11 Jahre
Bodenrichtwert	150 €/m²
Bodenwert	75.000 €
Verkehrswert unbelastet	rd. 95.000 €

Tab. 7-76: Übersicht Eingangswerte

Einige Gebäudeteile besitzen keine Heizung, da sie seit Errichtung, als man noch mit Kohleöfen heizte, nicht modernisiert wurden. Aus diesem Grund stehen diese Bereiche leer. Die beiden Wohneinheiten im Seitengebäude stehen seit zehn Jahren leer. Sie sind sowohl wegen ihrer Geometrie und Raumaufteilung als auch wegen der geringen Raumhöhen von teilweise 2,10 m im Hinblick auf die heutigen Anforderungen nicht oder nur schwer vermietbar. Beide Wohnungen weisen massive Feuchte- und Schimmelschäden auf. Es ist davon auszugehen, dass das Dach undicht ist und aufgrund eines großen Feuchteschadens infolge eines Wasserrohrbruchs eine starke Durchfeuchtung der Balkendecken und Fachwerkaußenwände vorliegt. An der Decke eines Wohnraumes im ersten Obergeschoss hat sich infolge des zuvor beschriebenen Wasserschadens ein massiver Schimmelschaden entwickelt.

Abb. 7-86: Schimmelbefall an der Zimmerdecke

Abb. 7-87: Feuchteschäden an Außenwand

Im Keller sind zahlreiche Feuchteschäden aufgetreten. Massive Salzausblühungen sind an verschiedenen Wänden zu erkennen. Die Stahlträger der Kappendecke sind so stark korrodiert, dass die Querschnitte teilweise verjüngt sind. Es ist nicht klar, ob die Tragfähigkeit einzelner Träger gegeben ist.

Abb. 7-88: Schimmelbefall und Verfärbungen im Gewölbekeller

Abb. 7-89: Stark korrodierte Stahlkappendecke

Abb. 7-90: Schimmelbefall und Salzausblühungen an Kellerwand

Das Dach ist an zahlreichen Stellen augenscheinlich undicht. An fast allen Dachschrägen sind Feuchteschäden erkennbar.

Abb. 7-91: Feuchteschäden an Dachschräge im Bad

Überlegungen im Rahmen der Verkehrswertermittlung

Das unbelastete Grundstück hat einen Verkehrswert in Höhe von rund 95.000 €. Die vorbeschriebenen Schäden sind erheblich. Ihre Beseitigung ist nicht nur zur Erzielung einer Vermietbarkeit erforderlich, sondern vielmehr zur Erhaltung der Tragfähigkeit des Gebäudes sowie seiner Bausubstanz. Zur Erhaltung bzw. Wiederherstellung der Gebrauchstauglichkeit des Gebäudes sind folgende Maßnahmen erforderlich:

- Sanierung der Träger im Keller
- Dachsanierung inklusive Trocknung
- Sanierung der durchfeuchteten Wände
- Sanierung Schimmelbefall an der Decke

Die Kosten für die vorgenannten Maßnahmen übersteigen in jedem Fall 100.000 € und sind damit höher als der Verkehrswert des unbelasteten Grundstücks. Hinzu kämen weitere Kosten zur Wiederherstellung der Vermietbarkeit der seit Langem leerstehenden Gebäudeteile.

In diesem Beispiel sind ein Abriss und Neubau die wirtschaftlichste Lösung.

Der Wert des Grundstücks ergibt sich demnach auf Basis des Bodenwerts des unbelasteten Grundstücks abzüglich der Rückbaukosten. Diese können im vorliegenden Fall auf ca. 25.000 € geschätzt werden.

Der Verkehrswert des belasteten Grundstücks ergibt sich somit zu rund 50.000 €.

Hofreite ländliches Gebiet	
Baujahr	**1890**
GND	70 Jahre
RND	11 Jahre
Bodenrichtwert	150 €/m²
Bodenwert	75.000 €
Verkehrswert unbelastet	rd. 95.000 €
Verkehrswert belastet	rd. 50.000 €

Tab. 7-77: Übersicht Ergebnis

7.2 Merkantile Wertminderung bei bereits beseitigten Bauschäden und Ereignissen

7.2.1 Einfamilienhaus mit Baujahr 1975 im ländlichen Gebiet, ehemaliger Schimmelbefall

Bei dem Bewertungsobjekt handelt es sich um ein freistehendes Einfamilienwohnhaus, das im Jahr 1975 errichtet wurde. Das Haus befindet sich in einer ländlichen Gegend. Im Rahmen des Bewertungsauftrags ist zu prüfen, ob ein merkantiler Minderwert vorliegt. Liegt ein Minderwert vor, ist seine Höhe zu bestimmen.

Einfamilienhaus ländliches Gebiet	
Baujahr	**1975**
Thema	ehem. Schimmelbefall
Sanierungskosten	4.000 €
Zeitdauer (Schadensbeseitigung-Stichtag)	3 Monate
Lage	Ländliches Gebiet
Verkehrswert (VW) unbelastet	200.000 €
Anteil der Schadensbeseitigungskosten vom VW	2 %

Tab. 7-78: Übersicht Eingangswerte

Beschreibung der Schäden und Besonderheiten

An der Innenseite der Außenwand eines kleinen Erkers war schwarzer mikrobieller Befall sichtbar. Dieser befand sich in der Ecke der Außenwände und erstreckte sich vom Boden bis ca. zwei Drittel der Raumhöhe. Insgesamt handelte es sich um einen mittleren Befall.

Zum Bewertungszeitpunkt ist kein Befall sichtbar. Dieser wurde fachgerecht entfernt und entsorgt. Die Wände wurden mit einem neuen Anstrich versehen. Eine Wärmedämmung der Außenwände erfolgte nicht.

Die Schadensbeseitigung erfolgte ca. drei Monate vor dem Wertermittlungsstichtag. Die Schadensbeseitigungskosten beliefen sich auf rund 4.000 €.

Der Verkehrswert des Grundstücks wird auf rund 200.000 € geschätzt.

Abb. 7-92: Außenansicht Erker

Abb. 7-93: Innenansicht Erker

Überlegungen zum merkantilen Minderwert

Wie bereits mehrfach beschrieben, handelt es sich bei Schimmelschäden um Schäden, die am zweithäufigsten zu Wertminderungen auf dem Einfamilienhausmarkt führen. Bei den Kaufüberlegungen der Interessenten spielt die Überlegung der gesundheitlichen Beeinträchtigung durch Schimmelbefall eine große Rolle. Die Umfrage von *Unglaube*[89] hat gezeigt, dass in ländlichen Gebieten die Hälfte der Befragten bei einem Schimmelbefall vom Kauf zurücktreten würde, 44 % der Befragten würden den Kaufpreis um die Höhe der vollen Schadensbeseitigungskosten reduzieren. Zwar ist im vorliegenden Beispiel der Schimmelschaden saniert worden, aber die Sensibilität des Marktes bezüglich des Themas Schimmel bleibt. Im Hinblick auf die kurze Zeitdauer zwischen Schadensbeseitigung und Wertermittlungsstichtag sowie die Tatsache, dass sich das Bewertungsobjekt in einem entspannten Markt mit geringer Nachfrage und hohem Angebot befindet, kann davon ausgegangen werden, dass der beseitigte Schimmelbefall einen wertmindernden Einfluss hat.

Im Folgenden werden weitere Aspekte untersucht, die die Höhe der Wertminderung beeinflussen. Auf einer Skala von 0 bis 100 % werden die Einflussgrößen bewertet. Dabei entspricht 0 % keinem Einfluss auf die Wertminderung und 100 % einem sehr großen Einfluss auf die Wertminderung.

- Bekanntheit des ehemaligen Mangels/Schadens/Ereignisses

Es ist davon auszugehen, dass der ehemalige Schimmelbefall im Rahmen des Weiterverkaufs offengelegt werden muss (Ansatz = 100 %).

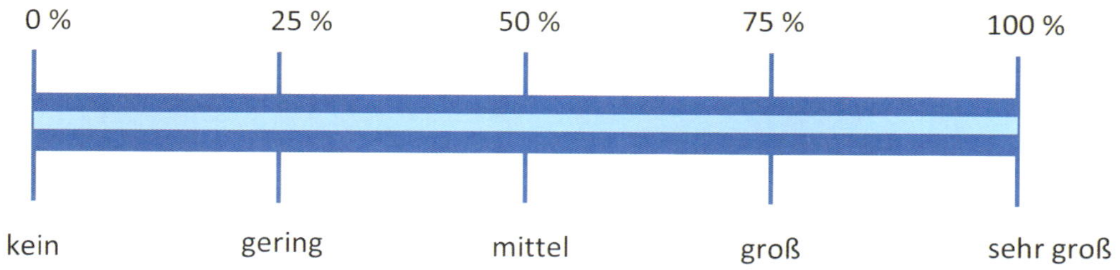

89 Siehe Kapitel 5.6.

- Schadensart

Es handelt sich um einen Schimmelschaden, der aufgrund falschen Nutzerverhaltens und mangelnder Wärmedämmung des Gebäudes entstanden ist.

Aus vorbeschriebenen Umfragen ging hervor, dass der Einfamilienhausmarkt sensibel auf Schimmelschäden reagiert (Ansatz = 100 %).

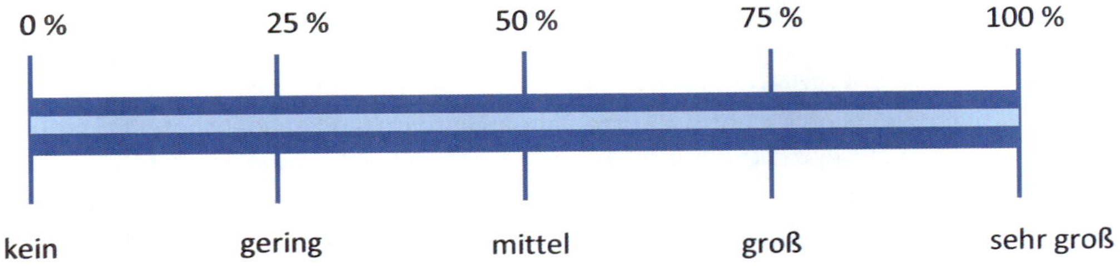

- Lage

Die Lage im ländlichen Gebiet bedeutet, dass es wahrscheinlich ist, ein vergleichbares Gebäude ohne beseitigten Schimmelschaden zum Kauf zu finden. Damit ist der Einfluss der Lage auf die Wertminderung als sehr hoch zu bewerten (Ansatz = 100 %).

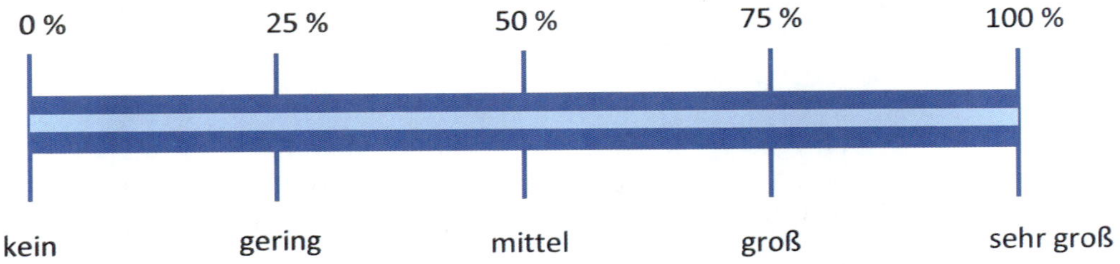

- Zeitdauer nach Beseitigung des Schadens

Der Weiterverkauf findet unmittelbar nach der Schadensbeseitigung statt. Es gibt aus Sicht des Käufers damit noch keine Erfahrungswerte hinsichtlich des Wiederauftretens des Schadens. Die Unsicherheit ist als groß einzuschätzen (Ansatz = 100 %).

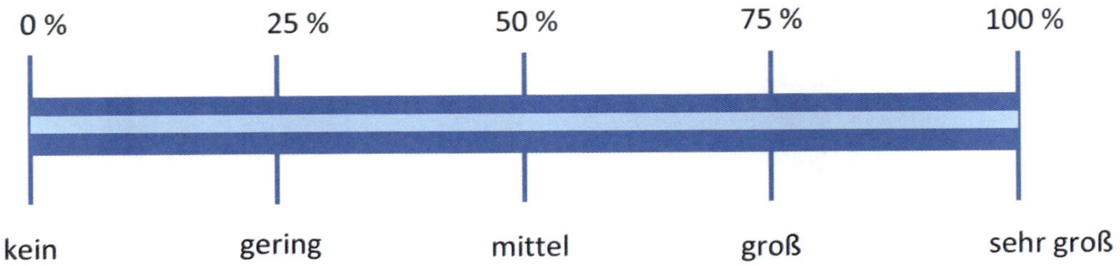

- Schadensausmaß

Es handelt sich um einen mittleren Schaden mit einer geringen, aber möglichen Gefahr der Gesundheitsgefährdung. Was die Schadensbeseitigungskosten betrifft, liegen diese mit 2 % vom mangelfreien Verkehrswert sehr niedrig. Ein Ansatz von 50 % wird als angemessen erachtet (Ansatz = 50 %).

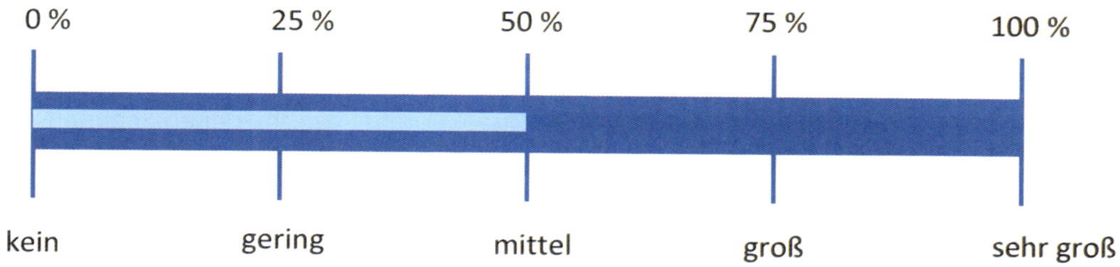

- Teilmarkt

Der Käuferkreis des Einfamilienhausmarktes besteht überwiegend aus Kleinfamilien, die die Immobilie zur Eigennutzung suchen. Hier sind die Befindlichkeiten und psychologischen Kaufentscheidungen am häufigsten (Ansatz = 100 %).

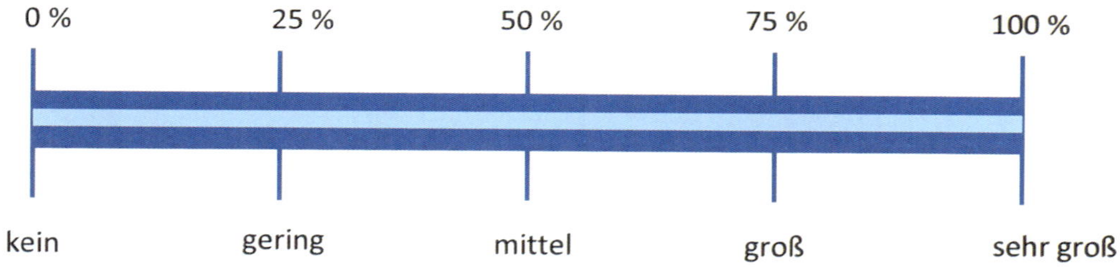

Ermittlung der Wertminderung

Betrachtet man die zuvor dargestellten Auswertungen der einzelnen Einflusskriterien, ist zu erkennen, dass kein Kriterium mit 0 bewertet wurde, also kein K.-o.-Kriterium vorliegt, weshalb von einem merkantilen Minderwert auszugehen ist.

Der Werteinfluss im vorliegenden Fall ist als hoch bis sehr hoch einzuschätzen. Als Ausgangswert dürfen in diesem Fall nicht die Schadensbeseitigungskosten zugrunde gelegt werden. Wenn klar ist, dass ein großer Teil der Kaufinteressenten vom Kauf zurücktritt, dann wäre der Ansatz der vollen Schadensbeseitigungskosten als Maximalansatz zu niedrig.

Die Umfrage nach *Unglaube* (siehe Kapitel 5.6) hat gezeigt, dass bei tatsächlichen Schimmelschäden in ländlichen Gebieten ungefähr 50 % der Befragten vom Kauf zurücktreten würden. Dies hat zur Folge, dass erheblich mehr Kaufinteressenten gefunden werden müssen, um das Gebäude in der gleichen Zeit zu verkaufen wie ein mangelfreies. Ausgehend davon, dass die Hälfte der Interessenten vom Kauf Abstand nimmt, müssten theoretisch doppelt so viele Personen angesprochen werden, um auf die gleiche Anzahl von Interessenten zu kommen wie bei einem mangelfreien Objekt.

Im vorliegenden Fall ist der Schimmelschaden behoben, dennoch muss damit gerechnet werden, dass auch hier einige Interessenten vom Kauf zurücktreten.

Der Anteil wird sicherlich nicht so groß sein wie bei einem tatsächlichen Schimmelschaden.

Gemäß Tabelle 6-10 wird in ländlichen Gegenden für mittlere Schäden ein Wertabschlag zwischen 0 und 17,9 %, im Durchschnitt von 3,4 %, und für große Schäden zwischen 0 und 31 %, im Durchschnitt von 6,2 % gemacht. Eine Unterscheidung nach Schadensart erfolgte hierbei nicht. Für einen vorhandene Schimmelschaden mittleren Ausmaßes ist somit ein erhöhter Abschlag von rd. 6 % ansetzbar.

Die in Kapitel 5.6 dargestellte Umfrage zur Marktreaktion bei verschiedenen Schadensarten zeigt deutlich, dass die Schadensart Schimmel eine besondere Abneigung auf dem Markt zur Folge hat.

Auch zeigt die Auswertung Minderungshöhe nach Schadensart dargestellt in Abbildung 5-58, dass die Minderungshöhe bei Schimmelschäden oftmals über den vollen Schadensbeseitigungskosten liegt.

Im vorliegenden Fall ist auch nicht auszuschließen, dass der Schaden bei falschem Nutzerverhalten wieder auftritt.

Aufgrund dieser emotionalen Marktreaktion und nach Bewertung der Einflusskriterien ist ein Abschlag von 5 % auch nach Schadensbeseitigung durchaus denkbar. Dieser liegt damit nur 1 % unter dem Abschlag für nicht beseitigte Schimmelschäden.

Einfamilienhaus ländliches Gebiet	
Baujahr	**1975**
Thema	ehem. Schimmelbefall
Sanierungskosten	4.000 €
Zeitdauer (Schadensbeseitigung-Stichtag)	3 Monate
Lage	ländliches Gebiet
Verkehrswert (VW) unbelastet	200.000 €
Anteil der Schadensbeseitigungskosten vom VW	2 %
Durchschnittlicher Wertabschlag für mittlere noch vorhandene Schäden im ländlichen Gebiet	6 %
Anteil des merkantilen Minderwerts vom VW	5 %
Verkehrswert (VW) unbelastet	190.000 €

Tab. 7-79: Übersicht Ergebnis

7.2.2 Einfamilienhaus mit Baujahr 2000 im Randgebiet, ehemaliger Feuchteschaden

Einfamilienhaus Randgebiet	
Baujahr	**2000**
Thema	ehem. Feuchteschaden
Sanierungskosten	50.000 €
Zeitdauer (Schadensbeseitigung-Stichtag)	4 Jahre
Lage	Randgebiet
Verkehrswert (VW) unbelastet	700.000 €
Schadensbeseitigungskosten in % vom VW	7 %

Tab. 7-80: Übersicht Eingangswerte

Beschreibung der Schäden und Besonderheiten

Im Keller eines Einfamilienhauses mit Baujahr 2000 in einem Randgebiet kommt es nach einem Starkregen zu massivem Wassereindrang. Im Untergeschoss befinden sich Wohnräume. Als Schadensursache wird die unsachgemäße Ausführung der Fugen der „weißen Wanne"[90] festgestellt.

Die Sanierung erfolgt mittels Injektionen. Nach Trocknung der Räume werden die Wand- und Bodenbeläge wiederhergestellt. Das Gebäude ist nach sachgemäßer Schadensbeseitigung schadensfrei.

Der Weiterverkauf erfolgt vier Jahre nach Schadensbeseitigung. Die Sanierungskosten betrugen 50.000 € bei einem Verkehrswert von rund 700.000 €.

Es soll untersucht werden, ob ein merkantiler Minderwert vorliegt und, wenn ja, in welcher Höhe er anzusetzen ist.

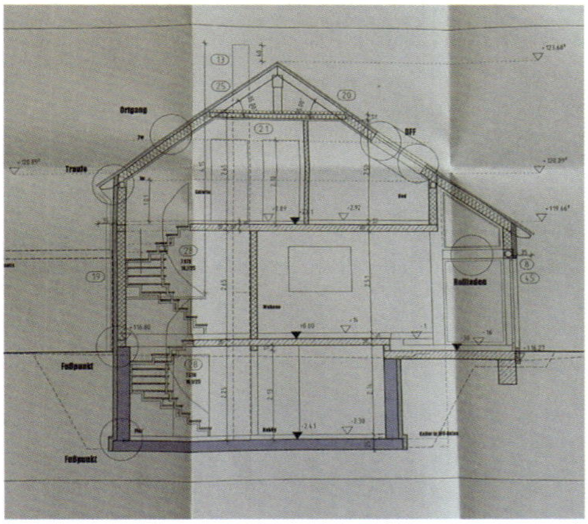

Abb. 7-94: Schematische Darstellung der Weiße-Wanne-Konstruktion

Abb. 7-95: Rückbau Innenausbau wegen Durchfeuchtung

90 Weiße Wanne: wasserundurchlässige Ausführung eines Kellers in Beton.

Abb. 7-96: Injektionen zur Bauteilabdichtung

Überlegungen zum merkantilen Minderwert

Im Folgenden werden weitere Aspekte untersucht, die die Höhe der Wertminderung beeinflussen. Auf einer Skala von 0 bis 100 % werden die Einflussgrößen bewertet. Dabei entspricht 0 % keinem Einfluss auf die Wertminderung und 100 % einem sehr großen Einfluss auf die Wertminderung.

- Bekanntheit des ehemaligen Mangels/Schadens/Ereignisses

Es ist davon auszugehen, dass der Wassereinbruch aufgrund der Größe des Schadensausmaßes beim Weiterverkauf kommuniziert werden muss (Ansatz = 100 %).

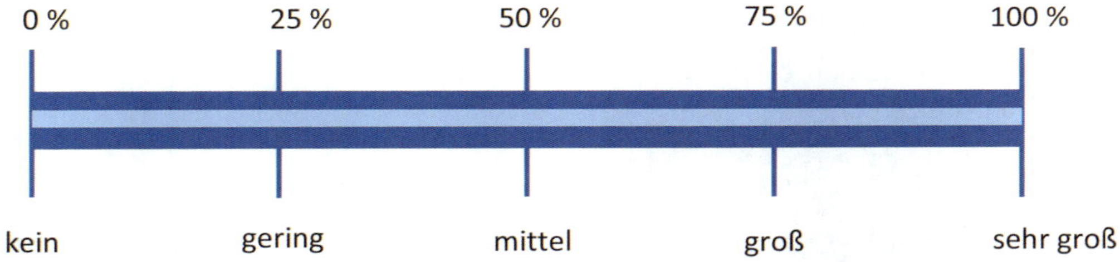

- Schadensart

Zunächst handelte es sich um einen Feuchteschaden im Inneren des Gebäudes. Wohnräume waren unmittelbar betroffen.

Aus vorbeschriebenen Umfragen ging hervor, dass der Einfamilienhausmarkt extrem sensibel auf Feuchteschäden reagiert (Ansatz = 100 %).

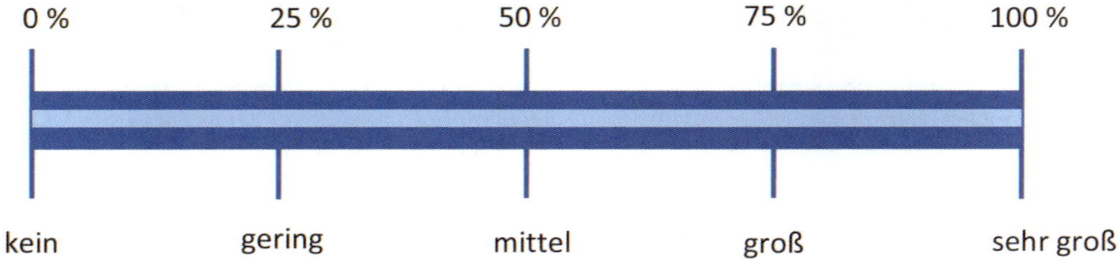

- Lage

Die Lage im Randgebiet bedeutet, dass es möglich ist, ein vergleichbares Gebäude ohne beseitigten Feuchteschaden zum Kauf zu finden. Damit ist der Einfluss der Lage auf die Wertminderung eher mittel bis hoch zu bewerten (Ansatz = 60 %).

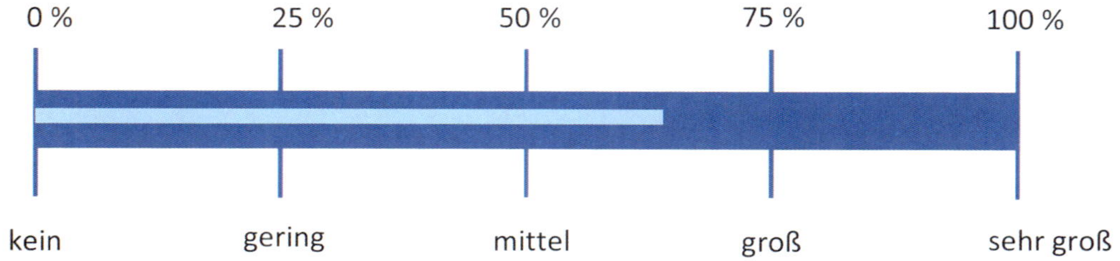

- Zeitdauer nach Beseitigung des Schadens

Der Weiterverkauf findet vier Jahre nach der Schadensbeseitigung statt. Erfahrungsgemäß treten Schäden infolge mangelhafter Ausführung in den ersten zwei bis spätestens fünf Jahren auf. Die Zeitdauer von vier Jahren hat daher einen geringen Einfluss auf die Wertminderung (Ansatz = 25 %).

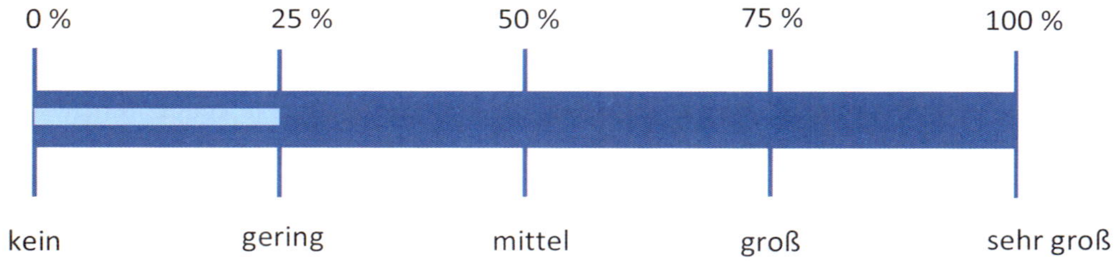

- Schadensausmaß

Es handelt sich um einen großen Schaden. Die Schadensbeseitigungskosten sind mit 50.000 € recht hoch. Bei einem Verkehrswert von 700.000 € betragen sie 7,1 % des mangelfreien Verkehrswerts (Ansatz = 75 %).

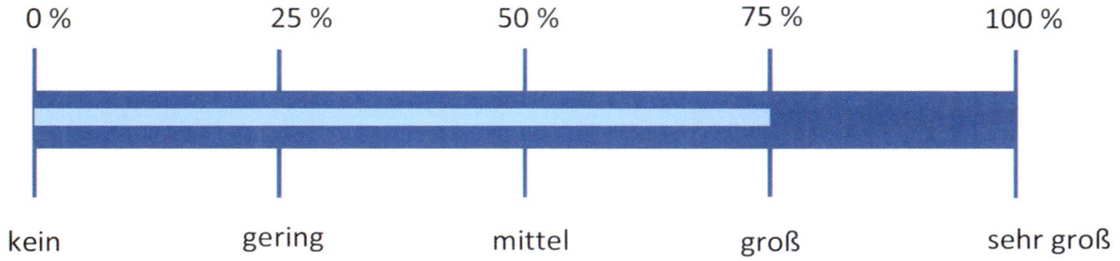

- Teilmarkt

Der Käuferkreis des Einfamilienhausmarktes besteht überwiegend aus Familien, die die Immobilie zur Eigennutzung suchen. Hier sind die Befindlichkeiten und psychologischen Kaufentscheidungen am häufigsten (Ansatz = 100 %).

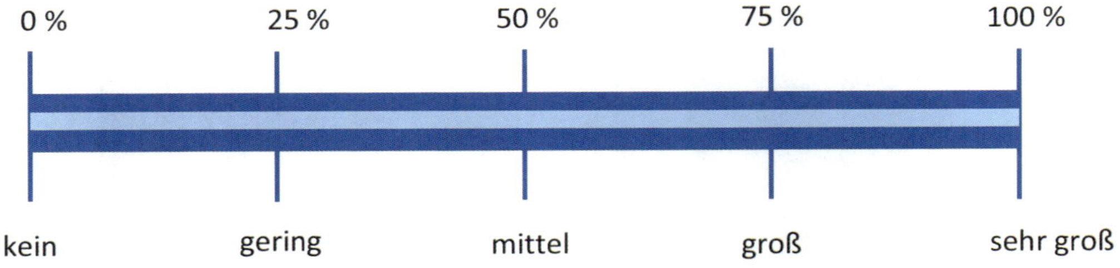

Ermittlung der Wertminderung

Die oben dargestellte Untersuchung der Bewertungskriterien zeigt, dass ein merkantiler Minderwert vorliegt.

Hier ist die Zeitdauer zwischen Wertermittlungsstichtag und Schadensbeseitigung ausschlaggebend für die Höhe des merkantilen Minderwerts. Die Wahrscheinlichkeit des Wiederauftretens von Schäden nimmt mit zunehmender Zeit ab. In der Regel sind nach fünf Jahren keine Schäden mehr zu erwarten. Nun liegt der Zeitpunkt der Wertermittlung gerade vier Jahre nach der Schadensbeseitigung. Die Wahrscheinlichkeit, dass der Schaden wieder auftritt, ist demnach sehr gering. Auch die Sorge, dass Folgeschäden entstehen könnten, ist aufgrund der mangelfreien Zeit von vier Jahren und fast 20 Jahren nach Errichtung des Hauses auszuschließen. Der merkantile Minderwert kann demnach nur gering sein.

Unter Zugrundelegung der Schadensbeseitigungskosten als maximale Obergrenze erscheint ein Wertansatz von 25 % als angemessen.

Danach ergibt sich ein Minderwert von 50.000 € x 0,25 = 12.500 €, rd. 13.000 €. Diese wiederum entsprechen rund 2 % des unbelasteten Verkehrswerts.

Die Auswertung tatsächlich vorhandener Schäden in Kapitel 6.5 Tabelle 6-10 ergab, dass der Markt für große Schäden im Randgebiet im Mittel einen Abschlag von 4 % macht. Somit erscheinen 2 % Abschlag für einen bereits beseitigten Schaden plausibel.

Einfamilienhaus ländliches Gebiet	
Baujahr	**2000**
Thema	ehem. Feuchteschaden
Sanierungskosten	50.000 €
Zeitdauer (Schadensbeseitigung-Stichtag)	5 Jahre
Lage	Randgebiet
Verkehrswert (VW) unbelastet	700.000 €
Anteil der Schadensbeseitigungskosten vom VW	7 %
Durchschnittlicher Wertabschlag für große noch vorhandene Schäden im Randgebiet	4 %
Anteil des merkantilen Minderwerts vom VW	2 %
Verkehrswert (VW) unbelastet	685.000 €

Tab. 7-81: Übersicht Ergebnis

7.2.3 Zweifamilienhaus mit Baujahr 2012 im Randgebiet, ehemaliger Schimmelschaden

Zweifamilienhaus Randgebiet	
Baujahr	**2012**
Thema	ehem. Schimmelschaden
Sanierungskosten	40.000 €
Zeitdauer (Schadensbeseitigung-Stichtag)	unmittelbar
Lage	Randgebiet
Verkehrswert (VW) unbelastet	800.000 €
Anteil der Schadensbeseitigungskosten vom VW	5 %

Tab. 7-82: Übersicht Eingangswerte

Beschreibung der Schäden und Besonderheiten

Der unbelastete Verkehrswert eines Zweifamilienwohnhauses mit Baujahr 2012 in einer Randlage wird zum Wertermittlungsstichtag auf rund 800.000 € geschätzt. Das Massivhaus besteht aus einem Untergeschoss, einem Erdgeschoss, einem Obergeschoss sowie einem Dachgeschoss, welches nicht ausgebaut ist.

Während der Errichtung des Gebäudes wurde der Dachstuhl witterungsbedingt stark durchfeuchtet. Betroffen waren neben der Holzkonstruktion des Daches auch die Mauerwerkswände, teilweise vom Erdgeschoss bis ins Obergeschoss, sowie die Dämmstoffe. Es kam zu massiven Feuchte- und Schimmelschäden.

Im Rahmen der Sanierung wurde das Mauerwerk getrocknet, die Dämmmaterialien wurden ausgebaut und erneuert und die Holztragkonstruktion des Daches wurde chemisch behandelt. Die Dachkonstruktion wurde auf der Innenseite mit Folien und OSB-Platten eingehaust.

Das im Anschluss an die Sanierung erstellte Schadensgutachten attestiert, dass das Mauerwerk und der Dachaufbau trocken sind. Es wird beschrieben, dass es auf der obersten Dachschalung zu einem Schimmelbefall gekommen war, der vollflächig entfernt wurde.

Die Schadensbeseitigungskosten wurden mit 40.000 € angegeben.

Es soll nun beurteilt werden, ob direkt nach Errichtung des Hauses, also unmittelbar im Anschluss an die Schadensbeseitigung, ein merkantiler Minderwert vorlag.

Überlegungen zum merkantilen Minderwert

Im Folgenden werden weitere Aspekte untersucht, die die Höhe der Wertminderung beeinflussen. Auf einer Skala von 0 bis 100 % werden die Einflussgrößen bewertet. Dabei entspricht 0 % keinem Einfluss auf die Wertminderung und 100 % einem sehr großen Einfluss auf die Wertminderung.

- Bekanntheit des ehemaligen Mangels/Schadens/Ereignisses

Es ist davon auszugehen, dass der vorangegangene Schaden im Kauffall kommuniziert werden muss (Ansatz = 100 %).

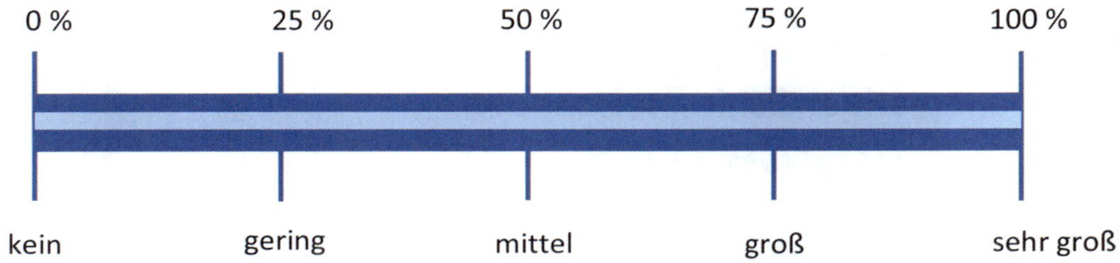

- Schadensart

Im vorliegenden Fall handelt es sich um massive Feuchteschäden und als Folge daraus zusätzlich um große Schimmelschäden.

Aus vorbeschriebenen Umfragen ging hervor, dass der Einfamilienhausmarkt extrem sensibel auf sowohl Feuchteschäden als auch Schimmelschäden reagiert (Ansatz = 100 %).

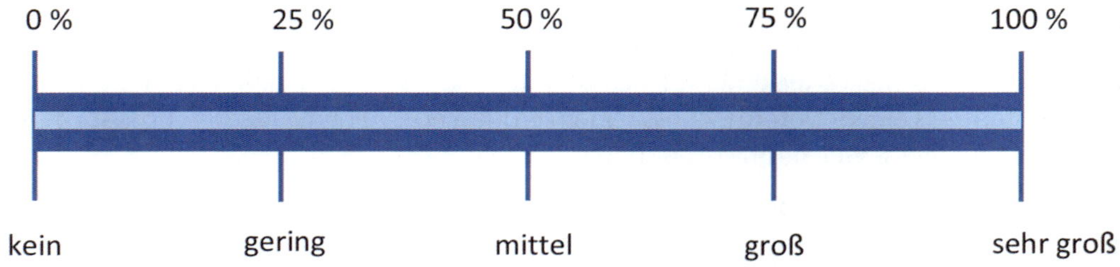

- Lage

Die Lage im Randgebiet bedeutet, dass es möglich ist, ein vergleichbares Gebäude ohne beseitigten Feuchteschaden zum Kauf zu finden. Damit ist der Einfluss der Lage auf die Wertminderung als mittel bis hoch zu bewerten (Ansatz = 60 %).

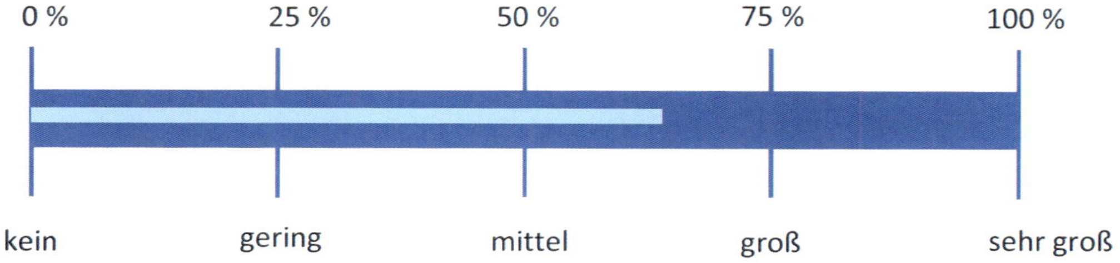

- Zeitdauer nach Beseitigung des Schadens

Der Wertermittlungsstichtag ist unmittelbar nach der Schadensbeseitigung datiert.

Die Befürchtungen eines Wiedereintritts des Schadens sind hier am größten (Ansatz = 100 %).

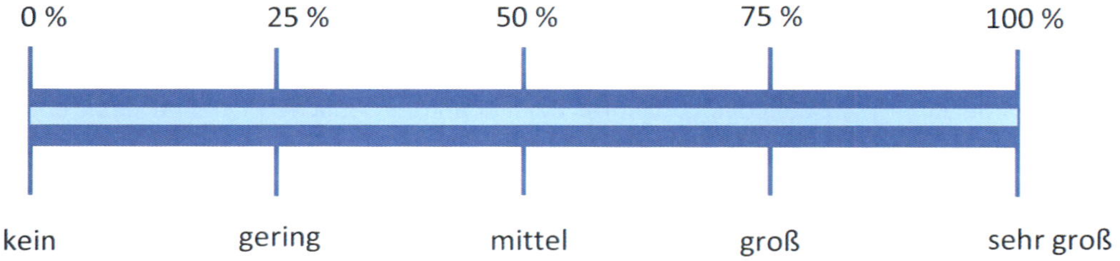

- Schadensausmaß

Es handelt sich um einen großen Schaden, da ein ganzes Geschoss sowie weitere Außenwände durchfeuchtet waren (Ansatz = 75 %).

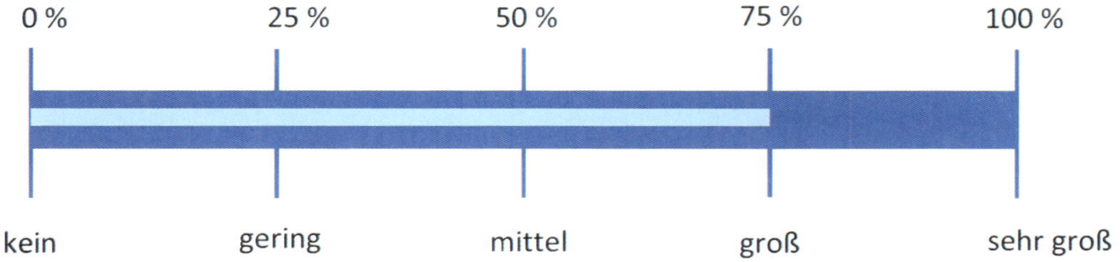

- Teilmarkt

Der Käuferkreis des Ein- und Zweifamilienhausmarktes besteht überwiegend aus Familien, die die Immobilie zur Eigennutzung suchen. Hier sind die Befindlichkeiten und psychologischen Kaufentscheidungen am häufigsten (Ansatz = 100 %).

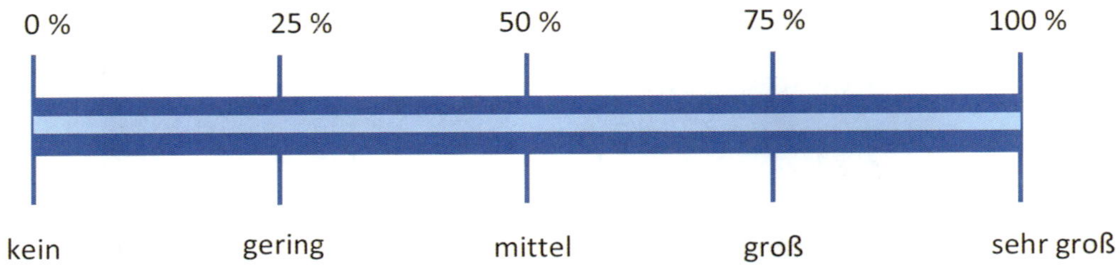

Ermittlung der Wertminderung

Die oben dargestellte Untersuchung der Bewertungskriterien zeigt, dass in jedem Fall ein merkantiler Minderwert vorliegt. Die Einstufung der einzelnen Kriterien liegt im Mittel bei rund 90 %.

Die tatsächlichen Schadensbeseitigungskosten betrugen rund 40.000 €.

Die Schadensursache war eine Unachtsamkeit in Bezug auf den Schutz der Materialien auf der Baustelle in Kombination mit einem starken Regenereignis. Es ist nicht davon auszugehen, dass bei einem Großteil des Publikums Zweifel an der baulichen Qualität des Gebäudes besteht. Die Ursache wurde klar erkannt und behoben.

Gleichzeitig hat sich der Schimmelbefall weit ausgebreitet und damit zu verhältnismäßig hohen Schadensbeseitigungskosten geführt. Es könnte ein ungutes Gefühl verbleiben, ob denn wirklich alle Materialien ausreichend gereinigt wurden.

Unter der Annahme, dass in diesem Beispiel die merkantile Wertminderung nicht größer sein kann als die Schadensbeseitigungskosten des tatsächlichen Schadens, könnten die vollen Schadensbeseitigungskosten als Grundlage für die Bewertung angesetzt werden.

Danach ergibt sich ein merkantiler Minderwert von 40.000 € x 0,90 = 36.000 €, was rund 4,5 % des mangelfreien Verkehrswerts entspricht. Die Auswertung der tatsächlichen Schäden in Kapitel 6.5 Tabelle 6-10 zeigt, dass der Markt in Randgebieten für große Schäden im Durchschnitt einen Abschlag von rd. 4,1 % macht. Der hier ermittelte Wertabschlag für die beseitigten Schäden liegt leicht darüber. Dies kann damit begründet werden, dass zum einen die Schadensbeseitigungskosten für die großen Schäden aus der Auswertung bereits bei 25.000 € begannen und die 40.000 € Schadensbeseitigungskosten aus dem Beispiel eher am höheren Ende der Spanne liegen. Zum anderen hat sich gezeigt, dass es sich bei Schimmelschäden um eine Schadensart handelt, bei denen der Markt im Verhältnis zu den Schadensbeseitigungskosten einen verhältnismäßig hohen Wertabschlag macht im Vergleich zu anderen Schadensarten Die Auswertung in Kapitel 6.5 macht keine Unterscheidung bezüglich der Schadensarten.

Zweifamilienhaus Randgebiet	
Baujahr	**2012**
Thema	ehem. Schimmelschaden
Sanierungskosten	40.000 €
Zeitdauer (Schadensbeseitigung-Stichtag)	unmittelbar
Lage	Randgebiet
Verkehrswert (VW) unbelastet	800.000 €
Anteil der Schadensbeseitigungskosten vom VW	5 %
Durchschnittlicher Wertabschlag für große noch vorhandene Schäden im Randgebiet	4 %
Anteil des merkantilen Minderwerts vom VW	4,5 %
Verkehrswert (VW) unbelastet	764.000 €

Tab. 7-83: Übersicht Ergebnis

7.2.4 Wohnungseigentum Baujahr 2020 im Ballungsgebiet, Baumangel Tragwerksplanung

Ein Mehrfamilienwohnhaus wurde im Jahr 2020 in einem Ballungsgebiet errichtet. Es besteht aus sechs Wohneinheiten. Dabei befinden sich jeweils zwei Wohneinheiten im Erdgeschoss, im Obergeschoss und im Dachgeschoss. Alle Wohnungen wurden vor der Fertigstellung des Gebäudes verkauft.

Im Rahmen der Abnahme einer Wohnung im ersten Obergeschoss werden bei Betreten des frei auskragenden Balkons Schwingungen wahrgenommen. Eine statische Überprüfung führt zu dem Ergebnis, dass die Bewehrung der Fertigteilbalkone zu gering dimensioniert ist.

Zur Mangelbeseitigung werden unter jeden Balkon jeweils zwei Stahlstützen in den Eckbereichen der Balkonplatte positioniert, die auf den Terrassen der Erdgeschosswohnungen im Erdreich gegründet werden. Die Kosten für die Montage der Stahlstützen inklusive Nebenkosten betragen rund 15.000 €. Auf jede Wohneinheit entfallen damit rund 2.500 €.

Im Rahmen der Wertermittlung soll festgestellt werden, ob sich ein merkantiler Minderwert für die Erdgeschosswohnungen ergibt. Der unbelastete Verkehrswert pro Wohnung wird mit rund 400.000 € angegeben.

Wohnungseigentum Ballungsgebiet	
Baujahr	**2020**
Thema	ehem. Konstruktionsfehler
Sanierungskosten	2.500 €
Zeitdauer (Schadensbeseitigung-Stichtag)	unmittelbar
Lage	Ballungsgebiet
Verkehrswert (VW) unbelastet	400.000 €
Anteil der Schadensbeseitigungskosten vom VW	1 %

Tab. 7-84: Übersicht Eingangswerte

Überlegungen im Rahmen der Wertminderung

In diesem Beispiel können die Schadensbeseitigungskosten nicht als Grundlage der Ermittlung des merkantilen Minderwerts dienen. Zum einen ist kein Schaden eingetreten, sondern es ist lediglich eine Umplanung der Ausführung zur Mangelbeseitigung durchgeführt worden. Der Mangel kann per se nicht noch einmal eintreten. Hier geht es nun vielmehr darum, ob das Vertrauen in die Qualität der baulichen Ausführung bei einem Großteil des Publikums erschüttert ist, sodass sich dies nachteilig auf den Verkehrswert auswirkt, und zum anderen ist zu prüfen, ob die Stützenstellung auf der Terrasse zu einem merkantilen Minderwert für die Eigentümer der Erdgeschosswohnungen führt.

Zunächst werden die Einflussparameter untersucht:

- Bekanntheit des ehemaligen Mangels/Schadens/Ereignisses

Es ist nicht ganz klar, ob bei einem Weiterverkauf überhaupt kommuniziert werden muss, dass noch vor der Abnahme eine Umplanung der Lastabtragung der Balkonstützen erfolgte. Die Mangelbeseitigungskosten lagen unter 2 % des Verkehrswerts und sind damit nicht erheblich (Ansatz = 50 %).

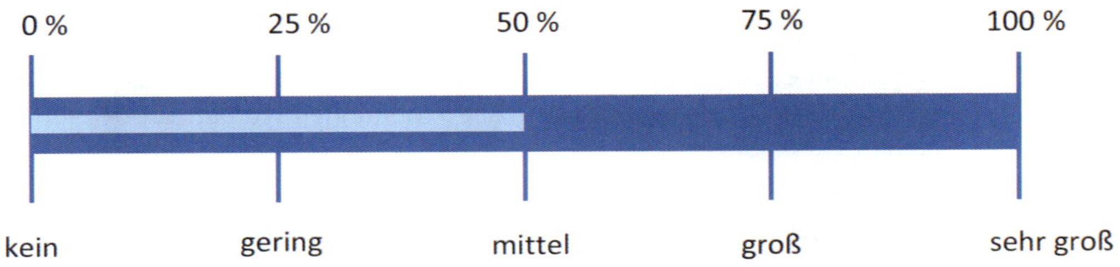

- Schadensart

Im vorliegenden Fall handelt es sich um keinen Schaden. Vielmehr lag im Rahmen der Ausführung ein Mangel vor, der zu keinem Schaden geführt hatte. Allerdings hatte dieser die Auswirkung, dass die Tragfähigkeit des Balkons nicht nachgewiesen werden konnte. Probleme mit der Statik sind sicherlich Aspekte, auf die der Markt zunächst reagiert. Die Mangelbeseitigung in Form von Stützenstellung hat die Tragfähigkeit der Balkone wiederhergestellt. Man könnte daher von einer Änderung der Ausführung ausgehen (Ansatz = 0 %).

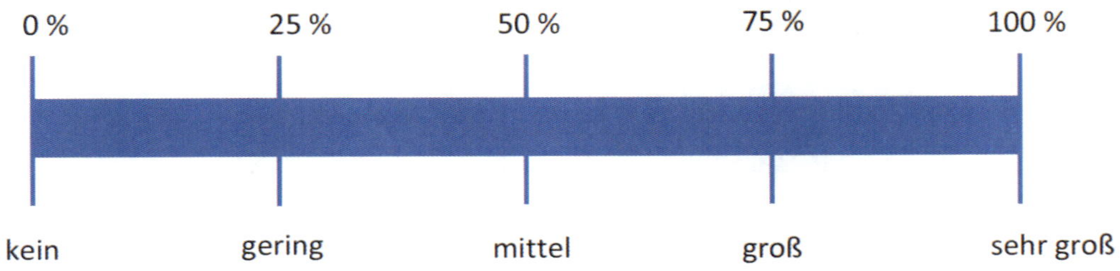

- Lage

Das Objekt befindet sich in einem Ballungsgebiet. Hier ist die Nachfrage sehr groß und das Angebot knapp. Damit ist der Einfluss der Lage auf die Wertminderung als verschwindend gering zu bewerten (Ansatz = 0 %).

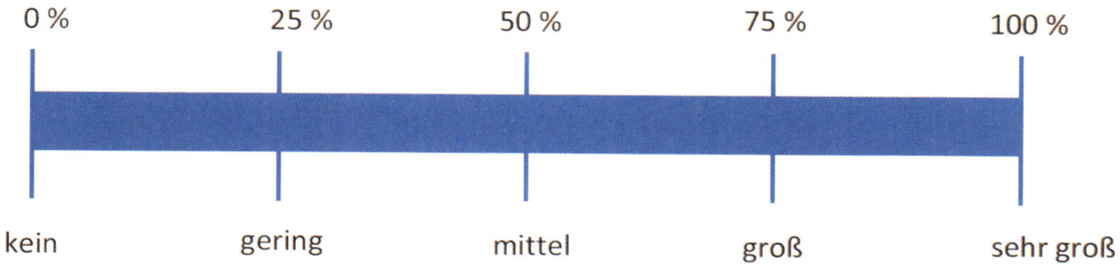

- Zeitdauer nach Beseitigung des Schadens

Es soll ermittelt werden, ob am Tag der Wohnungsübergabe ein merkantiler Minderwert vorlag.

Befürchtungen eines Wiedereintritts des Schadens wären hier am größten. Im vorliegenden Fall könnten dies ausschließlich Befürchtungen bezüglich der allgemeinen Qualität der baulichen Ausführung sein (Ansatz = 50 %).

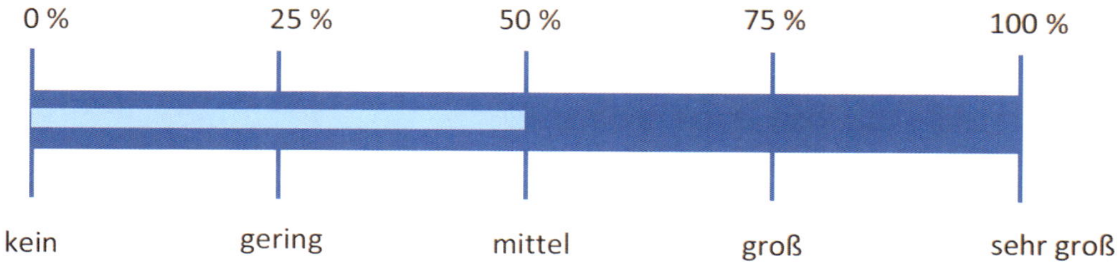

- Schadensausmaß

Es gab keinen Schaden (Ansatz = 0 %).

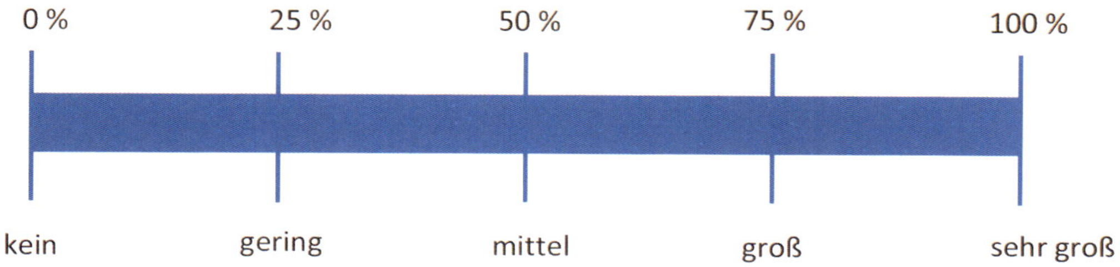

- Teilmarkt

Der Käuferkreis des Wohnungseigentums könnte die Wohnungen sowohl zu Selbstnutzung als auch zur Vermietung erwerben. Aus diesem Grund ist die Empfindsamkeit gegenüber Baumängeln und Bauschäden nicht eindeutig zu bestimmen (Ansatz = 50 %).

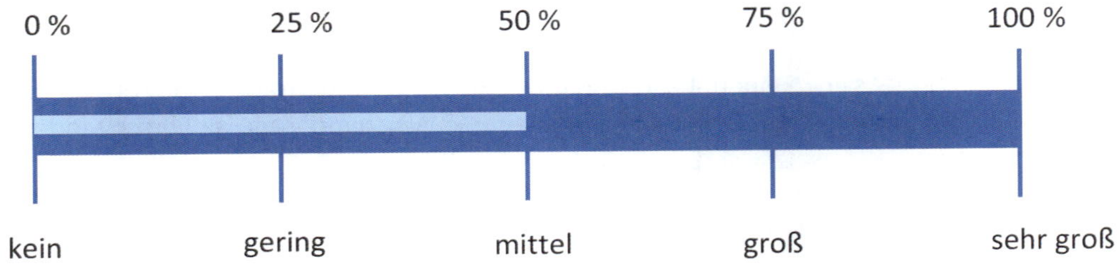

Nach Bewertung der einzelnen Einflusskriterien und insbesondere im Hinblick auf die Definition des merkantilen Minderwerts kann davon ausgegangen werden, dass ein solcher nicht vorliegt.

Was eine mögliche merkantile Wertminderung aufgrund eines verminderten Vertrauens in die bauliche Qualität des Gebäudes angeht, ist klar festzustellen, dass der Markt im Ballungsgebiet mit an Sicherheit grenzender Wahrscheinlichkeit nicht auf die vorliegende Situation derart reagiert, dass es zu einem Wertabschlag kommt. Dies liegt zum einen in der Marktlage begründet. Jeder Käufer wird froh sein, endlich eine Immobilie in dieser Gegend erworben zu haben. Möglicherweise hätten einzelne Käufer Bedenken, was die bauliche Qualität des Gebäudes angeht, aber nicht ein „Großteil des Publikums". Daher kommt es zu keiner Einschränkung des Käuferkreises und damit auch nicht zu einer Wertminderung.

Betrachtet man die Stützenstellungen auf den Terrassen der Erdgeschosswohnungen, so werden sich die beiden Eigentümer sicher benachteiligt fühlen. Sie haben schließlich einen Kaufpreis für eine stützenfreie Terrasse geleistet und nachträglich eine Beeinträchtigung erfahren. Hierbei handelt es sich eindeutig um eine Abweichung vom Vertragssoll. Diese Beeinträchtigung wird mittels des technischen Minderwerts dargestellt.

Ungeachtet der Tatsache, dass es für den Ersterwerber, der einen Kaufpreis für eine stützenfreie Terrasse gezahlt hat, nun zu einer Abweichung des Vertragssolls und damit verbunden zu einem subjektiven Verlustgefühl kommt, kann hier kein merkantiler Minderwert bemessen werden.

Ein Käufer im Zweitverkauf würde wegen der Stützen keine Wertminderung fordern. Er wäre zufrieden, eine Immobilie in dem Ballungsgebiet gefunden zu haben, und würde die Stützenstellung als übliche Konstruktion wahrnehmen. Sie stellt keine Besonderheit dar und hätten theoretisch von Anfang so geplant gewesen sein können.

Wohnungseigentum Ballungsgebiet	
Baujahr	**2020**
Thema	ehem. Konstruktionsfehler
Sanierungskosten	2.500 €
Zeitdauer (Schadensbeseitigung-Stichtag)	unmittelbar
Lage	Ballungsgebiet
Verkehrswert (VW) unbelastet	400.000 €
Anteil der Schadensbeseitigungskosten vom VW	1 %
Anteil des merkantilen Minderwerts vom VW	0 %
Verkehrswert (VW) unbelastet	400.000 €

Tab. 7-85: Übersicht Ergebnis

8 Fazit

Ausblick

Zur Ermittlung des Verkehrs- bzw. Marktwerts von Immobilien sind zahlreiche wertrelevante Daten erforderlich. Liegenschaftszinssatz, Sachwertfaktor, Rohertragsfaktor, Nettoanfangsrendite, Vergleichspreise und andere Parameter werden von den Gutachterausschüssen auf Basis der tatsächlich gezahlten Kaufpreise ermittelt und nach Lagen und Baujahren ausgewertet. Die Ergebnisse werden den Sachverständigen in Form von Immobilienmarktberichten zur Verfügung gestellt.

Auch für die Bewertung von Baumängeln und Bauschäden fordert die Immobilienwertermittlungsverordnung eine marktgerechte Berücksichtigung. Im Gegensatz zu den allgemeinen Wertermittlungsverfahren stehen für die spezielle Einschätzung der Wertminderungen durch Baumängel und Bauschäden derzeit noch keinerlei Erfahrungswerte bzw. Daten zur Verfügung. Die Gutachterausschüsse fragen diese Daten bisher gar nicht oder nicht einheitlich ab, sodass eine Auswertung und somit eine Ableitung von wertrelevanten Daten nicht möglich ist.

Die Sachverständigen sind damit gezwungen, alternative Möglichkeiten zur Bewertung des Einflusses von Baumängeln und Bauschäden hinzuzuziehen.

Die Richtlinien erlauben eine Schätzung der Wertminderung auf Basis von Schadensbeseitigungskosten. Doch damit steht der Sachverständige vor weiteren Problemen. Er muss die Schadensursache kennen oder zumindest eine Idee haben, was die Ursache sein könnte, damit er auf Basis einer Annahme die Kosten abschätzen kann. Hierbei muss er zwischen Nachvollziehbarkeit und Grenzen der eigenen fachlichen Qualifikation genau abwägen. Der Immobilienbewerter verfügt in der Regel über keine Detailkenntnisse zu Baukonstruktionen oder Schadensbeseitigungsmaßnahmen, sodass er nicht in der Lage ist, eine detaillierte Kostenberechnung für komplexere Sanierungsmaßnahmen zu erstellen. Das gehört auch gar nicht zu seinem Leistungsbild und aus Haftungsgründen sollte er dies in jedem Fall unterlassen.

Neben der Kostenschätzung muss der Sachverständige die Marktreaktion auf den Bauschaden abschätzen. Auf Basis der reinen Schadensbeseitigungskosten ist das kaum möglich.

Gleichzeitig fordern insbesondere Gerichte und Finanzämter ein nachvollziehbares Gutachten. Es soll verständlich dargestellt werden, wie der Sachverständige seine Abschläge ermittelt hat. Aus Mangel an belegbaren Quellen wird auf Expertenumfragen und Nutzwertanalysen zurückgegriffen. Unter Bewertung einzelner Einflusskriterien wird ein Minderwert abgeleitet.

An dieser Stelle besteht die Gefahr, sich in Schemata und Analysen zu verlieren.

Natürlich steht die Nachvollziehbarkeit eines Gutachtens an erster Stelle. Dies darf aber nicht zu pseudowissenschaftlichen Herleitungen zuvor überschlägig geschätzter Werte führen. Die Immobilienbewertung ist letztendlich eine Schätzung. Mittels fraglicher Formeln und Schemata wird oftmals eine Genauigkeit suggeriert, die es nicht gibt.

Als Sachverständiger sollte man sich nicht dazu verleiten lassen, ein schematisiertes Verfahren oder Software zu verwenden, nur um eine Nachvollziehbarkeit darzustellen, bei der das Marktgeschehen auf der Strecke bleibt. Vielmehr sind gesunder Menschenverstand und Erfahrung gefragt. Oftmals bringt die Frage, ob man selbst einen Wertabschlag bei dem jeweiligen Schaden machen würde, ein wesentlich realistischeres Ergebnis als eine schematische Betrachtung mit der Zielbaummethode. Jedes Bewertungsobjekt ist individuell und jedes Schadensereignis ist anders und bedarf daher einer individuellen Untersuchung.

Die im Buch dargelegten unterschiedlichen Herangehensweisen und Werkzeuge zur Bewertung von Baumängeln und Bauschäden dienen den Sachverständigen als Unterstützung bei ihrer Arbeit. Dabei muss betont werden, dass es keine einheitliche Vorgehensweise gibt. Die Daseinsberechtigung des Sachverständigen ist genau darin begründet, dass er nach sachverständigem Ermessen die passende Methode wählt.

Die im Buch dargestellten Methoden sind als Ideen und Gedankenanstöße zu verstehen und haben keinen Anspruch auf Vollständigkeit.

Die Umstellung des Fragebogens des Gutachterausschusses für Immobilienwerte für den Bereich der Landkreise Bergstraße, Darmstadt-Dieburg, Groß-Gerau, Offenbach und des Odenwaldkreises als Pilotprojekt hat gezeigt, dass eine gezielte Fragestellung zu auswertbaren Ergebnissen führt. Der Mehraufwand ist dabei überschaubar.

Die Marktkonformität kann langfristig nur mittels einer umfangreichen Auswertung tatsächlicher Kaufpreise sowie gezielter Abfragen zu Wertminderungen sichergestellt werden.

Eine Vereinheitlichung der Fragebögen der Gutachterausschüsse und die Ergänzungen zum Thema Baumängel und Bauschäden wären daher in jedem Fall eine große Hilfe für die transparente Darstellung von Wertminderungen.

Eine Ergänzung der Kaufpreissammlungen um die neu abgefragten Daten zum Thema Baumängel und Bauschäden ist unbedingt erforderlich, um die Daten zielgerichtet und auch zeitlich zuordenbar abfragen zu können.

Anhang Auswertungstabellen: Sachwertfaktoren mangelbehafteter Einfamilienhausgrundstücke[91]

Leichte Bauschäden/Landgebiet

vorläufiger Sachwert	*MARKTANPASSUNGSFAKTOREN* Bodenrichtwertbereich Land 0 – 149 €/m²				
	SWF mangelbehaftet	SWF mangelfrei	Delta (mangelfrei - mangelbehaftet)	Delta Kosten [€]	Abweichungen [in %]
75.000 €					
100.000 €	1,30	1,21	-0,09	-9.326 €	-8%
150.000 €	1,19	1,13	-0,06	-9.679 €	-6%
200.000 €	1,09	1,05	-0,04	-7.924 €	-4%
250.000 €	1,00	0,98	-0,02	-4.528 €	-2%
300.000 €	0,92	0,92	0,00	108 €	0%
350.000 €	0,84	0,85	0,02	5.649 €	2%
400.000 €	0,77	0,80	0,03	11.812 €	4%
450.000 €	0,70	0,74	0,04	18.360 €	5%
500.000 €	0,64	0,69	0,05	25.099 €	7%
550.000 €	0,59	0,65	0,06	31.869 €	9%
600.000 €					
650.000 €					
700.000 €					

91 Masterarbeit Moskalenko, N., Der Einfluss von Baumängeln und Bauschäden, Teilmarkt Ein- und Mehrfamilienwohnhäuser, Hochschule Darmstadt – University of Applied Sciences, Fachbereich Bau- und Umweltingenieurwesen, 2020.

Merkmale der Auswertung und Referenzimmobilie		
Bestimmtheitsmaß R^2	0,58	0,77
Anzahl Kauffälle	76	
Standardabweichung SWF	OG: 0,30	UG: -0,24
Ø vorl. Sachwert €	215.500	
Ø Grundstücksgröße m²	829	
Ø BRW angepasst €/m²	91	
BRW (von–bis)	25–145	
Ø wirtschaftl. RND Jahre	31	
Baujahr (von–bis)	1950–2004	
Ø Standardstufe	2,3	
Standardstufe (von–bis)	1,5–3,1	
Ø Bruttogrundfläche m²	354	
Ø Wohnfläche m²	160	
Ø Wert Außenanlage €	6.880	
Ø Kaufpreis €	221.700	
Ø Kaufpreis €/m² WF	1.439	
Min–Max KP €/m² WF	450–2460	
Untersuchungszeitraum 2017–2020		

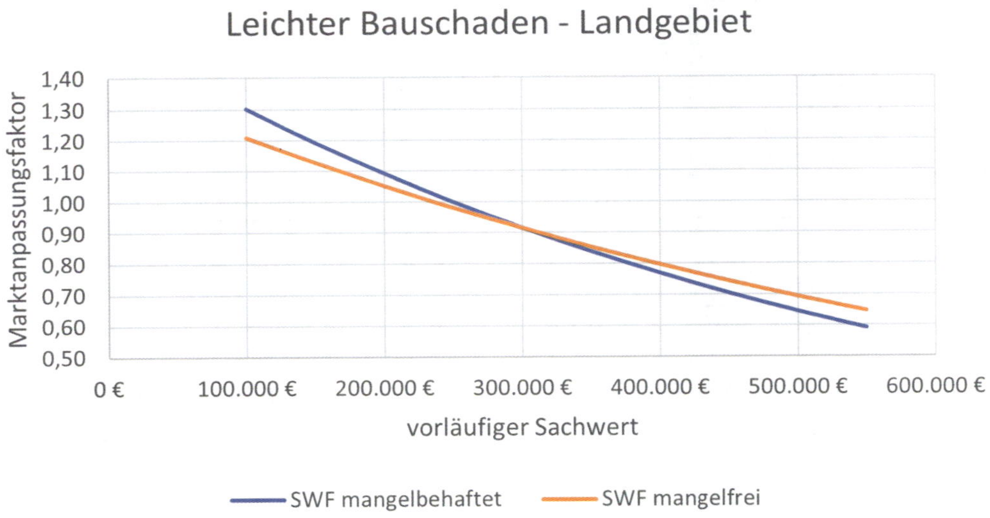

Leichte Bauschäden/Randgebiet

vorläufiger Sachwert	*MARKTANPASSUNGSFAKTOREN* Bodenrichtwertbereich Rand 150–499 €/m²				
	SWF mangel-behaftet	SWF mangelfrei	Delta (mangelfrei - mangel-behaftet)	Delta Kosten [€]	Abweichungen [in %]
75.000 €					
100.000 €	1,66	1,53	-0,13	-13.271 €	-9%
150.000 €	1,55	1,45	-0,11	-16.026 €	-7%
200.000 €	1,45	1,37	-0,08	-16.709 €	-6%
250.000 €	1,36	1,30	-0,06	-15.653 €	-5%
300.000 €	1,27	1,23	-0,04	-13.151 €	-4%
350.000 €	1,19	1,17	-0,03	-9.465 €	-2%
400.000 €	1,12	1,10	-0,01	-4.825 €	-1%
450.000 €	1,04	1,05	0,00	567 €	0%
500.000 €	0,98	0,99	0,01	6.535 €	1%
550.000 €	0,92	0,94	0,02	12.922 €	3%
600.000 €	0,86	0,89	0,03	19.596 €	4%
650.000 €					
700.000 €					

Merkmale der Auswertung und Referenzimmobilie		
Bestimmtheitsmaß R^2	0,54	0,51
Anzahl Kauffälle	320	
Standardabweichung SWF	OG: 0,28	UG: -0,23
Ø vorl. Sachwert €	281.000	
Ø Grundstücksgröße m²	513	
Ø BRW angepasst €/m²	305	
BRW (von–bis)	150–490	
Ø wirtschaftl. RND Jahre	30	
Baujahr (von–bis)	1950–2015	
Ø Standardstufe	2,38	
Standardstufe (von–bis)	1,2–4	
Ø Bruttogrundfläche m²	335	
Ø Wohnfläche m²	155	
Ø Wert Außenanlage €	6.350	
Ø Kaufpreis €	355.000	
Ø Kaufpreis €/m² WF	2.404	
Min–Max KP €/m² WF	700–5480	

Untersuchungszeitraum 2017–2020

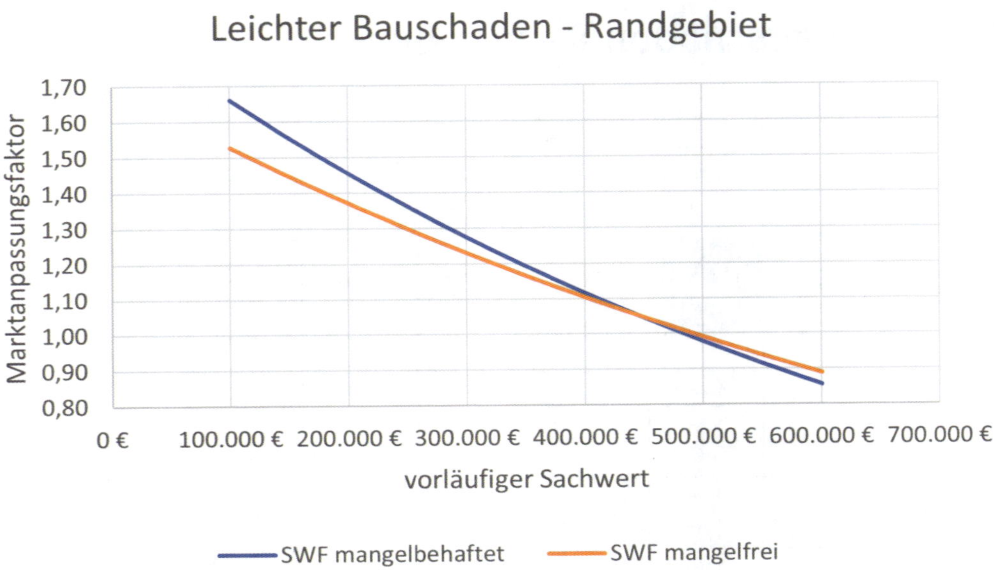
Leichter Bauschaden - Randgebiet
1,70
1,60
1,50
1,40
1,30
1,20
1,10
1,00
0,90
0,80
Marktanpassungsfaktor
0 €
100.000 €
200.000 €
300.000 €
400.000 €
500.000 €
600.000 €
700.000 €
vorläufiger Sachwert
SWF mangelbehaftet
SWF mangelfrei

Leichte Bauschäden/Ballungsgebiet

	MARKTANPASSUNGSFAKTOREN				
	Bodenrichtwertbereich				
	Ballungsgebiet				
	ab 500 €/m²				
	SWF mangel-behaftet	SWF mangelfrei	Delta (mangelfrei - mangel-behaftet)	Delta Kosten [€]	Abweichungen [in %]
75.000 €					
100.000 €					
150.000 €					
200.000 €	1,67	1,38	-0,29	-57.980 €	-21%
250.000 €	1,55	1,34	-0,22	-54.212 €	-16%
300.000 €	1,45	1,30	-0,15	-45.137 €	-12%
350.000 €	1,35	1,26	-0,09	-31.576 €	-7%
400.000 €	1,25	1,22	-0,04	-14.264 €	-3%
450.000 €	1,17	1,18	0,01	6.145 €	1%
500.000 €	1,09	1,14	0,06	29.069 €	5%
550.000 €	1,01	1,11	0,10	53.989 €	9%
600.000 €	0,94	1,08	0,13	80.447 €	12%
650.000 €					
700.000 €					
Merkmale der Auswertung und Referenzimmobilie					
Bestimmtheitsmaß R^2	0,62	0,59			
Anzahl Kauffälle	27				
Standardabweichung SWF	OG: 0,33	UG: -0,26			
Ø vorl. Sachwert €	403.700				
Ø Grundstücksgröße m²	448				
Ø BRW angepasst €/m²	566				
BRW (von–bis)	500–750				
Ø wirtschaftl. RND Jahre	31				
Baujahr (von–bis)	1954–2009				
Ø Standardstufe	2,4				
Standardstufe (von–bis)	1,8–3				
Ø Bruttogrundfläche m²	373				
Ø Wohnfläche m²	175				
Ø Wert Außenanlage €	7.020				
Ø Kaufpreis €	495.000				
Ø Kaufpreis €/m² WF	2.977				
Min–Max KP €/m² WF	1780–4160				
Untersuchungszeitraum 2017-2020					

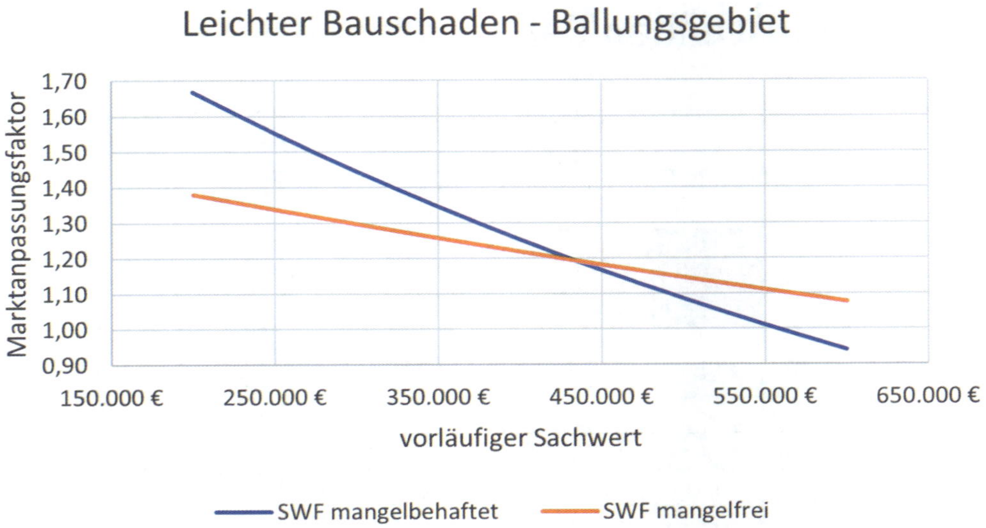
Leichter Bauschaden - Ballungsgebiet
Marktanpassungsfaktor
1,70
1,60
1,50
1,40
1,30
1,20
1,10
1,00
0,90
150.000 €
250.000 €
350.000 €
450.000 €
550.000 €
650.000 €
vorläufiger Sachwert
SWF mangelbehaftet
SWF mangelfrei

Mittlere Bauschäden/Landgebiet

vorläufiger Sachwert	MARKTANPASSUNGSFAKTOREN Bodenrichtwertbereich Land 0–149 €/m²				
	SWF mangel-behaftet	SWF mangelfrei	Delta (mangelfrei - mangel-behaftet)	Delta Kosten [€]	Abweichungen [in %]
75.000 €					
100.000 €	1,19	1,25	0,06	5.589 €	4%
150.000 €	1,10	1,16	0,06	9.730 €	6%
200.000 €	1,01	1,08	0,07	14.433 €	7%
250.000 €	0,93	1,00	0,08	19.500 €	8%
300.000 €	0,85	0,93	0,08	24.762 €	9%
350.000 €	0,78	0,87	0,09	30.085 €	10%
400.000 €	0,72	0,81	0,09	35.356 €	11%
450.000 €	0,66	0,75	0,09	40.485 €	12%
500.000 €	0,61	0,70	0,09	45.403 €	13%
550.000 €					
600.000 €					
650.000 €					
700.000 €					
750.000 €					
800.000 €					
900.000 €					
1.000.000 €					

Merkmale der Auswertung und Referenzimmobilie		
Bestimmtheitsmaß R²	0,53	0,76
Anzahl Kauffälle	75	
Standardabweichung SWF	OG: 0,36	UG: -0,28
Ø vorl. Sachwert €	186.200	
Ø Grundstücksgröße m²	874	
Ø BRW angepasst €/m²	96	
BRW (von–bis)	40–145	
Ø wirtschaftl. RND Jahre	22	
Baujahr (von–bis)	1950–2004	
Ø Standardstufe	2,1	
Standardstufe (von–bis)	1,5–3,9	
Ø Bruttogrundfläche m²	372	
Ø Wohnfläche m²	155	
Ø Wert Außenanlage €	5.090	
Ø Kaufpreis €	190.000	
Ø Kaufpreis €/m² WF	1.238	
Min–Max KP €/m² WF	310–2600	

Untersuchungszeitraum 2017–2020

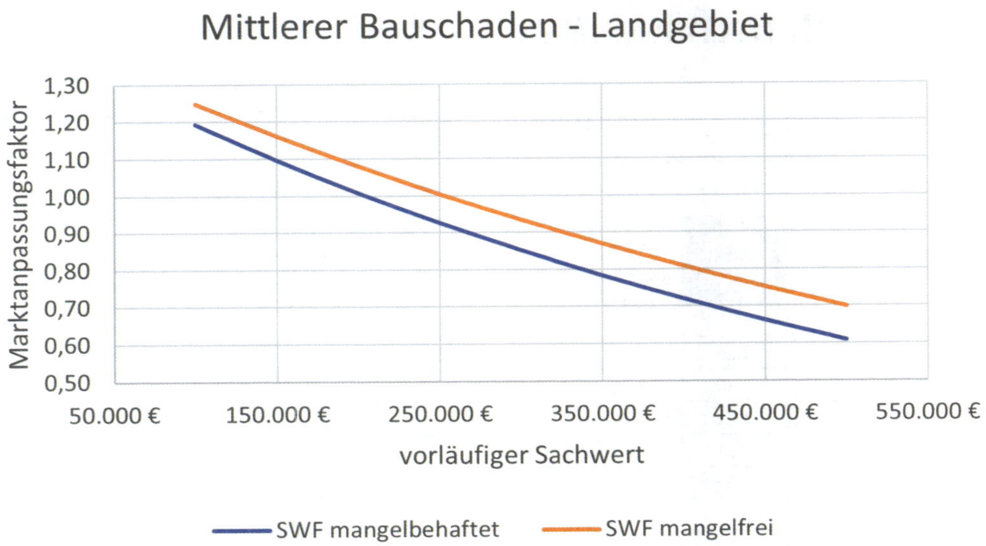
Mittlerer Bauschaden - Landgebiet
Marktanpassungsfaktor
1,30
1,20
1,10
1,00
0,90
0,80
0,70
0,60
0,50
50.000 €
150.000 €
250.000 €
350.000 €
450.000 €
550.000 €
vorläufiger Sachwert
SWF mangelbehaftet
SWF mangelfrei

Mittlere Bauschäden/Randgebiet

vorläufiger Sachwert	*MARKTANPASSUNGSFAKTOREN* Bodenrichtwertbereich Rand 150–499 €/m²				
	SWF mangel-behaftet	SWF mangelfrei	Delta (mangelfrei - mangel-behaftet)	Delta Kosten [€]	Abweichungen [in %]
75.000 €					
100.000 €	1,53	1,49	-0,04	-4.427 €	-3%
150.000 €	1,45	1,42	-0,03	-4.416 €	-2%
200.000 €	1,37	1,36	-0,02	-3.195 €	-1%
250.000 €	1,30	1,30	0,00	-944 €	0%
300.000 €	1,23	1,24	0,01	2.175 €	1%
350.000 €	1,16	1,18	0,02	6.015 €	1%
400.000 €	1,10	1,13	0,03	10.447 €	2%
450.000 €	1,04	1,08	0,03	15.353 €	3%
500.000 €	0,99	1,03	0,04	20.630 €	4%
550.000 €	0,93	0,98	0,05	26.184 €	5%
600.000 €	0,88	0,94	0,05	31.933 €	6%
650.000 €	0,83	0,89	0,06	37.805 €	7%
700.000 €	0,79	0,85	0,06	43.735 €	7%
750.000 €	0,75	0,81	0,07	49.668 €	8%
800.000 €	0,71	0,78	0,07	55.555 €	9%
900.000 €					
1.000.000 €					

Merkmale der Auswertung und Referenzimmobilie		
Bestimmtheitsmaß R^2	0,40	0,55
Anzahl Kauffälle	413	
Standardabweichung SWF	OG: 0,40	UG: -0,31
Ø vorl. Sachwert €	267.800	
Ø Grundstücksgröße m²	551	
Ø BRW angepasst €/m²	310	
BRW (von–bis)	150–490	
Ø wirtschaftl. RND Jahre	24	
Baujahr (von–bis)	1950–2000	
Ø Standardstufe	2,1	
Standardstufe (von–bis)	1,3–3,6	
Ø Bruttogrundfläche m²	340	
Ø Wohnfläche m²	151	
Ø Wert Außenanlage €	4.820	
Ø Kaufpreis €	336.000	
Ø Kaufpreis €/m² WF	2.318	
Min–Max KP €/m² WF	350–9120	

Untersuchungszeitraum 2017-2020

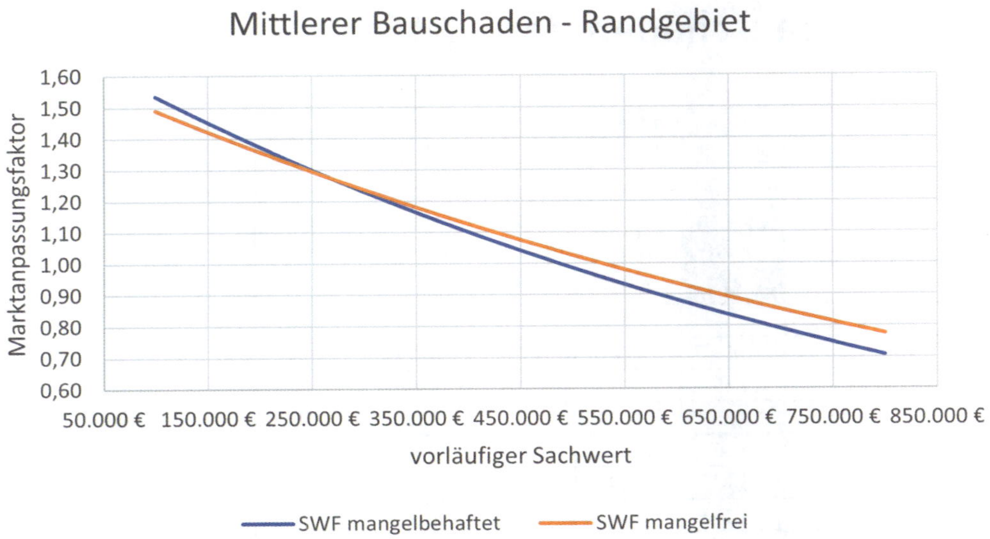
Mittlerer Bauschaden - Randgebiet
Marktanpassungsfaktor
1,60
1,50
1,40
1,30
1,20
1,10
1,00
0,90
0,80
0,70
0,60
50.000 € 150.000 € 250.000 € 350.000 € 450.000 € 550.000 € 650.000 € 750.000 € 850.000 €
vorläufiger Sachwert
SWF mangelbehaftet
SWF mangelfrei

Mittlere Bauschäden/Ballungsgebiet

vorläufiger Sachwert	*MARKTANPASSUNGSFAKTOREN* Bodenrichtwertbereich Ballungsgebiet ab 500 €/m²				
	SWF mangel-behaftet	SWF mangelfrei	Delta (mangelfrei - mangel-behaftet)	Delta Kosten [€]	Abweichungen [in %]
75.000 €					
100.000 €					
150.000 €					
200.000 €	1,65	1,49	-0,16	-32.366 €	-11 %
250.000 €	1,60	1,44	-0,16	-40.618 €	-11 %
300.000 €	1,56	1,39	-0,16	-48.873 €	-12 %
350.000 €	1,51	1,35	-0,16	-57.108 €	-12 %
400.000 €	1,47	1,30	-0,16	-65.297 €	-13 %
450.000 €	1,42	1,26	-0,16	-73.419 €	-13 %
500.000 €	1,38	1,22	-0,16	-81.455 €	-13 %
550.000 €	1,34	1,18	-0,16	-89.388 €	-14 %
600.000 €	1,30	1,14	-0,16	-97.199 €	-14 %
650.000 €	1,26	1,10	-0,16	-104.877 €	-15 %
700.000 €	1,22	1,06	-0,16	-112.406 €	-15 %
750.000 €	1,19	1,03	-0,16	-119.776 €	-16 %
800.000 €	1,15	0,99	-0,16	-126.975 €	-16 %
900.000 €	1,09	0,93	-0,16	-140.829 €	-17 %
1.000.000 €	1,02	0,87	-0,15	-153.908 €	-18 %
Merkmale der Auswertung und Referenzimmobilie					
Bestimmtheitsmaß R²	0,58	0,83			
Anzahl Kauffälle	31				
Standardabweichung SWF	OG: 0,39	UG: -0,31			
Ø vorl. Sachwert €	410.400				
Ø Grundstücksgröße m²	493				
Ø BRW angepasst €/m²	593				
BRW (von–bis)	500–850				
Ø wirtschaftl. RND Jahre	24				
Baujahr (von–bis)	1950–1988				
Ø Standardstufe	2,2				
Standardstufe (von–bis)	1,4–3,2				
Ø Bruttogrundfläche m²	338				
Ø Wohnfläche m²	161				
Ø Wert Außenanlage €	5.180				
Ø Kaufpreis €	574.400				
Ø Kaufpreis €/m² WF	3.486				
Min–Max KP €/m² WF	2070–6250				
Untersuchungszeitraum 2017–2020					

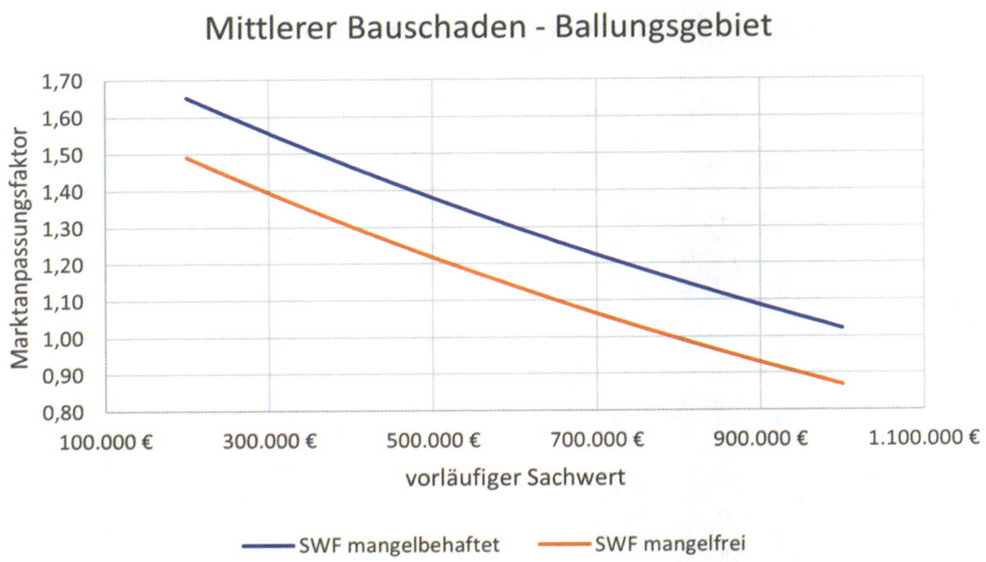
Mittlerer Bauschaden - Ballungsgebiet
1,70
1,60
1,50
1,40
1,30
1,20
1,10
1,00
0,90
0,80
Marktanpassungsfaktor
100.000 €
300.000 €
500.000 €
700.000 €
900.000 €
1.100.000 €
vorläufiger Sachwert
SWF mangelbehaftet
SWF mangelfrei

Erhebliche Bauschäden/Landgebiet

vorläufiger Sachwert	*MARKTANPASSUNGSFAKTOREN* Bodenrichtwertbereich Land 0–149 €/m²				
	SWF mangel-behaftet	SWF mangelfrei	Delta (mangelfrei - mangel-behaftet)	Delta Kosten [€]	Abweichungen [in %]
75.000 €	1,41	1,35	-0,06	-4.682 €	-5%
100.000 €	1,21	1,28	0,07	6.822 €	5%
150.000 €	0,88	1,14	0,26	38.476 €	23%
200.000 €	0,64	1,02	0,37	74.365 €	37%
250.000 €	0,47	0,91	0,44	109.058 €	48%
300.000 €					
350.000 €					
400.000 €					
450.000 €					
500.000 €					
550.000 €					
600.000 €					
650.000 €					
700.000 €					
750.000 €					
800.000 €					
Merkmale der Auswertung und Referenzimmobilie					
Bestimmtheitsmaß R²	0,58	0,74			
Anzahl Kauffälle	47				
Standardabweichung SWF	OG: 0,60	UG: -0,42			
Ø vorl. Sachwert €	124.100				
Ø Grundstücksgröße m²	766				
Ø BRW angepasst €/m²	93				
BRW (von–bis)	25–145				
Ø wirtschaftl. RND Jahre	16				
Baujahr (von–bis)	1950–1976				
Ø Standardstufe	1,6				
Standardstufe (von–bis)	1–2,7				
Ø Bruttogrundfläche m²	312				
Ø Wohnfläche m²	139				
Ø Wert Außenanlage €	2.910				
Ø Kaufpreis €	134.300				
Ø Kaufpreis €/m² WF	1.025				
Min–Max KP €/m² WF	280–2520				
Untersuchungszeitraum 2017-2020					

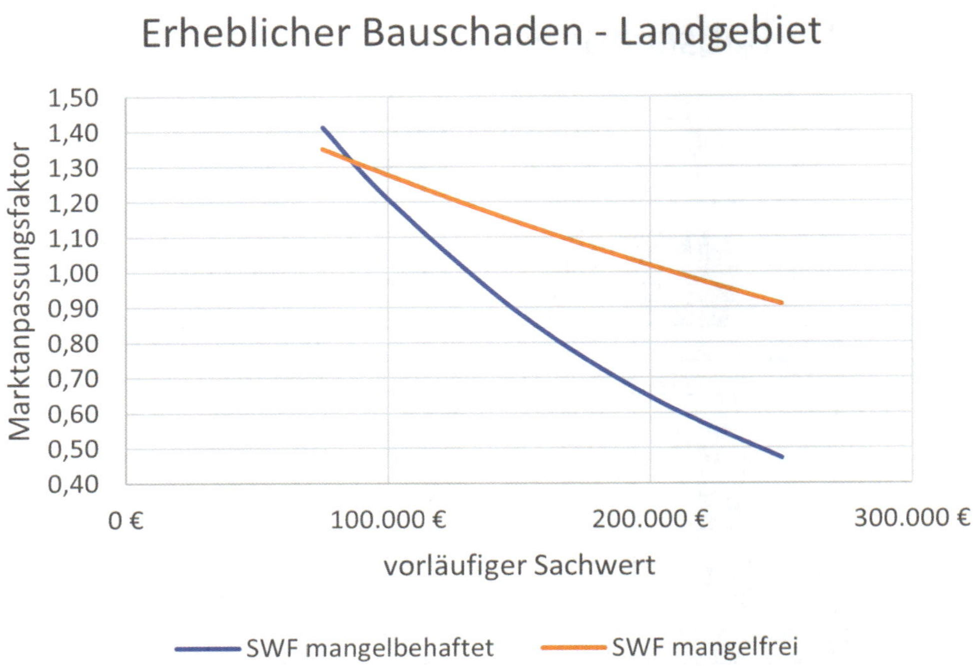
Erheblicher Bauschaden - Landgebiet
Marktanpassungsfaktor
1,50
1,40
1,30
1,20
1,10
1,00
0,90
0,80
0,70
0,60
0,50
0,40
0 €
100.000 €
200.000 €
300.000 €
vorläufiger Sachwert
SWF mangelbehaftet
SWF mangelfrei

Erhebliche Bauschäden/Randgebiet

vorläufiger Sachwert	*MARKTANPASSUNGSFAKTOREN* Bodenrichtwertbereich Rand 150–499 €/m²				
	SWF mangel-behaftet	SWF mangelfrei	Delta (mangelfrei - mangel-behaftet)	Delta Kosten [€]	Abweichungen [in %]
75.000 €					
100.000 €	1,46	1,50	0,04	4.402 €	3%
150.000 €	1,38	1,43	0,05	8.199 €	4%
200.000 €	1,30	1,37	0,06	12.826 €	5%
250.000 €	1,23	1,30	0,07	18.129 €	6%
300.000 €	1,16	1,24	0,08	23.974 €	6%
350.000 €	1,10	1,19	0,09	30.237 €	7%
400.000 €	1,04	1,13	0,09	36.810 €	8%
450.000 €	0,99	1,08	0,10	43.599 €	9%
500.000 €	0,93	1,03	0,10	50.518 €	10%
550.000 €	0,88	0,99	0,10	57.493 €	11%
600.000 €					
650.000 €					
700.000 €					
750.000 €					
800.000 €					
Merkmale der Auswertung und Referenzimmobilie					
Bestimmtheitsmaß R²	0,36	0,55			
Anzahl Kauffälle	206				
Standardabweichung SWF	OG: 0,37	UG: -0,29			
Ø vorl. Sachwert €	232.300				
Ø Grundstücksgröße m²	550				
Ø BRW angepasst €/m²	312				
BRW (von–bis)	150–490				
Ø wirtschaftl. RND Jahre	18				
Baujahr (von–bis)	1950–1989				
Ø Standardstufe	1,8				
Standardstufe (von–bis)	1,1 – 2,6				
Ø Bruttogrundfläche m²	303				
Ø Wohnfläche m²	140				
Ø Wert Außenanlage €	3.140				
Ø Kaufpreis €	288.500				
Ø Kaufpreis €/m² WF	2.128				
Min–Max KP €/m² WF	590–5560				
Untersuchungszeitraum 2017–2020					

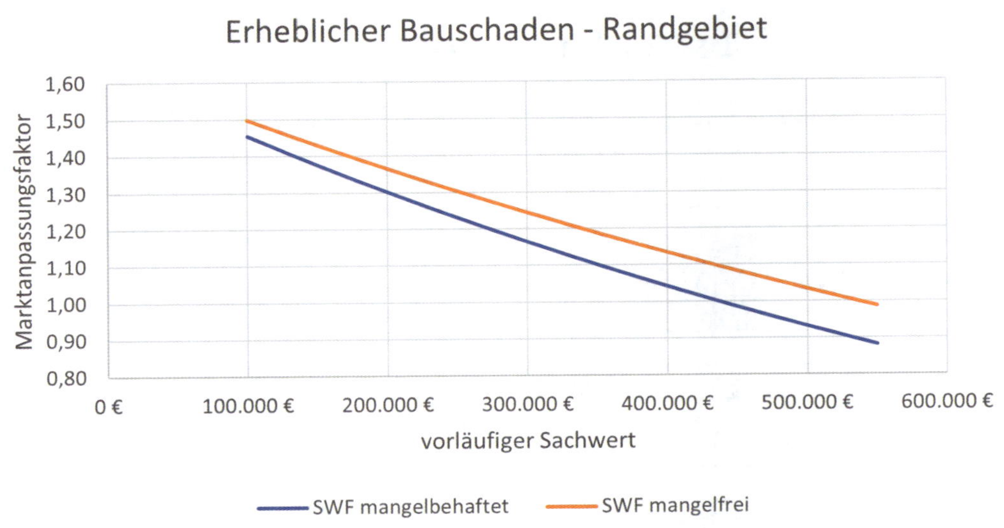
Erheblicher Bauschaden - Randgebiet
Marktanpassungsfaktor
1,60
1,50
1,40
1,30
1,20
1,10
1,00
0,90
0,80
0 €
100.000 €
200.000 €
300.000 €
400.000 €
500.000 €
600.000 €
vorläufiger Sachwert
SWF mangelbehaftet
SWF mangelfrei

Erhebliche Bauschäden/Ballungsgebiet

vorläufiger Sachwert	*MARKTANPASSUNGSFAKTOREN* Bodenrichtwertbereich Ballungsgebiet ab 500 €/m²				
	SWF mangel-behaftet	SWF mangelfrei	Delta (mangelfrei - mangel-behaftet)	Delta Kosten [€]	Abweichungen [in %]
75.000 €					
100.000 €					
150.000 €	1,70	1,66	-0,04	-6.244 €	-3%
200.000 €	1,63	1,57	-0,06	-11.352 €	-4%
250.000 €	1,56	1,49	-0,07	-17.601 €	-5%
300.000 €	1,50	1,42	-0,08	-24.798 €	-6%
350.000 €	1,44	1,34	-0,09	-32.770 €	-7%
400.000 €	1,38	1,27	-0,10	-41.362 €	-8%
450.000 €	1,32	1,21	-0,11	-50.434 €	-9%
500.000 €	1,27	1,15	-0,12	-59.860 €	-10%
550.000 €	1,21	1,09	-0,13	-69.531 €	-12%
600.000 €	1,16	1,03	-0,13	-79.345 €	-13%
650.000 €	1,12	0,98	-0,14	-89.217 €	-14%
700.000 €	1,07	0,93	-0,14	-99.067 €	-15%
750.000 €					
800.000 €					
Merkmale der Auswertung und Referenzimmobilie					
Bestimmtheitsmaß R²	0,60	0,86			
Anzahl Kauffälle	25				
Standardabweichung SWF	OG: 0,32	UG: -0,26			
Ø vorl. Sachwert €	363.200				
Ø Grundstücksgröße m²	473				
Ø BRW angepasst €/m²	605				
BRW (von–bis)	500–950				
Ø wirtschaftl. RND Jahre	19				
Baujahr (von–bis)	1950–1982				
Ø Standardstufe	1,8				
Standardstufe (von–bis)	1–2,8				
Ø Bruttogrundfläche m²	337				
Ø Wohnfläche m²	155				
Ø Wert Außenanlage €	3.880				
Ø Kaufpreis €	483.200				
Ø Kaufpreis €/m² WF	3.191				
Min–Max KP €/m² WF	1830–5500				
Untersuchungszeitraum 2017-2020					

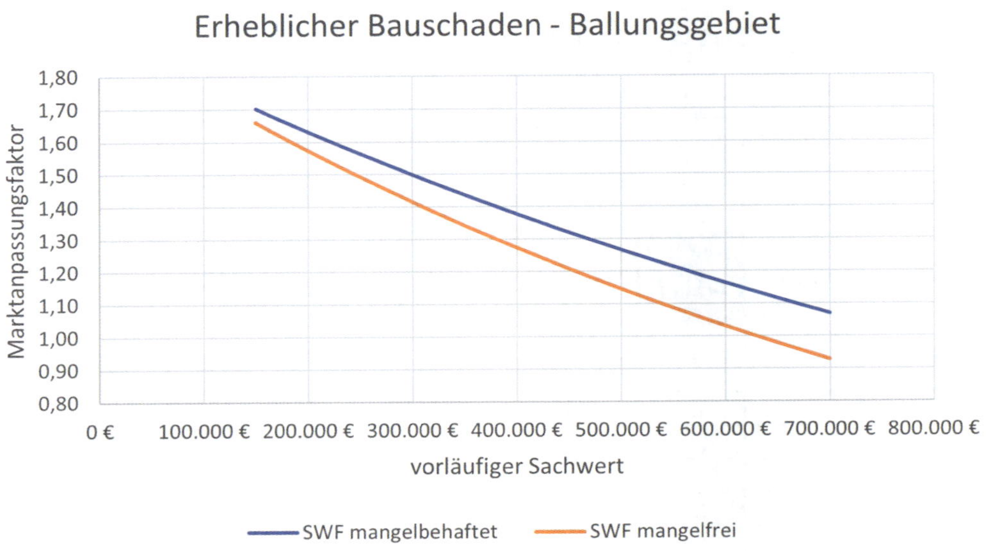
Erheblicher Bauschaden - Ballungsgebiet
Marktanpassungsfaktor
1,80
1,70
1,60
1,50
1,40
1,30
1,20
1,10
1,00
0,90
0,80
0 €
100.000 €
200.000 €
300.000 €
400.000 €
500.000 €
600.000 €
700.000 €
800.000 €
vorläufiger Sachwert
SWF mangelbehaftet
SWF mangelfrei

Sehr große Bauschäden/Randgebiet

vorläufiger Sachwert	MARKTANPASSUNGSFAKTOREN Bodenrichtwertbereich Rand 150–499 €/m²				
	SWF mangel-behaftet	SWF mangelfrei	Delta (mangelfrei - mangel-behaftet)	DELTA Wert [€]	Abweichungen [in %]
75.000 €					
100.000 €					
150.000 €	1,21	1,27	0,06	9.202 €	5 %
200.000 €	1,17	1,24	0,07	14.563 €	6 %
250.000 €	1,13	1,21	0,08	20.897 €	7 %
300.000 €	1,09	1,18	0,09	28.109 €	8 %
350.000 €	1,05	1,16	0,10	36.109 €	9 %
400.000 €	1,02	1,13	0,11	44.814 €	10 %
450.000 €	0,98	1,10	0,12	54.145 €	11 %
500.000 €	0,95	1,08	0,13	64.028 €	12 %
550.000 €	0,92	1,05	0,14	74.393 €	13 %
600.000 €	0,89	1,03	0,14	85.176 €	14 %
650.000 €	0,86	1,01	0,15	96.315 €	15 %
700.000 €	0,83	0,98	0,15	107.753 €	16 %
750.000 €	0,80	0,96	0,16	119.439 €	17 %
800.000 €	0,78	0,94	0,16	131.321 €	17 %
900.000 €	0,72	0,90	0,17	155.495 €	19 %
1.000.000 €					
Merkmale der Auswertung und Referenzimmobilie					
Bestimmtheitsmaß R^2	0,43	0,29			
Anzahl Kauffälle	94				
Standardabweichung SWF	OG: 0,29	UG: -0,23			
Ø vorl. Sachwert €	379.800				
Ø Grundstücksgröße m²	747				
Ø BRW angepasst €/m²	387				
BRW (von–bis)	210–490				
Ø wirtschaftl. RND Jahre	26				
Baujahr (von–bis)	1690–1994				
Ø Standardstufe	2,0				
Standardstufe (von–bis)	1–3,4				
Ø Bruttogrundfläche m²	314				
Ø Wohnfläche m²	146				
Ø Wert Außenanlage €	5.450				
Ø Kaufpreis €	387.300				
Ø Kaufpreis €/m² WF	2.745				
Min–Max KP €/m² WF	1250–6130				
Untersuchungszeitram 2017–2020					

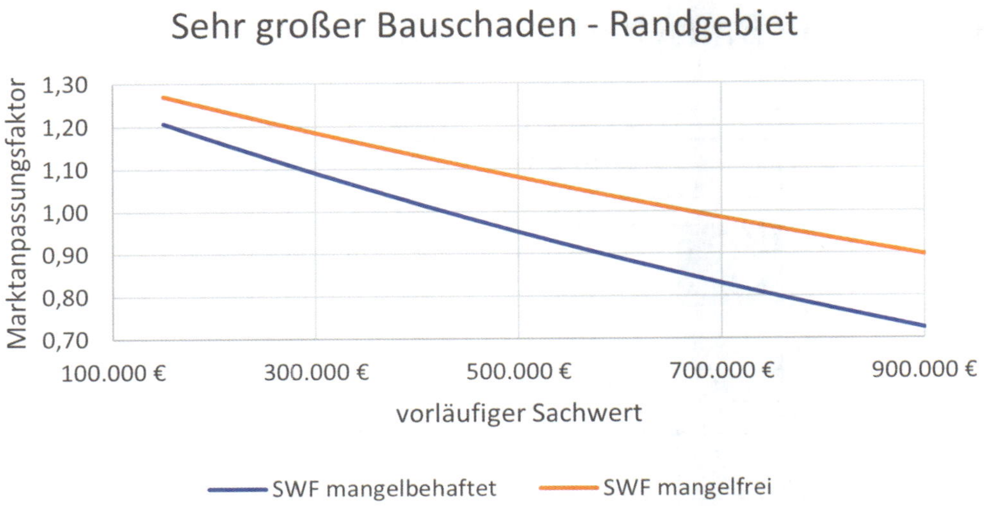
Sehr großer Bauschaden - Randgebiet
Marktanpassungsfaktor
1,30
1,20
1,10
1,00
0,90
0,80
0,70
100.000 €
300.000 €
500.000 €
700.000 €
900.000 €
vorläufiger Sachwert
SWF mangelbehaftet
SWF mangelfrei

Sehr große Bauschäden/Ballungsgebiet

vorläufiger Sachwert	*MARKTANPASSUNGSFAKTOREN* Bodenrichtwertbereich Ballungsgebiet ab 500 €/m²				
	SWF mangel-behaftet	SWF mangelfrei	Delta (mangelfrei - mangel-behaftet)	DELTA Wert [€]	Abweichungen [in %]
50.000 €					
100.000 €					
150.000 €					
200.000 €	1,22	1,26	0,03	6.923 €	3%
250.000 €	1,21	1,23	0,03	7.015 €	2%
300.000 €	1,19	1,21	0,02	6.508 €	2%
350.000 €	1,17	1,19	0,02	5.431 €	1%
400.000 €	1,16	1,17	0,01	3.809 €	1%
450.000 €	1,15	1,15	0,00	1.668 €	0%
500.000 €	1,13	1,13	0,00	-967 €	0%
550.000 €	1,12	1,11	-0,01	-4.073 €	-1%
600.000 €	1,10	1,09	-0,01	-7.626 €	-1%
650.000 €	1,09	1,07	-0,02	-11.605 €	-2%
700.000 €	1,07	1,05	-0,02	-15.986 €	-2%
750.000 €	1,06	1,03	-0,03	-20.749 €	-3%
800.000 €	1,05	1,01	-0,03	-25.874 €	-3%
900.000 €	1,02	0,98	-0,04	-37.129 €	-4%
1.000.000 €					
Merkmale der Auswertung und Referenzimmobilie					
Bestimmtheitsmaß R^2	0,1	0,30			
Anzahl Kauffälle	158				
Standardabweichung SWF	OG: 0,40	UG: -0,32			
Ø vorl. Sachwert €	517.500				
Ø Grundstücksgröße m²	566				
Ø BRW angepasst €/m²	715				
BRW (von – bis)	500 – 1750				
Ø wirtschaftl. RND Jahre	26				
Baujahr (von – bis)	1890 – 1995				
Ø Standardstufe	2,2				
Standardstufe (von – bis)	1,3 – 4,3				
Ø Bruttogrundfläche m²	294				
Ø Wohnfläche m²	140				
Ø Wert Außenanlage €	5.040				
Ø Kaufpreis €	620.700				
Ø Kaufpreis €/m² WF	4.503				
Min – Max KP €/m² WF	2160 – 9670				
Untersuchungszeitram 2017-2020					

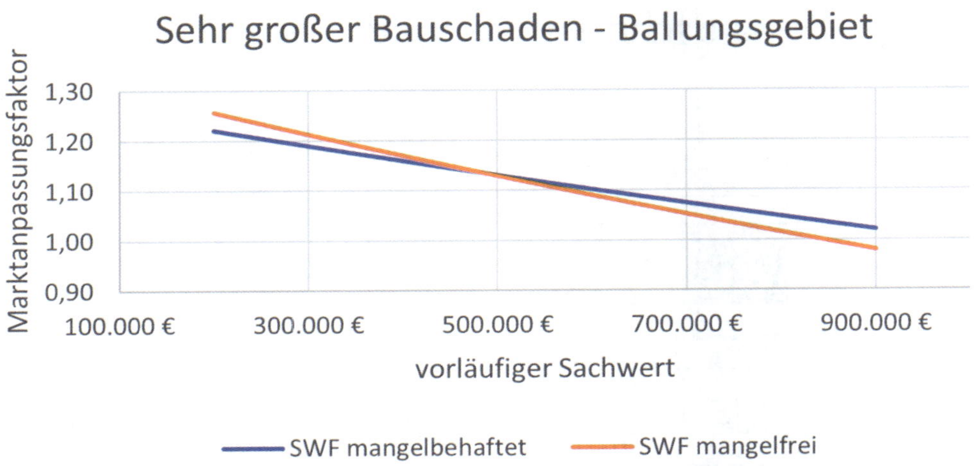
Sehr großer Bauschaden - Ballungsgebiet
Marktanpassungsfaktor
1,30
1,20
1,10
1,00
0,90
100.000 €
300.000 €
500.000 €
700.000 €
900.000 €
vorläufiger Sachwert
SWF mangelbehaftet
SWF mangelfrei